HISTOIRE
D'ORIGNY-EN-THIÉRACHE
& DE SES ENVIRONS

PAR

Ed. MICHAUX

OFFICIER D'ACADÉMIE
JUGE DE PAIX DE SOISSONS
MEMBRE DE PLUSIEURS SOCIÉTÉS DÉPARTEMENTALES
D'ARCHÉOLOGIE
D'HISTOIRE ET DE GÉOGRAPHIE

ORIGNY-EN-THIÉRACHE
J. LECERF, LIBRAIRE-ÉDITEUR

1894

HISTOIRE

D'ORIGNY-EN-THIÉRACHE

& DE SES ENVIRONS

HÔTEL-DE-VILLE D'ORIGNY

HISTOIRE
D'ORIGNY-EN-THIÉRACHE
& DE SES ENVIRONS

PAR

Ed. MICHAUX

OFFICIER D'ACADÉMIE
JUGE DE PAIX DE SOISSONS
MEMBRE DE PLUSIEURS SOCIÉTÉS DÉPARTEMENTALES
D'ARCHÉOLOGIE
D'HISTOIRE ET DE GÉOGRAPHIE

ORIGNY-EN-THIÉRACHE
J. LECERF, LIBRAIRE-ÉDITEUR
—
1894

AVANT-PROPOS

Origny-en-Thiérache est une jolie petite ville, ou plutôt un gros bourg, situé sur la rivière du Ton, à mi-chemin d'Hirson à Vervins, sur la ligne du chemin de fer de Soissons à la frontière de Belgique.

Il s'étage sur le flanc des collines qui bordent la rivière, dans l'un des sites les plus gracieux de la Thiérache. Ses rues largement ouvertes, ses jolis hameaux du Chaudron, des Routières, des Hélins, du Routy, perdus au milieu de superbes pâturages entrecoupés de bouquets de bois, sont du plus agréable aspect.

Là vit, sous un climat rude et quelque peu humide, une population saine et vigoureuse, de près de trois mille habitants. Intelligente et travailleuse, elle s'adonne presque uniquement à la fabrication de la vannerie fine et produit de merveilleuses fantaisies.

Cette industrie a répandu dans le monde entier le nom d'Origny et a donné au pays, depuis trois siècles, une prospérité enviable.

L'habitude de ce travail délicat a développé chez les habitants d'Origny un grand amour de propreté, de bien-être, de luxe même, qu'ignorent encore les campagnes agricoles voisines. Il suffit, pour le constater, de voir, à côté des somptueuses demeures des gros négociants, l'ornement du bourg, les habitations des ouvriers vanniers, propres, élégantes, tenues avec le plus grand soin. Elles sont éparses dans tous les hameaux, entourées de jardins bien cultivés et garnies à l'intérieur de meubles soignés, luisants. Sauf les rares chaumières où gît la douleur et la misère (ces maux, hélas ! sont de tous les pays), toutes respirent l'aisance et le bien-être.

Assurément, la notoriété d'Origny, son importance commerciale, méritaient bien que l'on s'occupât un peu de ses origines et de son passé : les petites villes ses voisines, Vervins, Hirson, Aubenton, Saint-Michel, ont leur histoire depuis longtemps.

Un de nos amis, M. Choquenet, ancien instituteur à Origny, aujourd'hui directeur de l'Ecole supérieure de Chauny, avait songé à combler cette lacune. Chercheur aussi savant que modeste, il nous a donné, dans une excellente monographie qui a paru récemment, une description très complète de l'aspect physique du pays, de sa constitution géologique, de son hydrographie. Il a recherché avec soin les mœurs, les usages, le développement commercial de la région et nous a fait connaître quelques faits historiques bien précieux pour notre histoire locale.

Ce travail m'avait intéressé au plus haut point et j'avais même été très heureux de pouvoir communiquer à son auteur quelques documents inédits, puisés dans nos archives publiques. M. Choquenet aurait pu recueillir encore beaucoup d'autres renseignements sur le passé d'Origny, malheureusement son œuvre fut trop tôt dévoilée à ses collègues de la Société de Géographie. Jouisseurs trop pressés, ils ne lui laissèrent pas le temps de la compléter !

Je me suis donné la tâche de continuer les recherches de M. Choquenet, et j'ai consacré à ce labeur tous les loisirs que me laissaient mes fonctions judiciaires.

Le lecteur le sait, si l'enfance est insouciante, si bien souvent sont fugitives les impressions que laissent sur une jeune âme les premiers événements de la vie, l'amour du foyer de la famille, l'attachement aux lieux où se sont écoulés nos premiers ans, sont des sentiments que, ni l'éloignement, ni les vicissitudes de l'existence n'effacent du cœur de l'homme et qui, au contraire, revivent, nets et précis, quand il arrive au déclin de la vie.

Parvenu à l'âge mûr, il n'est pas pour moi de plaisir plus vif que de me retrouver dans les lieux où j'ai vécu, j'aime à fixer ma pensée sur les souvenirs de mon enfance et j'ai voulu connaître ceux qui avant nous ont habité ces lieux, quels souvenirs de leurs joies et de leurs peines ont pu conserver les replis de notre sol, les pierres moussues de nos vieilles maisons, la poussière de nos archives.

J'offre aujourd'hui à mes concitoyens le résultat de mes recherches.

Bien des lacunes existent encore dans l'enchaînement des faits : le champ d'investigations que j'avais à parcourir, s'il était inexploré, n'offrait pas une mine bien riche. Jamais Origny ne fut le théâtre d'un événement mémorable, faisant époque dans la vie d'une nation ; aucun personnage de grand renom n'y a vécu. Mais dans le sillon peu apparent qu'il a laissé à travers les âges, j'ai découvert des générations d'hommes probes et travailleurs qui ont su maintenir leur pays dans une situation de prospérité moyenne, qu'auraient enviée beaucoup de nos grandes cités, aux époques difficiles de notre existence nationale.

C'est leur histoire que je livre aux habitants actuels d'Origny ; beaucoup de familles y retrouveront la vie de leurs ancêtres, très minutieusement détaillée.

Et si, enfin, le lecteur ne trouve dans les pages qui vont suivre qu'un plaisir médiocre, je le prie d'y voir néanmoins l'expression de l'affection sincère que j'ai vouée à mon pays et à mes compagnons d'enfance.

Ed. MICHAUX.

HISTOIRE
D'ORIGNY-EN-THIÉRACHE

CHAPITRE PREMIER

<small>Les origines d'Origny. — Ses premiers habitants. — Terva. La Forêt d'Origny. — La déesse Aurinia. — Conquête par les Francs.</small>

Le territoire sur lequel se développe aujourd'hui la commune d'Origny, était primitivement couvert de bois dépendant de l'immense forêt qui, sans interruption, se prolongeait des pays rhénans aux rives de l'Oise jusque vers les confins actuels de la forêt de Compiègne.

Des animaux de toutes sortes peuplaient ces bois; plusieurs espèces n'existent plus aujourd'hui dans aucune contrée de la terre; nous en retrouvons parfois quelques débris en fouillant les entrailles du sol : des molaires d'éléphant ont été trouvées en grande quantité à Origny, enfouies profondément dans le limon du *diluvium*.

Nous ne savons rien des premiers hommes qui habitèrent la contrée : un savant chercheur, M. Papillon, de Vervins, a trouvé dans les fouilles faites pour la construction du viaduc d'Origny la preuve d'existences humaines remontant à plusieurs milliers d'années. Il a découvert, à quatre mètres de profondeur dans les graviers du Ton, un gros grain en terre grossière qui dut assurément servir à lester le filet d'un de nos ancêtres.

Quand les Gaulois, nos pères, vinrent du centre de l'Asie s'établir sur ces terres, ils durent en disputer la possession aux premiers occupants, puis s'allier aux débris de ces races primitives. Ils établirent leurs chaumières au milieu des clairières de la forêt, sur les bords des ruisseaux ou le long de la rivière. Ces habitations étaient invariablement construites de terre et bois, rondes ou ovales de forme et couvertes de branchages ou de roseaux; un trou ménagé dans la toiture laissait échapper la fumée du foyer. Pendant des siècles nos villages furent ainsi bâtis, et, il n'y a pas bien longtemps, l'on pouvait voir encore des chaumières de ce type dans nos écarts de la rue Chanteraine ou de la rue aux Cabres.

Les Gaulois vivaient surtout de pêche et de chasse, mais ils avaient amené d'Asie le bœuf domestique, le cheval et le mouton. Ils commencèrent à cultiver le froment et le seigle et entretinrent dans les forêts de grands troupeaux de porcs.

Les Gaulois étaient de vaillants guerriers; leurs querelles, de tribu à tribu, se vidaient souvent les armes à la main. Ils avaient sur les hauteurs et dans les marais des places fortes où ils se retiraient en temps de guerre. Il y a tout lieu de croire que le promontoire escarpé sur lequel fut bâtie plus tard l'église fortifiée d'Origny, fut un de ces lieux de refuge : bien protégé par la rivière qui le circonvenait de trois côtés, un simple rempart de terre, dont l'œil semble encore reconnaître la trace, suffisait à l'isoler de la montagne.

L'an 57 avant J.-C., tous les habitants de la contrée suivirent Galba, roi de Soissons, dans sa marche sur Bibrax, ville située entre Laon et l'Aisne ; mais battus par César, sur les confins du Soissonnais, ils se dispersèrent dans leurs forêts. Les Romains, poursuivant leurs avantages, s'avancèrent au cœur même du pays et y établirent des postes fortifiés pour assurer leur domination.

Tout près de la langue de terre dont nous parlions tout à l'heure, entre le ravin qui renferme aujourd'hui le hameau du Routy et la vallée dans laquelle s'étend le village de La Hérie, s'élève une colline entourée, comme le promontoire d'Origny, du levant au couchant par la rivière et très facile à fortifier de toutes parts. C'est là que s'établirent les Romains : ils y fondèrent une ville dont la tradition nous a conservé le nom, Terva.

Les débris de toutes sortes, tuiles brisées, tessons de poteries, fragments de pierres et de ciment, qui jonchent le sol sur une grande étendue, témoignent de son importance. Depuis longtemps et tous les jours encore, nous dit M. Piette, le remarquable historien de la Thiérache, la culture y met à découvert des médailles, des débris de mosaïque et des objets d'usage divers en fer et en bronze qui nous prouvent que là furent édifiées de vastes et somptueuses demeures, de riches édifices où les marbres les plus recherchés alternaient avec les métaux les plus précieux. La plus importante de ces découvertes est certainement celle d'un curieux cachet, dont un oculiste romain se servait pour étiqueter ses spécialités, trouvé sur l'emplacement de Terva en 1849.

C'est une petite pierre formant un parrallélipipède de 50 millimètres de longueur sur 23 de largeur et 8 d'épaisseur, dont les quatre côtés portent chacun une inscription gravée en creux et à rebours, de façon à former une étiquette en relief, sur la pâte molle des vases destinés à contenir les remèdes, qui recevaient cette impression avant d'être durcis au feu.

Ces inscriptions nous révèlent d'abord le nom de l'oculiste, *Marcus-Vigellius-Herasistratus*, et celui des préparations qu'il employait : le *diapsoricum*, remède contre la galle et collyre connu, le *crocodes*, autre collyre préparé au safran, le *chelidonium*, d'un mot grec qui veut dire hirondelle, collyre fait avec le suc de la chélidoine, dont la propriété, nous dit Pline, est d'éclaircir la vue, et l'on croyait même dans le peuple que les hirondelles s'en servaient pour rendre plus perçante la vue de leurs petits.

Différents indices permettent de supposer que c'est vers le deuxième siècle de notre ère que Marcus-Vigellius-Herasistratus exerçait son art à Terva.

A l'extrémité orientale du plateau sur lequel s'étendait la ville, sur le lieu dit *la Roquette*, on trouve encore, à quelques centimètres de profondeur, une couche épaisse de béton, formée de ciment de chaux mêlé à des fragments de briques concassées. Cette espèce de plancher, supporté par des pierres plates et larges, a conservé un beau vernis rouge et présente une solidité telle qu'on ne peut l'entamer qu'avec la pioche. Non loin de là, une grange repose sur des fondations antiques et d'énormes pierres de taille, qui ont appartenu évidemment à des constructions considérables, servent de digue à une mare.

Différents lieux dits de la colline de Terva, *la Terre aux Caves*, *la Terre à l'Argent*, *le Fond des Mouras*, renferment de nombreux débris, qui, s'ils étaient fouillés, donneraient peut-être quelque éclaircissement sur l'ancien état de la cité romaine. On a trouvé aussi dans ces lieux différents fragments de mosaïque ; un cultivateur a mis à découvert dans son champ une chambre souterraine dont les murs et le pavé étaient revêtus de grands carreaux qu'il a employés à décorer sa demeure. Une conduite d'eau semble indiquer que là étaient des étuves (1). A différentes époques, de nombreux vases ont été trouvés en fouillant le sol, par des ouvriers de La Hérie et d'Origny, et maladroitement brisés dans l'espoir d'y découvrir quelque trésor.

Une voie romaine traversait Terva du nord au midi, allant de Wattigny à Vervins, où elle se reliait à la chaussée de Reims à Bavay. Cette route était apparente encore au milieu des cultures, il y a quelques années, du côté du bois d'Eparcy et d'autre part en remontant vers les quatre chemins.

La ville était en outre desservie par une voie d'accès qui existe encore et qui a conservé le nom de chemin de Terva. Elle sortait par la porte qui dominait le ravin du Routy, pour venir, en longeant la rivière, tourner au pied de la colline d'Origny. Suivant plusieurs écrits du moyen âge, elle se prolongeait dans la vallée du Ton, par les chemins qui ont pris depuis les noms de rues de *la Maladrie*, *des Routières*, *de Foigny*.

Origny n'était, pour ainsi dire, qu'un faubourg de Terva ; ses habitants et ceux qui avaient éparpillé leurs chaumières aux alentours y venaient trafiquer du produit de leur chasse ou de leur pêche.

Les Gaulois firent de nombreuses tentatives pour secouer le joug de la domination romaine, puis une longue période de paix succéda à ces luttes. Et, pendant bien des années, la tribu qui s'abritait sous les murs de la cité romaine continua sa vie rustique au sein de l'immense forêt. Se mêlant peu au vainqueur,

---

(1) Am. PIETTE, *Histoire de Foigny*.

elle conservait intacts ses usages et sa religion, se rassemblant à jour fixe dans les vastes clairières, sous les chênes séculaires, pour entendre les enseignements de ses *druides* et célébrer ses solennités religieuses.

C'est précisément l'une des pratiques du culte de nos pères qui nous révèle la haute antiquité du nom d'Origny.

Un passage de Tacite, savamment commenté par un éminent archéologue, M. Mennesson, de Vervins, nous apprend que les Germains, dont les habitants de la Gaule-Belgique se vantaient de descendre, supposaient aux femmes un caractère sacré et prophétique, que sous Vespasien, *Velleda* était honorée par plusieurs peuplades comme une divinité, que, antérieurement déjà, ils adoraient *Aurinia* et plusieurs autres.

Certes, le rapprochement du nom de cette divinité, avec l'une des formes du nom d'Origny au douzième siècle : *Aurigniacus, Auriniacus*, permet de supposer avec toute vraisemblance que la tribu gauloise qui vivait sur notre sol avait pour la déesse *Aurinia* une dévotion particulière et avait pu lui élever un autel dans l'enceinte même de son *oppidum*.

Cette opinion se trouve encore singulièrement fortifiée par la suite du même extrait de Tacite : « Ils « ont des forêts consacrées et ils donnent des noms « de divinités à ce mystère des solitudes qu'ils ne « voient que par les yeux du respect. » Et, précisément, un cartulaire de l'abbaye de Foigny confirme encore l'existence au douzième siècle de la forêt d'Origny *(Sylva Origniaci)* (1).

Cette forêt, ajoute M. Mennesson, remplacée depuis bien longtemps par les verdoyants herbages du Ton, était donc consacrée à *Aurinia*, comme la grande

(1) MENNESSON, *La Thiérache.*

forêt des Ardennes l'était à *Arduenna*. Ces majestueux ombrages, au milieu desquels nos pères honoraient leurs sombres divinités, ont perpétué jusqu'à nos jours le souvenir des mythologies du Nord, que le culte nouveau n'a pu entièrement effacer, le mêlant en bien des endroits au nom des pieux personnages qui ont répandu le christianisme dans nos contrées.

Mais c'est bien des siècles seulement après l'établissement de l'autel païen d'*Aurinia*, vers 260, que le christianisme commença à pénétrer dans les Gaules ; il ne fit pas de prosélytes dans notre pays avant 350 ; à cette époque, Grimonie vint construire une chapelle à *Duronum*, qui devint bientôt La Chapelle ou La Capelle.

Vers ce même temps, les Romains, qui avaient si complètement brisé les résistances à l'intérieur du pays, commencèrent à se sentir sérieusement menacés par les ennemis venus du dehors. Dès l'année 407, les Vandales envahissent notre contrée, brûlent Saint-Quentin et s'arrêtent devant Laon, dévastant tout sur leur passage et ne laissant derrière eux que des ruines fumantes.

C'est dans cette tourmente que disparut probablement la ville de Terva. Elle fut détruite de fond en comble et ne fut jamais rétablie.

Quelques années après, les hordes d'Attila achevèrent le sac de la région et firent disparaître les derniers vestiges de la domination romaine.

A leur suite, arrivent les Francs qui s'implantent définitivement sur notre sol ; c'est en vain que les Romains essayent de reprendre l'offensive ; en 486, Syagrius est vaincu par Clovis, près de Soissons, qui devient la capitale du chef franc.

Clovis avait mis la main sur tout ce qui constituait le domaine impérial des Gaules, sur les terres du fisc qui étaient considérables. Il se saisit également des métairies, des villages, des prés, des terres en culture à sa convenance. Il en garda une partie et distribua le reste à ses chefs militaires, sous le nom de *bénéfices*, à la charge de service en temps de guerre. Dans chaque lieu où se cantonna un chef barbare, il s'empara des deux tiers au moins des propriétés territoriales, qui reçurent dès lors le nom de fief (de *feodum*, propriété) et dont il devint le maître absolu.

Tel fut le principe du régime féodal, dont l'origine daterait ainsi de la conquête même ; et c'est alors qu'un leude franc s'établit à Origny, dans l'oppide gaulois qui avait survécu à la ruine de Terva. Nous retrouverons sa descendance dans les seigneurs d'Origny.

CHAPITRE II

La Thiérache sous les rois Francs et les Carlovingiens.
Saint-Michel et Bucilly. — Le chapitre de Rozoy, sa dîme sur Origny.

Sous les rois de la première race, le territoire d'Origny suivit le sort du Laonnois, dans lequel il était englobé.

Cette province s'était donnée à Clovis en 486 ; en 500, Laon fut érigé en évêché par saint Remy, archevêque de Reims.

A la mort de Clovis, Clotaire, l'un de ses quatre fils, devint roi de Soissons et à ce titre régna sur les villes de Laon et Saint-Quentin. Mais le pays qui porta ensuite le nom de Thiérache fut attribué, avec une bonne partie du Hainaut, à Thierry, l'un de ses frères qui prit le titre de roi d'Austrasie et établit sa capitale à Reims.

Ce fut peut-être là l'origine du nom de Thiérache (pays de Thierry) ; cependant on trouve seulement ce nom cité pour la première fois dans un écrit d'Anson, abbé de la Lobbe, daté de 770 (*Theorascensis pagus*). Plusieurs auteurs lui attribuent une origine différente. Quelques-uns la prennent dans les commentaires de César (*Terra Essuorum*) ; mais les Essuins étaient fort éloignés du Hainaut et cette étymologie ne paraît guère vraisemblable. D'autres pensent que cette contrée, étant dans l'origine une vaste forêt, a pris son nom de la forêt même, lorsque vers le sixième siècle on commença à la cultiver en l'essartant (*terra assa* ou terre brûlée). Une troisième opinion fait dériver ce nom d'un Thierry, qu'on croit être Thierry, roi de Neustrie, qui au septième siècle parait avoir possédé la Thiérache, aux confins de son royaume.

Ce petit pays a toujours fait partie de la Picardie, dont il formait la subdivision la plus orientale. Il s'étendait en longueur depuis les sources de l'Oise jusqu'à la ville de La Fére, et en largeur depuis la limite septentrionale actuelle de l'arrondissement de Vervins jusqu'à la rivière de la Serre. Ses lieux principaux étaient Guise, Vervins, La Fére, Aubenton, Hirson, La Capelle, Ribemont, Montcornet et Rozoy. Dans l'origine, la Thiérache comprenait en outre quelques parties des Ardennes et du Hainaut, puisque les anciens écrivains, particulièrement Anson et le Père Vastelain, lui attribuent, indépendamment des lieux que nous venons de citer, Rumigny, Floyon et Monmignies, dont deux hameaux se nomment encore aujourd'hui la Grande et la Petite Thiérache (1).

Quelle que soit l'origine du nom de Thiérache, nous savons que le pays qu'il désigne revint aux mains de Clotaire Ier lors du décès de son frère Thierry. Et, quand lui-même vint à mourir, qu'il fut compris, avec tout le Laonnois, dans le nouveau royaume d'Austrasie attribué à Sigebert.

Sigebert était un prince fier et de hautes pensées, il prit en dédain la vie dissolue que menaient ses frères. Chilpéric, l'un d'eux, venait d'épouser, après plusieurs autres femmes, une servante nommée Frédégonde, et se laissait conduire par elle ; Sigebert résolut de n'avoir qu'une seule femme et de la prendre fille de roi. Il demanda en mariage la fille du roi des

(1) Am. PIETTE.

Visigoths, appelée Brunehaut, princesse de grande beauté et de rare esprit, et l'épousa en grande pompe dans sa ville de Metz.

Nous n'entreprendrons pas le récit des crimes de Frédégonde, ni des efforts de Brunehaut, après l'assassinat de son mari Sigebert, pour établir l'ordre dans l'administration du pays et asseoir définitivement l'autorité royale. Si la grande reine des Francs succomba dans sa lutte contre Clotaire, fils de Frédégonde, sa mémoire resta populaire. Dans le Nord et dans l'Est, les anciennes routes romaines qu'elle avait fait réparer partout où elle commandait, ne sont encore aujourd'hui connues que sous le nom de Chaussées Brunehaut. Elle fit entretenir la grande voie romaine de Reims à Bavay et peut-être aussi celle qui reliait Terva à Verbinum.

La défaite de Brunehaut avait rendu la suprématie aux grands ; par suite, le pouvoir royal, sous les successeurs de Clotaire, s'abaissa de plus en plus. Les seigneurs ou comtes s'arrogèrent le pouvoir judiciaire dans les cantons où étaient situés leurs domaines. Il y eut ainsi autant de petits princes qu'il y eut de cantons. C'est assurément de cette époque que date la justice seigneuriale d'Origny, dont nous ne relèverons les actes qu'à partir de la fin du Moyen Age. Les seigneurs exercèrent sans contrôle le droit de justice et se permirent les abus les plus criants. Charlemagne, le puissant restaurateur de la monarchie franque, essaya plus tard de mettre un frein à ce despotisme par l'envoi de commissaires royaux *(missi dominici)* dans toutes les provinces de son vaste empire, mais après lui, les seigneurs continuèrent leur usurpation et les mêmes abus se perpétuèrent.

Grâce toutefois à l'impulsion qu'il avait su donner à la marche du progrès, grâce aussi à l'adoucissement qu'apportaient peu à peu dans les mœurs les enseignements du christianisme, notre pays retrouva l'ère de prospérité qu'avaient interrompue les luttes dont la chute de la domination romaine avait été précédée et suivie.

Quelques jalons, bien rares, nous permettent parfois, seulement dans ces temps reculés, de retrouver notre Thiérache, au milieu des grands événements de notre histoire nationale, dont alors le Laonnois et le Soissonnais étaient le théâtre ordinaire. Cette contrée fut le véritable berceau de la monarchie française, les rois carlovingiens, comme ceux de la première race, y avaient leurs plus beaux domaines, leurs résidences favorites. Souvent, assurément, notre vieille forêt d'Origny, si abondamment pourvue de fauves de toutes sortes, retentit du bruit des fanfares et de tout l'éclat des chasses royales.

Carloman, l'un des fils de Pépin, tenait sa cour à Samoussy, il y mourut en 771 ; Charlemagne reçut dans sa maison royale de Corbény le serment de fidélité des grands d'Austrasie. Ce prince possédait aux environs plusieurs autres domaines, entre autres ceux de Chaourse et de Versigny-en-Laonnois, et sa cour brillante dut souvent traverser notre pays dans les fréquents déplacements qu'il faisait de sa capitale d'Aix pour se rendre à ces diverses résidences.

Depuis que la main ferme et l'attention vigilante de ce prince ne présidaient plus aux destinées du royaume, de nombreux abus s'étaient glissés dans l'administration. Dans un parlement tenu dans la maison royale de Servais, près La Fère, en 853, le royaume fut divisé en douze districts administratifs et des commissaires royaux furent envoyés dans les cantons pour réprimer les usurpations des seigneurs.

Mais la France commençait à souffrir des ravages

des Normands : en 859, ils remontaient l'Oise et dévastaient le Vermandois et la Thiérache, pendant que les barons recommençaient à lutter entre eux, au grand détriment de nos malheureuses campagnes.

En 873, Raoul, comte de Cambrai, envahissait la Thiérache et brûlait l'abbaye d'Origny-Sainte-Benoîte. Les bandes de Louis le Germanique y arrivaient à leur tour en 880, et la paix que négociaient à Ribemont, avec leur chef, Louis et Carloman, nos rois d'alors, ne les empêchait pas de ruiner toute la contrée.

En 895, Charles le Simple, aidé de nombreux partisans, essayait de reconquérir son royaume; il traversait la Thiérache et venait mettre le siège devant Laon. Pendant plus de cinquante ans, la lutte se prolongea, Louis d'Outre-Mer fit, après son père, de vains efforts pour sauver sa couronne ; son puissant compétiteur, Hugues Capet, après avoir repoussé l'invasion de l'empereur Othon, occupa définitivement la ville de Laon, dernière capitale des rois de la seconde race, en 991, ce qui le rendit paisible possesseur du trône.

Pendant cette période agitée se formait en 940, sous Renaud, beau-frère de Louis d'Outre-Mer, le puissant comté de Roucy dont les possesseurs devaient plus tard fournir une famille seigneuriale à Origny.

Depuis longtemps, une modeste chapelle dédiée à saint Cyr et à sainte Juliette avait remplacé dans l'oppide gaulois d'Origny, l'autel de la déesse Aurinia. Le chef franc l'avait entourée d'un solide rempart dans lequel il avait aussi installé sa demeure, et, sous ces murs, ce qui restait de la race vaincue avait groupé ses chaumières.

Plus loin, vers le nord, dans la forêt de Thiérache, on voyait une chapelle sous l'invocation de saint Michel archange, fondée au huitième siècle par saint Ursmer; elle était bâtie en bois, couverte en paille et presque ruinée. Eilbert, comte de Vermandois, et Hérésinde, sa femme, la firent restaurer et du consentement de Raoul, évêque de Laon, y établirent en 945 des religieux venus d'Ecosse, auxquels ils imposèrent la règle de saint Benoît. La nouvelle abbaye fut richement dotée et reçut, entre autres biens, la partie de la forêt d'Origny qui fut plus tard cédée par elle à l'abbaye de Foigny.

Cette pieuse fondation établie, il manquait encore à la satisfaction de la comtesse Hérésinde une abbaye de vierges qu'elle pût fréquenter. Bucilly, distant d'une lieue de Saint-Michel, lui parut l'endroit le plus convenable à son dessein. Elle y fit bâtir une belle église et une retraite où elle assembla plusieurs filles, auxquelles elle imposa également la règle de saint Benoît(1). Plus tard, ces religieuses furent remplacées par des chanoines réguliers de Prémontré.

Hugues Capet, après sa victoire, rétablit à Paris le siège de la monarchie et licencia ses troupes, mais les soldats débandés se répandirent dans la Thiérache et y commirent toutes sortes d'excès. Ils ne craignirent même pas de porter leurs ravages sur les grands biens que possédait dans cette contrée Erluin, évêque de Cambrai. Ce prélat était pour lors à Rome ; à son retour en 996, il trouva ses terres occupées encore par ces pillards, mais il rassembla quelques troupes et les en eut bientôt expulsés.

Sous le règne du roi Robert, en 1018, le seigneur de Rozoy, Hildegand, fit construire dans l'enceinte de son château une église sous le patronage de saint Laurent, la dota de plusieurs domaines et y mit quinze chanoines pour y faire l'office. Azelin, évêque de Laon, prit part à cette fondation, et entre autres biens, donna au nouveau chapitre le quart des grosses et menues

---

(1) D. Lelong.

dîmes à percevoir sur le territoire d'Origny-en-Thiérache. Nous verrons dans la suite de cet ouvrage que le chapitre de Rozoy conserva ce revenu jusqu'à la Révolution, qui le supprima avec toutes les usurpations féodales et ecclésiastiques.

Cette fondation fut sanctionnée par le concile qui se tint à Laon la même année, sous la présidence du pape Benoît VIII.

Le chapitre de Rozoy obtint en outre de ce pontife des priviléges et des exemptions qui parurent excessifs à l'évêque de Laon; il en appela au Parlement. Un arrêt termina ces difficultés le 9 mai 1671 ; le chapitre resta juge des délits de première instance commis dans ses domaines et l'évêque fut maintenu dans les droits de juridiction, de visite et de correction pour ce qui regardait le service divin, la police ecclésiastique et les mœurs des chanoines. Les revenus de l'église de Rozoy étaient considérables ; elle possédait des biens à Raillimont, Moulineau, Aspremont, Wichery et Saint-Georges. Les chanoines obtinrent du pape, en 1223, d'augmenter les prébendes et de partager les canonicats. Ils étaient vingt-neuf en 1785, en comprenant le doyen qu'ils élisaient à vie. Les deux derniers chanoines pourvus de cette dignité furent des membres d'une famille seigneuriale d'Origny.

De 1029 à 1032, une horrible famine désola la France et spécialement le Laonnois et la Thiérache ; elle fut si cruelle que l'on vit des gens affamés déterrer les cadavres et égorger des enfants pour s'en repaître.

La guerre à l'intérieur vint se joindre à ce fléau. Henri II, à la mort du roi Robert, son père, eut à défendre ses droits contre son frère puîné, sur la tête duquel sa mère et plusieurs seigneurs voulaient placer la couronne.

CHAPITRE III

Les seigneurs de Guise et d'Avesnes, suzerains d'Origny. — Maison de Coucy. — Fondation de l'abbaye de Foigny. — Le chapitre Saint-Pierre de Laon. — Partage des dîmes d'Origny.

C'est en 1058 que l'on trouve pour la première fois dans les documents qui nous restent de cette époque reculée, le nom de la ville de Guise. Elle appartenait alors à un seigneur du nom de Wautier ou Gauthier, et formait, si l'on en croit les *Annales du Hainaut*, une des douze pairies de Flandre.

La suzeraineté des seigneurs de Guise s'étendait sur le territoire d'Origny-en-Thiérache, dont le seigneur direct leur rendait foi et hommage.

Godefroy, fils de Wautier, laissa d'Ade de Roucy, sa femme, un fils nommé Guy, d'où peut être venu le nom de Guise. Guy mourut en 1130, laissant de Méchaine de Montmorency, un fils nommé Bouchard, lequel, à son tour, ne laissa qu'une fille Améline, dame de Guise et de Lesquielles.

Améline porta par mariage toutes ses terres de Thiérache à Jacques d'Avesnes, puissant seigneur du Hainaut.

Ce Jacques d'Avesnes était le descendant direct de Werric le Sor ou le Roux, seigneur de Leuze, auquel Renier V, comte de Hainaut, avait donné en *féaulté et hommaige* toutes les terres situées entre les deux Helpes, formant le territoire actuel d'Avesnes. Werric le Barbu, son fils, commença vers 1040 à édifier en ce lieu une forteresse puissante qu'acheva son fils Thierry.

Thierry avait épousé Ade de Roucy, veuve de Godefroy de Guise. Audacieux et batailleur, ce seigneur ne cessa toute sa vie de guerroyer contre ses voisins, il porta même ses armes sur les terres du comte de Hainaut, son suzerain. Il fut assassiné par le seigneur de Berlaimont, dont il avait ravagé les terres dans une partie de chasse donnée par le comte de Hainaut, près duquel il était rentré en grâce (1106).

Thierry ne laissait qu'un fils, Fastré, qui paraît être mort jeune, et la seigneurie d'Avesnes et de Leuze passa à son neveu Gossuin ou Guy d'Oisy, qui épousa Agnès de Ribemont, dont il n'eut pas d'enfant non plus.

Le fils d'un de ses frères, Gauthier d'Oisy, lui succéda et mourut en 1147, laissant pour successeur Nicolas *Peluchel* ou le Beau, son fils.

Nicolas épousa Mahaud ou Mathilde, fille du comte de la Roche, nièce de Henri comte de Namur et veuve d'un intrépide guerrier, le sire de Walcourt.

Il en eut trois enfants, dont l'aîné fut Jacques d'Avesnes, qui épousa, comme nous l'avons dit, Améline de Guise et devint ainsi seigneur suzerain d'Origny. Améline avait alors dix-huit ou vingt ans au plus, sa seigneurie s'étendait sur presque toute la Thiérache. Elle fit de Jacques, en lui donnant sa main, un des plus puissants barons du pays.

Ce seigneur était, de tous points, digne de sa haute fortune, homme de guerre habile, valeureux chevalier, il s'illustra en maintes contrées d'Europe par de brillantes expéditions. C'était, dit un historien de la maison d'Avesnes, un de ces amateurs d'aventures qui eussent été au bout du monde dans l'espoir d'en rencontrer, et les chroniqueurs du temps le comparèrent à Hector pour la prudence, à Achille pour la vaillance, et à Régulus pour la fidélité à tenir ses engagements.

Les fatigues de ses expéditions guerrières ne l'empêchaient pas de donner tous ses soins à l'administration de ses immenses domaines, il fit surtout ce qu'il put pour attirer les travailleurs sur celles de ses terres qui étaient encore incultes. C'est ainsi que de concert avec Louis, abbé de Bucilly, il érigea en 1170 le village de Mondrepuis.

Malgré sa réputation de justice et de prudence, il ne put cependant se laver du soupçon d'avoir ordonné un lâche assassinat, ni éviter d'en subir les fâcheuses conséquences. « Un prélat du nom de Robert d'Aire,
« nouvellement promu à l'évêché de Cambrai, traver-
« sant Condé, l'une des terres de Jacques d'Avesnes,
« pour se rendre dans sa ville épiscopale, fut assailli,
« quoique muni d'un sauf-conduit du comte de Hai-
« naut, et massacré par les gens du sire d'Avesnes. »

Le comte, à qui Jacques avait déjà donné d'autres sujets de mécontentement, prit les armes et s'avança sur Avesnes avec le dessein de s'en emparer et d'y mettre tout à feu et à sang par représailles. Mais Jacques s'empressa de faire sa soumission et de solliciter son pardon.

Cette soumission ne fut pas de longue durée ; bientôt l'ardent seigneur d'Avesnes tenta une nouvelle révolte contre ses suzerains de Flandre et de Hainaut, qui, outrés de cette nouvelle rébellion, vinrent ravager ses terres d'Avesnes et de Guise.

Un an après, Jacques trouvait un naturel aliment à son ardeur belliqueuse dans la lutte du clergé et des seigneurs contre la commune de Laon, et sa redoutable épée taillait vigoureusement dans cette troupe de vilains, « qui, ajoute un chroniqueur, ne laissa
« pas cependant, toute battue qu'elle était, de conserver,

« à force de sang et d'argent, ses précieuses fran-
« chises. »

A côté de la puissante maison de Guise s'élevait, vers ce temps, la première dynastie des sires de Coucy, qui devaient eux aussi devenir plus tard seigneurs suzerains d'Origny. Elle commence en 1086 par l'usurpation d'Enguerrand Ier de la maison de Boves en Amiénois.

Ce seigneur, par son mariage avec Ade de Marle, fille unique de Létard de Roucy, seigneur de Marle et de La Fère, acquit une grande puissance, mais il ne trouva pas le bonheur dans cette union. Ade, de mœurs dissolues, se rendit insupportable à son époux; elle lui donna un fils, Thomas, qui n'obtint jamais de son père, et ne mérita guère d'ailleurs, la moindre part d'affection. Il faillit même être privé de sa succession, mais à la mort de sa mère (1095) Thomas entra en possession de la seigneurie de La Fère et de Marle.

Le pays venait de subir les atteintes d'un fléau terrible : depuis 1087 la peste exerçait ses ravages dans la Thiérache : le clergé pour en obtenir la cessation promenait les châsses des saints à travers les villages et profitait de l'occasion pour recueillir d'abondantes aumônes. Les religieux de Corbény avaient fait une tournée fructueuse avec la châsse de saint Marcoul. Au moment où ils revenaient par Vaux-sous-Laon, Thomas de Marle, avide et peu scrupuleux, fit une tentative pour mettre la main sur la recette. Les religieux regagnèrent en hâte leur monastère.

Louis le Gros, non encore associé par son père à la royauté, faisait en même temps une guerre très vive à Eblos de Roucy ; il le réduisit à livrer ses châteaux et ses domaines pour gage de l'exécution du traité qu'il lui fit souscrire.

Une grande expédition allait, pour un temps, occuper l'activité, la turbulence de tous ces seigneurs batailleurs. Une nombreuse assemblée de prélats et de seigneurs venait de se réunir à Saint-Quentin pour prendre des arrangements pour la première croisade (1095). Presque toute la noblesse de la province promit de marcher sous la conduite de Hugues le Grand, comte de Vermandois et frère du roi. Thomas de Marle s'enrôla ainsi que Baudouin, comte de Hainaut, et Enguerrand, évêque de Laon. A leur suite, ils emmenèrent Clairambaud de Verneuil, Anselme de Ribemont, Dreux de Nesle, Évrard de Puisieux, Gérard de Quierzy, Olivier de Jussy, Walery de Caumont, et une foule d'autres chevaliers dont furent, certainement, plusieurs membres de la famille seigneuriale d'Origny.

Thomas de Marle et ses compagnons se couvrirent de gloire en Palestine, mais ils en revinrent trop tôt pour la tranquillité de leurs vassaux. Aussitôt leur retour, ils recommencèrent à désoler le pays par les luttes à main armée qu'ils soutenaient constamment entre eux. Thomas, devenu plus puissant par son mariage en deuxièmes noces avec Ermengarde de Montaigu, commençait, en 1099, contre Roger de Pierrepont, une guerre d'extermination dont souffrit surtout le Laonnois.

En Palestine, Thomas ne se faisait aucun scrupule de piller et rançonner les pèlerins ; de retour en France, il redoubla d'audace : tous ceux qui lui tombèrent sous la main furent saisis et mis à rançon, après avoir subi les plus cruels traitements. Il ne se contentait pas de tuer avec le glaive, il torturait ses victimes. Pour forcer les captifs à se racheter, il les suspendait par les pouces et leur chargeait les épaules d'une grosse pierre pour ajouter à leur pesanteur ; lui-même, ensuite, se promenait au-dessous de ces malheureux et les frappait avec rage de coups de bâton, jusqu'à ce qu'ils promissent ce qu'il voulait. « Nul ne sçaurait dire, s'écrie un chroniqueur qui l'a « bien connu, combien de gens sont morts dans ses « cachots et dans ses fers, par la faim, la pourriture « et les tourments ! » — « La fureur de Thomas, dit « de son côté l'abbé Suger, aussi redoutable que celle « des loups les plus féroces, grandissait chaque jour. « Il était un objet de crainte et d'effroi pour les habi- « tants des environs. »

Cependant cet homme cruel, malfaisant, a doté notre pays d'une charte fort libérale pour l'époque. Dans un écrit de 1100, il est question de la coutume de Vervins, qui n'était autre assurément que la *Loi de Vervins* due à Thomas de Marle et qui, plus tard, régit Origny, comme tout le comté de Marle. « C'était, « dit Lacroix du Marin, un petit code qui respirait à « chaque ligne l'humanité et la justice. »

La commune de Laon, à laquelle le roi donna son approbation, fut seulement instituée dix ans plus tard. Louis le Gros avait compris qu'en favorisant les idées d'émancipation du peuple, il se créait dans les communes d'utiles auxiliaires contre la féodalité.

Les milices communales devaient au surplus lui rendre de grands services ; en 1119, il utilisait celles du Laonnois, dans une expédition contre la Normandie, où même, suivant le récit d'un contemporain, elles commirent de grands excès.

Ce fut vers cette époque que Barthélemy, évêque de Laon, parcourant la Thiérache avec Norbert, l'illustre fondateur de l'ordre des Prémontrés, visita le village d'Origny et les localités avoisinantes. Les deux prélats furent frappés de la situation particulière de Foigny. Ce hameau ne consistait alors qu'en quelques chaumières éparses sur la rivière d'Aubenton (c'était le nom que l'on donnait encore à la rivière du Ton : *rivarium quam Aubenton appellatur)*, mais Barthélemy avait remarqué la fertilité du sol, la commodité des eaux, l'abondance des pâturages, et il engagea beaucoup Norbert à y établir sa demeure (1).

Celui-ci, tout en reconnaissant que l'emplacement de Foigny était propre à la vie religieuse, ne voulut point s'y fixer, il préféra s'établir dans une gorge profonde et solitaire de la forêt de Coucy, qu'il avait déjà remarquée, et il y fonda le premier monastère de l'ordre de Prémontré.

Mais Barthélemy n'avait pas oublié le joli hameau de Foigny et, en 1121, il offrait cet emplacement à saint Bernard, abbé de Clairvaux, pour y établir une maison de son ordre. Cet illustre abbé cherchait alors à multiplier les maisons assujetties à la règle de Cîteaux ; il accueillit avec empressement l'offre de l'évêque de Laon. Il vint en personne s'assurer que Foigny était propre à la fondation d'un monastère et peu après il envoyait douze religieux prendre possession du domaine. En ces temps éloignés, Foigny appartenait à l'abbaye de Saint-Michel, mais Barthélemy n'eut point de peine à en obtenir la cession moyennant un échange qu'il fit avec l'abbé Elbert, confirmé par Louis le Gros dans une charte donnée à Laon en 1121.

Dans une autre charte de la même année, l'évêque de Laon déclare qu'un autre Elbert, vidame de Laon, Guillaume, son fils, Gisèle et Dodo, ses filles, avec le consentement de Guy de Guise, leur suzerain, ont en même temps fait donation à l'abbaye naissante d'une part de la forêt d'Origny et lui ont accordé l'usage du reste.

Cet Elbert est appelé indifféremment par plusieurs

---

(1) Am. Piette.

auteurs Erbert ou Walbert et même surnommé « de Châlons » par un ancien historien du Hainaut. La charge de vidame qu'il occupait était, sans contredit, la plus importante de la maison de l'évêque de Laon. L'officier qui en était revêtu représentait le prélat dans les affaires temporelles, il administrait sa justice et commandait ses troupes. Peu à peu, cette charge était devenue héréditaire dans une famille seigneuriale du Laonnois, qui, par des usurpations successives, finit par se rendre indépendante de l'évêque.

Cette famille était propriétaire de la terre de Clacy. Son chef, Adon, le dernier titulaire du vidamé, avait été tué dans la sédition qui ensanglanta la ville de Laon en 1212 et qui coûta la vie à l'évêque Gaudry. La veuve d'Adon, en convolant en de secondes noces avec Elbert, lui avait apporté la charge de vidame.

Malgré les avantages qu'il obtint de lui en faveur de l'abbaye de Foigny, Barthélemy eut souvent à se plaindre du vidame Elbert. Homme violent et despotique, ce seigneur se plaisait surtout dans l'oppression des pauvres et cherchait plutôt à ruiner l'Eglise qu'à la défendre.

Mais le prélat unissait à un grand caractère une fermeté peu commune ; il supporta longtemps les outrages de son vidame, puis, convaincu à la fin qu'il ne pourrait le ramener à la raison, il profita d'un voyage que Louis le Gros fit à Laon, en 1125, pour le faire destituer de sa charge. L'office de vidame demeura même quelque temps supprimé.

Nous ne savons à quel titre cet Elbert était, ainsi que ses enfants, propriétaire d'une partie, au moins, de la forêt d'Origny. On peut supposer qu'elle leur venait d'une alliance contractée antérieurement avec la famille seigneuriale d'Origny. Cette famille occupait déjà dans la contrée une situation importante ; nous la verrons dans peu conclure des alliances honorables avec les premières maisons du Laonnois et plusieurs de ses membres occuperont de hauts emplois dans le clergé du diocèse.

Ce fut le 11 juillet 1121 que les douze religieux de Clairvaux, sous la conduite d'un moine du nom de Renaud, arrivèrent sur les bords du Ton. Ils élevèrent aussitôt, dans une île formée par un bras de la rivière, une petite chapelle en l'honneur de la Vierge, construisirent à l'entour quelques chaumières pour se mettre à l'abri ; et, sous la sage administration de Renaud, commencèrent leur vie de prière et de travail (1).

L'exemple des nouveaux frères attira bientôt un grand nombre de personnes, qui vinrent successivement adopter le même genre de vie et établir leurs cellules autour de la chapelle. A cette époque, l'enthousiasme religieux agitait les esprits: c'était la première fureur des croisades et l'on embrassait l'état monastique avec la même ardeur qu'on allait conquérir le tombeau du Christ.

En peu de temps, le nombre des moines s'accrut à tel point que les revenus de la maison devinrent insuffisants, mais Barthélemy veillait sur son œuvre ; à ses premières donations, il ajouta d'autres biens considérables, entre autres le quart des dîmes à prendre sur le territoire d'Origny, ainsi qu'Azelin avait fait pour le chapitre de Rozoy.

Un autre quart des dîmes d'Origny avait de même été donné au chapitre de Saint-Pierre-au-Marché, de Laon, vers la fin du siècle précédent, par l'évêque Elinand, l'un des prédécesseurs de Barthélemy. Le dernier quart seulement de ces dîmes restait au curé d'Origny.

(1) Am. PIETTE.

L'origine du chapitre de Saint-Pierre est assez obscure ; il paraît cependant qu'il existait déjà dans la seconde moitié du onzième siècle : il ne comprenait alors que deux chanoines. Les libéralités d'Elinaud permirent de créer plusieurs autres prébendes. Il reçut aussi du chapitre de la cathédrale l'église de Saint-Pierre. Cette communauté ne prospéra jamais beaucoup ; la modicité de son revenu l'obligea plus tard à fusionner avec le chapitre de Saint-Jean-au-Bourg, auquel il fut réuni par une ordonnance de Louis de Clermont, évêque de Laon, du 28 novembre 1701, confirmée par lettres patentes du roi du mois de février suivant.

CHAPITRE IV

Grande prospérité de Foigny. — Première maison des seigneurs d'Origny. — La commune d'Origny. — Election annuelle du maire et des officiers. — Organisation judiciaire. — La Maladrerie et la fontaine du Ladre. — La lèpre.

La chapelle primitive de Foigny devint bientôt insuffisante ; Renaud songea à la remplacer par une église plus digne de l'importance de la communauté, mais comme la petite île dans laquelle les religieux s'étaient d'abord établis présentait un espace beaucoup trop restreint et qu'elle était sujette à de fréquentes inondations, il résolut de se fixer au-dessus de la rivière, au pied du coteau qui la domine du côté nord, et c'est là qu'il jeta les fondements de la nouvelle abbaye, en 1122.

Grâce aux libéralités des seigneurs, aux corvées du peuple et à l'activité des religieux, l'église fut achevée en moins de trois ans. Elle était considérée comme une des plus belles de l'ordre : elle mesurait en longueur quatre cents pieds, sur une largeur de quatre-vingt-deux ; la voûte était soutenue par quarante-quatre colonnes et on comptait à son pourtour dix-huit chapelles. Les pierres qui servirent à sa construction furent, dit-on, tirées des carrières de Colligis et de Mons-en-Laonnois.

Cette église fut consacrée, le 11 novembre 1124, par l'évêque Barthélemy en présence de saint Bernard, d'un grand nombre d'abbés et d'un concours prodigieux de peuple.

Renaud mourut quelques années plus tard. Sous Gossuin, son successeur, le nombre des religieux devint considérable : en 1135, il était de deux cents, tant moines que frères convers, pratiquant alors avec régularité la règle de saint Benoît.

Dans la saison d'hiver même, ils se levaient à deux heures de la nuit pour commencer les Vigiles, la journée était employée au travail et à la lecture.

Le dîner avait lieu à une heure et demie, chaque religieux recevait par jour, pour sa nourriture, deux portions de légumes, une livre de pain et un demi-setier de boisson; on ne mangeait de viande qu'en cas de maladie.

Le costume était de l'étoffe la plus grossière et consistait en une robe de bure de couleur blanche, sur laquelle se portait un scapulaire noir.

De bons rapports de voisinage s'étaient établis entre les religieux de Foigny et le seigneur et les habitants d'Origny, et ceux-ci contribuèrent largement à l'édification de l'abbaye. Les seigneurs de la maison d'Origny avaient mis, dès le début, leur influence et leur fortune au service du pieux fondateur de ce monastère. Barthélemy savait pouvoir compter sur leur absolu dévouement et les employait aux négociations délicates que nécessitaient les débuts difficiles de ses nombreuses fondations religieuses. C'est ainsi que Robert d'Origny fut témoin de la confirmation, faite en 1126 par cet évêque, d'une donation à l'abbaye de Clairfontaine. Son successeur Herbert figura, en 1142, comme témoin à la charte du même prélat, contenant acceptation par l'abbaye de Saint-Vincent de Laon des biens dont Renaud de la Fère, chevalier, lui fit don. Et par un acte qui fait suite à la donation consentie par Elbert, vidame de Laon, au profit de l'abbaye de Foigny, d'une partie de la forêt d'Origny, nous voyons le même Herbert et Hugues, son frère, céder à l'abbaye leur part de dîme sur la portion de forêt donnée. Deux autres de leurs frères, Bernard et Odilon, font le même abandon par autre acte. Ces donations furent publiées et énoncées par une charte de l'évêque Barthélemy.

La maison d'Origny avait un grand renom de piété et jouissait dans le pays d'une légitime considération ; plusieurs de ses membres s'étaient distingués dans les croisades comme le prouve la croix de leur blason. Ces nobles seigneurs portaient pour armes : *d'argent à la croix ancrée de sable chargée en cœur d'une losange du champ.* Leur écu a été reproduit sur le médaillon qui décore la façade de l'Hôtel de Ville d'Origny.

Herbert laissa la seigneurie à Hescelin qui paraît être son fils et qui consentit dans trois chartes de l'an 1147, de Simon, évêque de Noyon, à la donation faite par Jean de Levergies, à l'abbaye de Clairfontaine, de la dîme de Wiencurt, qui mouvait de lui. Il adhère ensuite à la donation entière faite par le même sieur de Levergies, de cette terre de Wiencurt. Hescelin avait lui-même donné à l'abbaye de Foigny la dîme sur une partie des terres qu'il possédait au territoire de Vilencel ; puis, par une charte du cartulaire de cette abbaye, passée par Gaultier, évêque de Laon en 1167, il donna, du consentement de ses fils et de ses filles, la dîme de toutes les autres terres sur ledit territoire de Vilencel.

Hescelin avait un frère du nom d'Evrard, qui vivait vers 1145 et qui laissa un fils appelé Gérard.

Hescelin mourut en 1170, laissant trois fils et plusieurs filles. Nous avons quelques renseignements sur ses fils.

L'ainé Robert d'Origny, chevalier, seigneur d'Origny, épousa Marguerite de Apia ou d'Eppes, qualifiée *dâme* dans une charte de l'abbaye de Foigny, en 1144.

Nous savons, par une autre charte de 1174, de Adélide, abbesse d'Origny-Sainte-Benoîte, que Robert vendit à l'abbaye de Foigny tout le terrage qu'il avait sous la suzeraineté de l'abbaye de Sainte-Benoîte, au territoire de Vilencel *au champ près du champ Sancti-Vedasti*. Cette vente eut pour cautions Robert, doyen de Laon ; Raoul, frère dudit Robert d'Origny, chanoine de Saint-Benoît ; Philippe, leur frère ; Nicolas, clerc ; Vivian, mayeur du lieu. Pour cette terre, l'abbaye de Foigny dut payer à l'abbaye suzeraine quatre sols *en bonne monnaie*.

Le frère de Robert, Raoul, chanoine de Laon, dont le nom figure dans cette vente, signa une autre charte de Roger, évêque de Laon, en 1183, en faveur de l'abbaye de Clairfontaine, une autre de Bernard, archidiacre de Laon, en 1187, qui figure au cartulaire de l'abbaye de Saint-Vincent de Laon, et il scella de son sceau, en l'an 1215, un accord entre les abbayes de Saint-Michel et de Foigny, qu'il avait été chargé de concilier par l'évêque de Laon dès l'année 1203.

Le troisième fils d'Hoscelin était ce Philippe qui figure avec Raoul dans la vente faite par leur frère Robert à l'abbaye de Foigny, en 1174.

A la même époque vivait un Renier ou René d'Origny (1209) qui appartenait certainement à la famille de ces seigneurs et qui avait épousé Ozilie d'Erblancourt, laquelle avait pour frères Jean et Guy d'Erblancourt et pour sœurs, Mathilde, femme de Renier de Gessard, et Odeline, mariée à Jean de Vuilanies.

Un autre membre de la famille d'Origny était, en même temps que Raoul, pourvu d'un canonicat de l'église de Laon. Par son testament en date de l'année

1214, Ebalus d'Origny, chanoine, donne à Aélide, sa nièce, et aux filles de celle-ci, cent soldées de terre à prendre chaque année, après sa mort, sur le revenu de deux de ses vignes sises au terroir de Vauxmeron, localité située entre les communes actuelles de Beaulne et Chivy.

Il paraît que le seigneur d'Eppes, père de Marguerite, était devenu propriétaire d'une partie de la forêt d'Origny et y exerçait certains droits seigneuriaux, car dans une charte de l'année 1188, Pierre, abbé de Bonne-Fontaine, déclare que Guy, seigneur d'Eppes, et sa femme Marguerite, Guillaume, Guy et Vaubert, ses fils, ont donné à l'abbaye de Foigny une *modié de terre, avec la superficie de la forêt libre de tout usage de ses hommes à Origny*, et une vigne à Martigny, près Laon. Les termes de cette donation sont assez obscurs et ne nous permettent pas d'apprécier l'étendue des droits appartenant sur Origny à ce seigneur.

Quoi qu'il en soit, ce fut Guy ou Wy d'Origny, enfant né du mariage de Robert et de Marguerite de Apia, qui prit, à la mort de son père, le titre de chevalier seigneur d'Origny et qui réunit entre ses mains toute la seigneurie.

Il ne nous reste, nous l'avons dit, d'autre souvenir de la part que prirent ces seigneurs aux Croisades, que la croix que porte leur écu, aucun document ne nous renseigne sur leurs exploits en Terre-Sainte. Il nous est tout aussi difficile de savoir quel rôle ils jouèrent dans la guerre que soutint Louis le Gros contre les Allemands, dans ses expéditions en Flandre contre la bourgeoisie révoltée, et en Picardie contre Thomas de Marle.

Ceux d'entre eux qui occupaient des charges ecclésiastiques à Laon furent assurément mêlés aux luttes entre l'évêque et le clergé d'une part, et la bourgeoisie et le peuple d'autre part, qui précédèrent et suivirent l'établissement de la commune dans cette ville. Nous avons tout lieu de penser qu'ils n'appuyèrent pas les légitimes revendications du peuple.

La révolution fut violente dans toutes les villes du Nord, c'était là aussi que l'oppression était plus lourde.

Le peuple vivait dans une dépendance absolue de ses maîtres. Tout était grevé d'impôts arbitraires : la nourriture, le vêtement, la terre et l'eau ; ce n'était que péages aux portes des villes et au passage des ponts. Les chartes communales ne les abrogèrent pas tous ; nous verrons encore les seigneurs, au dix-huitième siècle, réclamer des droits de péage sur la rivière du Ton. On ne pouvait prendre un métier, bâtir une maison, faire aucun acte, en quelque sorte, de la vie civile, sans payer un droit au seigneur. On ne pouvait moudre son blé qu'au moulin du seigneur, cuire son pain qu'au four du seigneur ; on devait payer le cens et la taille pour sa maison, pour son terrain, pour sa personne et pour celles de sa femme et de ses enfants.

Si l'établissement des communes ne supprima pas ces droits exorbitants, la répartition, au moins, en devint plus équitable, le peuple fut assuré d'une justice moins arbitraire qui lui permit, en quelque sorte, de s'administrer lui-même et de se donner des chefs pour défendre ses libertés.

Ce ne fut certes pas sans de grands sacrifices d'argent arrachés au peuple que les seigneurs consentirent à la restriction de leur pouvoir absolu, et si Thomas de Marle, ce tyran si jaloux de son autorité, accorda aux populations de son domaine la charte libérale de Vervins, ce ne fut assurément pas sans compensation : il dut en coûter une grosse somme à la bourgeoisie émancipée.

C'est cette révolution qui valut à Origny le droit d'élire chaque année ses officiers municipaux. Le premier dimanche de janvier, à l'issue des vêpres, les bourgeois, les marchands et les laboureurs étaient convoqués, au son de la cloche, sur la place de l'Eglise, et, à la pluralité des voix, on choisissait un mayeur ou un maire chargé de l'administration de la communauté, et pour l'assister, un lieutenant du maire, deux échevins et un syndic. Le mode électoral adopté pour la nomination du maire était assez singulier. Le maire sortant présentait trois noms au choix des électeurs ; si aucun de ces noms n'avait le don de plaire à l'assemblée, les électeurs désignaient trois autres noms eux-mêmes et le maire sortant devait choisir son successeur parmi ces derniers. Les autres officiers municipaux étaient présentés par le maire élu.

Les pouvoirs des officiers de la commune étaient limités aux simples actes d'administration des biens des pauvres et de la communauté ; les résolutions importantes devaient être prises par l'assemblée générale des habitants convoqués par le maire. Ces assemblées, en raison même du nombre de ceux qui les composaient, étaient parfois tumultueuses et une simple cabale suffisait à entraver toute discussion. La majorité nommait alors des commissaires à qui elle déléguait ses pouvoirs pour examiner les affaires sur lesquelles on n'avait pu se prononcer.

Le pouvoir judiciaire restait aux mains des officiers de la seigneurie ; eux seuls avaient le droit de faire les règlements de police et d'administration et d'en assurer l'exécution. Cette confusion du pouvoir judiciaire et administratif donnait lieu à des abus de toutes sortes et obligeait les justiciables à appeler fréquemment des décisions des juges locaux devant la juridiction supérieure que, très heureusement, le roi venait de créer. Origny ressortissait du grand baillage de Vermandois et du siège de Laon, tandis que plusieurs communes voisines, Ohis, Lahérie, Foigny, relevaient du siège de Ribemont. Origny était, depuis peu, passé sous la suzeraineté de la maison de Coucy, et, comme tous les domaines de cette seigneurie, restait attaché au présidial de Laon.

Par cette organisation nouvelle, le roi, souverain justicier de son royaume, était directement représenté par un grand-bailli qui seul avait la connaissance des cas royaux. Toutes les causes des tribunaux inférieurs, soit civils, soit ecclésiastiques, venaient par appel devant lui. A lui seul appartenait le jugement des personnes nobles, lesquelles ne pouvaient jamais décliner sa compétence.

Dans l'origine, le grand-bailli tenait à Laon deux plaids par semaine ; ils furent par la suite réduits à une assise par mois. Il était assisté de conseillers de son choix ; plus tard, on lui nomma un lieutenant pour le représenter et un procureur du roi, plus un lieutenant particulier et, en 1552, un lieutenant criminel.

Il existait alors, à Laon, une grosse tour construite en 938 par Louis d'Outre-Mer, dont elle conserva le nom. Philippe-Auguste la fit réparer en 1207, elle s'élevait à l'angle actuel de la rue du Bourg et de la place de l'Hôtel-de-Ville. Elle avait environ vingt-cinq mètres de hauteur, son diamètre était de dix-sept mètres. A côté de cette tour et y attenant était le palais de la cour du roi qui servait de résidence au grand-bailli et contenait les salles de justice.

Le roi s'était réservé la grosse tour comme *glèbe* du pouvoir souverain qu'il avait sur la ville et sur la province. De cette tour relevaient les principaux fiefs et seigneuries du pays. Les terres, châtellenies et seigneuries de Marle, La Fère, Soissons, Rozoy, Origny, Montcornet, Nizy-le-Comte, Coucy-le-Château et un grand nombre d'autres *mouvaient du roi en fief à cause de la grosse Tour de Laon.*

A côté et en dessous de la haute juridiction du grand-bailli, siégeaient plusieurs autres justices spéciales : le Prévôt, le Présidial, la Maîtrise des eaux et forêts, et toutes servant d'asile à une foule de fonctionnaires de tout ordre, non salariés par l'État, mais retirant de leurs charges de gros émoluments prélevés sur les justiciables de la façon la plus abusive. Cette confusion devait durer jusqu'à la fin de la monarchie française.

Par l'organisation judiciaire qu'il donna à sa province de Vermandois, Philippe-Auguste porta un coup sensible à la puissance féodale ; si les seigneurs conservèrent leurs prévôts et leurs baillis, ils ne furent plus que des officiers inférieurs dépendant des prévôts et des baillis royaux ; c'était un pas vers l'unité.

Les croisades avaient répandu en Europe la lèpre, cette hideuse maladie qui fit, pendant plusieurs siècles, tant d'horribles ravages parmi les populations. La lèpre fut si générale en France que l'on y compta bientôt jusqu'à deux mille léproseries ou maladreries. Pour éviter la contagion, on confina les lépreux dans des endroits écartés et on leur interdit toute communication avec le reste de la population.

La municipalité d'Origny, d'accord avec les officiers de la seigneurie, installa les siens dans quelques chaumières établies dans la rue qui a conservé le nom de rue de la Maladrerie ou *de la Maladrie*, par abréviation, à l'endroit où se trouve située l'habitation de l'auteur de cet ouvrage, sur le petit cours d'eau que formait la fontaine du *Champ-Mayeur*, qui prit alors le nom de fontaine du *Ladre*.

Les lépreux étaient, pour ainsi dire, frappés de mort civile : ils étaient solennellement retranchés du monde. Le curé allait avec son clergé chercher le lépreux à sa demeure, le conduisait processionnellement à l'église où il entendait la messe, tenant un cierge allumé à la main ; au sermon, le prêtre l'exhortait à prendre son mal en patience et à le supporter courageusement en vue de la vie éternelle, puis il lui interdisait la *hantise et fréquentation des gens sains et aussi de ne plus entrer ès églises, mais seulement lui était permis faire ses dévotions au portail d'icelles ayant la face couverte.* Ce fait, on conduisait le malheureux à la demeure qui lui était assignée, le curé fermait la porte sur laquelle il jetait trois pelletées de terre comme sur une tombe. A partir de ce moment, le lépreux ne devait plus avoir aucune communication avec les vivants. On lui passait ses aliments au moyen d'un long bâton ; sa famille, ses enfants ne devaient plus avoir aucun contact avec lui.

La lèpre sévit cruellement en France jusque vers 1490. Sans disparaître entièrement, elle devint plus rare à cette époque et se présenta avec des caractères moins graves. Successivement, les maladreries et les léproseries disparurent et leurs revenus furent attribués, par différents édits, aux hôpitaux maintenus dans les villes d'une certaine importance.

CHAPITRE V

Suite de l'histoire des maisons suzeraines d'Avesnes et de Coucy. — Les censes de l'abbaye de Foigny ; sa grande fortune. — Mort de Barthélemy, prince d'Écosse, à Foigny. — Translation de la châsse de saint Maur à Origny. — Le Bienheureux Alexandre. — La fontaine des Fièvres.

Grâce à la force que la royauté avait acquise à l'intérieur par l'établissement des communes, Philippe-Auguste (1185) put soutenir avec éclat la lutte entreprise par son père contre la puissance envahissante de l'Angleterre ; le dévouement qu'apportèrent à son service les milices communales, celles du Soissonnais et du Laonnois particulièrement, lui permit d'écraser l'armée de l'empereur d'Allemagne au pont de Bovines, le 27 août 1214.

Ces guerres ensanglantèrent souvent la Thiérache. En 1185, la lutte fut très vive du côté de la Flandre ; le comte de Flandre s'avança jusqu'à Marle et ravagea en passant les terres de Jacques d'Avesnes, brûlant plus de cent villages et des meilleurs.

Jacques avait garni de bonnes troupes les abbayes de Bucilly, Saint-Michel et Clairfontaine, dont il avait l'*avouerie* (1) ; il ne put cependant les préserver du pillage et de l'incendie et ne fut pas plus heureux dans

---

(1) Les abbayes chargeaient de leur défense un puissant seigneur de leur voisinage qui, moyennant certains avantages, devenait leur avoué.

la défense de sa seigneurie d'Origny : le poste fortifié qu'il y entretenait fut forcé, le village tout entier et la chapelle de Saint-Cyr furent livrés aux flammes.

Mais bientôt les préparatifs de la troisième croisade fournirent à l'esprit aventureux de ce seigneur une occupation digne de lui. Il mit tous ses soins à l'organisation de ses équipages. Cette expédition devait terminer sa carrière.

A la suite de Philippe-Auguste et de Richard Cœur-de-Lion, dit l'historien de la croisade, « se trouvait Jacques d'Avesnes, qui, soit au service du comte de Hainaut, soit dans ses longs débats avec ce prince et le comte de Flandre, s'était acquis une telle réputation que non seulement les Hennuyers, mais encore les Flamands et les Brabançons, tous, au nombre de sept mille guerriers, voulurent combattre sous ses ordres. Il se trouva au siège de Saint-Jean-d'Acre et y sauva l'armée chrétienne, lors du retour offensif de Saladin sur les croisés victorieux qui s'étaient dispersés pour piller. Sur la fin du siège, Jacques d'Avesnes campa avec ses gens vis-à-vis de la tour *maudite* qu'on avait appelée ainsi de ce que la tradition voulait qu'on y eût battu la monnaie qui fut payée à Judas Iscariote, comme prix de sa trahison. C'était un des postes les plus périlleux du siège, mais Jacques s'y maintint avec honneur. Saint-Jean-d'Acre pris, il suivit Richard Cœur-de-Lion au siège d'Ascalon et fut présent à la bataille terrible où Saladin arrêta à la tête de trente mille infidèles l'armée des chrétiens. A cette bataille livrée sous les remparts d'Assur, se trouva aussi l'illustre Renaud de Coucy, l'un des plus valeureux chevaliers de l'armée.

« Jacques d'Avesnes, comme Renaud de Coucy, trouva la mort dans cette bataille, au milieu des circonstances les plus héroïques. Il commandait l'aile droite à la tête des Hennuyers, des Flamands, des Brabançons et des Hollandais, et ce fut lui qui commença l'attaque.

« Dans la mêlée qui fut horrible, il se distinga parmi les plus intrépides, inspiré sans doute qu'il était par la présence des remparts où, dans la première croisade, un héros de sa race, Gérard d'Avesnes, avait trouvé la palme du martyr. » Mais ici laissons parler M. Michaux, d'Avesnes, le judicieux auteur de la chronologie historique des seigneurs de cette maison : « Déjà deux « fois, dit-il, Jacques d'Avesnes avait enfoncé les es- « cadrons ennemis, quand, emporté par son courage « en faisant une troisième charge, il fut attaqué par « un Sarrazin de grande force qui lui coupa la jambe « d'un violent coup de hache. »

Le héros, néanmoins, se soutint encore quelque temps, il ne cessa pas même de combattre jusqu'à ce que son bras droit fut abattu d'un coup de cimeterre. Alors, accablé par la multitude et couvert de blessures, il tomba expirant en criant : « O Richard, venge ma mort ! » Exaspérées et ne respirant que vengeance, ses troupes se ruèrent avec rage sur l'ennemi qu'elles battirent complètement, aidées d'ailleurs par les autres corps de l'armée chrétienne qui se signalèrent aussi à l'envie. La victoire fut le fruit de tant de valeur et de tant d'efforts.

Après le combat, on retrouva parmi les morts le corps du seigneur d'Avesnes horriblement mutilé. Le lendemain, il fut enseveli dans la chapelle de la Vierge, à Assur; tous les Croisés assistèrent à ses funérailles qui furent faites avec pompe. Jacques fut sincèrement pleuré par Richard qui composa un panégyrique pour vanter son courage et ses vertus.

Jacques d'Avesnes laissait après lui une postérité brillante. De son mariage avec Améline il avait eu quatre fils : Gauthier, qui devint seigneur d'Avesnes et de Guise, Guy, Bouchard et Jacques, et quatre filles qui épousèrent des seigneurs du voisinage.

Améline, pour honorer la mémoire de son époux, fit de nombreuses donations aux églises et particulièrement à celles d'Origny, de Foigny et de Bucilly. Elle sut conserver sur Gauthier et ses autres enfants une autorité qu'elle devait à sa haute sagesse autant qu'à leur piété filiale, et il paraît qu'elle garda l'administration des seigneuries de Guise et Lesquielles, ses domaines particuliers; et qu'après la mort de son époux elle reprit le titre de *dame de Guise, par la clémente miséricorde de la dispensation suprême.*

Dans son château elle était entourée d'une sorte de cour, composée de chevaliers et d'écuyers qui l'assistaient dans le jugement des affaires que ses vassaux et ses hommes liges portaient devant elle. Elle prolongea sa vie jusqu'au delà de l'année 1202.

Gauthier II fut, comme son père, un seigneur puissant et respecté. Il fut appelé comme témoin à une foule d'actes importants et fut le premier feudataire du Hainaut qui signa les chartes octroyées par Baudouin, comte de Flandre, à la fin du douzième siècle (1).

Il prit la croix en 1202 contre les Albigeois et se trouva deux ans après à la bataille de Bouvines où il parut au nombre des chevaliers portant bannière.

Suivant quelques auteurs, le sire de Guise et d'Avesnes aurait suivi en Terre-Sainte son suzerain le comte de Flandre, lors de la quatrième croisade, et aurait assisté au siège de Constantinople par les Latins, puis, dans le partage que firent entre eux les Croisés des provinces conquises, il aurait eu pour lot l'île d'Eubée ou Négrepont. D'autres veulent qu'il ne soit passé en Palestine qu'en 1216, c'est-à-dire douze ans plus tard,

---

(1) CATRIN, *Histoire du Nouvion.*

et affirment qu'il y fit grand bruit par sa valeur. Arrivée sur la plage syrienne, l'armée des Croisés s'étant divisée en quatre corps par suite du manque de vivres, Gauthier fut mis à la tête de l'un d'eux, dans lequel, outre les milices belges et celles de Thiérache, se trouvèrent les chevaliers du Temple et de l'Ordre Teutonique. Il fonda avec eux, au pied du mont Carmel, le célèbre château des pèlerins qui devait servir plus tard de pied-à-terre aux Chrétiens qui visitaient la Terre-Sainte, puis il partit pour l'Egypte, où son ardeur, aidée du savoir-faire de ses soldats, contribua à la prise de Damiette.

A son retour en Europe, il trouva Marguerite de Blois, sa femme, devenue héritière du comté de Blois et de plusieurs autres fiefs pour lesquels il prêta le serment de vassalité au roi de France, en 1222. Cet héritage le rendit aussi puissant dans le royaume de France qu'il l'était dans les provinces de Belgique. Les successeurs de Gauthier II choisirent la ville de Blois pour leur résidence et contribuèrent à l'embellissement du château devenu si célèbre dans nos fastes historiques (1).

Pendant que les sires d'Avesnes et de Guise donnaient à leur maison ce degré de grandeur, les héritiers de Thomas de Marle augmentaient dans les mêmes proportions la puissance de la maison de Coucy.

Enguerrand II, son fils et successeur dans la seigneurie de Coucy et le comté de Marle, dans les seigneuries de Crécy, Vervins et La Fère, continuait sans vergogne les usurpations de son père et s'appropriait audacieusement de nombreux domaines appartenant au clergé. Mais s'il dépouillait certaines abbayes, il se plaisait à en enrichir d'autres. Il enlevait à

---

(1) CATRIN, *Histoire du Nouvion*.

l'abbaye de Saint-Jean, de Laon, des manses, des villas et des censes qu'il ne restituait que sous les coups de l'anathème, et il comblait de ses libéralités les abbayes de Prémontré, de Thenailles et de Clairfontaine.

Enguerrand II prit part à la seconde croisade et mourut en Palestine, nous ne savons dans quelles circonstances.

Raoul Ier, son fils, lui succéda en 1147. On le désigne dans plusieurs chartes sous le nom de Raoul de Marle, parce qu'il résidait souvent dans cette ville. C'est dans les premières années de son règne que la ville de Vervins prit de l'importance. Ce fief n'était qu'un village resserré dans l'étroite vallée qui s'étend au pied de la ville actuelle, lorsque le sire de Coucy entreprit, en 1163, d'en faire une place de résistance.

Les habitants transférèrent leurs demeures sur la hauteur voisine, que Raoul fit entourer d'une muraille flanquée de vingt-deux tours. Puis il accorda à la nouvelle ville une charte qui compléta son organisation civile.

A l'exemple de son père, Raoul enrichit l'abbaye de Thenailles. C'est le moment où se multipliaient les établissements des Cisterciens et où surtout l'abbaye de Foigny donnait un magnifique essor à l'activité agricole et industrielle.

Secondé dans ce prodigieux mouvement par les richesses que la maison de Coucy mit à son service, cet établissement prit alors un développement merveilleux.

Gossuin était mort le 4 juillet 1147 et la crosse abbatiale avait été remise à l'abbé Robert, que Jean-Baptiste de Lancy prétend être issu de la maison de Coucy.

L'événement qui donna le plus de lustre à son gouvernement fut la retraite de Barthélemy, qui, après trente-huit ans d'épiscopat, vint prendre à Foigny l'habit religieux (1150) (1).

Le nom de cet illustre prélat est resté en grande vénération dans nos campagnes de la Thiérache, c'est lui qui les a tirées de l'état de barbarie où elles étaient plongées et qui leur a fait faire le premier pas vers la civilisation en contribuant à leur défrichement et à leur culture.

La fin de sa vie fut attristée par d'injustes persécutions de la part de ses successeurs sur le siège épiscopal de Laon.

A sa mort, les religieux de Foigny le pleurèrent comme un père, ils lui firent de magnifiques funérailles et dérogèrent, en sa faveur, à la règle qui défendait d'enterrer les simples moines dans leur église. Son corps fut inhumé au milieu du sanctuaire, en face du maître-autel.

Robert, à l'exemple de son prédécesseur, sut, par une administration éclairée, augmenter les richesses de l'abbaye et lui créer un magnifique domaine territorial.

Pour exploiter leurs terres, les moines créèrent de beaux et vastes établissements agricoles qu'ils appelèrent *censes* ou plus communément *granges*. Un nombre déterminé de religieux, de *convers* principalement, y vivaient au centre de leurs travaux, avec le nombre d'ouvriers qu'il était nécessaire de s'associer. Au sein d'une enceinte murée se trouvait d'abord une chapelle pour les exercices de piété, puis tous les bâtiments d'exploitation rurale construits solidement et dans les proportions les plus amples. La partie principale était la *grange*, véritable monument dont on a peine à se faire une idée aujourd'hui, même en voyant

(1) Am. Piette, *Histoire de Foigny*.

les belles formes de notre époque. C'était quelquefois un bâtiment de trois cents pieds de long sur une largeur de quatre-vingts, divisé en parties inférieures et en parties supérieures par des voûtes solides que supportaient cinq rangées de colonnes. Dans un aussi vaste réservoir, spacieux comme une cathédrale, on pouvait conserver d'immenses quantités de récoltes.

A chaque cense ou grange était attribuée une quantité notable de terrain qu'elle devait exploiter. Chacune avait en outre sa *cloperie* ou partie de bois nécessaire à son usage. A la plupart étaient joints des étangs.

La grange de Foigny, dite la *Basse-Cour*, était comprise dans la même enceinte que le monastère ; une forte muraille en grès les environnait tous deux, et au midi la rivière du Ton leur servait de limite. Cette rivière se trouvait divisée en deux bras que l'on traversait sur six ponts de pierre. La cense possédait un moulin à farine, un tordoir et un moulin à foulon si utile à des religieux qui n'étaient vêtus que de laine. On y occupait seize charrues sur une étendue de cent soixante-douze muids de terre, le domaine comprenait en outre treize muids de pré et trois étangs. Le muid, mesure agraire d'alors, équivalait à quatre ares quatre-vingt-seize centiares (1). La cense de Foigny exploitait donc à elle seule sept cent soixante-deux hectares en terres et prés, sans compter les bois et les étangs.

Huit ou neuf autres fermes de ce genre entouraient l'abbaye sans compter les autres propriétés plus éloignées qui lui appartenaient. Nous devons citer entre autres :

Aubenton-la-Cour, situé entre Foigny et Etréaupont, qui occupait dix charrues sur une étendue de quatre-

---

(1) Am. Piette, *Histoire de Foigny*.

vingt-dix-neuf muids de terre, avec treize muids de pré et quelques bois qui formaient sa *cloperie*.

Landouzy-la-Cour, qui comprenait, pour dix-sept charrues, une étendue de cent quatre-vingt-deux muids de terre et onze muids de pré, sans compter le territoire de Belle-Perche qui en fut détaché plus tard.

Belle-Perche, qui forma au treizième siècle une cense indépendante avec trois étangs. Elle occupa trois charrues sur quatre-vingts muids de terre et pré et quinze muids de bois.

Et enfin *Eparcy*, vaste territoire que Barthélemy avait obtenu à titre d'échange de l'abbaye de Saint-Martin de Tournay, en 1137.

A cette époque, le village de Landouzy-la-Ville n'existait pas encore et son territoire était confondu dans celui d'Eparcy ; il n'en fut distrait qu'en 1168, à la demande de Raoul de Coucy, du consentement de l'abbé Robert.

Après ce démembrement, Eparcy contenait encore cent quarante-cinq muids de terre, formant le labour d'environ quatorze charrues, vingt-deux muids de pré et soixante et un muids de bois.

Plusieurs étangs y furent creusés sur la rivière du Ton et sur le ruisseau de la Bachelotte ; ils servirent à faire mouvoir plusieurs établissements industriels, entre autres une forge, un fourneau, un tordoir et un moulin.

Foigny possédait quantité d'autres domaines. En réduisant à la mesure nouvelle la contenance de toutes ces propriétés, on trouve que l'abbaye était propriétaire en terres, bois, vignes, prairies, étangs, etc., de *onze à douze mille hectares*. Cet immense domaine était enrichi de nombreuses et importantes usines, savoir : quatorze moulins à blé, un moulin à foulon, deux tordoirs, trois fourneaux, trois forges, une brasserie, trois pressoirs, une verrerie et en outre deux ardoisières, une à Any, l'autre à Rimogne (1).

Tous ces établissements avaient été solidement construits par les moines qui avaient fait une étude spéciale de tout ce qui se rapporte à l'art de bâtir. Présentement encore, leurs grandes et fortes briques, dites de Saint-Bernard, figurent dans beaucoup de constructions à Origny et dans les environs. « On ne « peut, dit A. Piette, considérer sans étonnement ces « immenses travaux. Combien d'étangs, dont quelques-« uns pareils à de petits lacs, furent creusés par leurs « mains sur tous les points de leurs domaines ! »

Tous ceux qui ont écrit sur l'abbaye de Foigny louent, à bon droit, l'intelligente activité et la sage économie qui régnait alors chez ces religieux. « Ils élevaient, disent-ils, dans chaque ferme un grand nombre de chevaux outre ceux nécessaires au labour, et ils tiraient de la vente de ces animaux un grand profit ; ils avaient de bons troupeaux de moutons, des bestiaux de grande race et une foule d'animaux domestiques. Ils récoltaient du lin, du chanvre, du blé pour leur nourriture, de l'orge pour leur boisson. Non seulement ils subvenaient aux besoins et aux bienfaisances de l'abbaye, mais ils ne trouvaient pas dans la Thiérache d'assez nombreux débouchés, les chemins étaient sillonnés par de forts chariots à six chevaux qui transportaient leurs fers, leurs laines, leurs huiles, leurs froments dans toute la Picardie, dans le Hainaut, dans la Flandre jusqu'à Gand et Anvers ; ils avaient aussi des bateaux qui naviguaient sur la Sambre, la Scarpe et l'Escaut.

« Au milieu de ces travaux, les premiers moines de Foigny n'oubliaient pas les devoirs de leur vocation,

(1) Am. PIETTE, *Histoire de Foigny*.

Leurs aumônes étaient immenses : l'abbaye renfermait dans son enceinte un hospice toujours ouvert aux pauvres et aux voyageurs. Dans l'intérieur de la maison, de fervents religieux s'y sanctifiaient par le silence; il n'était pas rare de voir des abbés d'autres maisons y venir se confondre avec les simples moines, pour passer les derniers jours de leur vie dans un recueillement plus parfait (1). »

Les nombreuses reliques qui étaient déposées dans l'église de l'abbaye y attiraient constamment une grande foule de pèlerins. La châsse des reliques de saint Maur était surtout l'objet de la vénération des fidèles. Vers 1262 surtout, elle attira à Foigny un tel concours de pèlerins que la tranquillité des moines en fut troublée. L'abbé Mathieu dut faire transporter cette châsse en l'église d'Origny. Cette translation se fit en grande pompe, au milieu d'une foule considérable de fidèles accourus de pays très éloignés.

Les reliques de saint Maur détournèrent pendant longtemps, au profit de l'église d'Origny, la foule des pèlerins, et la solitude du cloître de l'abbaye ne fut plus aussi souvent troublée.

L'abbaye comptait alors cent moines et deux cents frères convers, qui étaient répandus dans les fermes et s'y livraient aux travaux de la culture.

Un de ces frères, nommé Alexandre, qui vécut et mourut sous l'abbatiat de Mathieu, a brillé par sa naissance et sa sainteté d'un tel éclat que son souvenir s'est conservé jusqu'à nos jours en grande vénération dans la contrée (2).

Ce religieux appartenait, dit-on, à la famille royale d'Ecosse : il avait quitté furtivement la cour avec une

---

(1) Am. Piette, *Histoire de Foigny.*
(2) Id., *ibid.*

de ses sœurs nommée Mathilde. Ils passèrent la mer et arrivèrent dans les environs du monastère de Foigny.

Le jeune Alexandre fut admis dans l'abbaye, tandis que sa sœur allait se retirer à Lappion, où elle vécut dans la retraite la plus profonde. Alexandre n'avait pas fait connaître son illustre origine, mais sa piété profonde le fit bientôt distinguer, et il fut admis à faire profession en qualité de frère convers, et fut dès lors employé à la garde des bestiaux de l'abbaye. On raconte que le jeune religieux affectionnait particulièrement d'aller s'asseoir, tout en surveillant son troupeau, sur la bordure de la forêt longeant le vaste étang de Foigny, à l'endroit où jaillit encore une source limpide que l'on a nommée la *Fontaine des Fièvres*.

C'est non loin de là qu'un jour, dans une circonstance périlleuse, Alexandre fit preuve d'un courage digne de ses nobles ancêtres. Hugues, seigneur de Rumigny, avec une suite nombreuse, se livrait au plaisir de la chasse dans ces parages, sa meute poursuivait un sanglier de taille énorme qui vint s'acculer près de l'endroit où Alexandre gardait ses porcs. Hugues et les seigneurs qui l'accompagnaient, descendus de cheval et la dague au poing, hésitaient à attaquer ce farouche animal qui, le poil hérissé, l'œil en feu, éventrait les chiens qui l'approchaient et menaçait les chasseurs de ses formidables défenses. Ce spectacle réveillant au cœur d'Alexandre les souvenirs des chasses royales auxquelles il avait pris part dans sa première jeunesse, le transporte d'ardeur, il saisit une pique des mains du seigneur de Rumigny et marchant droit au terrible animal il l'étend à ses pieds.

Hugues, émerveillé du courage du religieux, le pressa dans ses bras et voulut savoir son nom et son origine, mais Alexandre, étouffant le sentiment d'orgueil qui l'avait embrasé un instant, s'éloigna sans révéler son secret. « Qui que tu sois, lui dit le noble seigneur, tu n'étais pas né pour être un gardien de bestiaux. »

Alexandre vécut plusieurs années à Foigny, donnant l'exemple de la vertu la plus édifiante. Le mystère de sa naissance ne fut dévoilé qu'à sa mort, et il fallut, pour le lui faire avouer en cet instant suprême, l'ordre formel de son supérieur.

Il mourut dans un âge peu avancé, le 4 mai 1229. Il fut inhumé dans un caveau du cimetière de l'abbaye, derrière le chœur de l'église. Les miracles qui s'opérèrent sur son tombeau déterminèrent, vers 1660, les moines à lui ériger un monument plus digne de sa naissance et de sa renommée. Ils placèrent sur sa tombe une table de marbre noir, soutenue par quatre colonnes élevées d'un mètre environ, et sur ce marbre ils gravèrent l'inscription suivante :

ICI
REPOSE LE CORPS
DU BIENHEUREUX
ALEXANDRE, PRINCE
DU SANG ROYAL D'ÉCOSSE
MORT EN ODEUR DE SAINTETÉ
LE 4 MAI 1229

Pour protéger ce tombeau, les religieux le couvrirent d'une petite chapelle qui, jusqu'à nos jours, a conservé le nom du frère convers (1). Chaque année, pendant une neuvaine qui commence le quatrième jour du mois de mai, elle reçoit un grand nombre de visiteurs qui se rendent ensuite à la Fontaine des

(1) Am. PIETTE.

Fièvres, boivent de ses eaux et gravent sur les arbres qui l'entourent leurs noms et le signe du salut. Ils se plaisent aussi à planter sur le mur extérieur de la chapelle du bienheureux Alexandre, dans les interstices des briques, de petites branches de feuillage, premières pousses du printemps, qu'ils cueillent aux buissons voisins.

CHAPITRE VI

Fondation du village de Landouzy-la-Ville. — La suzeraineté d'Origny passe de la maison d'Avesnes à celle de Coucy. — Suite des seigneurs d'Origny. — La pierre tombale de Raoul de Coucy à Origny. — Le fief du Molendart.

La maison de Coucy fut en quelque sorte la protectrice née de l'abbaye de Foigny ; elle présida à ses premiers développements, contribua à ses premières richesses et n'abandonna à personne, dans la suite, le soin de veiller sur ses intérêts.

Les dons des seigneurs de Coucy établirent de fréquents rapports entre eux et les abbés, mais non sans toutefois amener des difficultés assez sérieuses de temps à autre.

En l'année 1130, Thomas de Marle donna à perpétuité aux religieux le droit de passage sur ses terres. Enguerrand II renonça à la rente qui lui était due en sa qualité d'avoué. Mais Raoul Ier ne se montra pas aussi généreux que son père ; au contraire, il éleva très haut ses prétentions : en 1168, il demanda aux religieux, pour prix de ses services, la concession d'une partie du territoire d'Eparcy, afin d'y bâtir une ville, dont lui et l'abbé seraient les seigneurs communs.

Cette demande fut soumise à la délibération de la communauté, assistée des abbés de Vauclair, de Bohéries et de l'Aumône. L'honneur de contribuer à la fondation d'une ville qu'on croyait sans doute destinée à devenir florissante, le mauvais état des terres qu'il s'agissait d'aliéner, et surtout la haute influence des volontés de Raoul, entraînèrent le consentement des religieux.

« Il fut décidé que l'abbaye abandonnerait à Raoul, seigneur de Marle, à ses successeurs et non autres, trois cents muids environ de terres et bois dans la partie méridionale du territoire d'Eparcy, afin d'y bâtir une ville.

« Que cette nouvelle seigneurie, la justice, le terroir, ban, forfaiture, assises, cens, rentes et tous les profits seraient communs à Foigny et au seigneur de Marle; qu'ils seraient partagés entre eux par égales portions, sauf et réservée la dîme tant grosse que menue et la grande place du lieu, lesquelles appartiendraient à l'abbaye seule comme seigneur primitif.

« Que le seigneur de Marle serait tenu de faire foi et hommage à Foigny pour ladite moitié de seigneurie procédant du domaine de l'abbaye.

« Que l'abbaye donnerait une place sur la rivière d'Aubenton, pour y construire un moulin banal, à condition que la pêche de la rivière appartiendrait à l'abbaye seule.

« Que le maire de la ville serait établi d'un commun consentement et qu'il prêterait serment de fidélité aux deux seigneurs.

« Que la grange pour mettre le terrage serait commune, bâtie à frais communs, et qu'il y serait établi des serviteurs communs.

« Que le seigneur de Marle ferait bâtir une maison pour lui en forme de château pour servir de défense audit lieu et que l'abbaye en ferait autant de son côté.

« Enfin, que si, par cas fortuit, ladite ville venait à être détruite, la moitié de la seigneurie aliénée retournerait à l'abbaye. »

Cette convention, à peine conclue, fut aussitôt mise à exécution. On défricha au centre du nouveau territoire un bois appelé la *Haye-Commune*, et ce fut sur cet emplacement qu'on jeta les fondations de la nouvelle cité qui prit le nom de Landouzy-la-Ville, à cause de sa destination et par opposition à Landouzy-la-Cour, la cense de l'abbaye.

Les deux seigneurs, pour attirer les habitants, firent annoncer dans la contrée qu'ils donneraient un héritage à quiconque viendrait s'établir dans leur ville ou sa banlieue, sans y mettre d'autre condition que le paiement annuel de certains droits seigneuriaux. Pour donner à leurs promesses plus d'autorité, ils publièrent une charte communale où leurs droits et privilèges ainsi que ceux qu'ils concédaient aux bourgeois furent consignés. On répondit de toutes parts à leur appel, et bientôt de nombreuses maisons s'élevèrent, les rues prirent un aspect animé, cent charrues sillonnèrent ces vastes champs longtemps incultes ; des marchés eurent lieu sur la grande place le mercredi de chaque semaine, avec deux foires par an, les 15 février et 15 septembre.

Malgré l'heureuse réussite de cette fondation, Landouzy ne prit jamais un bien grand essor. Son sol peu fertile, les misères du temps, les ruines qu'il dut subir dans les guerres, à différentes époques, et la pauvreté de ses habitants laissèrent ce village végéter dans une prospérité médiocre (1).

Comme Enguerrand, son père, Raoul Ier mourut en combattant les infidèles ; il fut tué, si l'on en croit plusieurs historiens, au siège de la ville d'Acre, en 1191. Son corps, rapporté en France, fut déposé dans l'abbaye de Foigny. Il aurait été inhumé, ajoute-t-on, sous la première arcade du cloître, contre la sacristie ;

---

(1) MOREAU, *Histoire de Coucy*.

sa tombe n'était distinguée que par une croix sculptée.

Une curieuse pierre tombale, découverte il y a quelques années à Origny, dans la maison de M. Dentier-Gaucher, nous permet de dire avec plus de certitude que Raoul Ier trouva la mort, non pas au siège de Ptolémaïs ou Saint-Jean-d'Acre, mais au siège d'Ascalon, quelques mois plus tard, vers 1191.

Cette pierre provient assurément de l'abbaye de Foigny, comme la grande partie des matériaux qui ont servi à la construction des maisons édifiées à Origny au commencement de ce siècle ; elle est en forme de dalle et mesure soixante-seize centimètres de longueur sur cinquante-trois de largeur. Enchâssée dans le pavé de la principale pièce de l'habitation, contre le seuil, elle se trouve malheureusement exposée à une complète détérioration, par suite du frottement continuel des chaussures de tous ceux qui pénètrent journellement dans la maison. Déjà une notable partie de l'inscription qu'elle porte a disparu et le reste, si l'on n'y prend garde, sera bientôt effacé.

M. Edouard Piette avait fait remarquer à M. Dentier, il y a une vingtaine d'années, l'importance historique de ce monument et l'avait prié de le faire placer dans un endroit où sa conservation fût mieux assurée. M. Dentier, paraît-il, a toujours reculé devant la légère dépense que lui aurait occasionnée ce travail. Mais, tout récemment, nous avons nous-même adressé la même prière à M. Louis Dentier, son fils, et nous espérons avoir été mieux compris.

« Malgré tout, dit M. Piette, l'œuvre du graveur n'est pas tellement effacée qu'il ne soit possible de reconstituer l'inscription presque dans son entier.

« En haut de la dalle se trouve un écusson fruste, dans lequel on croit reconnaître quelques vestiges du blason des Coucy, *fascé de vair et de gueules de six pièces.* En bas, deux ossements en sautoir et une tête de mort accompagnée de larmes; et enfin, au milieu, l'épitaphe de Raoul Ier, gravée en lettres capitales, que l'on peut traduire ainsi :

CI-GIT
RAOUL, SEIGNEUR DE
COUCY, MARLE
MORT AU SIÈGE D'ASCALON
DONT LE CORPS A ÉTÉ RAPPORTÉ ICI
L'AN DE NOTRE SEIGNEUR
MCLXXXXII
AU MOIS DE JUILLET.
QU'IL REPOSE EN PAIX.
AINSI SOIT-IL !

Nous reproduisons dans la planche ci-contre le fac-simile de cette pierre tombale, en indiquant en caractères pointillés la partie de l'inscription qui est effacée.

Nous avons dit que plusieurs historiens et dom de Lancy, l'illustre abbé de Foigny, entre autres, ont écrit que la tombe de Raoul était dépourvue d'inscription et n'avait d'autre marque distinctive qu'une croix gravée.

Dom de Lancy écrivait en 1671, il est donc absolument sûr que l'inscription de la pierre d'Origny est postérieure à cette date et l'on peut dès lors conjecturer qu'elle doit son origine à une époque assez rapprochée de nous. L'examen de l'inscription elle-même, la forme des caractères, le modèle de l'écu, les attributs funèbres qui y figurent, permettent de dire, avec une presque certitude, qu'elle date du commencement du dix-huitième siècle et qu'elle pourrait bien être due à Thomas Huot, qui fut prieur de Foigny de 1722 à 1742, et qui, durant ces vingt années, se consacra à la recon-

HIC JACET
RADULPHUS DOMINUS DE
COUCI MARLE
CUIUS IN OBSIDIONE
ASCALON OCCUMBENTIS
CORPUS HUC DELATUMEST
ANNO DOMINI
MCLXXXXII
MENSE JULIO
REQUIESCAT IN PACE
AMEN.

struction du monastère presque tout entier et à son embellissement (1).

Avant de partir pour la Terre-Sainte, Raoul avait fait, selon l'usage, des libéralités aux églises, aux couvents, et réglé entre ses enfants, nés de son mariage avec Alix de Dreux, le partage de ses terres et seigneuries de la manière suivante :

« Moi, Raoul, seigneur de Coucy, je veux faire savoir à tous présents et à venir que, prêt à partir, afin de ne laisser à mes enfants aucun motif de discorde, relativement à leur portion d'héritage, de l'avis des hommes honorables qui m'entourent, j'ai disposé de mes terres ainsi qu'il m'a paru juste de le faire. C'est pourquoi j'ai donné à Enguerrand toute ma terre, afin qu'il en jouisse en paix et sans réclamation. J'en excepte certaines parts qui seront assignées à mes autres enfants comme il suit : Je veux que mon fils Thomas possède sans aucune contradiction Vervins, Fontaine, Landouzy, qu'il prélève soixante livres sur les vinages de Vervins et de Landouzy, et que pour tous ces biens il soit homme-lige de son frère Enguerrand... »

Enguerrand III devint ainsi seigneur de Coucy, de Marle, de La Fère, de Crécy et bientôt après comte de Roucy et du Perche ; mais comme il était en bas âge, sa mère, Alix de Dreux, se chargea de l'administration de ses domaines et de ceux attribués à Thomas, son second fils.

Landouzy était devenu une cause fréquente de discussion entre la maison de Coucy et l'abbaye de Foigny. Dans le partage des revenus de ce domaine, le seigneur de Coucy prenait toujours la part du lion.

Guilbert, qui venait de succéder à Robert dans la charge abbatiale, voulut secouer le joug qui lui était

(1) A. Piette.

imposé. Il s'opposa à la prise de possession de Landouzy par Thomas, seigneur de Veryins ; il s'appuyait sur le contrat de donation qui n'avait été passé en faveur de Raoul et de ses successeurs qu'autant qu'ils seraient seigneurs de Marle.

Le procès fut porté devant l'évêque de Tournay, délégué par le pape pour juger ce différend. Après de longs débats, la moitié de la seigneurie de Landouzy fut maintenue dans les mains de Thomas.

Le pays souffrait alors de la guerre engagée entre Robert, seigneur de Pierrepont, et Nicolas, seigneur de Rumigny. Alix de Dreux prit parti pour son vassal Robert et envoya la commune de Marle à son secours.

Enguerrand, devenu majeur, s'était affranchi de la tutelle de sa mère et, au mépris du testament de Raoul, avait commencé par mettre la main sur les terres de Vervins et de Fontaine attribuées à Thomas, son frère, mais il fut obligé de les lui restituer en 1205.

En l'année 1202, il avait épousé Eustachie, fille de Robert Guiscard, comte de Roucy, et le frère de celle-ci étant mort sans enfant, il prit le titre de comte de Roucy.

Enguerrand, plein de rudesse et d'ambition, se complaisait, comme ses ancêtres, dans l'abus de la force et ne pensait qu'à arrondir ses domaines.

Trois ans après son mariage, il se sépara de sa femme pour en épouser une autre, Mathilde de Saxe, veuve de Godefroy du Perche, petite-fille de Henri II, roi d'Angleterre, et d'Eléonore de Guyenne, fille du duc Henri de Saxe et de Mahaud d'Angleterre. Cette brillante union lui valut le comté du Perche et d'autres domaines auxquels ses usurpations ne tardèrent pas à ajouter encore de vastes territoires.

Sa fiévreuse activité ne pouvait le laisser indifférent à la guerre contre les Albigeois, il y prit une part très vive.

Devenu veuf au retour de cette expédition, il entra en pourparlers avec Philippe-Auguste au sujet d'un mariage qui devait augmenter sa fortune dans des proportions considérables. Baudouin, comte de Flandre, empereur de Constantinople, venait de mourir, laissant son comté à ses deux filles Jeanne et Marie, les plus riches héritières de la noblesse de l'époque.

L'aînée surtout, Jeanne, était vivement recherchée par tous les puissants seigneurs de la féodalité, mais la jeune comtesse était sous la garde noble du roi de France, son suzerain, et Philippe ne voulait donner l'héritière d'un si puissant fief qu'à l'un de ses dévoués serviteurs. Enguerrand III s'étant mis sur les rangs, le roi lui prêta son appui et un traité préliminaire fut secrètement conclu afin d'assurer les rapports respectifs de la France et du nouveau feudataire. Ce projet rencontra une vive opposition dans les Flandres et la veuve du comte Baudoin finit par décider le roi de France à donner la main de la jeune héritière au prince Fernand de Portugal.

Enguerrand dut porter ailleurs ses prétentions et demanda Marie, fille de Jean de Montmirail, qui lui apporta en dot la terre de Condé-en-Brie et quelques autres biens. A la mort de ses deux frères, Marie demeura seule héritière des seigneuries de Montmirail, Oisy, Crèvecœur, La Ferté-Ancoul, Gandelu, de la vicomté de Meaux, de la chastellenie de Cambray qui tombèrent ainsi dans la maison de Coucy (1212).

Enguerrand était au pont de Bouvines, le 27 août 1214; il prit une part glorieuse à cette mémorable journée à la tête de vingt-huit chevaliers vassaux de sa seigneurie.

Son activité le mêla, peu de temps après, à la querelle du prince Louis, fils de Philippe-Auguste, avec Jean Sans Terre. Il n'en tira d'autre profit que d'encourir les censures de l'Eglise, dont il ne fut absous qu'en l'année 1219.

Après avoir pris part à une deuxième expédition contre les Albigeois et s'être trouvé au siège de Toulouse, Enguerrand s'appliqua à embellir ses domaines et à régler, par des arrangements amiables, quelques différends de frontières qu'il avait avec les seigneurs, ses voisins.

Le seigneur de Guise et d'Avesnes avait conservé jusque-là la suzeraineté d'Origny. Enguerrand, de son côté, comptait dans ses domaines tout le territoire d'Etréaupont qui s'avançait comme un coin dans les possessions du sire d'Avesnes, ce qui constituait, pour ce dernier, de fréquents embarras.

Gauthier II profita du calme qui régnait alors dans les Flandres et dans le Nord de la France, pour proposer à Enguerrand une rectification de leur frontière commune sur ces deux points. Des arbitres furent nommés de part et d'autre : Aubert, abbé de Braine, et Hues, *oisons de Marle*, pour Enguerrand, et Augustin d'Avesnes pour Gauthier. Après de laborieuses négociations, ces arbitres se mirent d'accord, et, au mois de décembre 1223, conclurent une convention en vertu de laquelle, et *pour le bien de paix à garder entre eux*, Enguerrand abandonnait à Gauthier la suzeraineté de tout le territoire que *messire Gilles, chevalier d'Estrées, avait en la ville d'Estrées, outre Oise ;* en contre-échange, le comte de Blois, sire d'Avesnes, cédait à Enguerrand, *au plus près de son domaine, du consentement de Monseigneur Wy, d'Origny, toute la ville d'Origny, outre Aubenton, vers Yrecon, si comme elle est maintenant, avec toute la maison de Monseigneur Wy, chevalier*. Cet échange fut juré et approuvé *par les maïeurs et eschevins de l'une et l'autre ville*.

C'est ainsi qu'Origny fut réuni aux domaines de la maison de Coucy et fut incorporé au comté de Marle. Le seigneur de Guise ne conserva sur le territoire de notre commune que la partie de forêt connue depuis sous le nom de bois des *Ronces*; le surplus de la forêt d'Origny fut attribué au comte de Marle, sire de Coucy, et fut désigné sous le nom de bois de *Marle* et plus tard s'appela bois du *Roi*, quand le comté passa aux mains des Bourbons de Navarre.

Il ne nous reste aucun souvenir des services de Guy ou Wy d'Origny, à la suite de ses puissants suzerains Gauthier d'Avesnes et Enguerrand de Coucy; nous savons seulement qu'il fut un des bienfaiteurs de l'abbaye de Foigny. En 1228, Henri, archevêque de Reims, déclare, dans une charte, que Guy, chevalier, seigneur d'Origny, a donné aux religieux, *pour la pitance*, un muid de blé, mesure de Ribemont, à prendre annuellement en la *grange d'Origny*, à la Toussaint. Cette donation fut confirmée par sa femme Alix ou Ogina.

Guy mourut vers 1230, laissant deux enfants, Robert et Marguerite.

Robert, troisième du nom, recueillit toute la succession paternelle et ne donna à Marguerite que les terres que son père possédait au territoire de Fontaine, lors de son mariage avec Henri, seigneur de Château-Porcien.

Nous savons, par une charte de l'official de Laon, qu'au mois de mai 1236, Robert, dit *Rufus*, vendit à l'abbaye de Foigny une rente de un demi-muid de blé, mesure du lieu, qu'il possédait sur la grange de *Vilanciaux*, moyennant cent sols parisis et ce, du consentement de Ogina, sa mère, et de Elisabeth, sa femme.

Dans une autre charte de 1244, Robert confirma en outre à l'abbaye la donation faite par son père et Marguerite de Apia, son aïeule. Robert eut grand besoin d'argent à cette époque, très probablement en raison des dépenses qu'il eut à faire pour monter ses équipages et armer ses vassaux pour la cinquième croisade dans laquelle il devait suivre le sire de Coucy, son suzerain. Dans la même année, il vendit, à Thomas de Coucy, seigneur de Vervins, les biens qu'il avait donnés en dot à sa sœur Marguerite. Mais, pour la dédommager de cette spoliation, il lui fit, en même temps, don, ainsi qu'à Henri de Château-Porcien, son mari, de treize livres de rente à prendre sur sa terre d'Origny. Cet arrangement fut approuvé par une lettre des donataires, de cette même année. Dans le cours du mois de novembre, Robert consentit au profit de l'abbaye de Saint-Jean de Laon la vente de ses droits de vinage à Courtecon et Melval, relevant de Robert, seigneur d'Eppes, qui intervint au contrat pour l'approuver.

Robert avait dû encore aliéner d'autres droits seigneuriaux, car, dans une charte du mois d'août 1248, Pierre Amiot, chanoine official de Laon, déclare que Philippe de Molendinis et Estienne, fils de Marie de Marle, écuyer, autorisent l'abbaye à envoyer ses troupeaux dans un canton d'Origny où ils possédaient la menue dîme, sans prélever aucun droit quelconque sur lesdits animaux, sous peine de cent livres parisis d'amende.

Nous ne savons trop ce qu'était cette famille de Molendinis, qui possédait un fief sur Origny ; il nous est cependant permis de supposer que les terres, sur lesquelles ces seigneurs accordaient à l'abbaye de Foigny un droit de pâturage, ne devaient pas être bien éloignées des propriétés de l'abbaye, et que, selon toute vraisemblance, il doit être ici question du canton, alors inculte, désigné aujourd'hui sous le nom de *Molendart*, dérivé, à coup sûr, du nom de *Molendinis*, de ses anciens seigneurs. Ce droit de *champiage* sur le *Molendart*, suite naturelle des bonnes terres que possédaient les religieux de Foigny sur les Hélins, était très avantageux pour leurs grands troupeaux de la cense de la *Basse-Cour*.

Il nous paraît démontré, par ce fait, que le nom de Molendart ne provient pas, comme on l'a cru jusqu'ici, d'un moulin édifié sur le mont abrupt qui domine ce canton et qu'aurait exploité un certain Edard. Nous n'avons pu relever, à aucune époque, le moindre souvenir de ce moulin.

La filiation des successeurs de Robert III n'est établie par aucun document certain. Nous trouvons, en 1246, un Roncelle d'Origny, qui signe une charte d'une donation faite à l'église Sainte-Marie-des-Vignes, au diocèse de Soissons.

Et une charte de Thomas de Coucy, du mois de juin 1250, cite un Philippe d'Origny, qui pourrait être le troisième fils d'Hescelin, comme possédant un fonds près de l'abbaye de Thenailles.

Jean d'Origny, chevalier (*de Origniaco miles*), possédait un fief dans la terre de Tournant, dont Anseau de Garlande reconnaît, en 1257, qu'il doit reporter l'hommage à l'abbé de Saint-Maur-des-Fossés.

Robert, quatrième du nom, et Gobert, dit le *Rotier*, paraissent, en septembre 1271, dans le cartulaire de Saint-Vincent, comme tuteur et curateur des enfants de Marie de La Valette de La Niscourt, veuve de Jean Wibert d'Erlon.

Le même Robert d'Origny est encore cité dans des lettres, de la veille de Saint-Remy 1276, du bailli de Vermandois, comme possédant un manoir dans la mouvance de Robert de Résigny.

Robert IV mourut avant l'année 1300, laissant la seigneurie d'Origny à son fils Nicaise.

CHAPITRE VII

Suite de l'histoire des seigneurs de la maison de Coucy et des seigneurs directs d'Origny. — Prise et ruine d'Aubenton. — Dévastations en Thiérache par les Anglais et les Allemands.

Malgré le serment qu'il prêta, le 3 novembre 1225, entre les mains du sire de Montpensier, de continuer sa fidélité à l'enfant qui, à la mort de Philippe-Auguste, allait devenir roi de France, Enguerrand paraît avoir été tout d'abord l'âme de la conspiration des grands contre l'autorité royale, qui signala les débuts de la régence de Blanche de Castille.

Mais, s'il fut un moment coupable, il revint bien vite de ses écarts ; car, dès 1236, il s'unit au roi contre Thibaut de Champagne, et il prit part, en 1241, aux fêtes brillantes où le roi convia sa chevalerie à Saumur.

L'année suivante, lorsque le roi convoqua, à Chinon, le ban général de la noblesse, afin d'aviser à une expédition, devenue nécessaire, contre les Anglais, Enguerrand s'engagea avec empressement à tenir pour la couronne, contre les entreprises de Henri III. Il se disposait même à rassembler ses troupes quand, traversant à gué la rivière de Gercy, il fut renversé de cheval et projeté sur son épée qui, dans la secousse, s'était échappée du fourreau. Enguerrand, enferré jusqu'à la garde, expira aussitôt. Quelques jours après, sa dépouille mortelle était portée en grande pompe à l'abbaye de Foigny et déposée près des cendres de son père.

Enguerrand, à qui l'histoire accorda le surnom de *Grand*, fit preuve de supériorité dans l'administration de ses domaines et sut accroître son illustration par les plus remarquables alliances. La chevalerie française perdit en lui son plus brillant représentant (1).

De ses différents mariages, Enguerrand laissait plusieurs enfants; son fils aîné, Raoul II, né de son union avec Marie de Montmirail, lui succéda dans la seigneurie de Coucy (1242).

Ce seigneur épousa Philippe de Ponthieu, veuve du comte d'Eu. En 1248, il accompagna saint Louis dans la cinquième croisade.

Après s'être embarqué, ainsi que le roi, à Aigues-Mortes, Raoul eut une traversée heureuse jusqu'en Chypre, où il passa l'hiver auprès d'Henri de Lusignan. Là, les frais que nécessita le renouvellement de son équipage de guerre le mirent dans un dénuement, alors commun à une foule de barons, et le forcèrent d'emprunter une somme considérable à des commerçants génois.

Le 13 mai 1249, Raoul fit voile vers l'Egypte, où il arriva seulement, avec la flotte royale, dans les premiers jours de juin. Les Sarrazins attendaient les Croisés sur le rivage; « *ils étaient si nombreux que leurs flèches obscurcissaient les airs comme une épaisse nuée.* » Bientôt le roi, qui s'était jeté dans les flots, fut aux prises avec l'ennemi. Coucy et d'autres chevaliers vinrent se ranger à ses côtés, et leur vaillance leur valut la conquête de la rive.

Le sire de Coucy entra dans Damiette un des premiers aux côtés du roi, entouré d'une nombreuse

---

(1) MOREAU, *Histoire des sires de Coucy.*

chevalerie dans laquelle figurait le seigneur d'Origny.

Raoul se signala encore d'une manière éclatante, lorsque, quelques mois plus tard, l'armée s'avança vers le Caire, mais ce fut la fin de sa carrière. Il faisait partie de l'avant-garde avec Robert d'Artois, frère du roi ; tous deux pénétrèrent audacieusement dans Mansourah, suivis d'une faible escorte, pensant se rendre facilement maîtres de la ville ; mais, entourés par les Musulmans, ils tombèrent, après avoir vaillamment combattu, sur un monceau de cadavres (1250).

Raoul n'avait pas d'enfants ; son frère, Enguerrand IV, lui succéda.

Le nouveau sire de Coucy était d'un orgueil démesuré, jaloux de ses prérogatives seigneuriales, grand amateur de chasse ; il punissait cruellement les offenses dont il croyait avoir à se plaindre.

On raconte que trois jeunes étrangers, venus en France pour achever leur éducation sous la tutelle de l'abbé de Saint-Nicolas-aux-Bois, chassant un jour sur le domaine de l'abbé, et s'étant égarés dans les bois du sire de Coucy, furent saisis par les forestiers et conduits vers Enguerrand. Leur jeunesse, leurs larmes supplièrent en vain pour eux, la sentence ne se fit pas attendre. Le lendemain, les corps de ces malheureux se balançaient sans vie au plus haut de la tour du donjon féodal.

Les prérogatives des grands vassaux, suzerains en leurs fiefs, interdisaient au roi de s'immiscer dans leurs arrêts judiciaires ; cependant le roi Louis, informé de l'acte de cruauté d'Enguerrand, résolut de l'en punir : il le fit arrêter et enfermer dans la grosse tour du Louvre. Toute la noblesse de France intervint pour sauver Enguerrand et réclama le respect de ses privilèges. Le roi n'osa ordonner la mort du coupable et le condamna seulement à une réparation pécuniaire.

Cette punition ne corrigea pas le sire de Coucy. Peu de temps après, il fit saisir deux domestiques de l'abbaye de Saint-Nicolas qui, dans cette affaire, avaient déposé contre lui, et les fit pendre encore. Enguerrand évita la punition de ce nouveau crime par l'abandon qu'il fit à l'abbaye de plusieurs portions de bois.

Comme ses prédécesseurs, Enguerrand s'attacha à augmenter ses possessions par d'ingénieux échanges et par d'avantageuses acquisitions. Il termina aussi quelques contestations pendantes avec les seigneurs, ses voisins, et quelques communautés religieuses. C'est ainsi qu'il accorda, en 1271, à l'abbaye de Foigny une charte par laquelle il lui reconnaissait la possession franche et entière de propriétés, maisons, terres et prés situés à Marle ou à Vervins.

Louis IX n'eut jamais de sympathie pour Enguerrand et le tint constamment éloigné de sa cour, mais il reprit faveur sous ses successeurs Philippe III et Philippe IV.

Toutefois, il ne put, en raison de son grand âge, prendre part à la guerre de Flandre et échappa ainsi à la sanglante défaite de la noblesse française à Courtrai.

Ses vassaux, au moins, s'étaient joints aux armées de Philippe le Bel. Nicaise d'Origny, « *de la baillie de Vermandois* », servait dans l'armée de Flandre dès 1302 et dut se retirer sain et sauf du désastre de Courtrai, car, sur sa quittance, il fut ensuite payé de ses gages par le trésorier de l'armée.

A la suite de cette funeste bataille, la frontière fut envahie par les Flamands et l'on n'entendit plus parler, par toute la Thiérache, que de brigandages, de meurtres et d'incendies. Origny et Foigny, que leur situation exposait aux premières courses, furent occupés par l'ennemi et l'abbaye n'échappa au pillage qu'au moyen d'une forte contribution.

Philippe le Bel, qui était toujours à court d'argent, fit souvent appel à la bourse d'Enguerrand. En dernier lieu, il lui écrivit à l'occasion de la disette qui rendit si difficile l'hiver de 1304 à 1305.

Le roi avait publié un édit qui défendait de vendre le setier de froment plus de quarante sous parisis, et il invitait Enguerrand à prévenir les accaparements et à faire porter les blés sur les marchés.

Enguerrand vécut encore jusqu'en 1311. Par son testament, il laissait vingt livres à chacune des léproseries de Coucy, Tracy, Vauxaillon, Bassoles, Blérancourt, La Fère, Marle, Vervins, La Ferté-Ancoul et Lizy.

Le seigneur d'Origny ne dut pas survivre de beaucoup à son suzerain ; ses dernières années furent assombries par le spectacle, qu'il eut sous les yeux, de la misère profonde du pays. L'année 1316 avait été désastreuse, des pluies continuelles avaient gâté les moissons et fait pourrir les récoltes. Il en était résulté une grande disette et une cherté excessive des vivres, ce qui fit périr beaucoup de monde.

Nous ne connaissons pas l'époque exacte de la mort de Nicaise, nous savons seulement qu'il laissa plusieurs enfants, au nombre desquels :

1° Hugues, qui lui succéda dans la seigneurie d'Origny ;

2° Pierre, qui, probablement par mariage, devint homme de fief du château de Guise ;

3° Wiant ou Wiart, qui fut attaché, en 1339, à la garde des villes de Thiérache. Il dut souvent lutter contre les bandes dévastatrices de Jean de Hainaut. Wiant comptait aussi au nombre des hommes de fief du château de Guise, ce qui résulte des énonciations d'un acte du 16 juin 1348. Il dut laisser un fils Nicaise d'Origny, qui fut, en 1370, écuyer de la compagnie du vidame de Chartres.

Nous savons, par une charte de 1334 de Thomas de Provins, bailli de la terre de Guise, que du temps de son prédécesseur, Hénot de Tainière, une discussion s'était élevée entre les abbayes de Saint-Michel et de Foigny, au sujet de réparations urgentes à faire au pont de Blissy, qu'aucune des deux maisons ne voulait prendre à sa charge. Que Pierre d'Origny et Jean de Marly, fondés de procuration, l'un pour Saint-Michel, l'autre pour Foigny, comparurent devant le bailli de Guise, le mercredi jour de la fête de saint Andrieu, l'an de grâce 1334, et qu'il fut décidé que le pont de Blissy, que le comte de Blois venait de faire reconstruire, serait payé par les deux abbayes, mais que « *dore en avant à tous jours et perpetuellement les religieux de Foigny seraient tenus à faire ledit pont de tout chose qu'il y appartenra à faire* ».

Pierre d'Origny assista encore, en qualité d'homme de fief du château de Guise, en 1335, à la vente faite par Renaud de Rouvroy au comte d'Avesnes, des droits qu'il avait dans les bois de son comté.

Enguerrand IV, lui, n'avait pas laissé d'enfants et avec lui s'éteignait la première branche de la maison de Coucy. Ses domaines passèrent à ses neveux, Enguerrand et Jean, enfants d'Alix de Coucy, sa sœur, épouse d'Arnoul, comte de Guines.

Enguerrand V eut pour sa part : Coucy, Marle, La Fère et quelques autres seigneuries. On connaît peu sa vie, il semble n'avoir pris aucune part aux événements politiques qui agitaient alors le royaume (1).

(1) MOREAU, *Histoire des sires de Coucy.*

Il eut pour successeur dans les seigneuries de Coucy, Marle et la Fère, son fils aîné Guillaume (1321).

De ce seigneur, nous ne connaissons, non plus, rien de remarquable. Il mourut en 1335 et fut, comme son père, inhumé à Prémontré.

Guillaume laissa six enfants qui vécurent ensemble dans une union parfaite et qui jouirent, par indivis, des nombreux domaines de la maison de Coucy, qu'administra Enguerrand, l'aîné, avec le titre de sire (1335 à 1346).

Enguerrand VI reprit les traditions chevaleresques de ses ancêtres et y ajouta un nouveau lustre.

Il contracta une alliance illustre par son mariage avec Catherine d'Autriche, fille de Léopold Ier, duc d'Autriche, et de Catherine de Savoie et par conséquent petite-fille d'Albert Ier et arrière-petite-fille de Rodolphe de Habsbourg.

Le roi Philippe de Valois avait négocié ce mariage, Enguerrand lui en garda reconnaissance, et lorsque plus tard Philippe fit appel aux grands feudataires du royaume pour repousser l'invasion d'Edouard III d'Angleterre, il fut l'un des premiers à venir se ranger sous sa bannière.

Le roi Edouard avait vainement attaqué Cambrai, il divisa son armée et envoya un détachement sous les ordres de Jean de Hainaut, du sire de Fauquemont et de Jean Chandos pour surprendre le château d'Oisy.

Ce Jean de Hainaut était le propre neveu du comte de Hainaut, qui, lui, tenait pour le roi de France.

Philippe avait appris, de sa résidence de Compiègne, que le roi d'Angleterre « *ardoit et exiloit* » la Picardie et la Thiérache ; il ordonna aux sires de Coucy et de Ham de partir pour leurs terres afin de les préserver et dirigea une armée sur Guise et Ribemont. Il y eut au château d'Oisy un grand assaut, mais Enguerrand repoussa l'ennemi avec vigueur. Les Anglais et les Flamands traversèrent le Vermandois, franchirent l'Oise et lancèrent, pour se venger de leur échec, des *routes* ou bandes dévastatrices jusqu'aux portes de Saint-Quentin, de Laon et de Coucy. « *Ils ardèrent Saint-Gouvain (Saint-Gobain) et la ville de Marle* », et saccagèrent les petites villes, les villages et les *moustiers* et désolèrent horriblement les campagnes. C'était le commencement des maux terribles qui allaient fondre sur le pays.

Jean de Hainaut était un intrépide pillard, il ne respectait même pas le patrimoine de ses enfants. Il vint mettre le siège devant Guise. Sa propre fille, Jeanne, épouse du comte de Blois, y résidait. Elle se retira dans le château, décidée à s'y défendre vigoureusement. Néanmoins, Jean de Hainaut put s'emparer de la basse ville « *qu'il fit brûler entièrement,* dit Froissard, *et abattre les moulins quoique dans la forteresse fut madame Jehanne, femme au comte de Blois, nommé Louis, qui fut moult effrayée de l'arsure et qui le fit prier d'épargner la terre et l'héritage du comte son fils* ». Il paraît que, malgré cela, Jean se mit en devoir d'attaquer le château, mais Jeanne fit appel aux chevaliers et aux hommes d'armes de la garnison et se défendit avec une telle intrépidité que Jean de Hainaut, reculant devant le courage de sa fille, « *s'en retourna vers le roi d'Angleterre qui était logé en l'abbaye de Fervaques, ses gens courant partout et qui vinrent bien cent vingt lances d'Allemands jusqu'à Plomion en Thiérasse, une grosse plate ville, dont les gens s'étoient retirés dans les bois avec leurs effets et fortifiés de bois coupez et qui y furent attaquez et forcez après s'être défendus et tout ce fort village fut à la mercy des Allemands commandés par Fauquemont* (1). »

Pendant ce temps, un corps anglais, sous le commandement de l'évêque de Lincoln, brûlait Aspremont, Buironfosse, Foigny et, cela va sans dire, Origny, La Flamengrie, Leschelle, Le Nouvion, Saint-Michel, Marle et un grand nombre d'autres pays de Thiérache (1339). Les habitants d'Origny, les religieux de Foigny durent chercher leur salut dans la fuite, se retirèrent dans les bois ou quittèrent le pays.

Le roi Édouard avait quitté Fervaques pour venir loger avec tout son ost à Bohéries, tandis que ses gens pillaient et incendiaient aux environs. Mais, ayant appris que le roi de France s'approchait avec plus de cent mille hommes, il quitta prestement Bohéries et se dirigea vers La Flamengrie par Leschelle et Buironfosse. Arrivé à La Flamengrie, il s'arrêta et, appelant tous ses corps épars, réunit autour de lui quarante mille hommes avec lesquels il résolut d'attendre Philippe.

Le roi de France arriva sur les derrières du roi d'Angleterre à Buironfosse, le 20 octobre 1339. Une grande affaire allait donc s'engager, les deux monarques paraissaient désireux d'en venir aux mains. Le roi d'Angleterre avait envoyé à Philippe un héraut d'armes pour lui offrir le combat, lui laissant le choix du jour et du lieu. Le roi de France accepta le défi, mais, pour donner à ses troupes harassées le temps de se refaire, il fixa le jour de la rencontre au vendredi suivant.

Sur ces entrefaites, Enguerrand de Coucy était venu rejoindre le roi et, comme les autres chevaliers, se préparait à prendre une part vigoureuse au combat.

(1) Dom GRENIER.

Le vendredi donc, les deux armées se rangèrent en bataille dans l'immense plaine que domine La Capelle. Jamais on n'avait vu, de mémoire d'homme, une si belle assemblée de grands seigneurs. Parmi cette belle phalange on admirait Jean de Hainaut du côté des Anglais et, du côté des Français, le comte de Hainaut, Guy de Châtillon sire de Guise, Enguerrand de Coucy. Le roi de France avait autour de lui deux cent vingt bannerets, quatre rois, six ducs, vingt-six comtes, plus de quatre mille chevaliers et, des communes de France, plus de quarante-cinq mille hommes. « *C'étoit, dit Froissard, grande beauté à veoir, sur les champs, bannières et pennons voleter et chevaux couverts, chevaliers et escuyers armez moult noblement.* »

« *Comment de si belles gens d'armes, ajoute-t-il, se peuvent partir sans bataille.* » C'est cependant ce qui arriva, les deux armées s'observèrent pendant deux jours sans entamer l'action. Le soir du second jour, le roi d'Angleterre se dirigea sur Arras et Philippe gagna Saint-Omer, mit de bonnes garnisons dans ses places et donna congé à sa noblesse. Chacun regagna ses châteaux jusqu'à nouvelle *semonce* (1).

Cette *semonce* ne se fit pas attendre. Le roi de France ne pouvait oublier l'échec que son honneur avait reçu par l'envahissement de ses frontières, « *il subtilloit et imaginoit nuict et jour* » comment il pourrait se venger de ses ennemis et, *par spécial*, de Jean de Hainaut qui avait été l'auteur des ravages du Cambrésis, de la Thiérache et de la ruine de Guise.

Dès les premiers jours de 1340, Philippe mande à tous ses vassaux, pour la plupart ses parents, et à ses amis, de mettre sur pied une chevauchée et armée de compagnons sûrs, d'entrer dans les terres du sire de

(1) CATRIN, *Histoire du Nouvion*.

Hainaut et de les *ardoir sans nul deport* (1). Philippe fut obéi et plus de *cinq cents armures de fer* traversèrent les bois de la Thiérache et allèrent assaillir Chimay, dont ils brûlèrent les faubourgs. Ils pillèrent aussi les environs, puis se retirèrent à Aubenton pour partager leur butin.

Peu de temps après, Jean de Hainaut et le comte de Hainaut, qui s'étaient réconciliés, pour venger à leur tour cette injure, assemblèrent leurs troupes et vinrent attaquer Aubenton. La ville, qui n'était, en beaucoup d'endroits, fermée que par une mauvaise palissade, fut prise d'assaut malgré une défense vigoureuse. Elle fut livrée au pillage et tous les habitants, sans distinction d'âge ni de sexe, furent passés au fil de l'épée.

Philippe, apprenant cet événement, jura, dans sa colère, la perte du Hainaut ; sur son ordre, le duc Jean de Normandie, son fils, entra avec une forte troupe dans ce pays et mit tout à feu et à sang entre Cambrai et Valenciennes.

(1) CATRIN, *Histoire du Nouvion*.

CHAPITRE VIII

Souffrances de la Thiérache. — La gabelle. — La peste noire. — La Jacquerie. — Suite de l'histoire des seigneurs de la maison de Coucy et des seigneurs directs d'Origny. — Jean de Boconoé. — La pierre tombale de l'église d'Origny.

Pour subvenir aux frais de ces guerres, il fallait beaucoup d'argent. Philippe, pour s'en procurer, dut recourir à de nouveaux impôts. C'est alors qu'il créa la trop fameuse *gabelle*, l'impôt du sel, renouvelé des Romains : personne n'eut plus le droit de vendre du sel à moins de l'avoir acheté aux greniers du Roi.

Il fit aussi procéder à une refonte des monnaies, et établit une taxe sur la vente des marchandises.

Aux calamités de la guerre était venu se joindre un fléau non moins terrible, la peste noire. Toute l'année, elle ravagea la Thiérache, Origny en fut infesté, beaucoup de religieux de l'abbaye de Foigny succombèrent. Cette horrible maladie continua ses ravages les années suivantes ; la *troisième partie des hommes et des femmes de l'Europe* périrent. On voyait au loin le drap mortuaire flotter sur les clochers, ce n'étaient que convois funèbres sur les chemins, c'était, dit Monteil, un glas général. A la peste, succéda une famine si horrible qu'on mangea de l'herbe, des racines, des écorces d'arbres. Les récoltes étaient nulles et le commerce tellement abandonné que l'argent n'avait plus ni cours, ni valeur. On ne voyait partout que pauvres errants, pâles et amaigris, gonflés et moribonds, et traînant leur misère dans les champs et dans les bois. La communauté de Foigny vit ses frères convers réduits à douze, ses dernières ressources furent employées à soulager les malheureux.

Les affaires du royaume étaient dans le plus déplorable état. Le règne du roi Jean fut encore plus malheureux que celui de son prédécesseur.

La guerre avec l'Angleterre avait repris avec fureur. Enguerrand de Coucy continuait à combattre dans le parti du roi de France; il se trouva à la funeste bataille de Crécy et y perdit la vie, ainsi qu'un grand nombre de chevaliers appartenant à l'élite de la noblesse française (25 août 1346).

Le seigneur d'Origny, Hugues, fils aîné de Nicaise, servait dans les armées depuis qu'il avait l'âge d'homme, sous les rois Charles le Bel et Philippe de Valois; il est probable qu'il suivit à Crécy la bannière de son suzerain; peut-être y périt-il avec lui.

De nouveau, ces guerres avaient répandu dans toute la France des maladies contagieuses qui, trois ans après cette funeste bataille, se changèrent en une peste horrible qui désola tout le Laonnois et la Thiérache (1349). Pendant cinq ans, la mortalité fut si grande qu'on pouvait à peine enterrer les morts. Le mal attaquait de préférence les jeunes gens: il se formait sous les aisselles ou dans l'aine une espèce de bubon qui emportait le malade en trois jours. Des familles entières s'éteignirent, plusieurs villages virent périr tous leurs habitants. En même temps, les terres demeurèrent sans culture et il s'en suivit une affreuse disette.

Enguerrand VI ne laissait d'autre héritier qu'un enfant encore au berceau. Nous avons dit que les biens de la maison de Coucy n'avaient pas été partagés du vivant d'Enguerrand. Par le partage qui en fut fait après sa mort, le jeune Enguerrand VII demeura seul possesseur de la baronnie de Coucy, du comté de Marle, de la seigneurie de La Fère et de la terre d'Oisy en Cambrésis. Le jeune seigneur grandit sous les yeux de sa mère, et celle-ci prit soin d'éveiller de bonne heure, en son âme, une grande admiration des prouesses de ses ancêtres. Elle voulut aussi qu'il se distinguât dans l'étude des belles-lettres et des arts libéraux.

Lorsque Enguerrand parvint à l'âge de majorité, la France, épuisée d'efforts, était ravagée par la guerre. Au désastre de Crécy s'ajoutait le deuil de Poitiers (1356) et pour la seconde fois depuis la *Massoure*, la nation voyait son roi prisonnier. Les frontières de l'Etat étaient ouvertes et entièrement abandonnées aux courses de l'ennemi, ses bandes parcoururent impunément notre pays et y causèrent des maux infinis. La Picardie fut abandonnée au pillage et à toutes les fureurs de l'anarchie; la noblesse, loin de protéger les paysans, les accabla de vexations. Si les nobles et les grands, dans leurs fêtes, luttaient toujours de largesse et de courtoisie, la véritable victime des maux du temps était le peuple. C'était lui qui payait les rançons, lui qui donnait ses maigres bestiaux et ses misérables attelages, lui qui enfin, dépossédé de tout, se livrait personnellement en dernier ressort. Le peuple connaissait l'origine des maux de la patrie; il accusait les nobles et les seigneurs de ses malheurs. Il prit ses armes, des couteaux, des piques, des haches ou simplement ses instruments de culture, il s'insurgea, il s'organisa et courut sus à ses oppresseurs. Les villes se fortifièrent, les villages, les églises furent environnés de murailles, et la Picardie ne fut plus en quelque sorte qu'un vaste champ de bataille où la guerre civile et la guerre étrangère exerçaient leurs ravages.

Une partie des révoltés s'avança vers Paris, mais le Captal de Buch les atteignit près de Meaux et en fit un massacre épouvantable. Enguerrand VII se mit à parcourir ses domaines pour achever de les exterminer ; « ses terres, dit Melleville, avaient été le plus infestées par la sédition, elles furent aussi celles où les effets de la vengeance furent les plus terribles ». Le sire de Coucy, suivi d'une foule de chevaliers, fit pendre sans miséricorde tous les gens convaincus ou seulement soupçonnés d'avoir pris part à la *Jacquerie*. On ne put bientôt faire un pas dans les campagnes sans voir des cadavres d'hommes, de femmes et même d'enfants suspendus aux branches des arbres (1).

Les malheurs de la nation n'étaient pas à leur terme : le roi Jean, qui s'ennuyait en captivité, signa le désastreux traité de Brétigny. Il obtint la liberté, mais les chefs des plus illustres maisons de France allèrent prendre sa place en qualité d'otages. De leur nombre fut Enguerrand qui arriva près d'Edouard III précédé d'une brillante réputation d'esprit et d'élégance. Lorsque Jean, ne pouvant payer sa rançon, revint loyalement se mettre entre les mains d'Edouard, Enguerrand, qui assistait aux fêtes de réception, se fit remarquer par sa grâce à danser et à chanter.

Le roi d'Angleterre, charmé, voulut se l'attacher et lui donna en mariage sa seconde fille Isabeau avec le comté de Bedfort. Comblé de bienfaits et d'honneurs, Enguerrand revint en France à la mort du roi Jean et signala son retour dans les domaines de Coucy en affranchissant des droits de mainmorte et de formariage vingt-deux bourgs ou villages qu'appauvrissait une dangereuse émigration.

Enguerrand, dans la situation qui lui était faite par

---

(1) MOREAU, *Histoire de Coucy*.

son mariage avec la fille d'Edouard III, ne pouvait prendre part à la guerre qui reprenait entre les deux rois de France et d'Angleterre. Il s'en alla en Lombardie combattre contre les Visconti, et rendit des services très importants aux papes Urbain V et Grégoire XI.

Le bruit de ses exploits détermina le roi de France à lui conférer la dignité de maréchal dans l'espoir de se l'attacher, mais Enguerrand persista dans sa neutralité. Il nourrissait d'ailleurs le projet de faire valoir les droits qu'il tenait de la succession de sa mère au duché d'Autriche (1). Il ne tarda pas à mettre ce projet à exécution.

Ayant enrôlé sous sa bannière plus de soixante mille hommes composés en grande partie d'aventuriers des *Grandes Compagnies*, Enguerrand entra en Allemagne. Les Autrichiens se défendirent énergiquement et l'hiver, venant à leur aide, arrêta les opérations d'Enguerrand. Son armée souffrit beaucoup des rigueurs de la saison et du manque de vivres ; au printemps, il fut obligé d'en ramener les débris en France.

Les faveurs dont il fut l'objet à son retour, de la part du roi Charles V, le consolèrent de son échec et le déterminèrent à tirer enfin l'épée contre l'Angleterre. Il alla rejoindre en Guyenne le duc d'Anjou et, peu de temps après, le roi lui conféra le gouvernement de la Picardie.

Demeuré en faveur à l'avénement du roi Charles VI, Enguerrand apaisa, à Paris et en Picardie, une nouvelle sédition du peuple qui s'était armé de maillets pour assommer les collecteurs d'impôts (*révolte des Maillotins*), puis il alla combattre en Flandre et se trouva à Rosbecke, en 1382, où fut écrasée l'armée d'Arteweld.

(1) Moreau, *Histoire de Coucy*.

Cette expédition terminée, Enguerrand, dont les conseils étaient très estimés du duc d'Anjou, oncle du roi, fut appelé par ce prince en Italie, mais la mort du prince rendit inutiles les beaux faits d'armes auxquels il prit part.

Enguerrand revint en France et sur son conseil on songea à porter la guerre en Angleterre, mais l'expédition ne réussit pas.

En 1390, une expédition fut concertée entre les Français et les Génois contre les Maures d'Afrique, il y prit encore part.

Trois ans après, Enguerrand fut témoin de l'accès de folie qui frappa le roi dans la forêt du Mans ; sur son conseil, on appela près du monarque Guillaume de Harcigny, médecin de la ville de Laon, né au village d'Harcigny, qui jouissait d'une grande réputation. Cet habile praticien guérit une première fois le roi, mais une rechute rendit sa maladie incurable.

Une terrible invasion des Turcs menaçait la chrétienté, le sultan Bajazet avait juré de mener son cheval manger l'avoine sur l'autel de Saint-Pierre, de Rome. Les Hongrois, impuissants à arrêter l'envahisseur, demandèrent des secours à la France. Toute la jeune noblesse s'arma, le sire de Coucy fut chargé par le duc de Bourgogne de servir de mentor à son jeune fils désigné pour prendre le commandement de cette armée, qui se trouva bientôt réunie sur les bords du Danube (1396).

On remporta d'abord quelques succès, mais la division se mit dans l'armée et Bajazet, avec ses deux cent mille hommes, l'enveloppa et, malgré une défense acharnée, la défit complètement. Enguerrand, blessé à l'épaule, fut conduit prisonnier en Bithynie, où il mourut vers la fin de février 1397.

Enguerrand VII ne laissait aucun enfant mâle pour

lui succéder dans sa seigneurie, devenue une des plus importantes du royaume. La baronnie de Coucy se composait alors du comté de Soissons, des seigneuries de Marle, La Fère, Origny, Ham, Pinon, Montcornet, de l'hôtel de Coucy à Paris, du vinage de Laon, d'une rente de dix-huit cents livres sur le trésor royal.

Le seigneur direct d'Origny, Hugues, avait depuis longtemps laissé la seigneurie d'Origny à son fils Jacques. A l'exemple de son père, ce seigneur suivit son suzerain dans ses diverses campagnes et prit part à toutes les guerres des rois Jean et Charles V, ce qu'attestent de nombreux certificats et passe-ports des années 1355 et 1367.

Jacques avait un frère, Jean d'Origny, qui suivit aussi le métier des armes et fut reçu, le 11 septembre 1386, écuyer de la compagnie assemblée à Amiens par l'évêque de Beauvais.

Dans le même temps vivait à Origny Jean de Bocenoé, homme d'armes dont la pierre tombale existe encore dans l'église d'Origny. Il paraît que ce seigneur possédait un fief noble sur Origny, puisqu'il prenait le titre de seigneur en partie d'Origny, comme nous le révèle la pierre tombale de l'église d'Origny, dont nous allons parler. Aucun lien de parenté ne semble avoir existé entre lui et la maison d'Origny; tout au plus, peut-on supposer que sa femme, Isabelle, appartenait à cette famille.

Très vraisemblablement, Jean de Bocenoé était attaché à la garde des villes fortes de Thiérache et chargé de la défense du donjon d'Origny pendant que les seigneurs Hugues et Jacques étaient aux armées.

Il mourut et fut inhumé, ainsi que sa femme, dans la forteresse dont la garde lui était confiée. La pierre qui recouvrait la tombe de ces seigneurs a été retirée du pavage de l'église il y a quelques années et encastrée dans la muraille de l'un des bas-côtés de l'église. C'est une dalle taillée dans le marbre ardoisier que l'on trouve dans les environs de Glageon. Elle porte, grossièrement gravée, l'image de Jean et d'Isabelle de Bocenoé. Le costume de Jean de Bocenoé est l'habillement militaire du quatorzième siècle : genouillères, épaulières, brassards, jambards en acier poli et, comme on disait alors, *en miroir*, cotte d'armes recouvrant l'armure et tombant au bas des cuisses, ceinture au bas des reins soutenant l'épée (le poignard habituel ou *miséricorde* manque au côté droit), bouclier armorié suspendu au baudrier et bottes lamées à la *poulaine*.

Quant à la dame de Bocenoé elle n'est point habillée ni coiffée comme les femmes de 1375, date de sa mort mais absolument comme les grandes dames de la dernière moitié du treizième siècle. Elle est arriérée de cent ans avec sa *cotte hardie*, ou longue tunique qui descend jusqu'à ses pieds, et son grand manteau doublé d'hermine. C'est le costume d'Agnès de La Queue, femme du sieur du Trainel, qui vivait en 1286. Les dames de 1375 portaient, depuis longtemps, le *hennin* qu'ont conservé nos Cauchoises, avec le voile tombant par derrière sur la taille, la robe découpée carrément sur la gorge et dessinant les formes. Isabelle de Bocenoé n'a du quatorzième siècle que la ceinture orfévrée, dont les détails se laissent à peine deviner sous l'usure de la pierre. Au lieu du hennin de 1350 à 1380, elle porte le petit bonnet plat de 1260, avec les cheveux nattés, renflés sur les tempes et enfermés dans la résille du siècle précédent (1). Les dames de la Thiérache d'alors suivaient-elles donc la mode d'un pas si peu pressé ? Leurs descendantes, aujourd'hui si élégantes, la devanceraient plutôt.

(1) Ed. FLEURY, *Thiérache*.

PIERRE TOMBALE
de Jehan de BOSEN, Seigneur d'Origny-en-Thiérache et de Dame ISABELLE sa femme
(Fin du XIVᵉ siècle)
ÉGLISE D'ORIGNY.

Bocenoé a les pieds appuyés sur un chien accroupi, en témoignage de sa mort dans son lit ; les chevaliers tombés sur les champs de bataille posent d'habitude les pieds sur des lions. Des archéologues ont prétendu que le lion signifiait la force, la puissance et appartenait toujours au mari, tandis que la femme appuyait toujours les pieds sur un chien, symbole de soumission et de fidélité. Il ne faut pas exagérer la portée de ces emblèmes, puisque, sur la dalle d'Origny, Bocenoé a un lévrier sous ses pieds, tandis qu'à ceux de sa femme on aperçoit, à la place du chien, des végétations trifoliées (1).

Les images des seigneurs défunts sont entourées d'un motif architectural propre aux treizième et quatorzième siècles : une arcade soutenue par des colonnes, des anges encenseurs ou une main qui bénit, mais là le motif est plus que sommaire, la colonne effilée, le chapiteau sans grâce.

Le tout est entouré de l'inscription suivante : *Cy . gisent . Jehan . de . Bosen . . . . seigneur . d'Origny . en . partie . et . demoiselle . Isabelle . sa . femme . qui . tresspasa . en . l'an . de . grace . M . CCC . IIII*^{xx} *et . XV, le . XXII*[o] *jour . de . febrier . priez . pour . les . ames .*

L'écu de Jean de Bosen ou Bocenoé porte : *de... orlé et fleuronné de fleurs de lys issant et sans nombres de... a la bande de... chargée de trois aigles éployées de...* Les émaux ne sont point indiqués.

Jean de Bocenoé appartenait assurément à la famille des anciens seigneurs de Rumigny ; l'analogie frappante qui existe entre les armoiries gravées sur son écu et celles de cette famille le démontre très clairement. La famille de Rumigny portait pour armes : *d'or*

---

(1) Ed. Fleury, *Thiérache*.

au double trécheur fleuronné et contre-fleuronné de sinople à la bande de gueules brochant sur le tout (1). Il n'y a donc de différence entre ces armoiries et celles de Jean de Bocenoé que les trois pièces chargeant l'écu de celui-ci et qui semblent être des alérions. On peut supposer qu'un membre de la famille de Rumigny eut en partage la seigneurie de Bocenoé ou Bosneau, qui est un ancien fief situé sur la commune de La Neuville-aux-Tourneurs, et qui dépendait autrefois de la baronnie de Rumigny. Et il est tout naturel d'admettre que, devenu propriétaire de ce fief, il en ait pris le nom distinctif en modifiant les armes de sa famille par l'addition de celles de sa branche maternelle. Ainsi se trouverait expliquée la présence des alérions de Lorraine brochant sur les armes de Rumigny (2).

Toutes ces suppositions sont absolument confirmées par un document de 1255, dans lequel nous voyons un Jacques de Rumigny, seigneur de Bocenoé, chevalier, un ancêtre, assurément, de notre Jean de Bocenoé, faire le samedi avant Saint-Pierre et Saint-Paul, de cette année, donation à l'abbaye de Foigny de *cent sols sur le vinage d'Avesnes.*

Ce don fut confirmé au mois d'avril 1260 par Jean

---

(1) En termes héraldiques, on comprend sous le nom de :
Emaux, les métaux, les couleurs, les fourrures ;
Azur, la couleur bleue ;
Gueules, le rouge ;
Sinople, le vert ;
Sable, le noir ;
Champ, l'écu qui sert à mettre les armoiries ;
Alérions, aiglettes sans becs ni serres, figurant les ennemis désarmés et mis hors de combat ;
Bande, pièce *honorable* qui traverse l'écu dans la direction du tranché, c'est-à-dire de droite à gauche.
(2) MENNESSON, *La Thiérache*, p. 154.

de Châtillon, comte de Blois, seigneur d'Avesnes et de Guise, en sa qualité de suzerain du sire de Boconoé et de la maison de Rumigny, et l'approbation fut donnée le même jour par Nicolas, chevalier, seigneur de Rumigny, chef de la famille.

CHAPITRE IX

Ruine de la maison d'Origny, fin de sa chronologie. — La seigneurie directe d'Origny passe au seigneur de Monceau, au seigneur de Sainte-Preuve et au comte de Marle, suzerain.

Les premières années du quinzième siècle furent particulièrement calamiteuses : l'hiver de 1408 fut si rigoureux que, de mémoire d'homme, on n'en avait vu un semblable. Les voitures les plus lourdes passaient sur les rivières couvertes d'une épaisse couche de glace, les puits même gelèrent jusqu'au fond ; la plupart des arbres à fruits périrent et beaucoup de pauvres gens moururent d'inanition. Les troupeaux, le gibier, les oiseaux succombèrent sous la rigueur du froid.

Le seigneur d'Origny, Jacques, que la révolte des paysans et les déprédations des Anglais avaient déjà fort obéré, vit sa ruine achevée par les mauvaises années et les malheurs de la guerre civile. Aussi, ne laissa-t-il à ses cinq fils, nés de son mariage avec Louise de Montreuil, qu'un domaine absolument délabré. Il est à croire que de son vivant il avait déjà vendu une part de sa seigneurie, à Jean de Bocenoé peut-être, qui, ainsi, aurait bien été seigneur en partie d'Origny, comme l'indique son épitaphe.

Louis, son fils aîné, recueillit ce qui restait du fief paternel.

Pierre, le second, prit du service dans les grandes

compagnies. Il était en 1387 un des écuyers de la compagnie de Jean Le Mercier.

Jean, dont nous parlerons tout à l'heure, acquit par mariage une seigneurie en Champagne.

Adam, en 1373, prit part avec Baudoin de Bucquoi et Jean Boutillier à un accord fait entre les abbayes de Saint-Vincent et de Saint-Jean, de Laon. Il eut un fils aussi nommé Adam qui forma, à Reims et aux environs, une branche de peu de durée, et qui gagna dans cette ville un procès dont appel fut interjeté au concile de Bâle qui le condamna en 1432.

Colas, en 1418, fut écuyer de la compagnie de Pierre Boniface.

Louis, comme son père et ses frères, servit dans les armées du roi. Conduit en Bourgogne par les hasards de la guerre, il y forma un établissement et vendit ce qui lui restait de la seigneurie d'Origny au seigneur de Monceau-le-Viel, au sire de Coucy, comte de Marle, Enguerrand VII, son suzerain, et au seigneur de Sainte-Preuve.

Nous ne savons comment se fit cette cession ni d'une manière exacte comment fut divisée la seigneurie, nous savons seulement que les seigneurs de Monceau-le-Viel devinrent, à partir de cette époque, propriétaires du manoir féodal que les seigneurs d'Origny avaient édifié près du fort d'Origny, sur l'escarpement qui domine la rivière du Ton en face du Pont de la Cour, et qu'ils eurent dorénavant la seigneurie de l'ancien village d'Origny, comprenant toute la rive droite de la rivière. Nous savons aussi que le seigneur de Monceau eut dans son lot une partie des prairies de La Lucière et de Béchipré, des prés de La Maladrie, les terres du Champ-Mayeur, du Rieux-des-Caillaux et de la cense Malaise.

Le comte de Marle réunit à ses grands bois les

terres des Coutures, de la Chermoye, une part des prés de Béchipré et de La Lucière, avec les moulins d'Origny et du Haudevin en partie.

Et enfin la seigneurie de Sainte-Preuve fut composée du surplus des terres nobles d'Origny et s'étendit sur toute la rive gauche de la rivière jusqu'à la rue Chanteraine et au Haudevin, avec les Hélins et le Chaudron en partie, et une part du moulin du Haudevin.

La suite de la généalogie de la maison d'Origny ne présente plus dès lors pour notre histoire qu'un intérêt fort indirect. Cependant elle touche encore en de nombreux points à l'histoire des régions avoisinantes de la Champagne, et notamment de la ville de Reims. Et certes, nos lecteurs ne se plaindront pas, nous l'espérons, de savoir le rôle qu'ont joué, non sans éclat, dans les pays étrangers, plusieurs membres de cette famille qui fut si intimement liée aux origines de notre pays.

I. Jean d'Origny, troisième fils de Jacques, servit, en 1412 et en 1420, dans la compagnie qui fut successivement sous les ordres d'Amaury de Craon et de Jean de Boufller. Il devint, par son mariage avec Jeanne de Bourg, seigneur de Sainte-Marie-sous-Bourg en Champagne. Il fit aveu et dénombrement de cette seigneurie le 10 mars 1461 et le 16 juillet 1464. Il vécut fort âgé ; nous le trouvons encore en 1468.

II. Il laissa Jean d'Origny, deuxième du nom, seigneur de Sainte-Marie-sous-Bourg, de Mircocol, du fief de Bussy, de La Chappe. Ce seigneur servit d'abord dans les anciennes compagnies, puis à la création des compagnies d'ordonnance par Charles VII, en 1445 ; il fut homme d'armes de la compagnie de la Garde ordonnance du roi. Il servait encore dans la même compagnie en 1468, sous le commandement de M. de Soyecourt, seigneur de Mouy, bailli de Vermandois. Il rendit, le 6 janvier 1484, aveu et dénombrement au roi de la terre de Sainte-Marie.

Il épousa en premières noces Périnne de Laval, et en secondes noces Françoise de Morincourt.

De son premier mariage sont nés :

1° Hugues ou Huguet d'Origny, deuxième du nom, seigneur de Sainte-Marie-sous-Bourg et de Cuisles (aujourd'hui canton de Châtillon-sur-Marne) en partie. Il fut homme d'armes des ordonnances et épousa Marie de Saux.

2° Jean, qui servit en 1475 dans la compagnie d'ordonnance de Joachim de Rouault, maréchal de France. Il fut seigneur de Mircoçol, de Cormont, de Saint-Remy, du Tronc, et devint la tige d'une branche connue sous le nom des seigneurs de Chalette, qui a formé des établissements en Allemagne, où elle a possédé la terre de Gelvahausen, et a donné des officiers de distinction aux armées, un chambellan de l'Electeur palatin et un gentilhomme de la chambre du prince d'Anhalt. Un rameau de cette branche a fait en Allemagne des alliances distinguées : un d'Origny, qui en sortait, a servi en Suède et a passé, vers 1749, en Russie, où il fut pourvu d'importants grades militaires. Il y mourut laissant une fille mariée à Cazan, en Sibérie.

Du deuxième mariage de Jean II d'Origny est né Claude d'Origny, seigneur de Longchamps, bailli pour le roi de la ville d'Épernay, qui devint la tige d'une branche divisée en trois rameaux : le premier, connu sous le nom de seigneurs de Longchamps de Vaux et de Marvitz, a fini à la quatrième génération par trois filles, entre autres Elisabeth d'Origny mariée à Antoine de Bauveau, seigneur d'Attigny et d'Armeville; le second rameau connu sous les noms de Vienne-la-Ville et Gergault; le troisième existait encore en 1765 dans la personne de Pierre-Denis d'Origny, seigneur de Récy et d'Essournelles, garde du corps du roi.

III. Hugues II ou Huguet d'Origny laissa de son mariage avec Marie de Saux :

1° François d'Origny, seigneur de Sainte-Marie de Boucouville-Séchaux, vivant en 1539, qui embrassa le calvinisme et eut successivement deux femmes, la première Marie Gourlier et la seconde Anne Haucart. De la première vint Pierre d'Origny, qui se retira à Sedan et mourut, sans avoir contracté mariage, en 1587, auteur d'un poème intitulé : *Le Temple de Mars tout puissant*, dédié au roi François II, et d'un autre ouvrage qui a pour titre : *Le Héros de la Noblesse de France*, dédié à Henri III; tous deux imprimés à Reims en 1559 et en 1578.

2° André d'Origny, seigneur de Cuisles, avocat du roi au baillage de Vermandois, à Reims, lors de son établissement en 1523. Il mourut en 1555, laissant entre autres enfants : André, Pierre, Nicolas, Jérôme. Nicolas fit un grand commerce de salaisons; le 15 octobre 1585, un de ses bateaux chargé de morue fut saisi sur la Vesle par le comte de Braine, pour n'avoir pas payé le droit de péage dû à ce seigneur. L'un de ses enfants, Jean d'Origny, soutenait à Reims le parti du roi Henri IV et fut assassiné par les rebelles.

André d'Origny eut, en outre, deux filles : 1° Nicole, femme de Jean Frémin, prévôt royal de Vermandois; elle fut la cinquième aïeule de Marie-Angélique Frémin de Moras, mariée en 1709 à Louis-Antoine de Brancas, duc de Villars ; 2° et Poutte d'Origny, mariée à Luc de Salnom, auquel elle porta la terre de Cuisle, qui passa ensuite, par sa petite-fille, dans la maison de Livron.

3° Pierre d'Origny, qui servit dans la compagnie d'ordonnance de M. d'Orval, gouverneur de Champagne. Il faisait partie du détachement de cette compagnie envoyé en Italie sous le commandement de Jean de Mannorry ; il mourut en 1495.

4° Noël d'Origny, qui servait dans la compagnie de messire Pierre de Rohan, maréchal de Gié, commandée en Italie par Ferry de Mailly ; il fut tué au siège de Milan en 1513.

5° Et Claude d'Origny, conseiller au siège présidial de Reims lors de sa création en 1551.

IV. Ce Claude épousa Jeanne Cocquillart, petite nièce de Guillaume Cocquillart, official de l'église de Reims en 1478, poète célèbre de son temps. Ses enfants furent :

1° Pierre.
2° Nicolas.
3° Henri.

Tiges de trois branches qui n'ont pas passé la troisième génération : celle de Henri a fini à Jean d'Origny, jésuite, mort à Châlons en 1731, connu par plusieurs ouvrages, entre autres la *Vie de saint Remy, archevêque de Reims*.

4° Charles, dont le fils Henri, seigneur de La Forte-Maison, fut père de Nicolas d'Origny, seigneur de Sainte-Anne, capitaine de cavalerie au régiment de Biron, mort sans postérité. Plusieurs membres de cette branche ont exercé la charge d'avocat du roi ou divers offices de la magistrature ; plusieurs ont embrassé l'état ecclésiastique, sept ont été chanoines de l'église de Reims, deux y ont eu la dignité de trésorier, entre autres Claude, docteur de la Faculté de droit, devenu doyen de cette cathédrale, qui fit des fondations intéressantes et fut le premier bienfaiteur de la maison de charité de cette ville.

5° Et Claude, dont il va être parlé.

V. Claude d'Origny, deuxième du nom, mort vers l'an 1601, eut de Marguerite Cocquebert, son épouse, entre autres enfants :

1° Philippe, dont il sera question plus loin.

2° Simon, conseiller en la Cour souveraine de Mouzon, qui eut deux filles et un fils unique nommé Jean d'Origny, capitaine au régiment royal, grièvement blessé en 1684 au siège de Luxembourg, mort sans alliance.

3° Charles, qui, par son testament du 10 juin 1635, légua seize mille livres pour l'hôpital de la Charité, qui devait s'établir et qui le fut depuis à Reims. Ce bienfait lui fit donner le titre de fondateur de cette maison.

VI. Philippe d'Origny, premier du nom, né en 1593, mort en 1650, avait nommé avec Henriette Michon, son épouse, la cloche de l'abbaye de Saint-Nicaise, à Reims, dite *La Henriette*, qui, par une singularité remarquable, faisait trembler par son mouvement un des *piliers buttant* de cette église. Ils eurent de leur mariage :

1° Jean d'Origny, père de Philippe, de qui vient Rigobert d'Origny, conseiller au présidial de Reims, lequel eut de Charlotte Maillefer entre autres enfants, Henri-Alexis, qui, après avoir servi d'abord en France en qualité de garde du roi, eut la permission de passer en pays étranger, fut fait major de cavalerie en Danemarck où il épousa Sophie-Charlotte de Hansen, fille naturelle de Frédéric V, roi de Danemarck et de Norwège, et dont la fille aînée Christiana d'Origny fut tenue sur les fonds de baptême au nom du roi Christian VII.

2° Philippe, qui va suivre.

VII. Philippe d'Origny, deuxième du nom, mort en 1686, laissa de Marie de Ravineau :

1° Adam, qui suit.

2° Nicolas, père de Claude, seigneur de Beaujillet, contrôleur ordinaire des guerres, qui eut : Antoine-Jean-Baptiste-Abraham et Christophe-Nicolas-Gérard d'Origny.

3° Philippe, père de Henri-Antoine, marié à Claude-Nicole d'Origny, sa cousine, dont : Raoul-Adam, seigneur de Monthuri, et Antoine-Marie-Jean-Baptiste, lieutenant en 1759, au régiment de Saint-Chamont.

VIII. Adam d'Origny, seigneur de Dompmartin, épousa : 1° Marguerite Rogier ; 2° et Andriette de Pinteville-Cernon, fille de Pierre, seigneur de Cernon, maréchal héréditaire du comté-pairie de Châlons, et de Thérèse du Fayot.

Du premier lit vinrent :

1° Raoul, seigneur de Dampierre, lieutenant-général et criminel au baillage et siège présidial de Reims, mort le 5 mars 1746, laissant de Marie-Thérèse de Bourgogne deux fils, savoir : Philippe-Louis-Remy, seigneur de Courcelles, chevalier de Saint-Louis en 1747, capitaine de grenadiers au régiment de Champagne en 1757, commandant de bataillon au même régiment en 1762, marié avec Henriette-Hélène de Garnier ; et Adam-Philippe, marié à Jeanne Péchiné, en 1775.

Et du second lit :

2° Pierre-Adam, seigneur de Dompmartin, chevalier de Saint-Louis, capitaine de grenadiers au régiment de Champagne en 1744, qui a publié différents ouvrages sur l'histoire de l'Egypte ; il est mort en 1774.

3° Philippe-Louis, qui suit.

IX. Philippe-Louis d'Origny, seigneur d'Agny, épousa, en 1726, Marguerite de Cambray, dont entre autres enfants :

1° Jacques-Anne, capitaine au régiment de Champagne en 1744, mort en 1749.

2° Adam-Claude, qui suit.

3° Nicolas-Pierre, appelé le chevalier d'Origny, qui fut enseigne au régiment de Champagne en 1755, lieutenant en 1756, aide-major et capitaine le 13 janvier 1759, lieutenant-colonel commandant les chasseurs de Turpin en février 1760 et chevalier de Saint-Louis le mois d'août suivant. Dans le cours de la guerre de 1757, il battit plusieurs fois les ennemis, leur enleva des postes, de l'artillerie, des convois, fit un grand nombre de prisonniers. Il força, le 26 mars 1761, un bataillon de la légion britannique et un escadron qui bloquaient le château de Waldeck, à capituler. Pendant les pourparlers, il fut blessé d'un coup de fusil et le roi, sur la nouvelle de cette action, le fit colonel, mais il mourut de sa blessure le 1er avril suivant, âgé de vingt-cinq ans deux mois et treize jours. Il fut inhumé dans l'église luthérienne de Waldeck, par le curé de Numbourg.

X. Adam-Claude d'Origny, seigneur d'Agny, Braux, Saint-Lottin, des Planches, Moivres, Saint-Hilaire, chevalier de Saint-Louis, capitaine au régiment de

Champagne, épousa, le 21 février 1762, Elisabeth de Berles-Maffrécourt, dont il eut :
 1° Adam-Louis-Marie d'Origny.
 2° Marie-Charlotte-Claudette.
 3° Et Marie-Marguerite-Elisabeth (1).

(1) La Chesnaye.

CHAPITRE X

Les compagnies d'archers. — La suzeraineté de la seigneurie d'Origny passe de la maison de Coucy à celle d'Orléans, puis au comte de Nevers. — Importance d'Origny au commencement du quinzième siècle. — Les Bourguignons et les Armagnacs. — Guerre de Cent Ans (fin de la). — Jeanne d'Arc. — Les compagnies d'ordonnances. — Prise et destruction du château de Landouzy.

Pendant les rares instants de lucidité que lui laissait la terrible maladie dont il était atteint, Charles VI, sentant les malheurs qui pesaient sur son peuple, tâchait d'y remédier par de sages ordonnances.

C'est ainsi qu'en 1394, il défendit les jeux de hasard et autorisa pour les remplacer la formation de confréries d'archers et d'arbalétriers dans toutes les villes et villages. En peu de temps, les archers de France apprirent à tirer mieux que les Anglais eux-mêmes, tout le monde s'appliquait à l'exercice de l'arc et de l'arbalète, et, si toutes ces confréries se fussent mises ensemble, elles eussent été, dit un chroniqueur, plus puissantes que les nobles et les princes.

Cependant le gouvernement était en pleine désorganisation par suite des tiraillements incessants qui se produisaient entre les oncles et les frères du roi. Le frère de Charles VI, le duc d'Orléans, tâchait d'acquérir une puissance territoriale qui l'aidât à soutenir sa prétention à la direction des affaires du royaume.

Il avait acheté le comté de Blois, il ne tarda pas à

mettre la main sur l'héritage de la maison de Coucy.

Le siège de Nicopolis n'avait pas seulement causé la mort d'Enguerrand, il détermina aussi celle de Henri de Bar, son gendre, qui, à son retour de la campagne de Hongrie, fut atteint mortellement de la peste à Trévise (1).

Henri recommanda sa femme, Marie de Coucy, et ses enfants au duc Louis d'Orléans son parent, et celui-ci jura de défendre et de sauvegarder leurs possessions. Mais, Enguerrand et Henri de Bar morts, Louis conçut le projet de s'approprier leurs domaines. A force d'instances et d'intrigues, d'insinuations habiles et de galanteries opiniâtres, le duc, ne pouvant gagner Marie, se rendit favorables les proches parents de l'illustre veuve; il descendit jusqu'à mettre les domestiques dans ses intérêts, pour la déterminer à consentir l'aliénation de ses biens héréditaires. Marie résista d'abord, mais, le 15 novembre 1400, elle finit par céder au duc d'Orléans la seigneurie de Coucy et ses dépendances, les châtellenies de La Fère, Marle et Origny-en-Thiérache, à la condition d'en conserver l'usufruit pendant sa vie, et pour le prix de quatre cent mille livres (2).

Cette vente fut suivie d'un procès qu'intenta, au duc d'Orléans, Philippe de Bourgogne, comte de Nevers, mari de Isabeau de Coucy, la seule fille qu'Enguerrand ait eue de son second mariage, veuve en premières noces du comte de Bar. Ce procès amena un nouveau partage, mais, peu après, Marie de Coucy, usufruitière des biens vendus, mourut empoisonnée, dit-on.

Le 22 mai 1404, le duc d'Orléans obtint de Charles VI des lettres patentes en vertu desquelles il fut autorisé à tenir en pairie les baronnies et sei-

(1) Moreau, *Histoire de Coucy*.
(2) Id., *ibid*.

gneuries de Coucy, comté de Soissons, avec les villes et châtellenies de Ham en Vermandois, Pinon, Montcornet, Origny-en-Thiérache.

Peu après, le duc de Bourgogne, ennemi juré du duc d'Orléans, ayant repris tout son ascendant sur l'esprit affaibli du roi Charles, faisait ordonner, par autres *lettres* du mois de novembre 1407, la réunion au domaine de la couronne de toutes ces seigneuries, et, pour compléter sa vengeance, il faisait assassiner le duc d'Orléans le 20 du même mois.

La veuve du duc assassiné était une princesse italienne, Valentine de Milan ; elle avait gardé un grand amour à son mari qui cependant lui avait été peu fidèle ; le 10 décembre, elle vint de Blois, où elle résidait, se jeter aux pieds du roi, qui était alors dans un moment à peu près lucide, et implora de lui justice pour la mort de son mari.

Le roi embrassa sa belle-sœur et lui déclara qu'il tenait sa cause et celle de ses enfants pour la sienne propre et il la fit remettre immédiatement en possession des domaines confisqués.

Le pauvre Charles VI était hors d'état de suivre une idée, et ce fut toute la réparation qu'obtint la veuve du duc d'Orléans.

Jean sans Peur, duc de Bourgogne, paya d'audace et rentra à Paris ; peu de temps après, il obtenait même du roi des lettres de rémission, que bientôt, il est vrai, le versatile monarque annulait sur de nouvelles supplications de la duchesse d'Orléans. Mais Jean sans Peur était loin alors, et elle ne put obtenir d'autre vengeance.

D'autre part, la veuve d'Enguerrand VII, Isabelle de Lorraine, vivait encore et elle réclamait toujours sa part dans les domaines dépendant de la succession de son défunt mari. Un arrêt du Parlement venait de la maintenir et garder en possession et saisine de la moitié par indivis des villes, châteaulx et chastellenyes de Coucy, de Marle, de La Fère, de leurs appartenances et appendances, de la terre d'Origny, de la quarte partie des villes, terres et appartenances de Montcornet et de Pinon et du quint de la terre de Ham.

Le 8 août 1408, la duchesse d'Orléans, agissant au nom de son fils aîné, le jeune duc Charles d'Orléans, et de ses autres enfants, acquiesçait à cette décision et en ordonnait l'exécution à ses officiers.

Mais les années suivantes, la querelle des Bourguignons et des Armagnacs-Orléans s'envenima de plus en plus, au grand détriment de la France, des provinces du Nord principalement.

En 1411, les Armagnacs passèrent brusquement la Seine, jetèrent des garnisons dans les places du Valois, de la seigneurie de Coucy et du comté de Soissons, qui appartenaient au duc d'Orléans, et livrèrent toute la Picardie en proie à leurs bandes qui se mirent à tuer, à violer et à brûler tout le pays. Clignet de Brabant, un de leurs chefs, ayant été obligé de se retirer devant Rethel qu'il assiégeait, vint avec une partie de ses troupes surprendre Vervins, saccageant tous les villages qui se trouvaient sur son passage.

Le duc de Bourgogne, de son côté, s'avançait de Flandre en Picardie avec une nombreuse armée qui devait bientôt consommer la ruine de notre malheureux pays.

Les Armagnacs, battus par Jean sans Peur et les troupes du roi, appelèrent, l'année suivante, le roi d'Angleterre à leur aide, mais les partis se trouvèrent avant la fin de l'année dans un tel état d'épuisement qu'ils durent poser les armes. Les domaines du duc d'Orléans, qui avaient été de nouveau confisqués, lui furent restitués.

A la faveur de tous ces événements, Louis d'Orléans ne s'était jamais libéré du prix de son acquisition de la seigneurie de Coucy. Robert de Bar, fils de Marie de Coucy, dut poursuivre le recouvrement de sa créance contre l'héritier de ce prince, le duc Charles. Une transaction intervint entre eux en 1412, en vertu de laquelle Charles d'Orléans resta seul possesseur du château de Coucy, mais la terre de Marle et la seigneurie d'Origny furent attribuées définitivement à Isabeau de Coucy, fille de Robert de Bar, mariée récemment à Philippe de Bourgogne, comte de Nevers.

Ce domaine fut de nouveau érigé en comté par lettres patentes de Charles VI et vérifié au mois de septembre 1413. Il fut composé de l'ancienne châtellenie de Marle, des seigneuries d'Assy, Gercy et Origny-en-Thiérache. Il resta placé sous la suzeraineté du duc d'Orléans, sire de Coucy.

Origny n'était pas, alors, un village bien considérable assurément, mais c'était déjà une des meilleures *plates* villes de la doyenné d'Aubenton et l'une des plus productives seigneuries d'alentour.

La taxe, seule, sur les denrées, *vin et seil* (vin et sel) exemptés, produisit, pour l'année commençant le 1ᵉʳ octobre 1410, quatorze livres. Neuvemaison et Bucilly payèrent seuls un peu plus. Bucilly, dont la florissante abbaye faisait alors la fortune, paya seize livres, Neuvemaison quinze. Landouzy ne fut imposé qu'à dix livres, Buire à vingt-quatre sous, Martigny à huit livres.

D'après un état de l'impôt du *quatrième des vins* vendus en l'année 1405, il fut perçu à Origny dix livres. A Landouzy, cet impôt rendit la même somme, mais à Neuvemaison son produit s'éleva à trente-deux livres.

A la suite de la paix de 1413, dans la répartition de

l'ayde imposée en forme de taille sur le diocèse de Laon, montant à seize mille livres pour remettre à l'obéissance du roy plusieurs sujets rebelles, Origny fut taxé à vingt-deux livres, Neuvemaison paya quarante-deux livres treize sols, Ohis seize livres, Landouzy dix-sept.

Cette paix de 1413 ne fut pas de longue durée, le parti d'Orléans, toujours dirigé par le comte d'Armagnac, reprit l'offensive l'année suivante. Le roi, cette fois, était de son côté. La ville de Soissons, qui s'était attachée au duc de Bourgogne, fut prise d'assaut et sa population entière fut passée au fil de l'épée. Toute la Picardie, épouvantée, se soumit ; le duc de Bourgogne, qui s'était jeté avec toute sa cavalerie sur la Thiérache *pour y faire le dégât,* fut obligé de reculer devant les troupes du roi. Il demanda la paix, ce ne fut encore qu'une trêve.

L'année d'après, la guerre recommençait avec les Anglais, et la noblesse française se faisait battre à Azincourt, mais le pouvoir resta au comte d'Armagnac qui reçut l'épée de connétable.

Durant l'été de 1417, le duc de Bourgogne fit un nouvel effort pour abattre ce puissant rival, la Picardie se déclara de nouveau pour lui, et tout le nord du royaume fut encore désolé par la guerre civile et, pendant ce temps, le roi Henri V d'Angleterre poursuivait le cours de ses succès en Normandie et en Bretagne.

Les plus effroyables désordres surgirent alors. L'assassinat de Jean sans Peur par Tanneguy-Duchâtel, sur l'ordre du dauphin, en 1419, jeta les Bourguignons dans le parti des Anglais. Bientôt la France, presque entière, fut en leur pouvoir ; le faible roi Charles dut donner la main de sa fille Catherine au roi d'Angleterre et le reconnaître comme héritier de la couronne de France.

Le 31 août 1422, Henri V expirait en pleine puissance, ne laissant après lui qu'un enfant en bas âge, né de son mariage avec Catherine de France. Charles VI ne survécut que peu de semaines à son gendre. On crut que la royauté française avait disparu avec lui, lorsqu'on proclama sur sa tombe le roi étranger, le petit Henri VI, roi de France et d'Angleterre.

Le dauphin Charles, de son côté aussi, avait pris le titre de roi de France, mais il était roi d'un royaume bien réduit. La guerre continua du nord au midi, entre le régent Bedfort, qui gouvernait pour le petit roi anglais, et Charles VII.

Des bandes de partisans couraient partout, ravageant nos campagnes. Les villes et les bourgs de la Thiérache, tour à tour attaqués par les Bourguignons et les Armagnacs, par les soldats de Henri VI et par ceux de Charles VII, avaient peine à démêler de quel côté étaient la justice et quels étaient leurs véritables maîtres. « *On ne voyait partout,* dit une ancienne chronique, *que meurtres, rébellion, vols, ravissements et rançonnements qui se faisaient sous couleur de la guerre.* Les habitants du pays n'étaient jamais en repos ; quand ils n'apercevaient pas le péril, ils redoutaient les surprises. Le silence des nuits était à chaque instant troublé par le tocsin et, dans les villages, la cause de ces sons lugubres était si connue que les bestiaux, en les entendant, se retiraient d'eux-mêmes à leur repaire, sans conducteur, par *l'accoutumance du malheur* (1). »

Un chef de bandes bourguignonnes, Jehan de Luxembourg, occupait Origny au mois d'août 1423, il venait mettre le siège devant Landouzy-la-Ville qui tenait pour les Armagnacs. La garnison résista cou-

(1) MONSTRELET.

rageusement et Jehan de Luxembourg dut demeurer devant la place jusqu'au mois d'octobre « *en combattant iceux de ses engins très forts* ». Ce château de Landouzy était la solide forteresse que Raoul de Coucy avait fait édifier au douzième siècle. Elle était placée sur une petite éminence et entourée de murailles en grès et de fossés profonds. Cette enceinte renfermait de vastes magasins, une maison seigneuriale et une chapelle très fortement construits et bien disposés pour résister à un siège.

Cependant quand les vivres vinrent à manquer aux assiégés, ils furent obligés de capituler. En raison du courage qu'ils avaient montré, Jehan de Luxembourg leur accorda une capitulation des plus honorables « *par tel si qu'ils s'en allèrent sauf leurs corps et grand partie de leurs biens* (1). » La forteresse fut démolie et abattue : il n'en reste plus rien aujourd'hui, mais le temps n'a pas encore comblé les fossés profonds qui en défendaient l'entrée.

Un don généreux de notre vieil am Greno vient de faire de l'emplacement du château une propriété communale. La cour d'honneur deviendra le cimetière de la commune.

La troupe de Jehan de Luxembourg hiverna dans le pays au détriment de nos malheureux villages ; elle y demeura tant qu'elle put trouver à s'alimenter. Quand toutes les ressources des environs furent épuisées, Jehan de Luxembourg se décida à décamper, et, dès le printemps de 1424, il s'en alla « *mettre à finanche* » Prisces, Marly, Lesquielles, Iron, La Capelle, Hirson, puis, avec seize cents combattants et aidé par le *panetier d'Angleterre*, il vint mettre le siège devant Guise. Au commencement de l'hiver de

(1) MONSTRELET.

1425, il licencia ses bandes jusqu'au printemps suivant. Pour occuper leurs loisirs, ses lieutenants Lionel de Bourneville, Harpin de Ricaumé, Gérard et Charles de Moiencourt, avec onze cents chevaux et cent vingt Anglais, revinrent assiéger le château d'Hirson ; ils se répandirent dans tous les villages voisins qu'ils pillèrent à discrétion tout l'hiver.

Charles VII ne possédait plus qu'une forteresse, Orléans, étroitement bloquée par les Anglais ; heureusement, la délivrance allait venir avec Jeanne d'Arc.

On sait comment cette jeune fille, inspirée d'un grand souffle de foi religieuse et d'ardent patriotisme, vint trouver Charles VII dans sa petite cour de Chinon et comment, grâce à l'ardeur qu'elle communiqua aux troupes françaises restées fidèles au roi, elle fit lever le siège d'Orléans (1429).

La victoire était revenue avec elle sous la bannière de France ; Jeanne, triomphant de l'inertie du roi, le menait, de succès en succès, recevoir l'onction sainte à Reims, mais son mauvais vouloir la fit échouer devant Paris. Dépitée, elle voulait quitter le service du roi ; les chefs de l'armée la retinrent contre son gré et elle entreprit le siège de Compiègne.

Ce fut son dernier exploit : dans une sortie des assiégeants, elle tomba aux mains du fameux Jehan de Luxembourg qui l'emmena d'abord à son château de Beaurevoir et ensuite la vendit aux Anglais pour dix mille livres en or. Il se trouva un prélat français, Cauchon, évêque de Beauvais, pour présider le tribunal auquel les Anglais la déférèrent, et qui l'envoya au bûcher. Jeanne mourut héroïquement à Rouen, le 30 mai 1431.

Elle morte, l'indiscipline et le désordre reparurent dans les rangs de l'armée française ; la jalousie qui animait les chefs les uns contre les autres valut encore à Charles VII de nombreux insuccès, mais, heureusement, il fit sa paix avec le duc de Bourgogne et les Parisiens se chargèrent de chasser eux-mêmes les Anglais de la capitale (1435).

La paix laissait inoccupée une foule de gens de guerre, qui se réunirent alors pour guerroyer et piller le pays pour leur propre compte. Il n'est d'excès auxquels ils ne se livrassent sur les populations : le nom d'*Ecorcheurs* leur fut donné par le peuple, ils le méritaient amplement. Deux mille de ces brigands ravageaient notre pays et achevaient sa ruine, ils poussèrent jusque dans le Hainaut. Le seigneur de Chimay, grâce aux secours que lui envoya le duc de Bourgogne, put les rejeter à l'est de la Thiérache, d'où ils s'écoulèrent vers la Champagne (1).

Notre pays put enfin jouir des bienfaits de la paix.

La sage administration de Jacques-Cœur, argentier du roi, assura le relèvement de la France.

Une nouvelle organisation fut donnée à l'armée par une ordonnance de 1439. On chargea les capitaines les plus renommés de choisir ce qu'il y avait de mieux entre les gens de guerre et l'on en forma quinze compagnies permanentes appelées *compagnies d'ordonnances*, ou, comme nous dirions aujourd'hui, quinze régiments de cavalerie. Chaque compagnie était de cent lances ou hommes d'armes, et, à chaque lancier, pesamment armé, étaient attachés : un *coutilier*, espèce de lancier léger, trois *archers* et un *page*, cela faisait six cents cavaliers par compagnie, neuf mille pour le tout (2).

Nous avons vu que plusieurs des seigneurs de la maison d'Origny furent admis dans ces compagnies.

---

(1) HENRI MARTIN.
(2) DÉMAZURES.

Par suite de l'organisation de cette armée permanente, la milice féodale fut réduite au rôle de réserve ou arrière-ban. C'était la fin du système militaire seigneurial et la fondation du système militaire monarchique (1445).

Grâce à cette nouvelle organisation et à la supériorité qu'elle valut aux troupes françaises, il ne resta bientôt plus aux Anglais, sur le sol de France, que Calais.

La grande guerre des Anglais était terminée (1453).

Beaucoup d'habitants de la Thiérache et du diocèse de Laon qui, pour éviter les ruines de la guerre, s'étaient réfugiés dans le Hainaut, le Cambrésis, à Liège, Namur, étaient revenus dans leur pays lors de la cessation des hostilités. Mais dès leur retour ils se trouvèrent en but à toutes sortes de vexations de la part des agents du fisc, en raison des droits d'*aubaine* et de *formariage* que l'on prétendait contre eux et en vertu desquels leurs héritiers naturels, autres que ceux nés en France, ne pouvaient leur succéder. Un grand nombre retournèrent à l'étranger. Le roi, ému de cette situation, dispensa, par des lettres de 1456, du droit d'aubaine ceux qui, ayant émigré à cause des guerres, étaient revenus en France avec des enfants nés hors du royaume, et même tous les étrangers qui viendraient s'y fixer dans un délai de neuf années. Son successeur confirma ces dispositions par de nouvelles lettres du 10 décembre 1461.

CHAPITRE XI

Louis XI et Charles le Téméraire. — La seigneurie d'Origny passe dans la maison de Luxembourg, puis dans celle de Bourbon-Vendôme. — Suzeraineté directe des rois de France. — Guerre avec l'Espagne. — Les Espagnols à Origny. — Le fort de Foigny.

Le duc de Bourgogne n'avait pas vu bien volontiers la France royale redevenir si puissante ; cependant, la paix jurée fut maintenue jusqu'à la mort de Charles VII (1461). Le dauphin Louis avait constamment vécu dans son domaine du Dauphiné sans jamais mettre les pieds à la Cour de son père, et lorsque celui-ci avait voulu le contraindre à y venir, il s'était enfui auprès du duc de Bourgogne.

Louis XI apprit en Brabant la mort de son père et le vieux duc, son hôte, le mena en grande pompe, à travers la Picardie, sacrer à Reims.

Louis commença par racheter au duc de Bourgogne Saint-Quentin, Péronne, Amiens, toute la Picardie. Le comte de Charolais, héritier du duc de Bourgogne, était opposé à cette cession et il en garda rancune au roi.

Bientôt les réformes que Louis voulut entreprendre à l'intérieur ameutèrent contre lui la noblesse. Les seigneurs, menacés dans leurs privilèges, invoquèrent l'appui du nouveau duc de Bourgogne, Charles le Téméraire, qui venait de succéder à son père.

La guerre éclata avec violence en Picardie et sur

les confins du Laonnois. Le duc Charles envahit la Thiérache et mit des garnisons dans les châteaux de Saint-Gobain, Assis, Marle et Vervins. Louis XI, à force de patience et d'habileté, sut conjurer l'orage et sortir à bien de cette situation difficile. Il finit par traiter avec Charles le Téméraire et à le décider à porter ses regards ambitieux vers l'Allemagne.

Nous avons dit précédemment comment Isabeau de Coucy était rentrée en possession du comté de Marle et de la seigneurie d'Origny. Depuis, son premier mari, le comte de Nevers, était mort et elle avait donné sa main à Louis de Luxembourg, comte de Saint-Pol, connétable de France, neveu de ce Jean de Luxembourg qui avait livré Jeanne d'Arc aux Anglais.

Saint-Quentin, presque tout le Vermandois et la Thiérache étaient aux mains de ce seigneur. Les Luxembourg s'étaient créé un immense domaine en Picardie, sur les confins de la France royale et des Pays-Bas; ils s'efforçaient de s'y rendre indépendants et du roi et du duc de Bourgogne, trahissant tour à tour l'un et l'autre.

Le roi Edouard d'Angleterre, qui avait cru le moment favorable pour renouveler ses tentatives sur la France, était débarqué à Calais. Il vint, à la tête de son armée, se présenter devant la ville de Saint-Quentin. Saint-Pol le reçut à coups de canon, malgré la promesse qu'il avait faite à Charles le Téméraire, d'accueillir le roi anglais en allié. Ce défaut de foi décida le roi Edouard à traiter avec Louis XI. Le connétable, craignant, en raison de son alliance avec le duc de Bourgogne, la vengeance du roi, se réfugia dans le Hainaut. Louis XI entra sans résistance dans Saint-Quentin et somma Charles le Téméraire de lui livrer le comte de Saint-Pol. Charles, engagé dans une guerre difficile sur le Rhin, n'osa refuser, il traita avec le roi et lui livra le connétable. Un jugement du Parlement le condamna à mort ; il fut décapité en place de Grève, à Paris, le 19 décembre 1475.

C'est à l'occasion de ces négociations que Louis XI vint à Etréaupont et séjourna à Vervins.

Charles le Téméraire devait succomber dans la guerre qu'il avait entreprise contre la Suisse ; Louis XI en profita pour s'emparer d'une portion des Flandres, mais il ne put conclure le mariage de la fille de Charles, et sa seule héritière, avec le Dauphin. Marie de Bourgogne accorda sa main à Maximilien d'Autriche, fils de l'empereur d'Allemagne, et porta la Belgique et ses immenses domaines à une maison ennemie de la France. Ce prince, pour se venger des procédés du roi, fit ravager la Thiérache par ses généraux. Mais bientôt, ne pouvant payer ses troupes, il les licencia. Ces soldats mercenaires firent presque autant de mal que les Ecorcheurs.

Le pays connut cependant quelques années de calme, et la population put s'adonner avec sécurité aux travaux des champs. Mais la nature réservait encore des mécomptes cruels aux laboureurs. Pendant l'été de 1480, les chaleurs furent si excessives qu'on ne se rappelait pas d'en avoir ressenti de pareilles : on récolta peu de blé. L'hiver suivant fut extraordinairement long, il gela pendant neuf mois consécutifs.

A la suite de la condamnation du connétable de Saint-Pol, les biens considérables qu'il possédait avaient été confisqués par le roi. Ses fils, Jean de Luxembourg, qui porta cependant le titre de comte de Marle, Antoine de Luxembourg, Pierre de Luxembourg et Charles de Luxembourg, évêque de Laon, ne purent en obtenir la restitution.

Mais en 1487, Marie, fille de Pierre de Luxembourg et petite-fille par conséquent du connétable, épousa

François de Bourbon, comte de Vendôme, chef du nom et des armes de la maison de Bourbon. En faveur de ce mariage, le roi Charles VIII, successeur de Louis XI, par une ordonnance datée de Rouen, enregistrée au Parlement le 10 février 1488, rapporta l'arrêt de confiscation prononcé sous le règne de son père et remit Marie de Luxembourg en possession des biens de son aïeul.

C'est ainsi que cette princesse rentra dans le comté de Marle, les seigneuries de La Fère et d'Origny-en-Thiérache et dans les autres domaines de la maison de Luxembourg.

Le comte de Bourbon-Vendôme accompagna le roi dans son expédition de Naples, mais il tomba malade à Verceil et il y mourut le 2 octobre 1495.

Marie vécut en veuve chrétienne dans son château de Marle et combla de ses aumônes les pauvres de ses terres.

C'est à elle assurément que nous devons attribuer la construction de l'ancienne maison commune d'Origny, pour la partie nord, la plus ancienne assurément, qu'une inscription en chiffres romains indiquait avoir été bâtie en 1505 (MDV).

Charles de Vendôme succéda à son père François de Bourbon et reçut de sa mère le comté de Marle et la seigneurie d'Origny. Sa plus jeune sœur, Antoinette, épousa le 18 avril 1513 Claude de Lorraine, qui fut le chef de la fameuse maison de Guise-Lorraine et qui eut en mariage le comté de Guise, que le roi François Iᵉʳ érigea en sa faveur en duché-pairie en janvier 1527. Il possédait en outre les seigneuries d'Hirson et d'Aubenton et la baronnie de Rumigny.

La politique habile et cauteleuse de Louis XI avait été continuée par sa fille, Anne de Beaujeu, régente pendant la minorité de Charles VIII, non sans prospérité pour la France. La paix avait succédé aux guerres sanglantes qui avaient désolé le nord du royaume, le laboureur put se remettre au travail et ensemencer ses champs demeurés incultes depuis si longtemps. Les villages et les abbayes avaient été dévastés ; mais la source de leurs malheurs tarie, le bon ordre reparut et les bâtiments sortirent de leurs ruines. Dès ce moment, Foigny, sous la sage administration de ses abbés, restaure ses locaux dévastés et voit reparaître l'ancienne discipline dans son cloître. Les religieux sont trop peu nombreux pour suffire à l'exploitation de leur vaste domaine, ils en afferment une partie par baux emphytéotiques. Leurs abondantes aumônes viennent en aide aux villages voisins, dont les habitants peuvent réédifier leurs modestes demeures.

Le moyen âge était fini, la découverte de l'imprimerie allait aider grandement aux progrès de la civilisation et à l'émancipation intellectuelle des peuples. Malheureusement Charles VIII abandonna la politique de son père et de sa sœur pour aller chercher au loin de vaines conquêtes. Il s'apprêtait à jeter la France sur l'Italie, et une série de guerres sanglantes devait sortir de ses funestes projets.

Si son successeur, Louis XII, donna une sage administration à la France, il continua malheureusement les folles entreprises de Charles VIII.

Ce nouveau roi était le fils du duc Charles d'Orléans, il était devenu l'héritier direct de la couronne, par suite de la mort sans enfant de son prédécesseur.

L'avénement de Louis XII avait fait de la baronnie de Coucy une propriété royale (1498) et le nouveau roi se trouvait ainsi seigneur suzerain du comté de Marle et] de la terre d'Origny. Nous ne savons si ces seigneuries reçurent quelque bienfait de leur royal maître et s'il leur octroya quelques secours pendant la terrible épidémie qui désola, durant plusieurs années, la population. Nous savons seulement que les maladies contagieuses firent alors de cruels ravages, en l'année 1504 surtout, et qu'en outre, le 23 août de cette même année, un fort tremblement de terre vint, par surcroît, terrifier les habitants de notre pays.

Louis XII avait épousé la veuve de son prédécesseur, Anne de Bretagne. Il eut de ce mariage une fille, Claude de France, qui fut d'abord fiancée, dès le berceau, à Charles d'Autriche. Un malheureux traité assurait en dot à cette enfant les duchés de Bourgogne et de Bretagne; ces riches provinces allaient encore être séparées du domaine de la couronne. Par des lettres patentes du mois de février 1505, le roi assurait en outre à Claude de France, après lui, la jouissance, en titre de pairie, de la baronnie de Coucy et des seigneuries de Montcornet et d'Origny-en-Thiérache. Ce document confirmait les lettres d'érection en pairie de Charles VIII, en 1404.

L'opinion publique, avec laquelle il fallait déjà quelque peu compter, avait mal accueilli ce projet de mariage; la Bourgogne et la Bretagne protestaient contre la séparation nouvelle qui devait leur être imposée. Louis XII, revenu à d'autres projets, ne demandait pas mieux que de rompre la parole donnée à l'Autriche; aussi, s'empressa-t-il de déférer au vœu qui lui fut apporté par une députation des Etats généraux de 1506.

La jeune princesse fut cette fois fiancée à François d'Angoulême qui devait régner sous le nom de François Ier, et monta sur le trône avec lui en 1515.

Cette année, les maladies contagieuses, quelque

temps assoupies, se réveillèrent avec violence. Elles revinrent encore cinq ans après, à la suite d'une grande disette qui affligea le pays. On chercha à combattre le fléau par quelques précautions sanitaires : les familles contaminées furent séquestrées dans les maladreries écartées du village.

Il y avait alors sur la frontière de grands rassemblements de gens de guerre dont l'indiscipline était insupportable. Ils pillaient le pays et vivaient à discrétion chez les habitants.

Une guerre longue et cruelle, surtout pour le Laonnois et la Thiérache, allait commencer entre le nouveau roi et le roi d'Espagne, Charles V, plus connu sous le nom de Charles-Quint.

Dès 1521, le comte de Nassau, l'un des généraux de ce prince, n'ayant pu se rendre maître de Mézières, vint, furieux de son échec, saccager Aubenton qu'il incendia après l'avoir pillé. Tous les malheureux habitants de cette ville, sans distinction d'âge ni de sexe, furent passés au fil de l'épée.

L'horrible exemple donné par ce général fut cause, dit un chroniqueur, « *qu'on imita sa barbare inhumanité depuis par des représailles qui font horreur* ».

A la suite de ce forfait, une bande d'impériaux descendit la vallée du Ton se dirigeant vers Etréaupont. Tous les villages situés sur son passage, Martigny, Landouzy, Origny, subirent le même sort qu'Aubenton ; heureux ceux de leurs habitants qui purent se cacher dans les bois ! Nassau laissa Vervins à sa gauche ; cette ville échappa ainsi à sa barbarie.

Aux maux inouïs causés par cette guerre se joignit un hiver d'une rigueur exceptionnelle. Le froid fut si intense en 1523 que, dix à douze jours avant la Saint-Martin, les blés gelèrent presque partout le royaume.

L'augmentation exorbitante des impôts acheva de mettre le comble aux malheurs publics (1).

Deux ans plus tard (1525), après la sanglante bataille de Pavie et pendant la captivité du roi, un corps d'impériaux, sorti du Hainaut, vint de nouveau se jeter sur la Thiérache ; Marle fut pillé et brûlé ainsi que nombre de villages voisins.

En 1536, le comte de Nassau recommençait encore ses sanglants exploits dans le même pays et mettait encore au pillage nos malheureux villages. Ces dévastations successives amenèrent une grande disette de vivres qui fut surtout cruellement sentie en 1539. L'année suivante fut signalée par des chaleurs excessives ; elles furent plus fortes encore en 1544, et l'on eut beaucoup à souffrir du manque d'eau, car la plupart des puits et des fontaines tarirent. Jusqu'en cette année 1544, la Thiérache fut inondée de soldats étrangers ; l'abbaye de Foigny ne put échapper au désastre : elle fut dévorée par les flammes.

Quelques années de répit suivirent, pendant lesquelles le printemps de 1548 fut signalé par un accident climatérique assez fréquent dans nos contrées : une gelée, exceptionnellement rigoureuse, se produisit le 4 juin ; elle fit périr les vignes et les fruits des arbres.

La guerre reprit avec fureur en 1551. L'année suivante, le nouveau roi Henri II ouvrait brillamment la campagne en s'emparant de Metz, Toul et Verdun ; après quoi, il ramena dans le Nord son armée victorieuse par Sedan, Mézières, Martigny, Landouzy, Origny et Etréaupont. Nos villages virent défiler cette belle armée, à la tête de laquelle chevauchaient, à côté du roi, le connétable Anne de Montmorency,

(1) Abbé Pécheur, *Histoire de Guise*.

le maréchal de Saint-André, le duc d'Aumale, l'amiral d'Annebaut et le duc de Guise.

La campagne en Hainaut fut aussi brillante qu'en Lorraine, mais l'hiver approchait, le roi ramena l'armée vers Etréaupont et licencia les troupes. Les corps débandés s'installèrent à leur guise dans les villages aux alentours pour y prendre leurs quartiers d'hiver, pillant cruellement les habitants pour en obtenir des vivres. Origny fut encore durement éprouvé.

Ce fut bien pis l'année d'après : le comte de Rœux, avec quarante compagnies d'infanterie et deux mille chevaux, fit irruption dans la Thiérache, mettant tout à sac et à feu. A Vervins, les flammes n'épargnèrent qu'une seule maison ; Marle, Ribemont, eurent le même sort ; huit cents villages furent détruits. Cette barbare expédition était le fruit de la colère d'une femme: Marie, reine de Hongrie, l'avait ordonnée pour se venger de ce que les soldats du duc de Vendôme avaient chansonné sa bienveillance pour un beau seigneur de sa cour.

Le roi de France avait été péniblement affecté de ces inutiles cruautés des troupes allemandes ; il prit la résolution d'en tirer une vengeance éclatante. En 1554, il rassembla deux armées françaises à Crécy et à Etréaupont : elles partirent de là pour attaquer le Hainaut où elles exercèrent de rigoureuses représailles, non seulement sur la maison de plaisance que possédait la reine de Hongrie dans cette province et sur le château de Rœux, mais aussi sur les populations innocentes des méfaits de leurs maîtres.

L'empereur et le roi sentirent enfin qu'il fallait faire cesser cette guerre cruelle ; ils conclurent une trêve de trois ans.

Il n'était que temps : le passage de tant de troupes,

les vexations et les déprédations commises par les soldats avaient complètement ruiné la Thiérache. Origny, comme tous les pays environnants, était dans une misère extrême. Et, comme nous le raconte un historien du temps, « *les pauvres gens de Picardie*
« *depuis Soissons jusqu'aux frontières de Flandres,*
« *avaient fort à faire, car ilz soutenaient le faiz de*
« *la guerre et principalement ceux des villages et*
« *villes des frontières qui furent contrainctz d'aban-*
« *donner leurs maisons et païs et de se retirer en*
« *Brie, hommes, femmes et petits enfants, desquelz*
« *on estoit fort pitoïable, mesme le roy, qui leur*
« *faisoit donner argent pour vivre, quand ils se*
« *présentoient à luy, ainsi que je l'ay veu de mes*
« *yeux et n'avoit le roy rien en plus grand ennuy*
« *que la misère de ces pauvres gens, pour le repos*
« *desquels il désiroit fort qu'il pleust à Dieu luy*
« *donner la paix, pour laquelle avoir se recomman-*
« *doit souvent au peuple de France et l'exortoit de*
« *faire prière à Dieu de la luy donner, mais estoit*
« *contrainct par chacun an de relever les armes pour*
« *se deffendre contre ledict empereur qui ne falloit*
« *de l'assaillir et le royaume par ledit païs de*
« *Picardie, combien qu'il empereur y eust toujours*
« *du pire.*

« *Voiant l'empereur qu'il perdoit son temps*
« *contre le roy de France, avec sa perte et courte*
« *honte suyvant sa coutume quand il n'estoit pas*
« *le plus fort, demanda trêve au roy pour trois*
« *ans.........*

« *L'an 1555*, ajoute le même chroniqueur, *la France*
« *avoit pris un peu d'assoupissement par le bénéfice*
« *de la trêve faicte, mais la plus grande partie des*
« *gens de Picardie ne voulurent s'en retourner en*
« *leur païs, aïant en eux cette opinion que la trêve*

« ne dureroit pas le terme entier mins entre les
« princes (1). »

Et puis, la peste venait encore d'éclater dans le pays : elle y fit encore de cruels ravages. On employa les moyens ordinaires pour la combattre, elle s'éteignit pendant l'hiver.

Mais l'année suivante, favorisé par une température extraordinairement chaude, le fléau sévit avec une nouvelle force. D'ailleurs, les chaleurs qui avaient commencé de bonne heure furent si fortes que la moisson fut considérablement avancée ; les arbres fruitiers fleurirent une seconde fois, et l'on vit à l'automne du nouveau raisin.

Les pauvres gens de Thiérache ne s'étaient pas trompés, la lutte devait recommencer bientôt, plus acharnée, entre les deux monarchies rivales.

Charles-Quint, fatigué des grandeurs, venait d'abdiquer, et son fils Philippe II avait pris possession des Pays-Bas.

Malheureusement, le recrutement de l'armée française avait été fort négligé et la frontière picarde se trouvait fort mal gardée en 1557.

Philippe II s'était, au contraire, puissamment préparé et avait su attirer dans sa cause l'Angleterre.

Son armée, forte de cinquante mille hommes et placée sous le commandement de Philibert-Emmanuel de Savoie, entra en France par la Thiérache, livrant aux flammes sur son passage les places de La Capelle et de Vervins, les abbayes de Montreuil et de Saint-Michel et ravageant encore nos malheureux villages.

L'armée française, qui était à Pierrepont, ne comptait guère qu'une vingtaine de mille hommes; elle ne put empêcher la prise de Saint-Quentin, mais elle fut

(1) *Mémoires de Claude Haton.*

bientôt suffisamment renforcée pour empêcher l'ennemi d'aller plus avant.

Pour la campagne de 1558, le roi de France prit mieux ses précautions : une armée nombreuse fut assemblée à Pierrepont, Henri s'était établi de sa personne au château de Marchais. Le 8 août, il passa la revue de ses troupes et les dirigea, sous le commandement des ducs de Guise et d'Aumale, vers la Basse-Picardie. La prise de Calais sur les Anglais le récompensa de ses efforts.

Mais quand l'armée se fut éloignée du Laonnois, quelques partis des garnisons des Pays-Bas s'insinuèrent par les bois de Thiérache et pénétrèrent les uns jusqu'à Rozoy, Montcornet et les environs, les autres jusqu'à Crécy et Pouilly. Tous les villages, Origny entre autres, subirent de grands dégâts.

La paix fut enfin signée le 3 avril 1559 au Câteau-Cambrésis, et de grandes fêtes célébrèrent cet heureux événement. C'est dans un tournoi donné à cette occasion par Henri II, que François de Roucy, l'un des seigneurs d'Origny, fut tué d'un coup de lance.

Si les chroniqueurs du temps ne nous ont pas laissé une mention spéciale des malheurs d'Origny durant ces terribles guerres, nous trouvons, en fouillant le sol aux abords du *Fort,* de nombreux témoins des luttes acharnées dont la possession de nos vieux remparts fut souvent le prix. Des armes de toute nature, des fers de lances de reitres, des épées espagnoles, des boulets de bombarde en fer, ont été souvent trouvés au pied des fondations des anciennes tours qui défendaient l'enceinte de l'église. Et aussi de nombreux débris de briques, de poteries et de charbon de bois indiquent que bien des habitations qui s'abritaient sous ces murs ont été détruites. La grande quantité d'ossements humains enfouis aux alentours dans les héritages témoignent que ces luttes furent des plus meurtrières.

Il a été trouvé, il y a quelques années, dans le limon de la rivière, lors de la construction des piles du grand pont, de longues épées à coquille massive, qui attestent que le passage de la rivière fut chaudement disputé et donna lieu, probablement plusieurs fois, à de sanglants combats.

Nous ne savons à quelle époque attribuer d'une façon certaine ces souvenirs. Il est probable qu'une partie provient des luttes que nous venons de raconter, mais les guerres de religion, dont nous parlerons bientôt, ont aussi laissé, dans les mêmes endroits, un fort contingent de ruines et de funèbres débris.

Vers le milieu du seizième siècle, les désastres de la guerre avaient presque entièrement renversé la vaste muraille qui réunissait en une seule et même enceinte l'abbaye et la cense de Foigny. Les grès de cette clôture furent transportés à La Capelle et employés dans les constructions de la forteresse que François Ier y faisait élever. Les trois étangs de la prairie furent desséchés. Puis, vers 1557, on construisit, à un kilomètre de la cense, un petit fort destiné à servir de refuge aux populations du voisinage.

CHAPITRE XII

La seigneurie d'Origny au seizième siècle. — Etablissement de foires et de marchés à Origny. — Les seigneurs des maisons de Bourbon, de Monceau et de Roucy. — Vérification de la noblesse.

Nous avons vu que vers le commencement du quinzième siècle, la propriété directe de la terre d'Origny s'était trouvée partagée entre le comte de Marle, le seigneur de Monceau et le seigneur de Sainte-Preuve.

Le comté de Marle, avec la suzeraineté d'Origny et une part de sa seigneurie directe, resta entre les mains de Charles de Bourbon-Vendôme de 1495 à 1537. C'est en sa faveur que le comté de Vendôme fut érigé en duché par François Ier. Charles était devenu le chef de toute la maison de Bourbon par la mort du fameux connétable de Bourbon.

A Charles, succéda son fils aîné Antoine, né en 1518. Duc de Vendôme, premier prince du sang, ce jeune prince accrut encore l'illustration de sa maison par le brillant mariage qu'il contracta avec Jeanne d'Albret, fille unique et héritière présomptive de Henry, roi de Navarre. Brave, mais peu résolu, il flotta entre les deux religions et les deux partis qui divisaient la France, laissa son frère, le prince de Condé, devenir le chef des huguenots et se contenta, pendant la minorité de Charles IX, du vain titre de lieutenant-général, abandonnant le pouvoir effectif à Catherine de Médicis et aux Guise qu'il détestait.

Il était dans son gouvernement de Picardie, lorsqu'en 1555 sa femme, la princesse de Navarre, fut appelée à recueillir la succession de son père. Antoine prit aussitôt le titre de roi, et son premier soin fut d'organiser sa maison ; Henri de Roucy, seigneur de Sissonne, devint son chambellan et premier gentilhomme de sa chambre. Les grandes dépenses qu'il fit à cette occasion avaient épuisé ses finances, le nouveau roi dut, pour gagner ses États, emprunter huit cents livres au chapitre de Laon.

Malgré Jeanne d'Albret, Antoine se laissa entraîner dans le parti catholique et s'associa au triumvirat de Guise, de Montmorency et de Saint-André. Il se mit, en 1562, à la tête de l'armée royale contre Condé, prit Blois, Tours et Rouen, où il fut blessé mortellement.

La reine Jeanne fut un tout autre caractère. Dès 1556, elle avait embrassé le calvinisme et, en 1567, elle publia un édit pour l'établissement de la religion réformée dans ses États. En 1569, après la bataille de Jarnac, elle conduisit son jeune fils Henri à l'armée calviniste. Mais quelques années plus tard, attirée à la Cour de France sous le prétexte du mariage de ce prince avec Marguerite de Valois, sœur de Charles IX, elle mourut à Paris, deux mois avant la Saint-Barthélemy, empoisonnée, dit-on, avec une paire de gants parfumés que lui avait vendus un Italien. « Elle n'avait de femme que le sexe, dit d'Aubigné, l'âme entière aux choses viriles, l'esprit puissant aux affaires, le cœur invincible aux adversités. »

Avec son fils Henri IV, la seigneurie d'Origny fut réunie au domaine de la couronne.

Les seigneurs de Monceau, qui, depuis le commencement du quinzième siècle, étaient devenus propriétaires du manoir féodal d'Origny, n'habitaient cette demeure que par intermittence ; ils résidaient plus souvent dans leur château patrimonial de Monceau-le-Viel, qui aussi n'existe plus aujourd'hui ; le nom seul en a été conservé par un hameau dépendant de la commune de Chevresis-Monceau.

Arnould de Monceau, l'acquéreur de l'ancienne seigneurie d'Origny, appartenait à une noble et ancienne famille du comté de Vermandois, dont les armes étaient *d'azur à l'écusson d'argent mis en abîme*. Il était seigneur de Monceau-le-Viel et Monceau-le-Neuf, Maralessart, Pleine-Selve et autres lieux, comte de Saint-Pol et vicomte de Gergny. Il avait épousé Catherine de Fay d'Athies.

Ses biens et ses titres passèrent après lui à :

1° Jean de Monceau, qui épousa Jeanne de Poix ;

2° Pierre de Monceau, qui épousa Marie de La Bove, le 9 janvier 1546 ;

3° Antoine de Monceau, capitaine de chevau-légers, qui épousa successivement Marie Lallier de Fayet, Françoise de Colnet, Gabrielle de Dostat, vers 1615.

La seigneurie d'Origny échut à Antoine, qui, le 14 février 1618, donna à bail à Anthoine Wathier et à Marguerite Robinet, sa femme, *toute la maison, jardins et dépendances, nommée de toute ancienneté le chef-lieu de Monsieur de Monceau, séant audict Origny, au devant de la croix, tenant d'une lisière et d'un bout en rue, d'autre lisière à Remy Bocquet et autres, d'autre à Antoine Catlin, moyennant une rente annuelle et perpétuelle de trente-six sols.*

Le seigneur de Monceau se réservait dans sa maison seigneuriale un appartement garni d'un mobilier suffisant et une écurie pour ses chevaux, pour y loger quand il lui plairait de venir à Origny.

Il y vint le 26 juin 1620 avec Gabrielle de Dostat, sa femme, pour signer, au profit du même Wathier, un autre bail, qu'ils consentaient à son profit du droit de terrage leur appartenant et ce, moyennant une redevance annuelle de cent dix livres tournois.

Par un autre acte du mois de janvier 1619, ils avaient autorisé ledit fermier Walhier à vendre à Antoine Cattin une portion de jardin de cinq verges et un onzième, à prendre une verge sur rue et à se continuer sur le bout d'en bas jusqu'au jardin dudit Cattin.

La seigneurie d'Origny passa, après le décès d'Antoine de Monceau, à son fils, Scipion de Monceau, seigneur des deux Monceau, Chevresis, Origny, en partie, comte de Saint-Pol, vicomte de Richecourt, etc., qui fut le dernier seigneur d'Origny de cette maison. Car, peu après, par acte passé en 1633 à Ribemont, il vendait tout son domaine d'Origny, maison seigneuriale, terres, prés, bois, cens, rentes et droits seigneuriaux à messire Germain Deny, écuyer, seigneur de Pargny, garde du corps du roi.

Le troisième des copropriétaires de la seigneurie d'Origny appartenait à l'illustre maison de Roucy.

Jean VI, comte de Roucy et de Braine, n'avait que dix ans, quand, le 25 mai 1398, il épousa Elisabeth de Montaigu, fille de Jean, seigneur de Montaigu et vidame de Laon ; mais cette union ne fut ratifiée et consommée que quand il eut atteint l'âge de quatorze ans, le 14 août 1402.

Ce seigneur fut tué à la bataille d'Azincourt, le 15 octobre 1415.

Il ne laissait qu'une fille, Jeanne. Sa veuve, remariée à Pierre de Bourbon, mourut à son tour en 1429.

Jeanne porta ses riches domaines à Robert de Sarbruck, fils du seigneur de Commercy, à qui elle donna sa main en l'année 1417. Elle n'avait alors que onze ans.

Se trouvant à Vaucouleurs, le 11 mars 1459, le comte et la comtesse de Sarbruck donnèrent, par donation entre vifs, à Jean, leur second fils, le comté de Roucy, à la charge d'en relever le nom et les armes. Jeanne mourut cette même année, et son mari la suivit au bout de quelques mois dans la tombe. Ils laissaient cinq enfants :

A Amé, l'aîné, échut le comté de Braine et la seigneurie de Commercy ; Marie, la seconde, épousa Charles de Melun.

Jean avait déjà reçu le comté de Roucy.

Jeanne épousa Christophe de Barbançon.

A Louis, enfin, fut attribuée la seigneurie de Sissonne et de Sainte-Preuve et la terre d'Origny que son père avait ajoutée à ses nombreux domaines. Ce seigneur, quelques années plus tard, épousa Jeanne de Blécourt, fille de Pierre de Blécourt, seigneur de Bethancourt et de Marets et de Guillaumette de La Bove.

De ce mariage naquirent huit enfants :

1° Henry de Roucy, qui devint la tige de la branche de Sissonne ;

2° Louis de Roucy, mort en 1528 à Viterbe, après avoir servi en Italie, sous les ordres de M. de Lautrec ;

3° Gratien de Roucy, décédé à l'âge de dix-neuf ans, à Charlerange ;

4° Joachim de Roucy, qui fut l'auteur de la branche de Sainte-Preuve et d'Origny ;

5° Charles de Roucy, qui devint évêque de Soissons et prieur de Sainte-Preuve ;

6° François, seigneur d'Origny, qui fut tué d'un coup de lance au tournoi donné par Henri II en 1559 ;

7° Hélène, mariée à Claude du Chastelet ;

8° Et Marie, épouse de Jean d'Amorval.

François de Roucy, admis à la cour de Henri II, fut particulièrement honoré de l'amitié du roi. Il profita de sa faveur pour en obtenir une importante création qui devait contribuer puissamment à la prospérité d'Origny.

Par une ordonnance du mois de mai 1548, le roi, sur la demande de François de Roucy, chevalier, seigneur d'Origny-en-Thiérache, prenant en considération l'importance du bourg, sa situation dans un bon et fertile pays, bien peuplé, « *auquel fréquentent et affluent plusieurs personnaiges passans et repassans tant marchans et autres...* », instituait à Origny un marché hebdomadaire, le vendredi de chaque semaine, et deux foires annuelles, la première « *le jour et feste de Saint-Barthélemy, au mois d'aoust* », et la seconde *le jour de jeudy avant la mi-caresme* ».

Ces foires et marchés prirent de suite une assez grande importance et attirèrent à Origny de nombreux marchands ; il s'y fit un trafic considérable. François de Roucy et les co-seigneurs d'Origny firent construire aussitôt, non loin de l'église, sur la petite place qu'occupe aujourd'hui la maison Tanneur, une vaste halle qui commençait à l'angle de l'habitation de M. Clovis Faroux et se prolongea à travers la route actuelle jusqu'au delà de la maison Tanneur. Cette halle était construite en bois et couverte d'une toiture en paille ; elle subsista jusque vers la fin du dix-septième siècle.

Henry de Roucy, seigneur de Sissonne, devint, nous l'avons vu, chambellan d'Antoine de Navarre ; il épousa Jacqueline de Grandchamp, fille de Guy, seigneur de Grandchamp et de Françoise de Launay, qui lui donna cinq enfants :

1° Nicolas, qui succéda à son père dans la seigneurie de Sissonne ;

2° Claude, dit *Monsieur d'Origny*, qui, à la mort de son oncle François, décédé sans postérité, devint seigneur d'Origny.

Nicolas et Claude étaient jumeaux, nés à Sissonne le 7 août 1548, et d'une ressemblance extraordinaire au physique comme au moral.

« Ils ont été, dit un écrivain du temps, l'une des merveilles de leur siècle, en ce qu'ils se ressemblaient si parfaitement de visage et de taille, de ton, de voix, d'inclinations, qu'on pouvait dire qu'ils étaient un seul homme. Le roi, qui avait pour eux une affection particulière, leurs amis, leurs parents même, avaient peine à les distinguer. Le seigneur d'Origny jouait très bien à la paume et lorsque son frère avait du désavantage à ce jeu, il prenait sa place sans qu'on s'aperçût du changement. » Mais ce qui est surtout surprenant, c'est que leur vie fut traversée des mêmes accidents : ils aimèrent tous deux la même jeune fille, et lorsque le seigneur de Sissonne fut attaqué de la maladie dont il mourut en 1578, à l'âge de trente ans, celui d'Origny fut atteint du même mal et n'échappa à la mort que grâce aux soins d'un médecin plus habile.

Un bon peintre a représenté les deux jumeaux tels qu'ils étaient à l'âge de vingt-cinq ans, c'est-à-dire très semblables de taille et de visage, et après la mort de Nicolas, l'aîné, Antoine, seigneur de Chaudieu, fit sur ce tableau des vers latins. On fit aussi à la même époque un sonnet sur cette ressemblance extraordinaire :

Sous un même ascendant, deux jumeaux enfantés
Furent pareils en corps et pareils en visage,
Pareils en actions et pareils en langage,
Pareils en accidents, pareils en volontés,
Leurs plus beaux traits étaient l'un de l'autre empruntés ;
Le peintre les a peints tous deux en une image.
La seule mort voulut enfreindre cet ouvrage.
Nos yeux ayant été trompés des vérités,
Qui voit Origny vif voit Sissonne inhumé ;
Le corps vif veut revoir le corps mort rallumé,

Le mort appelle à soi le vif qui lui ressemble.
Une âme et un amour vivaient en deux ressorts,
Mais comme un seul tableau figure ici deux corps,
Un seul corps vif fait voir les deux esprits ensemble.

Claude d'Origny avait épousé Suzanne d'Esclavon, qui ne lui donna pas d'enfant (1).

Dans le partage de sa succession, sa terre d'Origny fut attribuée à son oncle Joachim de Roucy, seigneur de Sainte-Preuve, Grandchamp, etc., qui était l'un des hommes les plus considérables de la province. Très en faveur à la Cour, il fut comblé de distinctions et de dignités de toutes sortes : chevalier de l'Ordre du Roy, gentilhomme de sa chambre, capitaine de cent hommes d'armes de ses ordonnances, il obtint enfin le gouvernement de la ville de Soissons. Avant les dévastations de 1793, ses armes se voyaient encore en plusieurs endroits de la cathédrale de cette ville. Son cœur fut déposé auprès du corps de l'évêque de Soissons, son frère, dans le chœur même de l'église. « Sa tombe était posée sur deux lions avec l'écu de Roucy entouré du collier de l'Ordre et portait cette épitaphe :

Cy gist le cœur de noble et puissant seigneur messire Joachim de Roucy, en son vivant chevalier de l'Ordre du Roi, gentilhomme de sa chambre, capitaine et gouverneur pour Sa Majesté de la ville de Soissons, seigneur de Sainte-Preuve, d'Origny-en-Thiérache, de Grand-Champ-en-Auxerrois et autres lieux, lequel décéda le dixième jour de novembre 1576. Et le corps de noble personne messire Charles de Roucy, fils dudit seigneur de Sainte-Preuve, en son vivant prieur du prieuré de Sainte-

---

(1) Claude de Roucy portait pour armes : d'or au lion d'azur. (*Nobiliaire de Picardie.*)

Preuve et chanoine de l'église de Soissons, lequel trépassa le neuvième jour de juillet 1571.

Ne tradas bestiis, Domine, animas confitentes tibi.
— A côté étaient deux tableaux avec des élégies faites à la louange du seigneur de Sainte-Preuve, par les chanoines de Soissons.

Joachim de Roucy avait épousé Michelle de Grandchamp, sœur de la femme de son frère Henry, chambellan du roi de Navarre. Il eut de ce mariage trois enfants :

Claude, qui lui succéda ;

Charles, mort, en 1571, chanoine de Soissons ;

Et Jeanne, qui épousa François de Chantelou, chevalier de l'Ordre du Roi, gentilhomme de sa chambre, capitaine de cinquante hommes d'armes de ses ordonnances, seigneur de Lihus.

Claude de Roucy, devenu seigneur de Sainte-Preuve, Origny, Lihus et Grandchamp, avait épousé Anne de Chantelou, fille de ce François de Chantelou et d'une première femme, Claude de Bellay.

Claude continua le rôle brillant tenu par son père à la Cour et dans la noblesse du Vermandois. Il parut en superbe équipage dans les funérailles solennelles qui furent faites, par ordre du roi, en 1577, à Vervins, au maréchal du Biez et au marquis de Vervins, mais il se distingua surtout par l'éclat de ses services militaires et sa fidélité à son prince.

Il fut tué au siège de Chartres, où il commandait un régiment de l'armée de Henri IV, en 1591. Il laissait trois enfants :

Madeleine de Roucy, femme de Jean de Monsure, seigneur de Villers et de Bracy ;

Catherine, mariée à Jean de Veslud, seigneur de Pacy et de Balay, gentilhomme au service du roi ;

Et Valentin, qui lui succéda dans les seigneuries

de Sainte-Preuve, Origny, Lihus, Coignières-le-Chastel et Grandchamp. Ce seigneur épousa, en 1617, Suzanne de Lannoy, fille de Jean, comte de Lannoy, gouverneur du comté d'Eu.

De ce mariage, naquirent huit enfants :

1° Nicolas, qui mourut sans s'être marié ;

2° Madeleine, religieuse à l'Abbaye-aux-Bois ;

3° Marie, qui mourut religieuse à Auchy-le-Château ;

4° Charles, qui fut tué au siège d'Arras en 1640 ;

5° Jacques, qui continua la maison ;

6° Anne, qui devint religieuse à Saint-Paul de Beauvais ;

7° Louise, qui fit aussi profession à Auchy-le-Château ;

8° Et une fille, morte en bas âge à Sainte-Preuve.

Jacques de Roucy prit le titre de marquis de Sainte-Preuve et y joignit ceux de seigneur d'Origny, Lihus, Coignières-le-Chastel, Neuvay, Varmoulin, etc. Il se maria à Claude de Mailly et fut, dit-on, tué dans une rencontre, en 1652.

Il laissa de ce mariage deux enfants mineurs :

Charles-Emmanuel, qui hérita du titre de marquis de Sainte-Preuve ;

Et Louis, à qui fut attribuée la seigneurie d'Origny.

Claude de Mailly se remaria quelques années après avec le seigneur de Sissonne, Louis de Roucy, cousin de son premier mari, qui prit la tutelle de ses enfants et les fit élever et instruire dans son château de Sissonne.

A la faveur des guerres qui avaient si longtemps troublé le royaume, beaucoup de roturiers s'étaient arrogés des titres de noblesse et prétendaient jouir des privilèges et des exemptions attachés alors à la qualité de gentilhomme.

Ces prétentions avaient engendré de nombreux abus

et rendaient très difficile la perception des impôts. Le roi, voulant mettre un terme à ces usurpations, ordonna la vérification des titres de noblesse. M. Dorieux, intendant de Soissons, fut chargé de ce travail dans le Soissonnais et le Laonnois.

Comme tous les gentilshommes de la province, le seigneur de Sissonne produisit ses titres et ceux de ses pupilles. Ils furent trouvés en très bonne forme et justifièrent leur droit à la noblesse, en qualité de chevaliers, prouvant cinq races depuis 1520, avec de *très beaux exploits à la guerre*.

Parmi les gentilshommes des environs d'Origny qui firent la même preuve, nous pouvons citer :

Claude de Villelongue, sieur de Baupré, demeurant à Brunehamel, qui produisit des titres en bonne forme de cinq races depuis 1533.

La famille de Villelongue s'est perpétuée, dans notre pays, jusqu'à nos jours.

Nous continuerons dans un autre chapitre la chronologie des seigneurs d'Origny ; il nous faut, pour la bonne entente de notre récit, revenir en arrière et dire les graves évènements dont notre pays fut le théâtre au cours du dix-septième siècle.

CHAPITRE XIII

Mœurs du clergé au seizième siècle. — Le protestantisme. — Bornage du comté de Marle et du duché de Guise à Origny. — Commencement des guerres de religion. — La Saint-Barthélemy. — La Ligue. — Prise du fort de la Verte-Vallée. — Dévastation de la Thiérache. — Maladie contagieuse, misère et disette.

Peu à peu, et depuis longtemps déjà, les mœurs dissolues de la Cour avaient pénétré dans le clergé, et les populations, troublées dans leur foi par les spectacles peu édifiants que les chapitres et les communautés étalaient sous leurs yeux, se trouvaient merveilleusement disposées à accueillir les idées de réforme dont les sectateurs de Calvin se faisaient les propagateurs ardents.

Quelques-uns des chefs de congrégations voyaient le danger et faisaient d'inutiles efforts pour enrayer le mal et ramener les chanoines et les religieux à une vie plus austère. C'est en vain que parfois de sévères pénalités venaient frapper les coupables. Le Chapitre de la cathédrale de Laon nous fournit de bien curieux exemples du relâchement qui s'était introduit dans les mœurs du clergé de cette époque.

Dès 1522, le Conseil des chanoines, considérant que des prêtres osaient se montrer à la ville comme à la campagne avec des habits *indécents et de couleur*, ce qui *scandalisait* le peuple, les frappait d'une amende de douze sols parisis et défendait le port des habits de couleur et des cravates. Il fut, dès lors, interdit de paraître dans le chœur et dans le cloître autrement qu'en soutane et en collet.

L'année suivante, le chapitre défendait aux chanoines de porter des souliers ouverts et en *escolette*.

Ces interdictions n'étaient guère entendues et il fallait souvent les renouveler. En 1527, nouvelle défense était faite aux chanoines d'entrer au chœur autrement qu'avec des habits décents. En 1543 et 1544, les mêmes injonctions étaient réitérées sans plus de succès.

La question du vêtement n'était pas la plus sérieuse cependant et la vie privée des chanoines était autrement scandaleuse. En l'année 1523, le Chapitre ordonnait de chasser sur-le-champ, du cloître, la servante de Nicolas Menout, chanoine, qui était prête d'accoucher et punissait le chanoine en confisquant temporairement les revenus de sa prébende.

Un autre chanoine, Claude Vuateau, avait demandé au Conseil qu'il lui fut permis de faire dans sa maison claustrale le repas de noces de la fille d'un marchand de Laon et cela au son de la *harpe* et du *tambour*; cette autorisation lui ayant été refusée, il en appela au Parlement.

Au mois de mars 1560, plusieurs chanoines furent convaincus d'avoir fabriqué de la fausse monnaie. Quelques-uns furent condamnés à être *fustigés d'importance*, et deux vicaires de l'église furent chargés de l'exécution de la sentence ; un autre, nommé Delarue, fut condamné à assister pendant trois semaines à tous les offices et à se mettre au banc des enfants de chœur.

En 1568, un chanoine, Nicolas Despinois, fut mis en prison et condamné pour avoir assassiné sa servante, Bonne Dubois; nous ne savons quelle peine lui fut appliquée.

Quelques années plus tard, un autre, Nicolas Gillot, fut arrêté et remis à la justice séculière pour avoir poignardé un de ses collègues, Thomas Lefèvre, sur le seuil de sa porte. Un autre fut condamné pour viol, un autre pour le meurtre d'un soldat.

A Foigny, l'ancienne observance était depuis longtemps négligée, les dissipations des abbés commandataires, l'absence de surveillance sur la communauté, les fréquentes incursions de l'ennemi avaient fait tomber les sévérités de la règle en complète désuétude. La continuité des guerres avait dépeuplé le pays ; la plupart des belles fermes qui faisaient autrefois la richesse du monastère étaient presque anéanties et la culture des terres à peu près entièrement abandonnée. L'abbé Robert de Coucy estima qu'il était impossible, avec le personnel restreint dont il disposait, de remettre en valeur les vastes domaines de l'abbaye et, afin d'en faciliter la location, il attira dans la contrée une foule d'étrangers, fractionnant les censes qu'il leur passait à bail pour une durée de quatre-vingt-dix-neuf ans.

Les abbayes de Saint-Michel, de Thenailles et de Bucilly, victimes des mêmes nécessités, durent suivre cet exemple et séculariser leurs propriétés.

Le prestige des abbayes et du clergé se trouvait ainsi singulièrement diminué aux yeux des populations et les nouvelles doctrines trouvèrent les esprits préparés et favorables à la réforme religieuse. En peu de temps, le *protestantisme* fit des progrès considérables. Comme tous les néophytes, les réformés apportaient à leur propagande l'activité la plus ardente ; la doctrine calviniste de la *prédestination* les animait d'un enthousiasme extraordinaire. Tous se croyaient prédestinés, tous élus de Dieu et assurés de leur salut ; les supplices et les persécutions ne pouvaient abattre leur foi. Non seulement les hommes, mais les femmes et les enfants marchaient au supplice en chantant des psaumes et des cantiques.

L'apôtre le plus ardent de la nouvelle religion fut un habitant de Lemé, homme pauvre et obscur, nommé Georges Magnier, doué d'une imagination ardente et d'une intelligence au-dessus de son état ; il mettait à répandre les idées nouvelles tout le zèle que peut donner une conviction profonde.

La misère du peuple ne fut pas un des moindres éléments de succès pour la nouvelle religion ; la sécheresse des années 1544 et 1545 avait fait monter le prix du blé à vingt sous le quartel. Le peuple espérait que d'une rénovation morale, sortirait une amélioration de sa vie matérielle.

Il y eut bientôt dans la Thiérache de nombreux convertis, la maison de Roucy avait donné l'exemple : elle avait adopté les nouvelles doctrines et protégeait ouvertement le protestantisme dans ses domaines (1550).

Les Bourbons, eux-mêmes, se déclarèrent pour la Réforme ; Antoine de Bourbon, roi de Navarre et seigneur d'Origny, ainsi que son frère, le prince de Condé, professait publiquement la nouvelle religion (1558).

L'entente devenait impossible entre les deux partis religieux et chacun préparait en secret ses armes. On allait en venir aux mains quand Henri II mourut, comme son favori François de Roucy, d'une blessure reçue dans un tournoi, le 10 juillet 1558.

La guerre éclata seulement sous son successeur François II, que son mariage avec la nièce des Guise, Marie Stuart, avait entièrement livré à ces princes, chefs reconnus du parti catholique.

Elle devint plus ardente sous Charles IX, pendant la tutelle de sa mère, Catherine de Médicis. La rivalité des maisons de Guise et de Bourbon ne portait pas seulement sur le dissentiment religieux, il y avait entre elles de nombreux sujets de désaccord : elles prétendaient toutes deux à la prédominance politique dans l'Etat. Leurs intérêts matériels même étaient en opposition. La contiguité de leurs domaines de Thiérache, entre autres, leur avait occasionné quelques difficultés, bien plus faciles à concilier, fort heureusement, que leurs différends politiques et religieux. A Origny, notamment, les limites du domaine de Guise et du comté de Marle étaient mal définies, et cela amenait à chaque instant des discussions entre les officiers du duc de Guise, d'une part, et ceux d'Antoine de Bourbon, d'autre part.

Sur ce point, l'arbitrage du roi fut accepté par les deux parties. L'affaire, en conséquence, fut évoquée par son Conseil et réglée par un arrêt notifié par *Lettres du 4 novembre 1561 aux officiers de Marle, affin de assister avec les officiers de Guise à l'assignation donnée de comparroir à samedy prochain devant l'église de Foigny par commission d'arpenteur, affin de plancter bornes ès limittes du duché de Guise et comté de Marle, finament ès endroictz d'Origny.*

Il fut procédé à cette opération de bornage au jour dit, et au siècle dernier on voyait encore, sur la limite du bois des Ronces et du bois du Roy, les bornes plantées par cette Commission arbitrale.

La lutte entre les princes n'atteignit pas d'abord les provinces du Nord ; elle sévit surtout dans le Midi, en Normandie et dans tout l'Ouest. Antoine de Navarre fut une des victimes de cette campagne ; frappé d'un coup d'arquebuse à l'épaule au siège de Rouen, il mourut quelques jours après des suites de sa blessure (1562).

Ce prince, peu digne d'estime et de regrets, laissait un fils de neuf ans, qui devait un jour gravir les degrés du trône de France, s'y asseoir sous le nom de Henri IV et réunir au domaine de la couronne le comté de Marle et la seigneurie d'Origny, comme nous l'avons dit déjà.

Antoine de Bourbon avait combattu dans les rangs de l'armée royale, tandis que son frère, le prince de Condé, marchait à la tête des troupes de la Réforme.

Jeanne d'Albret, sa veuve, qui était dévouée jusqu'au fanatisme aux doctrines de Calvin, prit ouvertement parti pour les protestants et favorisa de tout son pouvoir leur propagande dans ses domaines de Thiérache.

Bientôt le sang coula de toutes parts, les partis exercèrent l'un contre l'autre de terribles vengeances ; les protestants, souvent victimes, étaient, dans leurs représailles, aussi cruels que leurs bourreaux catholiques.

En 1568, un certain François de Huguet, seigneur de Genlis, après avoir vainement essayé de s'emparer de Soissons, où commandait Joachim de Roucy, l'un des seigneurs d'Origny, fit irruption dans le Laonnois à la tête d'une troupe de calvinistes. Il tomba, dit un auteur contemporain, comme un orage impétueux sur les villages et les bourgs de la rivière de Serre. Il mit le feu aux églises de Nouvion-l'Abbesse, de Pouilly, de Crécy, de Dercy et de plusieurs autres villages jusqu'à Dizy et brûla aussi, en passant, le château de Sainte-Preuve, pour se venger de l'échec que Joachim de Roucy lui avait fait subir devant Soissons. Origny, fort heureusement, ne se trouva pas sur le passage du vindicatif capitaine ; il est probable que la partie de seigneurie, au moins, de Joachim de Roucy eut subi le même sort.

Les soldats du sieur de Genlis firent surtout une guerre terrible aux prêtres et aux ecclésiastiques catholiques qu'ils rencontraient. On raconte qu'en ayant saisi quatre aux environs de Crécy, ils les mirent sous un pressoir, les chargèrent de gros madriers, puis serrèrent la vis jusqu'à ce que leurs victimes fussent complètement écrasées.

Mais le parti catholique n'était pas en reste de cruauté avec les protestants; non content des supplices de toutes sortes qu'il faisait appliquer à ses prisonniers, le roi résolut d'en finir d'un seul coup avec les calvinistes. Au mépris de la paix qui venait d'arrêter les hostilités, il ordonna la mort de tous les chefs protestants. Cette abominable exécution, connue sous le nom de massacre de la Saint-Barthélemy (1572), causa la mort du chef de la maison de Roucy, François de La Rochefoucaud. Le jeune Henri de Bourbon, roi de Navarre, qui venait d'épouser la princesse Marguerite, propre sœur de Charles IX, faillit être aussi victime de cet odieux massacre; il n'y échappa, ainsi que le prince de Condé, qu'en abjurant le culte réformé.

Les protestants de la Thiérache furent frappés de terreur; ils se mirent sous la protection de Jean de Bours, évêque de Laon, et sollicitèrent leur réconciliation avec l'Eglise catholique. L'évêque les accueillit favorablement et reçut leur abjuration; mais ces conversions, arrachées par la violence, n'étaient pas sincères et les nouveaux convertis ne tardèrent pas à retourner au protestantisme.

La Thiérache était couverte de ruines; aux maux de la guerre étaient venues s'ajouter les pertes occasionnées par les intempéries. L'année 1564 s'était signalée par la rigueur inusitée de son hiver; le froid fut si fort que les rivières portèrent voitures, les grains gelèrent en terre. En 1573 encore, la récolte en blé manqua presque complètement. Par une déclaration publiée à Villers-Cotterêts, le roi dut prohiber l'exportation du vin et des grains et, comprenant que le luxe des grands était une insulte à la misère du peuple, il défendit de porter des vêtements somptueux.

Charles IX ne survécut guère à ses victimes de la Saint-Barthélemy ; rongé par la maladie et les remords, il expirait le 30 mai 1574 : il n'avait pas vingt-quatre ans et ne laissait pas d'enfant.

Sa mère, l'astucieuse Catherine de Médicis, qui avait toujours conservé le pouvoir de fait pendant la guerre civile, se hâta de faire revenir son autre fils, Henri, qui était allé l'année précédente occuper le trône de Pologne.

Avec le nouveau prince, la débauche et l'orgie continuèrent à régner plus que jamais à la Cour et la guerre civile recommença à ensanglanter la province.

Le jeune Henri de Navarre et le prince de Condé, prisonniers, d'abord, depuis la Saint-Barthélemy, puis étroitement surveillés à la Cour, étaient parvenus à s'échapper des mains de la Régente et ils avaient désavoué leur abjuration forcée. Les deux princes reprirent aussitôt la direction du parti protestant et les hostilités recommencèrent à la fois dans l'Anjou, le Maine et le Gâtinais. Un parti calviniste sorti de Champagne vint livrer aux flammes le bourg de Dizy. L'église fut brûlée et, avec elle, le curé et une partie des habitants qui s'y étaient réfugiés.

Les troupes royales, dirigées par des favoris incapables, n'étaient pas en état de résister aux forces de la Réforme, vigoureusement conduites par Henri de Navarre et Condé. Catherine engagea Henri III à conclure la paix ; elle fut signée au mois d'avril 1576.

Ce traité avait accordé des garanties aux chefs des protestants : le prince de Condé avait obtenu le gouvernement de la Picardie.

Les gentilshommes picards, fanatiques catholiques

et dévoués aux Guise pour la plupart, refusèrent d'accepter ce gouverneur et conclurent secrètement une ligue dite de la *Sainte-Union*, par laquelle ils s'engageaient à conserver la province au roi et au catholicisme. Plusieurs seigneurs de Thiérache souscrivirent à cette ligue, dont Henri de Guise fut proclamé le chef, entre autres Louis Duglas, écuyer seigneur de Ployart, François de Proisy, François de Bossut et Jacques de Routy.

L'association de la Sainte-Union proclama bientôt ses visées politiques, et, à la suite de violentes prédications faites dans la cathédrale de Laon, beaucoup d'autres gentilshommes s'enrôlèrent dans le parti. Le seigneur de Monceau fut certainement de ce nombre, mais le seigneur de Sainte-Preuve, que son service en qualité d'officier dans les armées du roi retenait loin de la province, ne prit pas le même engagement.

Les populations n'étaient guère au courant de ces intrigues et continuaient à se réjouir de la paix que l'on avait enfin obtenue après l'avoir si ardemment désirée.

Pendant toute l'année 1577 et le commencement de l'année 1578, on ne vit, dit un historien de l'époque, que processions de dévotion à Liesse. On y venait du fond de la Picardie, de la Champagne, de tout le pays laonnois : souvent en un jour, il se rencontrait à Liesse jusqu'à trente paroisses.

La guerre de Flandre, où le duc d'Anjou, frère du roi, prit parti, fit cesser les fêtes. Ce prince, inquiet et ambitieux, avait rêvé de se tailler un royaume dans les Flandres. Il fit lever six mille hommes d'infanterie et mille chevaux montés par des gentilshommes volontaires. Il rassembla ces troupes à Château-Thierry, d'autres s'y joignirent, mais comme elles n'étaient pas payées, elles firent des dégâts affreux dans tous les lieux où elles passèrent. Or, leur route leur faisait traverser le Laonnois et la Thiérache, elles y vécurent à discrétion et se comportèrent comme en pays ennemi. D'autre part, don Juan d'Autriche, gouverneur des Pays-Bas, au bruit de ces armements, faisait entrer en Thiérache l'armée espagnole. Vervins n'ouvrit pas ses portes, mais l'ennemi « attaqua un fort situé dans un lieu appelé la Verte-Vallée, que les habitants du pays, naturellement guerriers, avaient fortifié et où ils s'étaient retirés. On combattit de part et d'autre avec beaucoup d'ardeur et de courage ; les assiégés ne perdaient point un pouce de terrain, les brèches que l'on faisait à leurs retranchements étaient réparées à l'instant. C'eût été une honte pour les Espagnols de lâcher pied devant ces campagnards mal armés ». Après plusieurs assauts inutiles, ils firent venir du canon et foudroyèrent les retranchements. Le fort fut pris et les Espagnols massacrèrent impitoyablement ses vaillants défenseurs.

Tout le pays fut ravagé, on ne fit aucune récolte. Les troupes françaises firent, à leur tour, autant de mal que les ennemis et pillèrent les endroits où les Espagnols n'étaient point passés. Les gens de la campagne, réduits à la dernière misère, s'attroupèrent au nombre de deux mille et prirent les armes pour fondre sur ceux qui les dépouillaient si cruellement. Les plus acharnés furent les habitants de Tavaux, Pontséricourt, Montigny, Dizy et des villages environnant Montcornet.

Notre pays fut encore frappé pendant les années 1579 et 1580 de redoutables fléaux. Un tremblement de terre se fit sentir dans toute la Thiérache, dans le courant de la semaine de Pâques 1579, et le mercredi de la Pentecôte eut lieu un ouragan affreux qui fut suivi d'une épidémie de peste. Ce mal disparut pendant l'hiver, mais reparut dans l'été de 1580 avec une nouvelle intensité. Il ravagea Guise et une partie de la Thiérache ; dans tous les villages, on rencontrait des cadavres abandonnés à la rapacité des loups très nombreux, contre lesquels la population valide avait grand'peine à se défendre. La peste s'éteignit seulement en 1583, mais la disette était extrême, chacun se défaisait de ses meubles et même de ses vêtements pour avoir du pain, dont le prix allait à dix sols (1 fr. 25) la livre ; le nombre des mendiants devint considérable. En 1585, le prix du quartel de blé alla à soixante et soixante-dix sols (7 fr. 50 et 8 fr. 75). L'année suivante, la disette s'accrut encore : le pain se vendit jusqu'à dix sols (1 fr. 50) la livre.

CHAPITRE XIV

La Thiérache sous les règnes de Henri III et de Henri IV. — Henri IV à Origny. — Prise d'Aubenton. — Le château du Chaudron ; entrevue du duc de Parme et du duc de Mayenne à Origny. — Vente de la seigneurie d'Origny à Mme de Beauverger. — Procès entre la communauté d'Origny et le seigneur de Belle-Perche.

La Ligue s'était rapidement étendue sur toutes les provinces ; le fanatisme religieux, joint à l'ambition des chefs de parti, fournissait un aliment incessant à la guerre civile. Henri de Navarre avait gagné un grand renom auprès des gens de guerre par la prise de Cahors (1580) ; la mort du duc d'Anjou, le dernier des Valois, le fit bientôt héritier du trône de France (1584).

Les Bourbons, issus du dernier fils de saint Louis, étaient séparés de la branche régnante par tant de générations que, dans une succession ordinaire, ils n'eussent point été admis à l'héritage comme parents trop éloignés ; ils étaient cependant les princes les plus rapprochés du trône. Personne ne le contestait, mais la question religieuse compliquait singulièrement la situation ; la Ligue s'opposait énergiquement à l'accession à la couronne d'un prince protestant. Henri III n'avait, il est vrai, que trente-trois ans, mais il était tellement usé par la débauche que l'ouverture de sa succession paraissait prochaine.

Dans la prévision de cet événement, les chefs de la

Ligue, les princes de la maison de Guise, s'étaient fait fabriquer une généalogie qui les faisait descendre de Charlemagne ; mais n'osant, cependant, poser ouvertement leur candidature au trône, ils mirent en avant celle du vieux cardinal de Bourbon, oncle de Henri de Navarre, et ne craignirent pas de s'allier par un traité secret avec Philippe II, roi d'Espagne.

La guerre civile recommença de toutes parts en 1585 avec des vicissitudes diverses, au grand détriment du peuple, mais de glorieuses victoires ajoutèrent à la renommée du roi de Navarre.

D'autre part, la Ligue avait occupé un grand nombre de places fortes dans le Nord de la France, et le duc de Guise, qui jouissait d'une popularité sans égale dans Paris, était le véritable maître de la capitale. Henri III craignit pour sa couronne et s'enfuit de Paris.

Les Etats généraux du royaume, convoqués à Blois à la fin de l'année 1588, ne purent faire renaître le calme. Le duc de Guise n'avait pas craint de s'y rendre, Henri III le fit assassiner ainsi que son frère, le cardinal de Lorraine.

Cet attentat, au lieu de calmer les ligueurs, les exalta davantage ; le duc de Mayenne, frère des deux victimes, prit la direction du parti et le roi dut se jeter dans les bras d'Henri de Navarre, qui, aux forces huguenotes dont il disposait, joignit la direction des troupes restées fidèles au roi.

Le Béarnais, comme l'appelaient les ligueurs, rassembla son armée, prit une offensive vigoureuse et marcha sur Paris. Mayenne n'avait à sa disposition que des forces inférieures et la capitale allait tomber aux mains des deux rois.

La Ligue, acculée, résolut la mort de Henri III. On découvrit, dans un couvent de dominicains de Paris, un jeune religieux fanatique du nom de Jacques

Clément, auquel fut imposée la mission de frapper le roi. Jacques Clément se rendit à Saint-Cloud, où était le quartier général de Henri III ; il put se faire admettre auprès de sa personne, sous prétexte de lui communiquer des nouvelles de Paris, et, pendant que le prince prenait connaissance des lettres dont il était porteur, il lui plongea un poignard dans le ventre (31 juillet 1589).

Le clergé avait ouvertement provoqué ce meurtre par ses prédications fanatiques. Un chanoine de Laon, prédicateur très zélé, appelait en chaire le roi *Henry de non valoir*, au lieu de *Henry de Valois*. Quelques jours après l'accomplissement du crime, le même chanoine, nommé Jacob, continuant ses imprécations, annonçait à ses auditeurs la *bonne nouvelle*. Ce prédicateur entra avec complaisance dans les détails de l'assassinat et en fit l'apologie, le présentant comme une faveur et une justice du ciel (1).

Après la mort de Henri III, la France se trouva plus que jamais livrée à toutes les horreurs de la guerre civile et de l'invasion étrangère. Ce fut un pillage, une tuerie sans interruption : comme aux plus mauvais jours de la Ligue, chacun fut obligé de défendre sa vie. Les bourgs, les villages, les censes même, se transformèrent en forteresses et s'entourèrent de fossés et de remparts. Les cimetières servirent de retranchements, là où il n'y avait ni châteaux ni maisons fortes pour se réfugier. « On s'enferme dans les églises, on les perce de créneaux, on y ajoute des tourelles et des meurtrières, on y construit même des places d'habitation (2). » Tout cela se fit à Origny, les murailles du cimetière furent réparées, le donjon de l'église fut

---

(1) Richaud, *Chroniques de la Ligue.*
(2) Abbé Péchbur, *Histoire de Guise.*

crénelé, les tours de l'enceinte furent armées d'engins de guerre et une garde permanente fut installée dans la forteresse. Les habitants y apportèrent leurs provisions et ce qu'ils avaient de plus précieux, prêts à s'y jeter eux-mêmes à la moindre alerte.

Henri IV avait à conquérir son royaume sur la Ligue, qui occupait sa capitale et une partie notable des provinces. La lutte fut longue et difficile ; nous n'en rapporterons que ce qui concerne spécialement notre pays.

Vervins, attaqué par le duc de Mayenne, capitule le 2 février 1590 ; Origny, Martigny et les villages voisins sont occupés par les ligueurs qui sont toutefois battus dans un combat livré à Mondrepuis.

Les troupes royales, sous le commandement du comte de Saint-Pol, parcourent la Thiérache en tous sens, disputant le terrain pied à pied aux ligueurs.

Notre malheureux pays est d'autre part écrasé par les bandes du duc de Parme, qui se hâte de gagner la frontière, suivi de près par Henri IV en personne, qu'il a obligé d'abandonner le siège de Paris après la mort de Henri III.

L'année suivante, Claude de Roucy, l'un des seigneurs d'Origny, fut tué, comme nous l'avons dit, au siège de Chartres à la tête du régiment dont le roi lui avait confié le commandement. Pendant qu'il versait son sang pour le service de son souverain légitime, le sieur de Monceau, co-seigneur de notre pays, combattait contre les troupes de la Ligue, avec la même vaillance.

« Mon cousin, écrivait Henri IV au comte de Nevers, le 30 juillet 1591, je viens de recevoir la lettre que Rosne écrivait à Tremblecourt (1) pour faire ache-

---

(1) Rosne et Tremblecourt étaient deux chefs de ligueurs. Leur correspondance avait été interceptée par les coureurs du roi.

miner son régiment à Noyon. La vérité est que ce régiment-là s'était mis en chemin pour y venir, mais il fut chargé près de Montcornet par la garnison de La Capelle. Il en a été tué environ trois cents sur la place, les autres se sont retirés audit Montcornet où ils sont investis par le sieur de Monceau et par ceux de la garnison de La Capelle. Je n'en ai aucune nouvelle depuis.... »

Le succès couronnait les entreprises du roi : le 24 octobre, une surprise originale lui donnait Aubenton : un corps de ses troupes, arrivé secrètement sous les murs de la ville, se mit en embuscade dans l'église Saint-Nicolas, située dans le faubourg de ce nom, qui n'est séparé de la ville que par la rivière du Ton. Un voiturier nommé Gachem, du village d'Hannapes, se présenta alors pour entrer avec une voiture chargée d'un chêne énorme ; arrivé sur le pont, il accrocha sa charrette comme par mégarde, afin d'empêcher de fermer la porte ; puis, voyant le poste de garde dégarni de soldats et confié à la surveillance d'une seule sentinelle, il la frappa d'un coup de poignard, s'empara des armes qui étaient dans le corps de garde et les jeta dans la rivière. A ce signal, les troupes embusquées sortirent précipitamment de l'église, pénétrèrent dans la ville et, aidées des bourgeois, parvinrent facilement à s'en rendre maîtresses (1).

Dès le lendemain, le roi dirigeait son armée vers le Nord et arrivait à Origny, de sa personne, le 26 octobre. Nous avons tout lieu de penser que Henri IV établit son quartier général au château du Chaudron, appartenant alors au seigneur de Belle-Perche, M. de Surgret.

Cette habitation était située derrière le hameau du

(1) Am. Piette, *Histoire de Vervins*.

Chaudron, au-dessus du lieu dit *le Pré-du-Seigneur*, sur le chemin qui conduit de cet endroit au Chaudron et qui formait autrefois la grande avenue du château. Elle était vaste, solidement construite en briques et flanquée d'une tour qui lui servait de donjon ; des fossés profonds, remplis d'eau, l'entouraient en partie. A côté s'élevaient, autour d'une vaste cour, des bâtiments de culture suffisants pour une importante exploitation agricole.

Elle offrait un gîte convenable au roi et lui donnait la facilité de surveiller la marche de ses troupes qu'il dirigeait sur Vervins, sur Etréaupont et sur Ohis.

Henri IV séjourna au Chaudron jusqu'au 29 et partit pour aller loger au château de Fontaine-lès-Vervins. Pendant trois jours, Origny fut plein de gens de guerre, mais grâce à la discipline que le roi maintenait rigoureusement dans ses troupes, les habitants n'eurent à supporter que la charge, déjà bien lourde, de leur nourriture.

Dans toute cette campagne, Henri IV fait preuve d'une activité surprenante. Il étonne et déconcerte ses adversaires par l'imprévu et la rapidité de ses coups. Le 16 septembre, il visite La Capelle pour se rendre compte de l'état de la place, pendant que son armée se dirige de Chauny vers la Champagne, traversant encore la Thiérache par Vervins, La Bouteille, Landouzy et Aubenton. Il la rejoint, le 18, à Maubert, où il arrive de La Capelle d'une seule traite.

Le 21 novembre, il est à Neufchâtel, d'où il écrit, à dix heures du soir, au duc de Nevers : « Mon cousin, il me vient d'arriver un laquais de Noyon, qui m'a apporté une lettre du gouverneur par laquelle il me mande que le duc de Mayenne est à Laon ; que son armée est encore à Montcornet-en-Thiérache ; qu'il fait estat d'attaquer Vervins, en passant. Il me mande aussi que le prince de Parme doit sans doute bientôt entrer dans mon royaume. »

Le gouverneur de Noyon était bien informé, et la nouvelle qu'il apprenait au roi de la prochaine entrée en France du duc de Parme ne tardait pas à se vérifier. Ce prince arrivait en effet à Origny, où Mayenne venait le trouver le 18 décembre, afin de se concerter avec lui sur les moyens de faire lever le siège de Rouen aux vingt-cinq mille royalistes qui avaient investi cette ville. C'est le prince lorrain qui en informe de sa propre main, le jour même de son départ du camp de La Fère, le Parlement de Paris.

Nous n'avons pu recueillir aucun détail sur l'entrevue des ducs de Parme et de Mayenne à Origny. Les troupes nombreuses qui les accompagnaient durent, à leur départ, laisser encore notre pauvre commune dans un bien misérable état.

Toute l'année suivante, on ne cessa de batailler dans le Laonnois. Dans le commencement de 1593, les Espagnols, commandés par Mansfeld, pénétrèrent de nouveau en France. Ils s'avancent jusqu'à Montcornet, où ils sont bientôt rejoints par les troupes que le pape envoie aux ligueurs. En même temps, Hirson rentre au pouvoir du roi, malgré la vigoureuse défense du capitaine de Caruel, qui tient pour la Ligue ; malheureusement, ce poste retombe bientôt entre les mains des rebelles.

L'année 1594 est signalée par la prise de La Capelle. Mansfeld, qui manœuvrait toujours sur nos frontières, était venu l'attaquer le 25 avril avec onze mille hommes de troupes et douze pièces de canon. La ville se défendit pendant quatorze jours, puis elle capitula au moment où le maréchal de Biron arrivait pour la secourir.

Les partis et le pays étaient épuisés par cette interminable lutte, et puis, la récolte avait été mauvaise en cette année 1594 : le blé se vendait cinquante sols le quartel (6 fr. 25) et le prix des terres était tombé à rien. Cette situation ne fit qu'empirer les années suivantes, les terres restèrent incultes, on manquait de chevaux pour les cultiver et la peste, après la guerre, avait fait de grands ravages dans la population. En 1597, le quartel de froment valait encore treize livres. Le roi, désirant vivement la paix, venait d'abjurer le protestantisme. Un arrangement dès lors devenait possible, le pape s'entremit et les négociations furent entamées avec l'Espagne.

Bientôt, les plénipotentiaires des deux rois se réunirent à Vervins et, après de longues et laborieuses négociations, la paix fut conclue le 2 mai 1598.

La paix religieuse avait été rétablie par l'édit de Nantes, le 6 avril précédent.

Pour soutenir cette longue et ruineuse guerre, Henri IV avait eu de grands besoins d'argent et en avait cherché un peu partout. Par acte du 15 juillet 1583, il avait emprunté à une certaine dame Marie Hennequin, veuve de Guillaume Barthélemy, en son vivant seigneur de Dommierge et conseiller au Parlement, une somme de deux mille six cent soixante-six écus deux tiers et, en échange et pour garantie de cet emprunt, il avait constitué, au profit de cette dame, une rente perpétuelle rachetable de deux cent vingt-deux écus treize sols quatre deniers, à prendre sur les revenus de son domaine direct d'Origny.

Ce domaine direct, en dehors des droits seigneuriaux que le roi percevait sur toute l'étendue d'Origny, en sa qualité de comte de Marle, comprenait la propriété du *Bois du Roy* et de ceux de *Gérannois* et de *Cerisier*, dont l'administration et la garde étaient alors confiées à Pierre Chollet, sergent et garde des bois du comte de Marle, et l'exploitation importante de la cense *La Cour*.

Les dettes ainsi contractées par le roi s'élevaient à un chiffre considérable et, malgré la sage économie qu'il apporta dans l'administration du royaume, une fois la paix conclue, il ne pouvait s'en libérer sans aliéner une partie de ses domaines. Non seulement il n'avait pu rembourser à la dame Hennequin la somme qu'il lui avait empruntée, mais il lui devait plusieurs années de la rente convenue.

Une transaction intervint entre eux en 1605, et, en raison des malheurs du temps, la dame Hennequin consentit sur sa créance une réduction de onze cent dix livres dix-neuf sols quatre deniers, représentant sa part dans la perte de revenus que le roi Henri avait eu à subir pendant les années de trouble. Puis, par acte du 9 avril, les mandataires du prince vendirent à la dame Hennequin, dame de Beauverger, le *village, terre et seigneurie d'Origny, avec les droits de justice, haute, moyenne et basse, en tant qu'à Sa Majesté en appartenait audit village d'Origny, terroir et dépendances*. Cette vente était consentie et acceptée moyennant le prix de dix-neuf mille soixante et onze livres six sols cinq deniers, calculé, au denier quatre, sur le revenu moyen de la seigneurie fixé à trois mille deux cent quarante-huit livres dix-neuf sols.

Mais, par suite de l'accession du roi Henri de Navarre au trône de France, ses domaines propres étaient devenus des propriétés de la couronne, suivant les lois fondamentales de la monarchie française. Aussi, la vente qu'il consentait de son domaine d'Origny ne pouvait être faite qu'à titre d'*engagement* et la résiliation en fut poursuivie contre les descendants de la dame de Beauverger lors de la Révolution.

Si des nécessités pressantes obligeaient le roi à se dessaisir de cette seigneurie, il n'oubliait pas l'importance du poste fortifié d'Origny, qui protégeait si utilement le passage de la rivière du Ton, et il voulut en augmenter la force de résistance. Il y a tout lieu de penser que c'est sur son ordre que furent ajoutées au donjon de l'église les deux fortes tours, qui donnent à ce monument le caractère imposant qui le distingue (1606).

Les trois étages voûtés de ces constructions nouvelles furent aménagés pour servir de refuge à la population en cas de danger. Nous verrons par l'histoire des funestes événements dont le pays fut le théâtre pendant la première moitié du dix-septième siècle que la prévoyance du roi ne fut pas inutile. Bien souvent encore les habitants de notre village devaient venir s'abriter dans cette forteresse pour échapper à la fureur des bandes armées.

Cette construction fut une lourde charge pour les finances d'Origny, mais, grâce à la paix, la prospérité avait reparu, et les contribuables la supportèrent allégrement. Les administrateurs de la communauté s'efforcèrent d'ailleurs d'en faire une équitable répartition. Malheureusement de nombreux privilégiés échappaient aux charges publiques ; la noblesse, le clergé en laissaient tout le poids au peuple, aux laboureurs et aux gens de commerce.

Jacques de Surgret, écuyer, seigneur de Belle-Perche, avait été porté sur le rôle des tailles pour les propriétés qu'il possédait sur le territoire d'Origny. Il paya d'abord, mais, en l'année 1602, il invoqua sa qualité nobiliaire et répondit par un refus de paiement à la demande de la municipalité.

On voulut le contraindre : le 10 mars 1602, les notables de la commune, assemblés au son de la cloche, à l'issue de la messe paroissiale, autorisaient, par un vote unanime, *Loys Bigot*, maire, et *Crepin Devin*, procureur-syndic, à poursuivre le seigneur de Belle-Perche et à le traduire devant le Présidial de Laon.

La commune perdit son procès devant cette juridiction et voulut former appel devant le Parlement de Paris, mais les frais de première instance s'élevaient déjà à une somme considérable et l'on redoutait d'en engager de plus importants. La communauté fut de nouveau assemblée et le maire et le procureur-syndic furent autorisés à transiger avec le sieur de Surgret.

La transaction ne fut pas avantageuse pour la commune : le seigneur de Belle-Perche ne voulut rien abandonner de son droit et l'on fut très heureux de n'avoir pas à lui restituer les sommes qu'il avait consenti à payer les années précédentes.

CHAPITRE XV

Situation industrielle, agricole et commerciale d'Origny au commencement du dix-septième siècle. — Administration de la justice. — Régie des domaines et des droits seigneuriaux. — Exécution capitale à Origny. — Les officiers de justice. — Les notaires, médecins, cultivateurs, commerçants.

Il ne fallait rien moins, pour réparer les ruines et les désastres de la guerre, que la sage et habile administration de Sully. « *Labourage et pâturage*, avait dit ce grand ministre, *sont les deux mamelles qui nourrissent la France* », et il accorda à l'agriculture toute sa protection.

Notre village, pendant les deux dernières années de guerre surtout, avait été plusieurs fois saccagé ; il n'en subsistait guère que le vieux donjon de l'église fortement endommagé ; la maison de justice, les moulins, les censes, les habitations particulières étaient presque entièrement ruinés. On avait cessé de cultiver la terre, les champs abandonnés étaient couverts de broussailles.

Mais il restait une population intelligente et laborieuse. Le calme revenu, chacun se remit au travail ; les bras, fatigués de porter le hoqueton et le mousquet, reprirent avec ardeur le manche de la charrue et, bientôt, tout le terroir d'Origny fut remis en bon état de culture.

Les grandes propriétés des environs, les meilleures

terres appartenaient à la noblesse et aux abbayes voisines ; une administration intelligente les remit promptement en valeur.

Nicolas Gerbaut, intendant des affaires de Mme la duchesse de Nemours, dans la Thiérache, et qui était en même temps fermier général du temporel de l'abbaye de Foigny, donna à bail, à des conditions raisonnables, les grandes fermes de nos alentours à de bons laboureurs.

Le roi de France, en qualité de tuteur noble des enfants de Claude de Roucy, faisait en même temps bail à Jehan Bocquet de l'administration de la terre de Sainte-Preuve à Origny et lui conférait la recette des droits féodaux, appartenant à cette seigneurie. Jehan Bocquet tenait déjà de Nicolas Gerbaut la recette des villages de La Bouteille et Landouzy-la-Cour.

Le domaine de Sainte-Preuve et les terres de Mme de Beauverger formaient plusieurs exploitations réparties entre les *Terrien*, les *Rufin*, les *Jolimay*, les *Desson*, les *Devin*, les *Gauthois*, les *Faroux* ; leurs charrues nombreuses sillonnaient les *Coutures*, le *Champ-des-Oizeaulx*, le *Basty*, *Germain-Fontaine*. Il existait, parmi les gros laboureurs du Routy, une famille du nom de *Michault* ou *Michaux*. Ce nom s'éteignit à Origny après quelques générations. Il est possible que la famille qui le porte de nouveau aujourd'hui à Origny ait une origine commune avec les Michaux du Routy ; ses ancêtres étaient comme ceux-ci originaires des Pays-Bas bourguignons.

D'autres laboureurs, dont les familles subsistent encore, se partageaient la partie méridionale du territoire : Pierre *Aubin*, au *Grand-Rieux*, s'efforçait de mettre en rapport l'ingrat canton du *Mollandart*, mais les *Bocquet*, les *Willot*, les *Pery*, les *Naudet*, les

Triquegniaux, les *Berteaux* exploitaient avec plus de succès les bonnes terres du Chaudron.

Dans ces divers cantons, les terres avaient déjà reçu les appellations qui les désignent encore aujourd'hui : les *Caluyères*, le *Pont-à-Berger*, les *Reppes*, le *Chauffour*, le *Courty-Bataille*, le *Bassin*, la *Fontaine-Bongars*, le *Câtelet*, la *Haye-aux-Nids*, le *Pont-Roha*, le *Champ-Mayeur*, la *Maladrie*, la *Rigole-Ballet*, le *Courty-Grignon*, le *Baty*, *Bedham*, le *Vivier*, le *Champ-de-la-Pierre*, la *Mutérie*, la *Morte-Eau*, le *Grandfaux*, la *Culée-Javelotte*, le *Rieux-des-Cailloux*, etc. Tous ces noms sont aussi vieux que le village d'Origny lui-même et il est, pour la plupart, impossible d'en indiquer l'origine.

Le commerce et l'industrie, aussi, recommençaient à prospérer. Les foires et marchés donnaient une grande animation à Origny, la population des villages voisins accourait en foule s'approvisionner chez les marchands installés dans la commune ou sous la halle. Les grains affluaient aux quatre moulins d'Origny ; Mme de Beauverger était devenue propriétaire du vieux moulin, situé derrière la cense du pont de la Cour, qui comprenait, en même temps, un tordoir à huile, et du moulin neuf, qui avait été édifié sur l'emplacement actuel du grand moulin d'Origny. Elle venait de faire construire à côté de cette usine, sur le petit bras de rivière qui coulait à l'endroit où se trouve actuellement le deuxième pont, un second tordoir. Ce moulin neuf et ce tordoir étaient loués par bail du 30 juin 1615 reçu par Mes Monseignat et Chauveau, notaires à Laon, à Nicolas Vincent, moyennant une redevance annuelle de deux cent vingt livres et quinze aunes de toile.

La rivière ne suivait pas alors le lit qu'elle occupe aujourd'hui ; à partir de la cense de la cour elle s'allongeait, par un long circuit, dans la prairie de la Lucière et en rentrant dans le bief actuel se divisait en deux bras dont l'un alimentait le moulin neuf et l'autre le nouveau tordoir. Une vanne placée au point de partage assurait le règlement des eaux.

Le vieux moulin était alors loué à un nommé *Olivier Michel*, qui rendait au seigneur un fermage annuel de trois cents livres et quinze aunes de toile. Le moulin neuf n'était loué avec le tordoir que deux cents livres et quinze aunes de toile. A ces deux usines appartenait exclusivement la mouture des grains du terroir d'Origny proprement dit ; les laboureurs du Chaudron, de la rue du Beauregard (ou des Hélins), des Routières, devaient porter les leurs au moulin du *Haudouin*.

Ce moulin, que l'on appelait alors indifféremment *Chastel-Royault*, moulin du *Hédoyn* ou du *Haudouin*, bâti sur l'emplacement actuel du moulin du Haudevin, était situé partie sur le comté de Marle et partie sur la seigneurie de Sainte-Preuve, à cheval sur la rivière qui séparait les deux seigneuries. Si son nom de Chastel-Royault indique qu'il fut d'abord la propriété du roi de Navarre, il est certain que le seigneur de Sainte-Preuve en était devenu propriétaire pour partie. Il était entretenu par les deux seigneurs pour l'usage commun des hameaux du Chaudron et des Routières et de la portion de terroir limitée par le ruisseau de la Maladrie.

Le 17 août 1603, les commissaires du roi et *très haute et très puissante dame* Anne de Chanteloup, veuve de feu noble et honoré seigneur Claude de Roucy, donnaient à bail ce moulin de *Hédoyn*, avec six jalois d'héritage, à Antoine Férot, procureur fiscal à Vervins, à la charge « *d'entretenir ledit molin de tous harnatz travaillans audict molin comme ven-*

tellrye, bacque, bassinage, roue, rouez, en bon et suffisant estat, et moyennant une rente de vingt-cinq livres et six chapons due par lesdits molin et héritage tant vers le roy que le seigneur de Saincte-Preuve ».

Le quatrième moulin situé sur le terroir d'Origny était le moulin du Routy, qui existe encore aujourd'hui. Il avait été construit spécialement pour l'usage du village de Buire, qui, avec l'autorisation du seigneur d'Origny, y venait moudre ses grains. Cette usine appartenait à un riche marchand d'Origny, *Estienne Desery*, qui l'avait loué à un certain *Regnault Poilleux, molinier* à Neuvemaison.

Estienne Desery fut, en 1620, menacé d'un grand procès par Mme de Choiseul, fille et héritière de Mme de Beauverger, au sujet de la fontaine qui alimentait son moulin. Mme de Choiseul, qui était propriétaire de la terre d'où s'échappait cette fontaine, prétendait à la propriété exclusive du cours d'eau à qui elle donnait naissance et du sol même de l'usine. Desery comprit qu'il lui serait difficile de maintenir son droit contre les prétentions de la noble dame, et craignant les frais énormes qu'entraînait, à cette époque, une procédure sans fin, il préféra transiger. Il reconnut les droits prétendus de la dame de Choiseul ; en retour, celle-ci lui concéda la jouissance perpétuelle de la fontaine litigieuse et du *fonds* du moulin, moyennant une rente annuelle de trente-cinq livres. Cette jouissance fut continuée à ses héritiers par un bail emphytéotique passé devant Me Lavalette, notaire au Châtelet de Paris, le 25 octobre 1688.

C'est de cette époque aussi que date la *tannerie* que Nicolas Terrien, lieutenant en la justice seigneuriale, établit dans les bâtiments du vieux moulin.

Origny avait en même temps plusieurs brasseries.

Claude Deson en exploitait une dans une maison située entre la rue de la Croix et celle de Terva. *Julien Fouquemprez*, aussi, était brasseur ; *Claude Haution* puis son fils *Jean* exerçaient la même profession, rue de la Fontaine. En 1636, *Gérard Michaux* établissait une brasserie au Routy ; il mourait quelques années après, sans laisser d'héritier de son nom, et sa succession se trouvait dévolue à sa sœur *Jeanne Michaux*, qui avait épousé *Pierre Barbin*, de Lahérie.

Le village possédait des artisans de toutes sortes ; nous citerons parmi les plus importants : *Vincent Tellier*, charlier ou charron ; *Nicolas Mallard*, maréchal, auquel succède *Pierre Muteau*, puis *Pierre Anceau*; les *Triquegniaux*, cordonniers ; les *Faroux*, bourreliers ; *Bernard Poulain*, tailleur en drap ; les *Damideaux*, les *Houdelette*, charpentiers ; les *Midelet*, maçons ; les frères *Jehan et François Terrien*, maîtres serruriers et arquebuziers. Il s'y établit même un orphèvre en 1686, *Nicolas Bocquet*.

Les arts aussi y étaient cultivés avec succès : *Baptiste Dubois*, joueur d'instruments, l'auteur d'une longue dynastie d'excellents professeurs de musique, partageait avec *Jacques Bohain*, son émule, la clientèle des amateurs de musique.

Nicolas Déprez, chirurgien, puis *Nicolas Bocquet* exerçaient la médecine à Origny.

Tous les ouvriers, que n'occupait pas le travail des champs, étaient tisserands de toile ; on ne fabriquait pas encore de vannerie. Cette nouvelle industrie cependant allait bientôt s'implanter à Origny. Des bohémiens nomades l'y apportèrent, dit-on, et enseignèrent la culture de l'osier. En peu d'années, la fabrication des paniers prit une grande extension. En 1645, malgré les désastres sans nombre qui affligèrent alors le pays, l'exportation s'en faisait sur une grande

échelle; des marchands créaient des entrepôts à Hirson, à Liesse et venaient s'approvisionner à Origny. Cette même année, un certain *Louis Barotiaux*, marchand à Hirson, passait un traité avec un fabricant de fins paniers d'Origny, *Claude Alexandre*, et s'engageait à lui prendre *tous les fins paniers et autres ouvrages qu'il pourra faire de son métier, à fournir de six semaines en six semaines, moyennant pour la douzaine de petits paniers* .... 30 *sols*
Pour la deuxième grandeur............... —
Pour la troisième — .... 48 —
Pour la quatrième — .... 66 —
Etc...

Nous verrons bientôt la nouvelle industrie s'étendre, se propager et porter au loin le nom d'Origny.

Une bonne administration favorisait, en ce moment, le développement de la prospérité publique : on cherchait à apporter un certain ordre dans la perception des droits seigneuriaux, qui s'opérait, dans bien des cas, d'une façon arbitraire. Les registres de *Terrier* du comté de Marle furent rétablis. Ces registres contenaient le dénombrement des déclarations des particuliers relevant de chaque seigneurie et le détail des droits, cens et rentes qui étaient dus au seigneur. Le 27 novembre 1609, un sergent royal du comté vint publier à Origny les nouvelles lettres de terrier. Elles procuraient aux laboureurs du pays un allègement de charge, dont ils avaient réellement besoin en cette année, car l'hiver de 1608 avait été d'une longueur inusitée. Il avait gelé très fort pendant quatre mois consécutifs, depuis le 22 décembre jusqu'au 20 avril suivant, et les blés n'avaient pu résister. Cet hiver avait été précédé d'un furieux ouragan qui avait causé de grands dommages dans le village.

Il existait depuis bien longtemps à Origny, ainsi que dans presque toutes les seigneuries, une charge de notaire seigneurial. A l'avénement de Henri IV, le titulaire de cette charge prit le titre de notaire royal aux bailliages de Vermandois et de Vitry. Il se nommait Jehan Boucher et remplissait en même temps les fonctions de lieutenant du bailli de M. de Sainte-Preuve. En 1609, il fut remplacé dans ces deux emplois par M. Jehan Durin. C'est le premier dont les minutes sont conservées en l'étude d'Origny ; celles de Jehan Boucher et de ses prédécesseurs ont disparu. Jehan Durin appartenait à une ancienne famille de fonctionnaires, dont certains membres affichaient des prétentions à la noblesse. Son frère, Pierre, était procureur du roi au grenier à sel d'Aubenton, charge dans laquelle il fut remplacé, en 1626, par son fils Nicolas, qui scinda son nom et signa *du Rin*. Ce dernier exerça en même temps les fonctions de procureur fiscal de l'abbaye de Foigny.

Jehan Durin, comme *lieutenant en la justice de M. de Sainte-Preuve*, tenait audience en la *Cour et auditoire d'Origny*. En son absence, il se faisait remplacer par *Remy Durin, son fils, praticien*; d'autres fois, c'était *Pierre Chollet, plus ancien praticien et sergent en la même justice*, qui prenait la présidence. Jehan Boucher puis Jehan Durin eurent pour greffier Remy Bocquet. Les fonctions de ministère public auprès de cette juridiction étaient remplies par Me Eloy Bigot, procureur d'office. Un agent d'affaires, du nom de Nicolas Waton, assistait fréquemment, en qualité de procureur, les plaideurs devant ce tribunal.

Mais l'administration de la justice n'était pas seulement aux mains des officiers de M. de Sainte-Preuve, chacun des autres seigneurs l'exerçait sur sa part de seigneurie, ce qui donnait souvent lieu à de sérieuses difficultés et ouvrait la porte à des abus de toutes sortes. C'est bien avec raison qu'un jurisconsulte du dix-septième siècle nous dit que la confusion des justices, en France, n'était guère moindre que celle des langues, lors de la tour de Babel. « Il n'y a, disait-il, si petit gentilhomme qui ne prétende avoir en propriété la justice de son village ou hameau ; tel même qui n'a ni village ni hameau, mais un moulin ou une basse-cour près de sa maison, veut avoir justice sur son meunier, sur son fermier ; tel encore qui n'a ni moulin ni basse-cour, mais le seul enclos de sa maison, veut avoir justice sur sa femme et sur son valet ; tel finalement, qui n'a point de maison, prétend avoir justice en l'air, sur les oiseaux du ciel, disant en avoir eu autrefois. »

A la tête de chacun des tribunaux était placé un officier chargé d'administrer la justice au nom du seigneur : un bailli ; mais souvent ce magistrat ne résidait pas à Origny, les seigneurs en conféraient le titre à quelque avocat étranger qui n'exerçait que très rarement en personne sa fonction et ne paraissait à son prétoire que dans les circonstances exceptionnelles, quand les intérêts du seigneur étaient directement en jeu. C'est à des avocats au Parlement résidant soit à Laon, soit à Vervins ou à Hirson, que cet office était ordinairement dévolu : nous voyons, en 1674, un avocat de Laon, Me Charles Chauveau, prendre le titre de bailli d'Origny ; un autre avocat de la même ville, Me Claude de Langre, prend aussi ce titre. Au dix-huitième siècle, la charge de bailli passa dans la famille Chatelain, d'Hirson.

Les seigneurs de la maison de Monceau et ceux de la maison de Pargny eurent toujours leur bailli à Origny ; ceux de Sainte-Preuve et de Choiseul-Praslin n'y furent représentés que par les lieutenants de leurs baillis.

Ces bailliages locaux relevèrent d'abord de la prévôté suzeraine du comté de Marle, mais, en 1607, tous les officiers du comté furent érigés en officiers royaux par Henri IV, et la juridiction d'appel fut désormais la prévôté foraine de Laon.

Chaque seigneur n'exerçait son droit de justice que sur toute l'étendue de son domaine ; les affaires seules qui concernaient ses vassaux et ses hommes-liges étaient portées à la connaissance de ses officiers ; les crimes et délits commis sur ses terres étaient instruits et jugés par eux.

C'est ainsi qu'il y eut à Origny trois juridictions seigneuriales différentes.

Aux multiples devoirs qui lui incombaient déjà, Jehan Durin réunissait encore la charge de *bailli et garde de la terre et seigneurie de M. de Monceau.* Dans cette fonction, il avait Anthoine Durin, son neveu, pour greffier et Anthoine Wuathier représentait le seigneur comme procureur et receveur.

Dans la seigneurie de Mme de Beauverger, la justice était rendue par *Eloy Boulvert*, son lieutenant, et, cette fois, Jehan Durin n'était plus que greffier, mais Anthoine Wuathier tenait encore l'emploi de procureur d'office.

Ces officiers de justice cumulaient, avec leurs fonctions judiciaires, le pouvoir administratif ; ils faisaient des règlements et en surveillaient l'exécution. Nous avons conservé un curieux règlement sur la police des lieux publics, que Jehan Durin faisait afficher au mois de février 1614.

De par Monsieur de Sainte-Preuve et Madame de Beauvergier,

On fait deffence à tous cabaretiers, taverniers et

et jeu de paulme, recevoir durant les heures du service divin aulcunes personnes de quelque qualité qu'ilz soienct et à tous maynants et habitans des ville, bourgade et village, même à ceux qui sinctz mariez et ontz mesnage, aller boire ou manger ès tavernes et cabarets et auxdicts taverniers et cabaretiers les y recepvoir à peine d'amende arbitraire pour la premiere fois et de prison pour la seconde fois.

Donné à Origny soubz nostre seing et celui de nostre greffier le quinziesme jour du mois de febvrier mil six cent et quatorze.

Signé : DURIN, VUATHIER.

Mais les règlements n'empêchaient guère les justiciables de fréquenter les tavernes et les cabarets (nous devons constater que c'est une habitude qui s'est perpétuée à Origny); aussi les rixes après boire étaient-elles fréquentes. Le lendemain, il est vrai, on éprouvait de vifs regrets et il fallait transiger. C'est ainsi qu'un jour, Pierre Fouquemprez, qui, comme son père, fabriquait de la bière et aussi en consommait beaucoup, pour avoir battu et blessé Claude Dubuy, le gendre d'Eloy Chollet, dut faire des excuses et payer à sa victime une indemnité de dix livres tournois en sus du prix des *médicaments*. Ce fut Pierre Chollet qui imposa cet arrangement : en bon magistrat, il aimait mieux concilier que condamner.

Si les petits procès abondaient devant les différentes juridictions de la seigneurie, le droit de *haute justice*, qui appartenait aux seigneurs d'Origny, rendait quelquefois aussi nos magistrats locaux juges d'affaires criminelles d'importance capitale :

Un nommé Michel Decotte, habitant le *Pont-à-Berger*, avait assassiné Nicolas Berteaux, son voisin. Le crime avait été commis, paraît-il, sur la seigneurie de M. du Plessis-Praslin, gendre et héritier de Mme de Beauverger. Le coupable fut saisi et traduit devant le bailli de ce seigneur qui le condamna à être pendu *haut et court*. La sentence fut confirmée par la Chambre criminelle du Parlement de Paris et, le 26 avril 1622, Decotte fut extrait de la prison d'Origny, qui était située dans les dépendances de la maison seigneuriale et conduit au lieu dit *la Justice*, où l'instrument de supplice avait été dressé, pour y subir sa peine.

La coutume féodale prononçait, au profit du seigneur, la confiscation des biens du condamné. Decotte, qui habitait le Pont-à-Berger, était l'homme-lige du seigneur de Sainte-Preuve et ses biens se trouvaient dévolus à ce dernier.

Valentin de Roucy ne voulut pas user de ce droit et il fit l'abandon de son privilège seigneurial au profit de Catherine Benoit, la veuve du condamné qui conserva ainsi sa maison et ses dix jalois d'héritage du Pont-à-Berger. Mais elle fut obligée de payer tous les frais du procès criminel, qui s'élevaient à 96 livres 10 sols.

Les seigneurs d'Origny ne se contentaient pas d'affermer leurs terres et leurs usines, ils donnaient aussi à bail la recette de leurs droits seigneuriaux. En 1615, Pierre Bocquet prenait à bail le droit de *recepte*, qu'avait eu avant lui Anthoine Bocquet, son père, du domaine de messire Ferry de Choiseul, suivant acte passé devant Monseignat, notaire royal à Laon, le vingt-cinquième jour de novembre 1615, et de messire Valentin de Roucy, suivant bail passé devant Chopin, notaire royal à Sissonne, le seizième jour de janvier de l'année 1620. Pour prix de ces baux, Pierre Bocquet s'engageait à rendre et payer chaque année, à la Saint-Remy d'octobre, au seigneur du Plessis, la somme de quinze cents livres et de payer en outre, chaque année, *les droits du bailli, du procureur d'office, des sergent et gardes des bois d'Origny,* et, envers M. de Sainte-Preuve, il s'obligeait à lui payer annuellement aussi, au jour de Noël, sept cent cinquante livres et à lui envoyer à Sainte-Preuve deux douzaines de chapons et deux douzaines de poulettes, et aussi à payer les droits du bailli et du procureur d'office de ce seigneur.

Pierre Bocquet tirait bon profit de cela et savait sous-louer avantageusement chacun des produits de sa perception ; c'est ainsi qu'il sous-affermait, par exemple, la seule recette du droit de vinage (1) à Pierre Terrien puis à Jacques Vincelet, moyennant un fermage de trente livres tournois.

La perception des droits féodaux était d'ailleurs fort compliquée et, si elle permettait de grands abus aux receveurs, elle donnait lieu aussi à de nombreuses fraudes de la part des contribuables. La répartition aussi en était fort arbitraire : des propriétaires étaient dispensés de certains droits que leurs voisins étaient tenus d'acquitter ; des immeubles se trouvaient chargés de rentes foncières, d'autres n'en devaient aucune ; certaines maisons même dispensaient leurs propriétaires des droits de consommation. Nous savons, par exemple, qu'une maison que Jean Haution vendait en 1684 à Pierre Anceaux était exempte des droits de *rouage* et *d'afforage* (1) parce qu'elle lui provenait d'une ancienne acquisition faite originairement du seigneur de Monceau.

Nicolas Desson était, en 1658, fermier particulier des droits de *lots et ventes* (2).

(1) Droit prélevé sur la vente des vins.
(2) Les droits de lots et ventes se percevaient sur tous les partages et les ventes d'immeubles ; la taille était l'impôt prélevé pour le roi

Les droits de *terrage,* la *taille,* la *taille de Saint-Remy* (2) se percevaient de la même façon.

sur toutes les terres ; le terrage se prélevait sur les grains et la taille de Saint-Remy sur les prés.

Le droit de rouage se percevait par roue des voitures transportant les liquides ; on prenait, en outre, un droit de petit rouage sur les fûts et vaisseaux renfermant ces liquides.

Le droit d'afforage se percevait sur les vins vendus au détail, que les officiers de la seigneurie devaient eux-mêmes mettre en percé et qui ne pouvaient être vendus qu'au prix par eux fixé.

CHAPITRE XVI

Description de l'église d'Origny ; son état au commencement du dix-septième siècle. — Administration des biens de la fabrique ; perception des dîmes. — Les curés ; leurs maisons.

L'église d'Origny est sans contredit le plus ancien monument du pays et l'un des spécimens les plus remarquables des églises fortifiées de la Thiérache ; construite sur un tertre élevé, au milieu de l'ancien fort d'Origny, elle présente l'aspect imposant d'un puissant donjon féodal. Elle a é' reconstruite en partie il y a quelques années, mais l'antique donjon subsiste encore, tel que le virent nos pères au Moyen Age, tel qu'il leur servit si souvent d'abri pendant les guerres cruelles des seizième et dix-septième siècles. A Origny, tous les cœurs sont attachés à ce vieil édifice ; une sage restauration le conservera, nous l'espérons, pendant bien des siècles encore, à la vénération de nos enfants.

M. Mennesson nous a donné une précieuse description de ce remarquable monument ; il nous le présente tel qu'il était encore il y peu d'années. Les lignes qui vont suivre ne sont que l'analyse de cette savante étude.

Le donjon de l'église d'Origny est de forme rectangulaire, ses murailles sont en pierres, avec des restaurations en briques. Le toit est établi à quatre pans et se termine en pointe. Cette toiture est toute moderne, car elle a été entièrement refaite à la suite de la chute de la flèche élevée qui surmontait le donjon, et qui, par suite de vétusté, s'écroula avec grand fracas en 1810.

Aux angles et en avant de cette construction centrale sont accolées deux fortes tours, construites en briques, sur un soubassement en grès. Ces tours n'ont pas moins de cinq mètres de diamètre à la base, et s'élèvent à la même hauteur que le donjon lui-même. Mais elles n'ont pas été construites en même temps que celui-ci : elles ont pris la place des contre-forts qui maintenaient les angles nord et ouest. Les contre-forts qui subsistent aux deux angles sont en pierre comme le donjon, à section carrée, avec une légère retraite au-dessus de chaque larmier qui protège le parement à différentes hauteurs.

Au bas du donjon, sur sa face nord-est, on voit une arcade ogivale murée qui est formée de deux pieds droits et d'un double rang de claveaux à section carrée. Cette porte, tournée vers l'ancienne maison de justice, permettait d'entrer directement de l'enceinte fortifiée dans le donjon quand l'investissement de la place empêchait l'accès de la porte extérieure. Elle fut murée après la construction d'une muraille avancée protégeant cette entrée en tout temps, et assurant une communication facile entre les défenseurs du donjon et ceux de l'enceinte fortifiée.

L'entrée principale du monument est entre les deux tours : elle se compose de deux archivoltes concentriques à profil carré, décrivant une ogive et retombant sur trois pieds droits surmontés d'une moulure à gorge. Un cordon saillant contourne l'archivolte supérieure.

Les constructions qui s'étendaient derrière le donjon affectaient la forme d'une croix. Il n'en subsiste aujourd'hui que la nef et les bas-côtés. Le transept et le chœur ont été démolis et remplacés par une construction moderne élancée et gracieuse. Le vaisseau principal était comme le donjon en pierre blanche ; mais les collatéraux qui flanquent la nef sont en moëllons et briques. Le bas-côté gauche s'arrête en arrière du donjon, et, sur son pignon occidental, se détache un petit machicoulis qui s'ouvre au-dessus d'une porte à linteau cintré, aujourd'hui bouchée. Le bas-côté droit se prolonge jusqu'à la tour, par un appentis appuyé contre la face midi du donjon. Cet appentis contient, au rez-de-chaussée, une petite cellule qui s'ouvre extérieurement par une porte cintrée assez étroite ; elle servit à différentes époques de chambre de sûreté, mais les curés d'Origny l'employaient plus souvent comme remise à bois. Au-dessus, est une chambre à laquelle on accède par une marche de l'intérieur de l'église : elle servait de cabinet et de lieu de repos au curé et fut longtemps appelée la *chambre de M. le Doyen*, à cause de l'un des curés d'Origny, investi du décanat ; plus tard, elle servit de magasin à la personne chargée de l'entretien des objets du culte et on lui donna le nom de *chambre de ma Sœurette*.

Les fenêtres hautes de la nef sont en plein cintre ; un cordon court d'une fenêtre à l'autre, au niveau des impostes, et encadre les archivoltes. Les bas-côtés sont éclairés par des fenêtres cintrées.

Au pignon du bras droit du transept, se trouvait une large baie ogivale en briques, et le pignon du bras opposé était percé de deux baies ogivales, non pas géminées, mais juxtaposées et surmontées d'un petit oculus à quatre lobes.

Le chevet de l'église était carré ; il portait, au-dessous d'un oculus, trois fenêtres ogivales couronnées d'un cordon ; au pignon, deux longues et étroites baies, en plein cintre, éclairaient les combles.

Les contre-forts du chevet se composaient d'un

empâtement au pied, d'un larmier au milieu et d'une retraite bien prononcée seulement aux deux tiers de la hauteur.

Le porche par lequel on pénètre dans l'église est voûté en pierre ; deux arcs en forme de tore se coupent en diagonale et retombent aux quatre angles ; un seul des culs-de-lampe destinés à les recevoir est demeuré intact : c'est une tablette triangulaire, moulurée sur sa face antérieure et posée sur un cône renversé, à pans coupés légèrement concaves, du commencement du treizième siècle.

Au point d'intersection des arcs est suspendu un écu timbré d'une couronne de comte, écartelé, portant aux un et quatre un rais d'escarboucle, aux deux et trois, trois fleurs de lys posées deux et une, et chargé au deux d'une traverse et au trois d'une cotice. L'écu est carré et se termine en accolade, forme qui apparaît seulement aux seizième et dix-septième siècles ; il semble ne faire point corps avec la voûte.

Cet écusson appartient certainement à la maison de Bourbon-Navarre.

En dedans de la porte d'entrée, on remarque aux pieds droits, à hauteur d'homme, deux trous carrés destinés à recevoir une barre de chêne, au moyen de laquelle on assurait la clôture des vantaux et on augmentait leur résistance au temps où le clocher servait de fort de refuge.

Un escalier, ajouté lors de la construction des tours et encombrant une partie du porche, conduit à l'étage supérieur qui communique avec les deux tours. Dans l'une on voit deux cheminées superposées dont l'âtre est noirci par la fumée, dans l'autre une cheminée. Ces tours étaient voûtées en cul-de-four au rez-de-chaussé et planchéiées à l'étage supérieur. Aujourd'hui, voûtes et planchers sont écroulés.

A la place de la voûte du premier étage est la cage des cloches.

A la paroi septentrionale s'ouvre une meurtrière à large ébrasement : le linteau repose à gauche sur un pied droit, tandis qu'à droite, les deux assises supérieures du pied droit s'avancent l'une sur l'autre et, taillées en quart de cercle, forment console sous le linteau.

Viollet-le-Duc donne des meurtrières qui rappellent celle de notre donjon, et dit que ce type-là était adopté de 1250 à 1350.

Trois arcades ogivales reposant sur piliers carrés, avec moulure à l'imposte, mettent chaque bas-côté en communication avec la nef qui se termine elle-même par une grande ogive à la hauteur du transept. Deux autres ogives, dont les bras avaient subi une déformation, s'ouvraient sur les bras du transept.

La nef et les bas-côtés ne sont pas voûtés, mais la croisée des bras et le chœur, aujourd'hui disparus, possédaient deux voûtes d'arête ogivales en pierres, séparées par un arc doubleau à deux tores et soutenues chacune par deux nervures diagonales. Ces nervures, qui se composaient de deux gorges et d'un tore à deux segments de cercle formant arête, retombaient sur des colonnettes disparues, dont l'existence se trouvait néanmoins révélée par deux chapiteaux à crochets restés suspendus aux sommiers des arcs.

Les bras du transept étaient également voûtés, mais en bois et en berceau ogival ; et comme le bois n'avait pas été recouvert de plâtre, on voyait à nu les feuillets posés dans le sens des murs, les couvre-joints moulurés qui cachaient la ligne de raccord des feuillets, enfin le faîtage décoré de quatre fleurons ; c'était l'image exacte de l'intérieur d'une carène de vaisseau renversée. Il fallait monter sous les combles pour se rendre compte de la structure de ces voûtes de bois, dont on n'apercevait du pavé de l'église aucun membre de soutènement. Les arbalétriers des fermes qui supportaient le toit étaient reliés entre eux non à la base, mais aux deux tiers de leur hauteur, par un entrait et un poinçon. D'un entrait à l'autre régnait un sous-faîtage auquel venaient aboutir, de droite et de gauche, les chevrons courbes qui dessinaient l'ogive de la voûte et qui prenaient pied dans les sablières placées en longueur, sur la crête des murs. Les feuillets de lambrissage étaient cloués sur l'intrados des chevrons. Vu des combles, ce voûtage ressemblait à un squelette de grand cétacé, fixé à la maîtresse charpente par l'épine dorsale.

A quelle époque appartient l'église d'Origny ? ajoute M. Mennesson.

Dans notre pays, la brique de dimensions actuelles ne paraît pas remonter au delà des premières années du dix-septième siècle : c'est donc à l'année 1606, que porte gravée dans la pâte une des briques de la tour de gauche, qu'il faut rapporter non seulement les tours, mais encore les bas-côtés, le pignon du bras méridional du transept et les restaurations en briques du donjon.

Dans le parement de la même tour de gauche, sont encastrées deux pierres portant chacune en relief une de ces croix à branches égales que, suivant Viollet-le-Duc, on sculptait souvent, sous la période romane, soit à l'intérieur, soit à l'extérieur, sur les parements des contre-forts. Lorsqu'on éleva les tours en 1606, on dut arracher les contre-forts dont les nouvelles constructions allaient prendre la place, et les croix que portaient les parements de ces contre-forts furent enchâssées au milieu des briques de la tour.

Dans ses parties anciennes, l'église d'Origny ne tient au roman que par ces croix de consécration et surtout

par le plein cintre des fenêtres de la nef; tout le reste appartient plutôt au style ogival. Or, les fenêtres en plein cintre ont disparu à la fin du dix-septième siècle de l'Ile-de-France et des bords de l'Oise, d'après Viollet-le-Duc. D'un autre côté, l'emploi des chapiteaux à crochets et des tores à arête, ornementation qui figurait à la croisée des bras de notre église, apparaît dans les mêmes contrées, suivant l'éminent architecte, dès le milieu du dix-septième siècle. Il est donc probable que les constructions principales de l'église d'Origny ont été élevées de 1150 à 1200.

Cette hypothèse est, à notre avis, absolument confirmée par ce que nous avons dit de la destruction de la première église d'Origny, par la terrible invasion du comte de Hainaut en 1185, qui ne laissa pierre sur pierre, depuis la frontière de Thiérache jusqu'à Marle; et elle fixe l'emploi des dons généreux faits par Améline de Guise en faveur de l'église d'Origny.

Nous pouvons donc préciser davantage la date indiquée par M. Mennesson, et dire que notre église a été construite de 1185 à 1200 et qu'elle est due à la générosité de la dame de Guise. Cette pieuse suzeraine, qui faisait le plus noble emploi de sa grande fortune, n'avait assurément pu voir, sans peine, le désastre subi par Origny, et elle voulut réparer, autant qu'il dépendait d'elle, les maux que la vaillance de son noble époux n'avait pu empêcher. C'est aussi assurément pour empêcher le renouvellement dans l'avenir de semblables malheurs qu'elle adjoignit à la nouvelle église le puissant donjon que nous admirons, où les habitants d'Origny purent désormais trouver un refuge assuré en cas de péril menaçant.

L'église de *Monsieur Saint-Cyr* ne possédait au commencement du dix-septième siècle que quelques pièces de pré, indivises entre elle et le chapitre de

Saint-Pierre de Laon. Ces prés étaient alors affermés à Pierre Bocquet et à Pierre Terrien, qui en rendaient quarante-huit livres par année au curé et autant à Messieurs de l'église *Saint-Pierre-au-Marché*, de Laon. C'est Jean Terrien, le marguillier, qui encaissait ce fermage et remettait à chaque ayant-droit sa part. Pierre Bocquet était un des plus riches particuliers d'Origny : c'est lui qui fit don à l'église, en 1617, du bénitier en marbre noir qui est fixé près de la porte du bas-côté gauche et qui porte sur un bandeau, qui entoure la coquille, cette inscription : *Pierre Bocquet a donné ce benoistier, 1617.*

Il se percevait à Origny, nous l'avons déjà dit, au profit du clergé, un droit de *dîme grosse et menue*, qui se prélevait par tout le territoire sur les jardins, terres et prés, aussi bien sur les grains que les menues graines, même sur les foins, à raison d'une gerbe sur vingt-cinq. Le clergé jouissait en outre du droit de suite, c'est-à-dire que la dîme se prélevait aussi sur les terres que les laboureurs d'Origny pouvaient cultiver sur les terroirs voisins. Mais, on le sait, la propriété de cette dîme appartenait pour un quart à l'abbaye de Foigny, pour un quart au chapitre de Rozoy et pour un quart au chapitre de Saint-Pierre de Laon, et il n'en restait qu'un quart au curé d'Origny.

Celui d'alors, messire *Michel le Grand*, qui administrait la paroisse vers 1600, ses successeurs, *Guillaume Cardinier*, puis *Lambert Bruart du Cornois*, avaient pris à bail le quart qui appartenait au chapitre Saint-Pierre et lui rendaient un fermage de cinquante livres et réunissaient ainsi entre leurs mains la moitié de la totalité de la dîme. Ils n'en effectuaient pas directement, toutefois, la recette et ils l'avaient affermée à *Jehan Midelet*, maçon aux Routières, qui leur payait annuellement cent quatre-vingt-quinze livres en sus des cinquante livres qu'il s'était engagé à verser directement au chapitre Saint-Pierre.

Il n'y avait pas alors de maison presbytériale spécialement affectée au logement du curé.

Guillaume Cardinier habitait une maison qui se trouvait au-dessous du fort d'Origny, sur le chemin de Terva : elle était construite en bois et couverte en tuiles avec un premier étage ; elle tenait à l'héritage de la maison de Marc Ruffin (maison Pigneaux). Un de nos amis, M. Léon Desharbes, a mis à découvert, il y a quelques années, dans sa propriété, des fondations qui pourraient bien être celles de la maison de l'abbé Cardinier. Les héritiers de ce curé la vendirent au mois d'août 1625, à son successeur, Bruart du Cornois, qui, à son tour, la céda, au mois de juillet 1628, à *Jehan Gonthier*, prêtre à Luzoir. Celui-ci, qui ne desservit que quelques mois la paroisse d'Origny, revendit cette habitation au mois de janvier 1629 à Nicolas Dujon, maître d'école.

Mais ce dernier avait déjà acquis l'année précédente, à titre de licitation, de ses frères, la propriété contiguë, alors désignée sous le nom de maison de la *Cense*. Elle leur provenait de la succession de *Laurette Michaux*, leur mère, qui l'avait elle-même reçue de Marie Ruffin, sa mère, veuve de Laurent Michaux. C'est là l'ancienne origine de propriété de la maison, qu'Origny vénère aujourd'hui comme le berceau d'un de ses illustres enfants, l'évêque d'Adran.

Le nouveau curé, Pierre Desery (1629), dut se pourvoir d'un autre logement, et, l'année même de son installation, acquit de Remy Deson, bourrelier au Blancfort, une maison bâtie de bois, couverte de paille, avec chambre haute et jardin, située près de la Croix, tenant d'un côté à la rue de la Croix, d'autre au chemin de Terva, d'un bout à la ruelle, d'autre à

Jehan Terrien, qui occupait alors le manoir féodal du seigneur de Monceau.

L'emplacement de cette maison avait certainement été distrait des jardins du castel contigu ; il représente exactement celui occupé aujourd'hui par la maison de M. Flament.

La rue de la Croix, dont nous venons de parler, tirait son nom d'un calvaire érigé à l'angle des deux rues qui aboutissent à l'entrée de la ruelle Martinette, en face de la maison Flament.

Le curé d'Origny avait affermé, nous l'avons dit, la recette de sa part de dîmes ; les autres gros décimateurs, aussi, avaient un receveur particulier qui leur rendait une somme déterminée par bail. C'est ainsi que les *vénérables doyens et chanoines* du chapitre de Saint-Laurent, de Rozoy, avaient affermé leur part de grosses et menues dîmes à Jehan Terrien, le jeune, arquebusier, qui leur payait une redevance annuelle de soixante livres tournois.

CHAPITRE XVII

Troubles pendant la minorité de Louis XIII. — Richelieu. — La peste. — La guerre civile et étrangère. — Turenne. — La prise d'Hirson. — Les Thiérachiens. — Minorité de Louis XIV. — Le duc d'Enghien à Foigny. — Le régiment de Vervins. — Rocroi. — La Fronde. — Ruine de la Thiérache. — Le baron d'Erlach.

Pour le grand malheur de la France, Henri IV était tombé, en 1610, sous le poignard de Ravaillac, et la couronne était dévolue à un enfant, Louis XIII, placé sous la tutelle d'une femme prodigue et intrigante.

La faveur extraordinaire que la régente Marie de Médicis accordait à son favori Concini ne tarda pas à liguer la noblesse contre elle, et bientôt la guerre civile, puis avec elle la guerre étrangère, allaient accabler notre malheureux pays de maux bien plus cruels encore que ceux qu'il avait endurés sous les règnes précédents.

Dès 1614, les princes se soulèvent contre la régente, arment des troupes qui, sous la direction du prince de Condé et du duc de Guise, se rendent maîtresses de Soissons.

L'année suivante, les places de Coucy, de Laon, de La Fère, sont livrées aux mécontents par leurs gouverneurs ; Chauny et Saint-Quentin ne tardent pas à suivre cet exemple.

La mort de Concini et la remise du pouvoir au duc de Luynes ne purent arrêter ce mouvement de révolte contre l'autorité royale : les intrigues continuèrent de plus belle. L'Etat avait grand besoin de retrouver une main ferme, capable de reprendre la direction des affaires. Le faible Louis XIII finit par comprendre la valeur d'un homme éminent qu'il avait sous la main, mais auquel il avait jusque-là hésité à accorder sa confiance : il appela Richelieu à son Conseil.

Pendant que ces dissensions politiques troublaient le pays, un mal terrible décimait la population. En 1625, la peste s'était déclarée de nouveau, et avec une grande fureur, dans le Laonnois et la Thiérache. La frayeur fut générale ; les pestiférés mouraient sans secours, on ne trouvait ni médecins pour les soigner, ni prêtres pour les administrer. Ce fléau dura quatre ans, pendant lesquels il enleva une bonne partie de la population d'Origny. La peste reparut encore en 1636 et fit de nouveau quelques ravages, mais l'hiver de cette année fut long et froid : il fit cesser la contagion.

En peu de temps, le cardinal de Richelieu avait pris un ascendant considérable sur l'esprit du roi et se trouvait en force d'entreprendre une lutte énergique contre la noblesse. La reine-mère fut exilée de la cour, mais, malgré l'étroite surveillance dont elle était l'objet à Compiègne, elle parvint à s'échapper et alla demander asile à la place de La Capelle qui refusa de lui ouvrir ses portes : elle dut se réfugier à Bruxelles. On raconte que ce fut un protestant des environs qui servit de guide à la reine et la conduisit au *Gravier-de-Chimay*. Les vexations que l'on fit éprouver à la famille de ce réformé l'obligèrent peu après à se réfugier à l'étranger ; il y fut reconnu, parait-il, par la reine qui se chargea de l'éducation d'une de ses enfants. Cette jeune fille serait, par la suite, revenue habiter Neuvemaison et s'y serait mariée. On ajoute qu'elle y mourut après la révocation de l'Edit de Nantes, que quelques jours après avoir été enterrée, sa sépulture fut violée et son cops traîné dans les rues par les fanatiques qu'autorisait l'ordonnance du roi Louis XIV.

A partir de l'année 1631, des malheurs sans nombre allaient fondre sur notre pays, tous les fléaux à la fois allaient accabler la Thiérache. La guerre civile et la guerre étrangère et, à leur suite, le pillage, l'incendie, le viol, le rapt, la famine et la peste devaient y apporter la ruine et y maintenir la misère la plus profonde pendant vingt-cinq ans.

La situation topographique du pays fut la cause de son malheur. Le diocèse de Laon était limitrophe de la Flandre. Aux places espagnoles de Cambrai, du Câteau-Cambrésis, de Landrecies, Avesnes, Chimay, faisaient face les places françaises de Saint-Quentin, Ribemont, Origny-Sainte-Benoîte, Guise, La Capelle, Hirson et Aubenton. L'ennemi voulait avoir celles-ci qui lui ouvraient la France, Richelieu convoitait les premières qui lui donnaient la Flandre. C'est donc sur ce théâtre assez étroit que, pendant toute la durée de la lutte, les efforts se concentrèrent, que les armées se formèrent, vécurent et combattirent.

Le 26 mai 1635, la France déclare la guerre à l'Autriche. C'est justement un habitant du diocèse de Laon, qui va être si longuement et si douloureusement flagellé, que l'on charge d'aller dénoncer à Bruxelles la cessation des relations de paix (1) : c'est un héraut d'armes du nom de Jean Gratiolet, natif de Neufchâtel-sur-Aisne. Après avoir accompli sa mission à Bruxelles auprès du cardinal-infant, il attache, à son

---

(1) Ed. Fleury.

retour, la déclaration de guerre à un poteau, à La Rouillie, près d'Etrœung.

Derrière lui, arrivent les premières troupes d'avant-garde qui entreront dans les Pays-Bas par Mézières. La frontière se garnit de gens de guerre, le pays a perdu son repos.

Mais les alliés que la France se promettait l'ont trahie ; son armée, qui a d'abord vaincu à Avein, dans le Luxembourg, est coupée et annihilée. La Belgique, qui paraissait perdue pour l'Autriche, reçoit des renforts, et l'on guerroie déjà en 1635 du côté de La Capelle. L'ennemi fait quelques incursions en Thiérache ; il vient piller l'abbaye de Foigny et réquisitionner à Origny ; le hameau du Chaudron et la rue de Beauregard, ou des Hélins, sont en partie « brûlés par l'incendie de la guerre », disent les papiers du temps. Les impériaux paraissent même devant Vervins, mais du Bec, gouverneur de La Capelle, les rejette au delà des frontières.

Si alors nos villages sont pour quelques mois à l'abri des maraudeurs ennemis, ils ont à supporter la lourde charge des cantonnements français. Nous verrons plus loin ce qu'était alors l'indiscipline du soldat, qui ne recevait ni solde, ni vivres, ni vêtements, et qui vivait à sa volonté dans le pays qu'on lui abandonnait sans restriction aucune. La peste avait reparu dans nos campagnes ; les habitants avaient de nouveau fui dans les bois, emportant avec eux le germe de la maladie qui les fit périr en grand nombre dans leurs retraites. Ils n'avaient plus de grains depuis longtemps pour se nourrir, ils devaient fouiller la terre et manger les racines des arbres.

En 1636, au commencement de juillet, deux armées ennemies pénètrent en Thiérache, l'une sous les ordres du prince Thomas de Savoie, l'autre commandée par Jean de Werth et Picolomini. La Capelle, investie le 2 juillet, capitule le 6 ; Vervins se rend le 7, sans opposer aucune résistance. Hirson, assiégé le 25 par le comte d'Isemburg, un des lieutenants de Jean de Werth, résiste jusqu'au 15 août. Tous les villages aux alentours sont ravagés. Le notaire de Marles, Nicolas Lehault, raconte dans son journal qu'après la première prise de La Capelle par les impériaux, le château de Marfontaine fut enlevé et pillé le 16 juillet « *où il fut faict grand butin en grains, chevaux et autres bestiaux, filles et femmes violées et plus de quinze tant hommes que filles tuez et grand nombre de blessez* ».

Après le siège de La Capelle, les Espagnols s'étaient aussi emparés de l'abbaye de Clairfontaine, l'avaient pillée et brûlée ; les moines s'étaient enfuis à Villers-Cotterêts où ils restèrent. Le village de Clairfontaine fut aussi la proie du feu ; les religieuses de Montreuil, pour se soustraire aux outrages dont elles étaient menacées, quittèrent aussi leur abbaye et vinrent chercher asile à l'ombre de la montagne de Laon.

Le lourd fardeau de la guerre pèse dès lors sur les habitants des champs, et c'est de l'été de 1636 qu'il faut dater la période si longue pendant laquelle l'agriculture fut complètement suspendue et ruinée dans le pays. Les blés commençaient à jaunir, l'Espagnol se mit à les couper et à les détruire ; il s'empare des chevaux et des bestiaux, et les habitants sont obligés de fuir. Si quelqu'un essaye de résister, il paye son audace de la vie. Traqués jusque dans leurs retraites au fond des bois, les hommes des campagnes sont enlevés par les réquisitions pour travailler à la suite des armées.

Cependant Richelieu avait assemblé une armée en hâte et, pressé par lui, le roi s'était mis en marche pour repousser l'ennemi. La capitale était sauvée, mais pendant tout l'hiver le soldat vécut à discrétion chez l'habitant, dans toute la Thiérache.

Au printemps (1637), une armée considérable se forma sous les murs de Laon ; Richelieu en confia le commandement au cardinal de La Valette, auquel il adjoignit le vicomte de Turenne.

Les Espagnols s'étaient fortifiés dans les places qu'ils avaient occupées l'année précédente ; Hirson, surtout, avait été l'objet de leurs soins, ils avaient accumulé dans le château un matériel considérable et des provisions suffisantes pour soutenir un long siège.

Dès les premiers jours de juin, les avant-postes de Turenne commencèrent à resserrer la place, le gros de ses troupes prit ses logements dans les villages voisins : Origny fut rempli de soldats.

Après deux sommations adressées à la garnison, l'artillerie ouvrit le feu le 18 juin, et, depuis deux heures du matin jusqu'à sept, battit la place de quatre côtés différents avec une extrême violence. Les Espagnols demandèrent alors à capituler ; il leur fut permis de sortir « *le bâton à la main* », abandonnant tout leur matériel. Les troupes françaises trouvèrent dans la place :

Quatre pièces de canon,
Deux cents tonneaux ou barriques de poudre,
Cent muids de blé et autant d'avoine,
Deux cents milliers de foin,
Cent bœufs et vaches,
Quatre cents moutons,
Plus de six milliers de lard salé,
Grande quantité de beurre salé,
Douze cents tonneaux de vin et bière,
Et une grande quantité de matériel de toute sorte.

Les Thiérachiens, las d'endurer les vexations de toutes espèces dont les Espagnols les avaient accablés, avaient pris les armes et s'étaient rassemblés au nombre de trois mille environ. Enhardis par la présence des troupes royales et la prise du fort d'Hirson, ils s'en allèrent, au nombre d'à peu près six cents, assiéger le château du *Buf* (1) qui était occupé par une garnison de quatre cents Espagnols. Ils se jetèrent sur la place avec furie et l'emportèrent d'assaut malgré la résistance désespérée de ses défenseurs. Seize des assaillants furent tués, mais plus de trois cents Espagnols restèrent ensevelis sous les ruines du château ; les Thiérachiens firent un grand butin en armes et munitions.

Bohain, Ribemont, Etreux et le château de la Lobiette furent ensuite reconquis. La Capelle, attaquée le 1er septembre, ne se rendit que le 20 ; mais, pendant ces trois semaines de siège, tout le pays aux environs fut ravagé par les fourrageurs de l'armée.

La guerre continua en 1638, dans les Flandres et l'Artois. D'abord les Espagnols, sous la conduite de Charles d'Aremberg, prince de Chimay, envahirent encore la Thiérache, puis furent repoussés par nos troupes ; mais amis et ennemis avaient encore une fois saccagé le pays. Origny fut incendié presque complètement en 1639, la maison seigneuriale que le sieur de Monceau avait vendu quelques années auparavant à Germain-Denis de Pargny n'échappa pas au désastre.

De 1638 à 1642, il ne se passa pas une année sans que le diocèse de Laon vit s'assembler une armée sur son sol ; de là cette armée s'avançait en pays ennemi.

(1) Le hameau du Buffle dépend du village d'Étrœung ; le château était situé sur l'ancien chemin d'Hirson à Avesnes.

Le départ de ces troupes n'allégeait pas le pays, car elles étaient aussitôt remplacées par des corps de réserve, dont la présence, non seulement affamait le pays, mais empêchait les travaux de culture.

La perte de la bataille de Honnecourt, essuyée le 26 mai 1642, avait jeté l'épouvante dans la Thiérache, que l'ennemi commençait à envahir de nouveau, mais le comte d'Harcourt rassembla quelques troupes à Hirson et fit en Hainaut une heureuse diversion qui força l'ennemi à rétrograder.

Deux ans après, Louis XIV montait sur le trône et son règne était inauguré par la victoire. Le duc d'Enghien apprend à Amiens que le général espagnol Francisco de Mellos assiège Rocroi. Aussitôt, le jeune prince assemble ses troupes et vole au secours de la place. Il campe successivement à Péronne, à Guise, remonte l'Oise jusqu'à Etréaupont, d'où il s'engage dans la vallée du Ton, pour établir son quartier général à Foigny.

Là, le prince appela auprès de lui quelques gentilshommes du pays, ayant une parfaite connaissance des lieux dans lesquels l'armée allait s'engager, afin de s'en servir pour guider les troupes et observer l'ennemi. De ce nombre, furent Roland de Castre, seigneur de la Cour-des-Prés, François de Villelongue, seigneur de Veuilly-les-Pothées, et Germain *Renier* d'Origny (1), tous trois capitaines au régiment de Vervins (2).

Le prince fit aussi venir près de lui Jean Pétré, seigneur de Magny et de La Reinette, ancien officier au régiment du Bec, alors lieutenant au gouvernement

---

(1) Il s'agit certainement de Germain-Denis d'Origny, ancien garde du corps, seigneur en partie d'Origny et de Pargny, demeurant habituellement au château du Chaudron.

(2) Am. Piette, *La Thiérache*.

du château d'Hirson. Jean Pétré, non seulement put fournir des indications utiles, mais il parvint aussi à lever à ses frais, parmi les gens du pays, cinq cents hommes avec lesquels il se joignit à l'armée et combattit à Rocroi.

Pendant plusieurs jours, il se fit à Origny et dans les environs de grands mouvements de troupes et tous les villages eurent à faire face à de nombreuses réquisitions.

Je ne sais si nos pères trouvèrent une suffisante compensation de ces charges dans le brillant spectacle que leur offrit le passage de cette belle armée et du noble et illustre état-major qui marchait à sa tête.

« Le duc d'Enghien quitta Foigny le 16 mai et coucha le soir au château de Rumigny. Et le lendemain, dans un dernier Conseil tenu dans la grande salle du château, la bataille fut définitivement résolue. Les bagages et tout ce qui n'était pas utile à un jour de combat furent envoyés à Aubenton.

« Le 18, l'armée se dirigea vers Rocroi par Bossus, Antheny, La Neuville-au-Tourneur, Auvillers-les-Forges et Eteignères.

« Le duc d'Enghien passa la nuit au feu des officiers du régiment de Picardie, et le lendemain 19, dès la pointe du jour, il donna le signal de l'attaque (1). »

Dans l'ordre de bataille, le régiment de Vervins occupait l'extrême droite de la deuxième ligne du centre ; il avait à sa gauche le régiment du vidame d'Amiens et à sa droite commençait la seconde ligne de la cavalerie de l'aile droite ; derrière lui se trouvait le corps de réserve.

(1) Am. PIETTE, *Le Régiment de Vervins.*

Cette journée couvrit de gloire l'armée française et ce n'est pas un mince honneur pour le régiment de Vervins d'avoir combattu à Rocroi (1).

La Thiérache connut alors des temps un peu moins malheureux et difficiles à passer. De 1643 à 1648, les armées françaises firent leurs campagnes d'été en pays ennemi et vécurent à ses dépens. Cependant, le 13 avril 1644, un détachement de l'armée du comte de Buquoy fit encore une incursion en Thiérache. A part cet incident et quelques passages de troupes toujours très onéreux pour les populations, on put labourer les terres et compter à peu près sur ses récoltes.

La bataille de Lens hâta la conclusion de la paix : il semblait que le pays touchait aux termes de ses maux.

Il comptait sans la guerre civile ! La Fronde commence, on se ligue contre Mazarin, comme on s'était ligué contre Richelieu. La royauté qui veut grandir dans l'unité suscite contre elle l'aristocratie féodale, qui va tenter un dernier effort. Le vainqueur de Rocroi et de Lens, déjà soupçonné d'être l'un des chefs de l'agitation, est rappelé à Paris « *au sujet des rumeurs* », dit un chroniqueur de Laon, M° Jean Bellotte ; les armées françaises rentrent en France, elles viennent prendre leurs quartiers d'hiver dans le diocèse de Laon, qui revoit ses plus mauvais jours de 1636 à 1638.

Anthoine Vuartelle, maire d'Audigny, nous fait savoir que depuis 1640 « *il y a eu toutes les années des camps volants en toute l'étendue du diocèse de Laon, qui y ont vescu en grande licence, pillant, ravageant tout, notamment au temps de la moisson, ce qui a causé la ruyne de plusieurs bons laboureurs et qu'il y a plusieurs villages abandonnez, les uns entièrement, les aultres pour bonne partye.*

(1) Am. PIETTE, *Le Régiment de Vervins.*

Dans les environs de Montcornet, les habitants de Tavaux, Montigny, Agnicourt, Ebouleau, Saint-Pierremont, Chaourse, Montloué, Lislet, Vincy, Bosmont, La Neuville, Renneval, Vigneux, Le Hocquet, furent obligés de déserter leurs maisons et de chercher dans les bois voisins un abri contre les violences des gens du roi, laissant leurs maisons et leurs meubles en proie à la déprédation.

Un habitant des environs de Marle écrivait que les fermiers et laboureurs étaient si complètement ruinés qu'ils étaient « *obligez de habandonner la terre pour mendier leur pain* ».

Les armées du roi restèrent dans le pays jusqu'à la fin de novembre 1648, époque où, au grand contentement des populations, elles furent rappelées sur Paris, théâtre de la guerre civile.

Condé, le vainqueur de Lens et de Rocroi, s'était tourné contre Mazarin et la reine régente!

Pendant que l'armée des princes prend au roi Lagny, Corbeil, Saint-Cloud, Charenton, les Espagnols, appelés par Condé, entraient en France par Vadencourt, d'où ils ravageaient le pays depuis Aubenton jusqu'à Neufchâtel (mars 1649). Ils ne se retirèrent qu'au mois de mai suivant, devant les maréchaux d'Estrées et du Plessis-Praslin. Ce dernier était seigneur d'Origny.

C'est alors qu'on commence à entendre un long concert de malédictions et de cris de douleur contre un homme dont le nom exécré est resté proverbial dans la Thiérache. Nous voulons parler du fameux baron d'Erlach, qui est arrivé dans le pays à la suite du vidame d'Amiens (le marquis de Saint-Mégrin) et qui, au mois d'octobre 1648, s'est déjà signalé par sa cruauté à Aubenton. Ces deux chefs s'étaient présentés devant cette ville, à la tête d'un régiment suisse, le 12 octobre. Les habitants se mettent sur la défense et ferment leurs portes : un avocat du nom de Millet, du haut du rempart, insulte le vidame et lui tourne le ... dos. On négocie cependant et à la prière de l'abbé de Villelongue, de Bucilly, les habitants consentent au passage du vidame, à qui le bailli Dormay présente les clefs de la ville, à la porte *des Jetons*, mais sous la condition formelle qu'il ne sera fait aucun tort.

Au mépris de cette convention, la ville fut traitée en pays conquis et saccagée de fond en comble. L'avocat Millet, caché dans le clocher sous des balles de laine, échappa, fort heureusement pour lui, aux recherches du vidame.

Le baron d'Erlach commandait un corps considérable d'Allemands luthériens, reste des bandes qui avaient fait la guerre de Trente Ans et que la France avait pris à sa solde. Ces alliés firent plus de mal que n'en firent jamais les Espagnols.

Quelque temps après le pillage d'Aubenton, Roger de Villelongue, qui s'occupait plutôt des choses de la guerre que du gouvernement de son abbaye et qui parcourait sans cesse le pays à la tête d'une nombreuse troupe armée, se prit de querelle, près d'Effry, avec Roquépine, gouverneur de La Capelle, qui le frappa d'un coup d'épée et l'étendit mort à ses pieds.

Origny eut avant Aubenton la visite de la troupe d'Erlach ; nous pouvons penser en quel état elle laissa notre pays !

Il est impossible de se figurer les atrocités que la Thiérache eut à subir de la part de ce chef de bandits.

Avec lui, le malheur ne connaît pas de privilégiés, le chevalier est traité comme le dernier paysan, la noble dame et sa fille subissent les outrages de la soldatesque en compagnie de la plus humble gardeuse de bestiaux ; les églises, les demeures des curés, sont pillées, dévastées et brûlées comme l'habitation du laboureur. Ses soldats, dit Tortebatte, avocat à Laon, « n'ont laissé d'exercer toutes sortes de cruaultés en la personne même des curez, les ayant depouillez, nuds, sans chemise et exposez à la honte devant tout le monde, chauffé les pieds, tyranisez et faict martyrs en leur mettant les pouces dans les ressorts des rouez de leurs harquebuzes et aultres armes à feu, pour exiger d'eux ce qu'ils n'avaient plus. » Un échevin de Laon, François Tassart, témoigne d'un fait horrible : « Les Weymariens, dit-il, mirent le feu à l'église de Lappion où les habitans s'étoient retirez et plusieurs qui s'étoient jetez du hault en bas ont été tuez ou estropiez. »

Le peuple fuyait en foule, la moitié des villages et des hameaux étaient brûlés et inhabitables, les deux tiers des terres étaient incultes, il n'y avait plus de bestiaux.

Le baron d'Erlach était véritablement le génie de la ruine inutile et sauvage. Longtemps, dans le patois de Thiérache, on insulta du nom de *Derlaque* l'homme qui se montrait brutal sans nécessité. Et cependant, faut-il le dire, le baron d'Erlach fut comblé d'honneurs par le cardinal de Mazarin, qui voulut le recevoir à Saint-Quentin et y passer ses troupes en revue !

Tous les fléaux passent : une dernière fois, le baron d'Erlach et ses terribles bandes traversèrent la Thiérache ; elles retournaient en Allemagne, commettant partout les mêmes excès (novembre 1649).

Quand ces brigands eurent disparu, on vit arriver le général anglais, sir Dighby, qui ramenait de Flandre les armées du roi, pour aller leur faire prendre leurs cantonnements en Champagne et en Lorraine. Les désordres de ces troupes peuvent se comparer à ceux que nous venons de relever contre les Weymariens d'Erlach.

CHAPITRE XVIII

Suite de la guerre civile. — Horribles dévastations en Thiérache. — Le colonel Roze. — Turenne. — Le duc de Wurtemberg brûle Origny et Hirson. — Profonde misère du pays secourue par saint Vincent-de-Paul. — Louis XIV à Laon et à Etréaupont. — Prise de La Capelle. — Traité des Pyrénées.

Tout ce que nous venons de raconter de cette désolante année 1649 n'est rien auprès de ce que nous avons à dire de l'année 1650, qu'on peut marquer de noir entre toutes. Jamais contrée n'a probablement éprouvé les souffrances endurées par notre pays dans cette année fatale.

Les impériaux entrent en France, le 6 mai 1650, par Hirson, dont ils emportent le château. Turenne, qui a déserté le parti de la régente, s'est joint à eux. Ils font une démonstration devant La Capelle et Guise et passent l'Oise. Aubenton est pris et pillé le 2 juin, tous les villages depuis cette ville jusqu'à Guise sont saccagés et brûlés. L'armée du roi, sous les ordres du maréchal de Praslin, seigneur d'Origny, s'assemble à Crécy et oblige l'ennemi à lever le siège de Guise. Dans sa retraite, l'archiduc Léopold brûle Etréaupont, Sorbais, Luzoir, puis, le 17 juillet, il met le siège devant La Capelle qui, vigoureusement défendue par le commandant Roquépine, ne se rend que le 3 août.

Ce même jour, 3 août, un détachement espagnol, sous la conduite de don Francisco Mello, était venu attaquer le fort d'Hirson que les troupes françaises avaient occupé de nouveau. Ses batteries, installées sur la hauteur des *Cailloux*, avaient ouvert un feu violent sur la grosse tour du château, puis, au moyen d'une mine, on en fit sauter une partie. Contraint de se rendre le 29 août, le capitaine François de Caruel obtint que la garnison serait conduite à Rocroi.

Dès le 6, Vervins avait ouvert ses portes à l'ennemi ; peu de jours après, le général Sfondrate attaquait le château de La Cloperie, mais le commandant Deliège réussissait à le repousser avec une poignée d'hommes.

Notre grand Turenne, devenu l'allié des ennemis de la France, partait au même moment de Rethel et passait l'Aisne à Neufchâtel pour venir donner la main à l'archiduc Léopold dans le Laonnois.

Le 9 septembre, six mille Espagnols viennent occuper Montcornet : ils y restèrent jusqu'à la fin du mois et ils employèrent tout ce temps à désoler le pays par leurs courses. Pendant l'hiver, toute l'armée ennemie revient cantonner sur la frontière de Thiérache, au sein de laquelle ses partisans font des incursions aussi ruineuses que fréquentes.

Le 21 février 1651, quatre mille Espagnols, sous le commandement du colonel Roze, viennent occuper Rozoy, ils y restent jusqu'au 12 avril, commettant dans toute notre région les plus épouvantables atrocités, que relatent des procès-verbaux officiels dressés dans chaque paroisse quelques jours après leur départ.

Le hameau du Hocquet fut entièrement ruiné ; seize habitants furent massacrés, dix blessés ; tous les ornements de l'église furent pris et emportés, presque tout le reste des habitants périt de faim et de misère.

A Morgny, tout fut pillé, les laboureurs furent tués ou dispersés et perdirent tous leurs biens pillés dans le château de Saint-Clément et dans le bois du Val-Saint-Pierre, où ils avaient cherché refuge.

A Plomion, l'église fut en partie démolie, les vitraux brisés, les ornements pillés. La maison du sieur de Belloy, gouverneur de Bergues, dans laquelle les habitants avaient remisé ce qu'ils avaient de plus précieux, fut pillée, malgré la valeureuse résistance des hommes courageux qui la gardaient.

A Noircourt, la plupart des habitants furent tués, plus de trois cents personnes, hommes, femmes et enfants moururent de faim ; les femmes, dépouillées de tous vêtements, furent livrées à la brutalité de la soldatesque ; Berlize et d'autres communes voisines furent traitées de la même façon.

A Iviers, l'église fut entièrement pillée et démolie, les maisons et bâtiments brûlés, beaucoup d'habitants massacrés ; deux particuliers, nommés Massin-Menu et Nicolas Gérard, furent saisis et, pour les obliger à payer une forte rançon, on leur brûla les pieds ; d'autres furent accrochés en l'air par le menton.

A Landouzy-la-Ville, les habitants furent également pillés et ruinés et furent contraints de fournir l'argent nécessaire à la subsistance des troupes logées en l'abbaye de Foigny ; les grains qu'ils avaient réfugiés dans cette abbaye furent pris et emportés. Les religieux, qui avaient offert un plantureux repas à Roze, pour se le rendre favorable, le virent emporter après le dîner toute leur vaisselle et tout leur mobilier. Un traitement plus cruel leur était réservé. Au mois de mars, Roze leur dépêcha un lieutenant avec cinq cavaliers, qui avaient l'ordre de s'installer à l'abbaye jusqu'à ce qu'elle eût satisfait au payement d'une contribution de deux cent quatre-vingts livres. Un religieux, escorté d'un convers, se rendit à cheval jusqu'à Rozoy ; mais il ne put rien obtenir du général

Roze, qui lui déclara que les domaines de l'abbaye ne seraient épargnés qu'autant que la taxe serait promptement acquittée. A cette nouvelle, et pour se soustraire au péril qui les menaçait, les habitants des villages et des hameaux dépendant du monastère supplièrent les religieux de payer la somme exigée. Elle ne put l'être qu'au bout de six semaines et les garnisaires se retirèrent après avoir occasionné à l'abbaye une dépense de cent cinquante livres. Peu après, un colonel de l'armée du prince de Condé vint encore frapper les religieux d'une contribution de soixante pistoles (1).

Les soldats de Roze continuaient leurs déprédations.

A Jeantes, l'église fut pillée, le Saint Sacrement foulé aux pieds, après avoir été arraché des mains du curé qui le défendait au péril de sa vie. Ce brave curé, nommé Jacques Noël, fut mis en chemise et conduit de maison en maison pour aider les pillards à la découverte des cachettes de ses paroissiens, le tenant sous la menace d'un pistolet braqué sur sa tête. Ce malheureux, qui souffrait d'une fièvre continue depuis huit jours, fut mort de froid sans la pitié d'un cavalier qui lui donna, enfin, un vieux sac pour couvrir ses épaules et un caleçon pour cacher sa nudité. Les femmes et les filles furent violées sous ses yeux, et sa mère, âgée de quatre-vingts ans, fut dépouillée de ses vêtements et rouée de coups, en sa présence, sur les marches même de l'autel, dans l'église.

A Nampcelles, l'église subit la même dévastation ; seize habitants furent tués, les autres moururent de faim et de misère. Le curé Antoine de Migneau fut également dépouillé et maltraité ; un nommé Nettelet fut massacré de sang-froid par les soldats desquels il implorait la vie à genoux, parce qu'il ne pouvait donner

(1) Am. Piette, *Histoire de Foigny.*

que cinquante rixdales pour sa rançon quand ses bourreaux en exigeaient cent.

A Harcigny, l'église fut de même pillée et détruite en partie à coups de canon, les hosties jetées à terre, les objets du culte emportés ; une partie des maisons fut brûlée, huit habitants tués, deux blessés mortellement ; les autres, faits prisonniers, durent payer pour leur rançon deux mille cinq cents livres. Un nommé Pétravé fut couché à terre tout nu, on lui demanda s'il se trouvait bien ainsi, puis deux soldats lui déchargèrent leurs pistolets dans la tête. Une pauvre femme, veuve de Nicolas Bohain, eut les deux oreilles coupées, puis on lui fendit la tête d'un coup de sabre. Il ne resta pas le tiers des maisons debout. La ferme de Gironsart, appartenant au sieur de Magnicourt, fut pillée. La femme de ce dernier dut se jeter en chemise d'une fenêtre du premier étage, au risque de se tuer. M. de Magnicourt fut emmené garrotté à la queue d'un cheval jusqu'à Plomion. Trois hommes de la ferme furent tués et cinq ou six blessés ; les femmes et les filles qui s'étaient réfugiées dans la maison furent violées.

Plusieurs villages furent entièrement détruits par ces abominables scélérats, beaucoup ne furent jamais rebâtis ; leurs noms, qui nous sont parvenus, nous révèlent seuls aujourd'hui leur existence.

Tels étaient les ennemis que Turenne, que nous honorons comme l'une des plus pures gloires de la France, avait amenés dans notre pays. Nous nous expliquons bien maintenant les horreurs qu'un tel général put commettre dans le Palatinat, puisque, par son fait, notre Thiérache subit d'aussi terribles malheurs.

Les documents du temps n'ont pas enregistré les dévastations que subit, à la même époque, Origny ;

il ne fut pas mieux traité certainement ; nous savons par des actes authentiques que dans le village, au Chaudron, au Pont-à-Berger, diverses maisons furent dévastées de fond en comble. C'est à plusieurs reprises différentes que ce pauvre pays dut recevoir la visite des horribles soldats de l'infâme Roze.

Les registres tenus par le curé ne nous donnent aucun renseignement sur ces tristes années, de 1647 à 1652 : aucune naissance, aucun mariage, aucun décès n'y furent mentionnés.

Le colonel Roze était passé à la solde de la reine-régente et avait été comblé d'honneur par elle ; il commença à guerroyer contre les princes. Le 1er mai, il déloge de Saint-Michel le capitaine Pétré, qui l'occupait pour la Fronde et met ce bourg à contribution.

Turenne, qui s'était fait battre à Rethel par M. de Praslin, avait fait sa soumission, mais Condé avait, dès le mois de septembre, levé l'étendard de la révolte ; Tavannes, son ami, s'établit à Marle avec des troupes dont il tolère la licence pour mieux s'assurer d'elles et qui commirent aux alentours tous les excès imaginables.

Aux pillages des soldats de Roze, succèdent les courses des maraudeurs des régiments de Condé, de Conty, d'Enghien. C'est par bandes de quinze cents hommes qu'ils arrivent dans les villages, officiers en tête, tambours battants, canons derrière ; on pille les maisons et les fermes ou on force les habitants à se racheter à prix d'argent.

La misère est partout à son comble ; pour surcroît, le duc de Wurtemberg franchit la frontière le 21 octobre, il envahit notre pays et attaque Vervins avec huit mille cinq cents hommes de troupes régulières et du canon ; mais la ville est si bien défendue par ses seuls habitants, que l'ennemi s'éloigne après deux jours de siège. Furieux de son échec, le duc de Wurtemberg brûle Origny et Hirson en se retirant dans le Luxembourg.

Ces effroyables malheurs de l'année 1651 nous sont racontés, non seulement par les témoins d'une enquête administrative, mais aussi par les courageux missionnaires que saint Vincent-de-Paul envoya dans le diocèse de Laon, pour y porter les secours et les aumônes qu'il sut recueillir dans son admirable charité. Que de désolations ! que de larmes ! que de souffrances ! et comme est vraie cette longue et éloquente exclamation de douleur que la persistance du mal arrache au notaire Lehault, de Marle, et qui peut s'appliquer au pays tout entier :

« *O pauvre ville de Marle, j'ay horreur de veoir dans ton circuit jouer la plus cruelle tragédie que les plus inhumains tyrans se pourraient imaginer. Hé ! Dieu, n'appaiserez-vous jamais votre courroux ? Vos fléaux seront-ils touiours sur nos testes ? Quels courages seroient assez constans pour souffrir avec patience les malheurs quy nous accablent ? La plume me tombe des mains et me trouve dans la résolution de me désister de ceste ouvrage, puisqu'il ne peult servir que de subjest de desplaisir à nos successeurs. Néant moins pour faire cognoistre à nostre géniture les cruels effects de la guerre, je franchiroi hardyment ce maulvais pas, quand ce ne seroit que pour leur faire veoir que les ruynes et les incursions n'arrivent pas touiours par la fureur des ennemys et que nous ne sommes le plus souvent affligez que par la rage de ceulx qui debvraient nous protéger et nostamment après avoir recongneu les services que nous rendons au roy et à nostre patrie,* en conservant et gardant la ville, au péril de nos vies, à son obéissance, ainsy que nous avons faict depuis huict ans, sans l'avoir désertée, quoique nous ayions eu milz subjectz de le faire pour les maulvais traictements que nous avons receus. »

« Il y a un très grand nombre de pauvres gens de la Thiérache, » écrit d'autre part un missionnaire de Vincent-de-Paul, « quiz depuis plusieurs sept maines, n'ont pas mangé de pain, non pas même de celuy qu'on faict avec du son d'orge quy est ce que les plus aisez mangent, et ne se sont nourris que de lézards, de grenouilles et des herbes des champs. Dans plusieurs villes ruynées, les principaux habitans sont dans une honteuse nécessité. La palleur de leur visage montre assez quel est leur besoin. »

Vervins, Marle, Plomion, Hirson, Aubenton, sont visités par les envoyés de la charité parisienne. Du magasin charitable, fondé à Paris par M. du Plessis-Montbar, et que la bienfaisance stimulée par Vincent-de-Paul remplissait incessamment, ils tiraient des habits, du linge, des couvertures, les objets les plus divers, que la charité publique y envoyait tous les jours (1), des outils d'artisans et de labourage, des drogues, de l'orviétan, pour composer les remèdes, de la farine, des légumes secs, du beurre, de l'huile, jusqu'à des pruneaux et des confitures. Conduisant eux-mêmes de maigres chevaux que la guerre avait

---

(1) Cet élan de charité fut réellement considérable : il était stimulé par les lettres aussi désolées que désolantes que les admirables missionnaires adressaient quotidiennement à Paris.

Nous ne savons quelle part prit Origny dans ces distributions charitables : les besoins y étaient pressants, autant assurément que dans les villages voisins. La mortalité y fut énorme ; le village, abandonné d'une grande partie de ses habitants, était presque désert.

dédaignés, pliant sous la charge vivifiante, ils s'en allaient par les champs, de village en village, ou plutôt de ruine en ruine, au risque d'être pillés par les partis qui tenaient la campagne, au risque d'être dévalisés par les affamés qui se pressaient autour d'eux et dont la reconnaissance ne se manifestait que quand la clameur de leur ventre était apaisée (1).

Tel est le bilan des années 1650 et 1651 ; les suivantes ne furent guère meilleures.

Dès le mois de mars 1652, les troupes qui tiennent pour Condé rentrent en France, le duc Charles IV de Lorraine pille la frontière de Thiérache et menace La Capelle. Il arrive par Vadencourt qu'il traite affreusement. Le 4 juillet, royalistes et frondeurs en viennent aux mains dans la ville de Marle et l'avantage demeure aux Frondeurs dans un combat qui coûte la vie à beaucoup de monde. Dans la nuit du 17 au 18, cinq cents Espagnols font une vaine tentative pour s'emparer de Pierrepont, qu'ils reviennent attaquer le 25 avec plus de succès ; puis les environs de Crécy sont ravagés.

Pendant ce temps, un corps de quinze cents Espagnols s'avance sur Laon ; il s'arrête à Chambry, et, le 25, la ville de Laon le détermine à s'éloigner moyennant une grosse somme.

Le 10 août, l'abbaye de Thenailles est incendiée et les religieux mis en fuite.

Sur la fin d'octobre, Vervins, vigoureusement défendu par le seigneur de Larinville, avec cent hommes de garnison seulement, capitule honorablement, mais, le 2 novembre, il est reconquis sur les Espagnols après un seul jour de siège.

Le 19 janvier 1653, cette malheureuse ville est

(1) Ed. FLEURY.

prise de nouveau par le prince de Condé ; Turenne la reprend le 28, tandis que Condé, qui venait de s'emparer de Rethel, laissait piller Rozoy par ses soldats et mettait à contribution le bourg et l'abbaye de Saint-Michel. D'Aubenton et d'Hirson à Marle, la dévastation est complète. Ce ne sont que marches et contre-marches à travers notre malheureux pays qui n'est plus qu'un désert et une ruine. Il n'a plus d'habitants que les gens de guerre qui l'exploitent en maîtres absolus.

Le 1er septembre encore, l'ennemi passe l'Oise à Origny-Sainte-Benoîte et se dirige sur Vervins, suivi par Turenne qui arrive de Ham. Les bandes espagnoles envahissent nos villages qu'elles saccagent et qu'elles brûlent. Le 6, Landouzy est en flammes ; soixante maisons sont détruites, l'église n'est qu'à grand'peine préservée.

La maison commune d'Origny, pas plus que les habitations particulières, n'échappa au ravage : elle fut incendiée et presque entièrement détruite. Quelques pans de muraille furent toutefois conservés, et Mme de Choiseul les utilisa dans la construction plus vaste qu'elle fit peu après rétablir (1653).

Le roi, avec sa jeune femme, arrive en octobre à Laon qu'il encombre de sa suite. Le duc d'Elbeuf occupe Crécy avec un « *camp vollant* » de quatre mille hommes. M. de Lillebonne, un partisan de *Monsieur le Prince*, ruine encore une fois les environs de Marle, et, enfin, l'armée de M. de Turenne vient prendre ses quartiers « *de raffraîchissements* » vers Neufchâtel, Montaigu, Bruyères, où elle commet des actes d'une barbarie insensée.

Au mois de mai 1654, toute l'armée du roi reparaît dans le diocèse de Laon, manœuvrant entre Stenai et Arras. Elle repasse encore en octobre et y séjourne jusqu'au 24 novembre, ruinant, pillant, brûlant, saccageant, et cela sous les yeux du monarque qui, du haut de sa grandeur, n'aperçoit pas couler les larmes de son peuple, n'entend pas retentir ses cris de désespoir !

Cette situation se prolonge tout l'hiver, et, dès le printemps de 1655, les troupes du roi recommencent leurs courses ; l'armée ennemie, concentrée à Vadencourt, les imite ; à l'envie l'une de l'autre, ils ruinent le pays. Turenne paraît tour à tour au Catelet, à Moy, à Lesquielles, à Laon. De Vadencourt, Condé s'avance jusqu'à Renansart et oblige le roi à quitter La Fère, où il ne se sent plus en sûreté, pour demander à Laon un séjour moins compromis. Plus tard, le roi vient, accompagné de Mazarin, passer en revue, à Leschelle et à Etréaupont, son armée, forte de plus de trente mille hommes.

Origny et tous les villages aux environs sont encombrés de troupes. En juillet, on commence le siège de La Capelle, puis on l'abandonne. Le 29 août, Le Catelet est pris d'assaut et la garnison passée au fil de l'épée.

Tout l'hiver, les troupes du roi réquisitionnent dans le pays ; quelquefois on les reçoit à coups d'arquebuse, mais on s'expose à de dures représailles. Dans le courant de décembre, un nommé Hubert Chéron, domestique au service d'un certain Jehan Pagnier, dit Laforest, *cornette de la compagnie de chevau-légers de Monsieur de Sougland, au régiment de Monsieur Bridieu, pour le service du roy*, vint réquisitionner chez Anthoine Lemaire, laboureur à Origny. Celui-ci voulut défendre son bien, il saisit son arquebuse et d'un coup de feu blessa le pillard au bras *côté senestre*. A cette nouvelle, le cornette Laforest accourut avec une escorte de cavaliers, menaçant de faire un mauvais parti à l'imprudent Lemaire qui, heureusement, s'était dérobé par la fuite au sort qui le menaçait.

Laforest, trouvant la maison vide, met tout au pillage et se saisit de trois vaches. Le bon curé d'Origny, Pierre Descry, averti de ce qui se passe, s'empresse d'accourir et réussit à calmer Laforest, puis il l'amène à transiger avec le frère du coupable, François Lemaire, laboureur à Buire. Laforest se déclare enfin satisfait par l'abandon qui lui est fait des trois vaches dont il s'est emparé et dont on fixe la valeur à cent cinquante livres. Mais on oblige en outre Anthoine Lemaire à payer à Nicolas Bocquet, qui avait pansé Chéron et le soigna trois semaines durant, une somme de trente livres, et quarante livres aux officiers de justice qui avaient commencé une instruction criminelle.

En 1656, les courses de la garnison espagnole de Rocroi désolent la Thiérache et le Laonnois, pendant que le roi, avec Turenne, manœuvre aux environs de Guise. Le 27 septembre, l'armée royale s'empare de La Capelle, après neuf jours de siège. Une médaille fut frappée en commémoration de ce glorieux événement, par ordre du roi.

En 1657, la garnison de Rocroi continue ses incursions. Condé fait de vains efforts pour surprendre la place de La Capelle. Le 6 juillet, Turenne était venu s'installer au château d'Effry, pour observer de plus près les mouvements de l'ennemi : il y resta plusieurs jours ; les habitants d'Ohis en profitèrent pour lui demander et obtenir de lui un certificat des ravages faits dans leur commune par le prince de Condé et don Juan d'Autriche : c'est la seule satisfaction qu'ils obtinrent.

En 1658, l'hiver fut extrêmement rigoureux. Les neiges étaient tellement abondantes, qu'elles interceptèrent toutes les communications. Le dégel causa des inondations terribles qui emportèrent les ponts, les chaussées, les moulins.

L'année suivante, l'armée du roi obtient, grâce à l'habileté de Turenne, des succès décisifs en Artois et dans la Picardie maritime.

Puis, enfin, la paix des Pyrénées vient mettre fin à cette longue période de souffrances et de désolation (7 novembre 1659).

Voilà l'esquisse rapide des événements qui s'accomplirent pendant une période de plus de vingt années dans la Thiérache et la partie du Laonnois qui nous touche. Ce récit est peu varié, il ne s'est accompli là rien de grand, rien de glorieux ; aucun fait éclatant ne vient dissimuler le sang et les pleurs qui ont coulé, ni affaiblir les cris de désespoir, dont l'histoire ne tient pas compte, mais dont le souvenir a persisté dans le pays et a laissé au cœur du peuple des ferments de haine et de vengeance. Ces sentiments, longtemps contenus, amenèrent plus tard les sanglantes représailles de la Révolution française. Le peuple ne se croira définitivement libéré que quand il aura chassé ses maîtres, détruit leurs châteaux et leurs forteresses, et brûlé, avec les archives de la noblesse, le souvenir des maux qu'elle lui a fait subir depuis si longtemps.

CHAPITRE XIX

La seigneurie de Choiseul-Praslin à Origny. — Les officiers de sa justice. — Grande fortune de la maison de Choiseul. — Sa ruine. — La seigneurie de Choiseul passa au duc de La Vallière. — Restauration du grand moulin d'Origny.

Mme de Beauverger, dame d'Origny, était morte depuis 1615, laissant, de son mariage avec Guillaume Barthélemy, une fille, Madeleine Barthélemy, qui avait épousé en 1593 messire Ferri de Choiseul, troisième fils de Ferri, seigneur de Praslin.

Destiné d'abord à l'état ecclésiastique, ce jeune seigneur avait été pourvu en 1591 de l'abbaye de Saint-Martin-ès-Aires de Troyes. A la mort de son père, il devint comte du Plessis et prit du chef de sa mère les titres de comte d'Hostel et de baron de Chitry. Après le décès de Mme de Beauverger, il ajouta encore à son nom la qualification de seigneur d'Origny.

Ferri de Choiseul obtint de la faveur royale de nombreuses dignités : d'abord capitaine de cinquante hommes d'armes des Ordonnances du roi, puis maréchal de camp, gentilhomme de la chambre, conseiller d'Etat et enfin chevalier de l'Ordre.

Le nouveau seigneur d'Origny confirma les pouvoirs des officiers institués par Mme de Beauverger pour l'administration de ce domaine ; et quand le lieutenant de la justice, *Eloy Boulvert*, vint à mourir, il conféra cette charge à *Pierre Chollet*, sergent et garde des bois d'Origny.

La ferme générale de la seigneurie était, nous l'avons dit, entre les mains de *Pierre Bocquet*; il lui en fit un nouveau bail en 1623. Mais cette même année, Pierre Bocquet transmit cette recette à Antoine Bocquet, son fils, marchand et procureur d'office à Origny, en faveur de son mariage avec Clarisse Mauclère.

Le meunier du *Moulin-Neuf*, Nicolas Vincent, avait cédé son bail à un certain Jacques Robinet, qui, trouvant l'usine trop importante, sous-loua le tordoir à Michel Duchesne, tordeur à Marle, moyennant trente-six livres de loyer, en lui imposant la condition que, *en cas de sécheresse, le tordoir ne pourrait empêcher le moulin de travailler et devrait lui laisser l'eau*.

Ferri de Choiseul mourut en 1624, et sa veuve reprit l'administration de sa terre d'Origny, qu'elle surveilla avec grand soin. Elle commença par réaliser une somme assez importante par la vente d'une coupe extraordinaire de bois dont se rendirent acquéreurs les frères Chollet et Julien Fouquemprez.

Son ancien receveur, Pierre Bocquet, étant mort en 1626, elle fit consentir par sa veuve Jehanne Guernier, par ses fils Remy Bocquet, greffier à Origny, Pierre Bocquet, greffier à Hirson, l'engagement solidaire avec leur fils et frère Antoine, d'exécuter toutes les conditions du bail général en cours.

Madeleine Barthélemy laissa de son mariage avec Ferri de Choiseul sept enfants. La seigneurie d'Origny échut à César de Choiseul qui devait illustrer son nom par des services éclatants, et parvenir aux plus hautes dignités.

Il avait hérité de son père les titres de comte du Plessis-Praslin, vicomte de Saint-Jean, baron de

Chaource et de Chitry, bailli de Troyes. Il devint conseiller du roi en ses Conseils d'État et privé, chevalier de ses Ordres, général de ses armées, surintendant des maisons et finances et gouverneur de Philippe, duc d'Orléans, premier gentilhomme de sa chambre et gouverneur de l'évêché et pays de Toul. Enfin, il fut créé duc, pair et maréchal de France.

Il avait été baptisé à Paris, en l'église de Saint-Jean-en-Grève, le 12 février 1598, et avait eu pour parrain César de Vendôme, fils naturel de Henri IV. Ce roi avait voulu qu'il fut enfant d'honneur du dauphin, depuis Louis XIII. Dès sa jeunesse, il se distingua dans les armes : étant mestre de camp d'un régiment d'infanterie, il combattit à sa tête, au siège de Saint-Jean-d'Angély, de Clérac et dans de nombreuses rencontres, durant la guerre contre les calvinistes. Il prit part à la défense du fort de la Prée et au combat de l'île de Ré en 1627. De là, il passa en Italie et fut à l'attaque du Pas-de-Suze ; à son retour en France, il se trouva au siège de Privas.

Son régiment ayant été de nouveau envoyé en Italie, il se signala au siège de Pignerol, aux combats de Veillane, de Carignan, du Pô et de Casal en 1630. Il fut ensuite chargé des négociations entamées pour la paix avec plusieurs princes d'Italie. Puis il commanda en qualité de maréchal de camp au combat du Tessin, en 1636, et à toutes les affaires qui signalèrent les campagnes de 1637, 1639 et 1640, et fut fait gouverneur de Turin. Promu lieutenant général l'année suivante, il continua la guerre en Italie jusqu'en 1645, fut ensuite envoyé en Catalogne, emporta d'assaut la ville de Rosa et fut fait maréchal de France le 20 juin 1645. Envoyé de nouveau en Italie, il n'en revint qu'en 1649, pour prendre la charge de gouverneur de Monsieur.

En 1650, il fut chargé d'arrêter la marche de l'archiduc Léopold, qui s'avançait sur l'Aisne, le fit rétrograder et le força à lever le siège de Guise. Il reprit ensuite Rethel sur Turenne, qu'il battit le 23 décembre.

En 1653, il continua à rendre les plus grands services à la tête des armées; il reconquit en cette année la ville de Sainte-Menehould. Le roi l'avait fait chevalier de ses Ordres en 1662 ; il le créa duc de Choiseul et pair de France en 1665.

Le duc de Choiseul, absorbé par les hautes fonctions dont il était investi, n'avait guère le loisir de s'occuper de l'administration de ses domaines, et se reposait volontiers de ce soin sur Mme Colombe Le Charron, sa femme, à laquelle il avait donné une procuration générale.

Le fermier général de la terre d'Origny, Antoine Bocquet, étant mort vers 1633, sa veuve, Clarisse Mauclère, en continua la régie avec l'aide de son beau-frère, Pierre Bocquet, d'Hirson, d'abord, et ensuite avec le concours de son fils Remy.

Peu après, le procureur fiscal, Antoine Wathier, mourut aussi ; Mme de Choiseul le remplaça par Louis Debray, dont le frère Lambert fut en même temps investi de l'office de sergent. En même temps, un jeune homme d'affaires, Eloy Bigot, fils d'un géomètre d'Origny, était agréé près la justice de Choiseul en qualité de mandataire et de procureur. Il occupait déjà la même situation près la justice de M. de Sainte-Preuve.

En 1637, le lieutenant de justice, Pierre Chollet, mourut à son tour, et Mme de Choiseul transmit sa charge à Nicolas Terrien qui, déjà, exerçait les fonctions de sergent auprès de cette justice. Nicolas Terrien était en outre, depuis 1635, titulaire du contrôle des cuirs ; il devint bientôt sous-fermier des droits de lots et ventes.

De nouveaux changements furent encore apportés, peu d'années après, à l'administration de la seigneurie de Choiseul. En 1646, Eloy Bigot devint procureur fiscal à la place de Louis Debray, puis Thomas Desemery prit la ferme générale des mains de Clarisse Mauclère qui ne conserva dès lors que la recette de la terre de Sainte-Preuve. Ce Thomas Desemery épousait, le 13 mai 1656, Suzanne Cocnoy et l'associait à son administration. Enfin, Remy Bocquet succédait à son oncle dans le greffe et transmettait cet office en 1652 à Nicolas Deson, ancien maître d'école. Dès 1650, Eloy Bigot avait fait agréer son fils Louis en qualité de sergent.

En 1668, nouveau remaniement de toute cette administration : Eloy Deson, fils de Nicolas Deson, greffier, remplace Nicolas Terrier dans la charge de lieutenant, puis Nicolas Deson est remplacé lui-même comme greffier par Jehan Cordelle, tandis que son second fils, nommé comme lui Nicolas Deson, devient procureur d'office.

En 1676, le greffier Cordelle est remplacé par Nicolas Bocquet.

Le meunier du Vieux-Moulin avait, dès 1631, cédé cette usine, avec la torderie y attenant, à un meunier de Rumigny, nommé Pierre Chartier, qui s'obligeait à continuer le payement du fermage de quinze-vingt livres et de quinze aunes de toile.

Le bail du fermier de la cense de La Cour était expiré depuis 1634 ; le fermier sortant, Pierre Terrien, en fit dresser par le géomètre Bigot, en présence des officiers de la justice, un récolement qui nous renseigne exactement sur l'importance de cette cense à cette époque.

Elle comprenait :

La maison, la grange, les bâtiments de la cense, le jardin *après la maison et la grange*, cour devant et le jardin du devant, le tout contenant ensemble 4 jalois 1/2	4 jal.	30 verg.
Une pièce lieu dit le Bosquet-de-la-Cour, compris le chemin au-dessus du Bosquet..	11	55
Une pièce de terre sur les Coutures, contenant 27 jalois 1/2, *budant* d'un bout sur le Bosquet et d'autre bout sur le Bosquet de Gérannois............................	27	30
Une autre pièce de terre au même lieu, *budant* sur le Bosquet de Gérannois......	18	»
Une autre de même contenance, tenant au Bosquet de Cerisier	18	»
« *Cette pièce, avec le Bosquet de Cerisier et 3 quartels de pré, forme un total de 24 jalois 15 verges.* »		
Au Vivier.............................	7	30
A l'Epinette	6	»
Au Champ de la Pierre	8	20
Derrière la Grange Jehan Vasseur........	»	45
Au Courty Grignon, 5 pugnets, y compris la partie faisant hache......................	1	15
TOTAL en terres : 103 jalois 3 pugnets.	103 jal.	45 verg.

EN PRÉS :

A Buchipré............................	7 jal.	» verg.
A la Fosse Gilbaut.....................	1	»
Aux Prés Madame......................	2	33
A la Morteau	5	45
Au Gros Gérannois	3	»
Au même lieu.........................	1	15
Au-dessous du Bosquet de Gérannois.....	3	25
(Compris une certaine quantité de bosquet détentée par ledit Terrien.)		
AU TOTAL, 24 jalois de prés.......	24 jal.	» verg.

Par une autre transaction du 5 mai 1634, le bail du moulin et du tordoir neufs, consenti en 1615, au profit de Nicolas Vincent, était résilié à la suite de son décès.

En 1643, la cense de La Cour est occupée par Jehan Terrien, l'un des fils de l'ancien fermier, qui cède une partie de son exploitation à son frère Pierre et à un nommé Pierre Deson.

Le 10 novembre 1660, par acte reçu par Me Estienne La Celle, notaire à Vailly, Mme de Choiseul renouvelle, au profit de Thomas Desemery et de Suzanne Cochoy, le bail général de sa terre d'Origny, moyennant une redevance annuelle de quinze cents livres, payable en deux termes, moitié à Pâques et moitié à Noël, en sus, toujours, des charges ordinaires de salaires à payer aux officiers de la seigneurie.

Thomas Desemery mourut vers 1675, mais Suzanne Cochoy, sa veuve, conserva la recette de la seigneurie.

Au décès de Pierre Terrien, en 1677, elle eut à régler avec ses enfants la reprise de la cense de La Cour. Elle fut aussi obligée d'intenter une action en justice contre les riverains de la rivière, qui, à force de jeter leurs immondices dans le bief du moulin, l'avaient presque comblé et elle les obligea à le curer en 1678. Elle eût pu attendre un peu, car, l'année suivante, le lit de la rivière dut se trouver entièrement nettoyé par une crue subite, qui emporta sur une grande étendue la digue du moulin de Lahérie avec le pont, et causa de grands ravages à Origny. Un grand nombre d'ouvriers furent requis à Origny pour faire la réparation nécessaire à la *grande brèche* du pont de Lahérie; leur salaire ne leur fut payé que trois ans après.

Sur la fin de sa vie, le duc de Choiseul, comblé de gloire, très aimé du roi, fut encore chargé des plus honorables missions. Il avait glorieusement servi son pays et n'avait jamais trahi la confiance de son maître; il en fut récompensé par l'affection du peuple. Il mourut en son hôtel à Paris, le 23 décembre 1675, âgé de soixante-dix-huit ans; son corps fut inhumé en l'église des Feuillants, rue Saint-Honoré. Nous l'avons dit, le duc César de Choiseul avait épousé, le 2 août 1625, Mme Colombe Le Charron, fille de Pierre, seigneur de Saint-Ange, d'Ormeille et de Blanchefort, et de Marguerite de Sauvat. La duchesse de Choiseul fut première dame d'honneur de la princesse Charlotte-Elisabeth de Bavière, duchesse d'Orléans. Elle mourut subitement à Paris d'une attaque d'apoplexie le 26 janvier 1681, âgée de soixante-dix-huit ans. Elle fui aussi inhumée dans l'église des Feuillants. Mme de Choiseul laissait plusieurs enfants de son mariage, entre autres César-Auguste qui hérita de la seigneurie d'Origny et qui, par la mort de ses frères, devint duc de Choiseul, pair de France, comte du Plessis-Praslin, vicomte de Saint-Jean. Il obtint le titre de chevalier des Ordres du roi et lieutenant général des ville, province, comté et évêché de Toul. Comme son père, il fut investi de la charge de premier gentilhomme de la Chambre du duc d'Orléans.

Fils cadet du duc de Choiseul, il avait d'abord porté le titre de chevalier du Plessis-Praslin et avait été fait chevalier de Malte et abbé commandataire des abbayes de Saint-Sauveur de Rhedon et de Bonneval. Il commença à servir en qualité de colonel d'un régiment d'infanterie et fut pourvu, en 1669, d'un brevet de maréchal de camp, pour aller servir à Candie. Il se trouva ensuite au siège d'Arnheim en Hollande, en 1672, où son frère aîné fut tué. Il prit dès lors le titre de comte du Plessis. Au mois de juillet de cette année, il investit et reçut la soumission de la ville de Gusep sur le Rhin. Il fit la campagne de 1673 sous Turenne et fut créé lieutenant général le 25 février 1677.

Servit dans la même année aux sièges de Valenciennes, de Saint-Omer et à la bataille de Cassel; en 1678, aux sièges de Gand et d'Ypres; à celui de Luxembourg en 1684, où il perdit son neveu.

En 1690, il se trouvait à l'armée de Flandre et commanda l'aile droite de l'armée à la bataille de Fleurus. Il fit encore la campagne de 1692 et commanda la maison du roi à la bataille de Steinkerque.

Il mourut à Paris, le 12 avril 1705, âgé de soixante-huit ans, et fut inhumé, comme son père et sa mère, dans l'église des Feuillants.

Il avait été marié en premières noces le 30 juillet 1681, avec Louise-Gabrielle de La Baume Le Blanc de La Vallière, qui mourut le 7 novembre 1698 à l'âge de trente-trois ans, dame du palais de la reine Marie-Thérèse d'Autriche. Elle était nièce de la célèbre Louise-Françoise de La Vallière, maîtresse du roi Louis XIV.

De ce mariage étaient nés plusieurs enfants, très jeunes encore au moment du décès de leur mère. Mais la vie fastueuse menée par le duc de Choiseul avait complètement épuisé sa fortune. Il était entièrement ruiné au moment du décès de sa femme. Son principal créancier était le duc de La Vallière, son beau-frère, qui, sa sœur morte, poursuivit le remboursement de sa créance et fit *saisir réellement* la terre d'Origny le 21 mai 1699. Les formalités d'expropriation remplies, elle lui fut adjugée par arrêt du Parlement en date du 23 août 1707, moyennant le prix principal de dix-huit mille cent livres outre les frais de criée et de l'arrêt. Les revenus de la terre d'Origny avaient été saisis dès 1690, à la requête d'un autre créancier des duc et duchesse de Choiseul, M. Nicolas Le Vasseur, conseiller du roi au Parlement.

Les enfants du duc de Choiseul se trouvèrent sans la moindre fortune au décès de leur père.

Aux deux filles aînées, Marie-Louise-Gabrielle, née le 30 janvier 1683, et Marie-Louise-Thérèse, née le 5 octobre 1692, le roi fit une pension de deux mille livres à chacune, et, après le décès de la première, arrivé le 19 mai 1710, il réunit les deux pensions sur la tête de Marie-Louise-Thérèse qui mourut, comme sa sœur, sans avoir été mariée, en 1720.

Il existait encore une autre enfant du mariage du duc et de la duchesse de Choiseul, Augustine-Françoise, née le 8 octobre 1697. Elle fut élevée par la marquise de Hautefort, amie de sa mère, sous le nom de Mlle de Saint-Cyr. La légitimité de la naissance de cette jeune fille avait été contestée par le duc de La Vallière, son oncle ; elle l'assigna en justice, le 30 juin 1723, et, par arrêt du Parlement en date du 13 avril 1726, elle fut autorisée à faire la preuve des faits articulés par elle, et enfin un arrêt du 18 juillet suivant la déclara fille légitime du duc et de la duchesse de Choiseul.

Augustine-Françoise, comme ses sœurs, resta célibataire ; elle mourut en juillet 1728. Le duc de La Vallière, qui n'avait cessé de suspecter sa naissance, répudia sa succession qui fut dévolue à son frère, le marquis de La Vallière.

Depuis 1688, Eloy Deson avait réuni entre ses mains la lieutenance des deux justices de Choiseul et de Sainte-Preuve, et son frère Nicolas, après avoir tenu pendant quelques années la charge de lieutenant de M. de Sainte-Preuve, l'avait résiliée au profit de son frère Eloy, pour exercer les fonctions de procureur fiscal auprès des deux juridictions, et, en même temps, Nicolas Bocquet était devenu titulaire des greffes réunis.

Suzanne Cochoy avait conservé la recette de la seigneurie de Choiseul jusqu'à sa mort ; son fils, Pierre Desemery, la remplaça à partir de 1696.

Jamais, ni elle ni son mari n'avaient sous-loué l'exploitation du moulin neuf, plus souvent nommé alors le Grand-Moulin ; ils l'avaient fait valoir eux-mêmes pendant toute leur vie. Mais cette usine se trouvait, en 1676, en fort mauvais état ; dans une crue de la rivière, une partie de la muraille extérieure et du déversoir avait été emportée ; Suzanne Cochoy fut obligée de la faire rétablir.

Pierre Midelet, maçon aux Routières, avec un autre maçon d'Ohis, entreprit à forfait ce travail. Les murs en question furent entièrement reconstruits sur un solide pilotage avec une épaisseur moyenne de quatre pieds. Le bâtiment principal du moulin ainsi restauré mesurait en longueur vingt-neuf pieds, et en hauteur, jusqu'à la naissance de la toiture, vingt-deux pieds. Il subsista jusqu'au commencement de ce siècle et fut remplacé par la magnifique usine que M. Sohier fit édifier sur son emplacement.

Une nouvelle vérification des lettres de terrier du comté de Marle avait eu lieu en 1686 et la publication solennelle en avait été faite peu après à Origny.

CHAPITRE XX

La seigneurie de Sainte-Preuve à Origny. — Ruine complète de Louis de Roucy. — La seigneurie de Sainte-Preuve est adjugée au duc de La Vallière. — Le moulin du Haudevin; il est incendié et reconstruit.

La ferme générale de la terre de Sainte-Preuve, comme celle de la seigneurie de Choiseul-Praslin, avait été cédée par Pierre Bocquet à son fils Antoine, lors de son mariage avec Clarisse Mauclère en 1623.

Et plus tard, quand la recette de Choiseul passa à d'autres mains, Clarisse Mauclère, devenue veuve, conserva celle de Sainte-Preuve.

Son bail lui fut encore renouvelé le 2 août 1649, elle le continua jusqu'à son décès arrivé en mars 1661; mais son grand âge, à la fin, ne lui aurait plus permis de faire régulièrement sa recette, elle avait dû se faire aider par son fils Remy Bocquet, greffier de la justice seigneuriale.

A Clarisse Mauclère, succéda un autre de ses fils, Jean Bocquet, mais la redevance fut élevée à 1,000 livres et deux douzaines de chapons.

En 1670, ce bail fut continué par Nicolas Bocquet.

D'autre part, le notaire Jehan Durin avait été remplacé, en 1655, par son fils Remy, dans ses fonctions de lieutenant de la justice de M. de Sainte-Preuve.

Le greffier Remy Bocquet avait à peu près en même temps cédé sa charge à son neveu Remy, fils d'Antoine Bocquet.

En 1660, le fils aîné de Remy Durin, notaire et lieutenant, le jeune Jean Durin, était pourvu de l'emploi de sergent auprès de la même juridiction.

Pendant quelques années, le greffe de Remy Bocquet fut géré par son frère Nicolas Bocquet, *chirurgien*, puis enfin cédé à Jacques Durin, qui ne le conserva que peu de temps et le transmit à Etienne Bocquet, pour reprendre lui-même son office de sergent en la justice de M. de Choiseul (1677).

Eloy Bigot avait conservé la charge de procureur fiscal de M. de Sainte-Preuve, jusque vers l'année 1659; il fut alors remplacé par son fils Louis Bigot.

A ce dernier succéda, en 1677, Antoine Lambin, qui, quelques années plus tard, transmit son office à Nicolas Bocquet, lequel, en 1688, se trouva titulaire des greffes des deux juridictions de Choiseul et de Sainte-Preuve et aussi de la justice de *Monsieur d'Origny*, qui depuis longtemps avait les mêmes officiers que le seigneur de Sainte-Preuve.

Remy Durin était mort le 18 novembre 1682 et avait été remplacé comme lieutenant de M. de Sainte-Preuve et bailli de M. d'Origny, par Nicolas Deson, procureur fiscal de M. de Choiseul. Nous savons que peu après, par arrangement conclu entre ce dernier et son frère Eloy Deson, avec l'approbation des seigneurs, il résigna ces charges et que les différentes juridictions d'Origny furent réunies en une seule, qu'Eloy Deson fut lieutenant et bailli, et Nicolas procureur fiscal. Désormais, il n'y eut plus à Origny qu'une seule justice.

Dans un chapitre précédent, nous avons dit que la veuve de Jacques de Roucy, marquis de Sainte-Preuve, avait épousé en deuxièmes noces un autre Roucy, Louis, seigneur de Sissonne, et que par suite les jeunes enfants, nés de son premier mariage,

Charles-Emmanuel et Louis, avaient passé leur enfance et fait toute leur éducation au château de Sissonne.

Nous avons dit aussi que la seigneurie d'Origny était devenue le lot du plus jeune, Louis.

Arrivé à l'âge d'homme, ce jeune seigneur avait été présenté à la cour et y menait la vie dissipée, dont se faisait gloire la noblesse dorée de l'époque. Les dépenses exagérées auxquelles il se livra ne tardèrent pas à compromettre sérieusement sa fortune et à faire naître, entre lui, sa mère et son frère, de graves difficultés qui, finalement, aboutirent à l'expropriation de son domaine d'Origny.

Son frère, le marquis de Roucy, lui avait fait des avances considérables que les revenus de la terre d'Origny ne pouvaient couvrir. Louis de Roucy l'avait affermée à Eloy Deson, par bail passé devant Ballu et *son compagnon*, notaires au Châtelet de Paris, du 26 avril 1604, moyennant un fermage annuel de 1,350 livres, réduit par une contre-lettre à 1,100 livres seulement.

Eloy Deson ne conserva cette ferme que quelques années car, le 31 mars 1691, nous voyons *Louis de Roucy, chevalier seigneur de Sainte-Preuve et d'Origny-en-Thiérache, demeurant à Paris, rue Saint-Avoye*, représenté par Hercule de Colisy, écuyer sieur de Merlié, louer à Philippe Oger, pour trois, six ou neuf années, au choix du preneur, les parts et portions lui appartenant en la seigneurie d'Origny, en terres, prés et droits seigneuriaux, consistant en :

Cent quatre-vingts jalois de terres labourables ;
Cent jalois de pré ;
Quatre-vingts chapons vifs en plumes ;
Trente jalois d'avoine ;
Cent cinquante livres de menus cens et rentes ;

Quatre-vingt-sept livres dix sous sur le moulin du Hautevin ;

Vingt-six sous six deniers de taille réelle dite taille de Saint-Remi ; de plus, les droits de lods et ventes, les droits de rouage des vins qui se déchargeront en la seigneurie, à raison de deux pots à la charrette et quatre pots à un char à quatre roues ; bref, tous les biens et droits appartenant au seigneur bailleur « *à la reserve seulement des officiers de la justice que le procureur ne pourra changer et de la justice elle-même dont il ne pourra disposer en aucune façon, le bailleur se l'estant reservée...* », le tout moyennant une redevance annuelle de neuf cent cinquante livres en argent, sous déduction des gages des officiers du seigneur que le preneur est chargé d'acquitter, savoir : au bailli....., au procureur six livres, au garde-chasse et rivière douze livres dix sous.

« En vérité, s'écrie M. Edouard Piette dans son remarquable travail archéologique, tout est surprise et mystère dans la condition de la noblesse de ce temps ! Voilà un Roucy... un des plus grands noms de notre histoire ! il est domicilié à Paris, il se fait représenter par un mandataire qui n'est pas, semble-t-il, le premier venu, il ne prostitue pas, comme bien d'autres, cette chose sacrée qui s'appelle la justice, en chargeant son fermier de la faire administrer ! Vous voyez en lui un gentilhomme de tenue correcte, bien posé, et vous vous dites : celui-là a dû échapper à la détresse générale où était alors plongée la noblesse de nos campagnes. Eh ! bien, non. En 1689, lors de la convocation, provoquée par les premiers revers de Louis XIV, du ban et de l'arrière-ban de la généralité de Soissons, de Roucy, seigneur de Sainte-Preuve, demanda à être exempté et on lit sur le rôle, en

regard de son nom, cette note concise mais éloquente :
« *vue basse, ruiné* ».

Cependant un *fabricant* de généalogies du dix-huitième siècle ne craint pas d'attribuer à Louis de Roucy le grade de capitaine dans les dragons du roi !

Quelques jours avant de signer ce bail, le sieur de Colisy était venu à Origny régler avec Eloy Deson le compte des fermages de ce dernier. Nous voyons figurer dans ce compte les frais d'un procès que Louis de Roucy avait eu avec sa mère et son frère.

Philippe Oger ne dut faire que la première période de son bail, car en 1696 Louis de Roucy chargeait de la régie de son domaine un garde traversier des bois de l'abbaye de Joigny, résidant à Origny, Gaspard Lalouette.

L'année suivante, le seigneur de Sainte-Preuve disposait librement, pour la dernière fois, de sa terre d'Origny et en passait bail à de nouveaux fermiers qui, par une singularité remarquable, portaient eux-mêmes le grand nom de Roucy : Thomas et Toussaint de Roucy. Ils appartenaient à une famille d'Origny, dont nous aurons à parler.

Ce bail ne dura que quelques années ; les revenus de la seigneurie furent saisis par les créanciers de Louis de Roucy, et, le 13 octobre 1707, la ferme du domaine était adjugée en la *cour du Palais*, à Paris, à Jean Deson, marchand de paniers à Origny. Ce dernier, toutefois, ne put se mettre en possession ; Thomas et Toussaint de Roucy refusèrent de renoncer à leur droit. Un procès allait s'engager entre tous ces fermiers ; pour l'éviter, Jean Deson se contenta d'une indemnité de 100 livres que lui payèrent Thomas et Toussaint de Roucy.

Il était dit cependant que ceux-ci ne pourraient achever leur bail. Sur de nouvelles poursuites, la ferme de la seigneurie de Sainte-Preuve fut adjugée, le 5 janvier 1709, à un sieur Cupit Dormoy, marchand à Vervins.

Le long et coûteux procès que Louis de Roucy avait soutenu contre la dame de Sissonne, sa mère, et en vertu duquel une notable partie des revenus de la seigneurie d'Origny était encaissée par elle, avait épuisé ses dernières ressources.

Depuis 1699, sa situation était absolument perdue ; son frère, le marquis de Roucy, avait fait pratiquer sur son domaine d'Origny une saisie réelle qui, cependant, ne fut exécutée que quelques années plus tard.

De toute sa fortune, il ne restait plus alors à Louis de Roucy que :

« Le fonds, tréfonds et propriété de la terre d'Origny, cens, rentes, droits seigneuriaux, haute, basse et moyenne justice et en outre le moulin du Haudevin, et cinq jalois d'héritage sur lesquels ledit moulin est édifié.

« TERRES EN FIEF :

18 jalois, lieu dit le Pont-de-la-Cour ;
6 jalois, au-dessus du Bosquet-de-Cerisier, tenant d'une lisière à M. de Choiseul ;
6 jalois 33 verges, au-dessus du Bosquet-de-la-Cour, des deux lisières à M. de Choiseul, des deux bouts à M. de Buchiprez, doyen de Rozoy (1) ;
11 jalois, lieu dit le Champ-Pépin ou la Culée-Grosse-Saule, d'une lisière à la rivière, d'autre à M. le doyen de Buchiprez, des deux bouts à M. de Choiseul ;
71 jalois de terre, lieu dit la Couture et pendant de la Lussière ;

(1) Louis-Denis d'Origny.

7 jalois, au Vivier;
3 jalois, à la terre du Taillandier ;
3 jalois et demi, au Rieux Grignon ;
1 jaloi et demi, lieu dit l'Épinette ;
2 jalois et demi, au même lieu ;
8 jalois, au même lieu ;
3 jalois, lieu dit le Bout-de-la-Ville ;

Au total, 146 jalois 23 verges.

« TERRES EN ROTURE :

9 jalois, lieu dit le Pré-Seignié ;
7 jalois, lieu dit la Chermoie ;
9 jalois, lieu dit le Gros-Poirier ;
1 jaloi et demi, lieu dit la Fosse-du-Champ-du-Bouc ;
1 jaloi, au chemin de la Demi-Lieue ;
1 jaloi et un pugnet, lieu dit le Pré-Michel-Terrien ;
9 jalois, lieu dit Bernaval ;
5 jalois, lieu dit le Trou-des-Blaireaux ;
1 jaloi et un pugnet, lieu dit le Sart, sur le jardin Haution ;
2 jalois et demi, lieu dit Germain-Fontaine ;
1 jaloi et demi, audit Sart ;
3 jalois, lieu dit le Fond-de-Buire ;
2 jalois, près le même lieu ;
1 jaloi et un pugnet, lieu dit le Pendant-du-Moulin-du-Routy ;
2 jalois et demi, dessus les Fourneaux ;

Au total, 56 jalois 3 pugnets.

« PRÉS EN FIEF :

17 jalois et demi, lieu dit Buchiprez, d'une lisière au sieur de Buchiprez ;
9 jalois de pré, lieu dit le Petit-Gérannois ;

1 jaloi, au même lieu, d'une lisière au pré de l'Eglise ;
1 jaloi 15 verges, de trois côtés à la rivière ;
1 jaloi et demi au-dessous du Bosquet-de-Gérannois, d'une lisière à M de Choiseul ;
1 jaloi, au même lieu, d'une lisière et des deux bouts à M. de Choiseul ;
1 jaloi et demi, au même lieu ;
1 jaloi, dans la culée du Bosquet-de-Cerisier ;
7 jalois, lieu dit la Lucière ;
9 jalois et demi, dans la même prairie, d'une lisière au sieur de Buchiprez ;
7 jalois, au lieu dit le Pachis-des-Halles, d'une lisière à la rivière ;
9 jalois 3 puguets, lieu dit les Falizettes ;
2 jalois, au même lieu ;
2 jalois, au même lieu ;
1 jaloi et demi, au même lieu ;
1 jaloi et demi, lieu dit le Pré-Rucholle ;
3 jalois et demi, lieu dit la Petite-Prairie, d'une lisière aux religieux de Foigny ;
2 jalois et demi, lieu dit la Morteau ;
1 jaloi et demi, lieu dit Entre-deux-Eaux ;
2 jalois et demi de pachis, lieu dit le Pachis-Paquette, d'une lisière et d'un bout à M. d'Origny. — *(Il est observé que ledit pachis n'est point du fief, car c'est un particulier qui l'a laissé perdre pour les rentes ; il est situé sur la terre de M. d'Origny, ne doit rien à personne ; c'est pourquoi on le met au rang des fiefs.)*

Au total, 83 jalois.

« PRÉS EN ROTURE :

1 jaloi, lieu dit le Jardinet, d'une lisière à la *Petite-Rivière*.

1 jaloi, lieu dit le Gros-Gérannois, près la Motte, tenant d'un côté à la rivière ;
1 jaloi et demi, au même lieu, d'un bout à la rivière ;
1 jaloi et demi, lieu dit le Rieux-Bandry ;
2 jalois, au même lieu, d'un bout au ruisseau de la rivière ;
1 jaloi, lieu dit le Long-Prez ;
2 jalois, ... ;
3 jalois, lieu dit le Prohat, d'un côté au Pré des Pauvres ;
1 jaloi et demi, lieu dit la Chermoie ;
1 jaloi et demi, lieu dit le Pré-le-Prêtre, d'une lisière au sieur d'Origny, d'un bout à la rivière ;
3 jalois, lieu dit le Long-Prez ;
1 jaloi et demi, lieu dit le Prez-Bertaut, d'une lisière à la rivière ;
2 jalois et demi, lieu dit les Vuarennes, d'un bout à la rivière ;
Et enfin, le moulin du Haudevin appartenant audit sieur Louis de Roucy, situé sur 5 jalois de pré et jardin, ou environ, moitié sur la seigneurie de M. le duc de Choiseul, l'autre moitié sur les terres dudit sieur d'Origny, ledit moulin en son propre comme en étant seigneur.

Au total, 28 jalois.

Nous l'avons dit, la jouissance de tous ces biens, comprenant ensemble en terres labourables, en fief ou en roture, deux cent trois jalois huit verges (52 hectares 28 ares 66 centiares), en prés, fief et roture avec la teneur du moulin du Haudoin, cent onze jalois (28 hectares 57 ares), avait été adjugée, avec les droits seigneuriaux, au sieur Cupit Dormoy, de Vervins, moyennant un fermage annuel de sept cents livres.

Le droit de haute, basse et moyenne justice avait été mis aux enchères ! Un simple spéculateur, un agent d'affaires, devenait adjudicataire du bon droit, de la fortune, de l'honneur et de la vie de ses concitoyens !

Le peuple français devait subir, près de cent années encore, ce régime odieux !

Le marquis de Roucy se décida enfin à mettre un terme à cette situation et fit procéder à l'adjudication définitive de la seigneurie. Elle fut prononcée par *arrest de la Cour du Parlement rendu sur appointement*, le 29 juillet 1713, au profit du duc de La Vallière, qui, on l'a vu, avait acquis de la même manière, quelques années auparavant, la partie de la terre d'Origny qui avait appartenu à la maison de Choiseul-Praslin.

Louis de Roucy vécut encore quelques années à Paris d'une petite pension que lui servit sa famille.

Le moulin du Haudevin, dont nous venons de parler, avait subi toutes sortes de vicissitudes pendant le cours du dix-septième siècle. On se rappelle qu'il avait été loué par Anne de Chantelou, veuve du seigneur de Sainte-Preuve, à un certain Antoine Férot.

Ce meunier mourut en 1627 et ses héritiers cédèrent à Jacques Mauclercq, meunier à Erloy, les vingt-trois ou vingt-quatre années de bail qui restaient à courir.

Au mois de juillet 1660, par acte de Me Constant, notaire à Vervins, un nouveau bail de vingt-sept ans fut passé au profit de Thomas Desemery et de Suzanne Cochoy, sa femme, qui exploitaient déjà le grand moulin d'Origny. L'usine du Haudevin était alors dans un complet état de délabrement ; les époux Desemery furent chargés d'y faire toutes les réparations nécessaires, et, pour cette raison, on le leur donna, pendant dix ans, pour un loyer de vingt-cinq livres et six chapons. Passé ces dix ans, le fermage en argent était élevé à cent cinquante livres.

En 1663, les sieur et dame Desemery n'avaient pas encore remis le moulin en bon état ; néanmoins, ils en consentirent la cession au profit de leur fils Jean, par son contrat de mariage avec Suzanne Pescheux, en s'obligeant à faire à bref délai les réparations auxquelles ils s'étaient engagés.

Jean Desemery attendit l'effet de cette promesse jusqu'en 1674 et se décida alors à traduire ses père et mère devant le présidial de Laon, pour les contraindre à remplir leurs engagements. Il obtint une sentence les condamnant à lui payer une somme de deux mille six cents livres.

Cette sentence ne fut pas exécutée, mais un arrangement intervint, au mois de novembre 1674, entre Desemery-Cochoy et son fils. Moyennant une somme à arbitrer par le bailli et les officiers de la justice d'Origny, Jean Desemery s'engagea à faire lui-même les réparations reconnues nécessaires au moulin et à la maison d'habitation.

Par le même acte, Thomas Desemery s'interdit en outre d'aller ou d'envoyer ses domestiques et ses chevaux *chasser* et prendre la *mannée* des blés des particuliers du Haudevin, du Chaudron, des Routières et du Blancfort. En retour, il était défendu à Jean Desemery de venir par lui-même ou par ses domestiques *chasser* et quérir le blé des habitants du bourg d'Origny. Consentant les parties que toute contravention constatée par enquête sommaire des officiers de justice fut punie d'une amende de vingt livres, qui ne pourrait être remise ni modérée.

Il était toutefois convenu, en raison de l'état de guerre d'alors, que si des particuliers de la circonscription du Haudevin venaient se réfugier à Origny et y abriter leurs blés, Jean Desemery pourrait venir les chercher pour les moudre à son moulin. Que de même si un particulier d'Origny achetait du blé dans un hameau, Thomas Desemery pourrait l'envoyer prendre.

Les parties s'interdisaient encore d'attirer secrètement et indirectement les habitants des parties du pays où elles n'avaient pas droit d'aller, par la promesse de moudre à moitié prix ou autrement, à peine de trente livres d'amende.

Cet arrangement était bien difficile à exécuter et ne devait pas tarder à créer de nouvelles difficultés entre Jean Desemery et sa mère. Au bout de quelques années, ils reconnurent que l'antique division du territoire entre les moulins d'Origny et du Haudevin, qu'ils avaient rétablie volontairement, leur était plus préjudiciable qu'avantageuse, et d'un commun accord ils se rendirent leur pleine et entière liberté.

On verra que dans les baux de ces usines au dix-huitième siècle, leur droit de chasse fut de nouveau circonscrit et très sévèrement resserré dans ses anciennes limites.

Vers 1680, le moulin du Haudevin fut entièrement détruit par un incendie. Jean Desemery s'en fut alors reprendre le moulin de Burelles après avoir loué l'emplacement des bâtiments incendiés à un nommé Estienne Maillard, qui s'engagea à réédifier l'usine, moyennant certains arrangements pris avec Jean Desemery et Suzanne Cochoy.

Le moulin était reconstruit avant 1685 et remis en pleine activité ; cependant, l'année suivante, Maillard rétrocéda son bail à Suzanne Cochoy.

Le règlement des dépenses de reconstruction donna lieu à un long procès entre celle-ci et M. de Sainte-Preuve. Il se termina par une expertise ordonnée par sentence du présidial de Laon, le 13 septembre 1689. Le procès-verbal des arbitres, déposé en l'étude de M° Bernier, notaire à Montcornet, le 21 novembre de la même année, imposa au seigneur de Sainte-Preuve le paiement d'une annuité de quatre-vingt-cinq livres pendant sept années, soit d'une somme de cinq cent quatre-vingt-quinze livres.

CHAPITRE XXI

Les seigneurs de Parguy d'Origny. — La famille de Roucy, des Routières, et le fief du Champ-Mayeur.

Nous savons que l'antique domaine des premiers seigneurs d'Origny avait été vendu par Scipion de Monceau à messire Germain Deny, seigneur de Pargny, garde du corps du roi.

Ce seigneur appartenait à une famille de bonne noblesse du Laonnois, portant pour armes : *d'or à la fasce de gueules.*

A partir de cette acquisition, il avait ajouté à ses titres celui de seigneur en partie d'Origny. La qualification de *Monsieur d'Origny* lui fut même tout spécialement attribuée en qualité de possesseur du manoir féodal de la seigneurie primitive.

Germain Deny maintint les prérogatives attachées à son fief et eut ses officiers de justice, comme les autres seigneurs d'Origny. Jehan Durin fut conservé dans la charge de bailli avec les officiers institués par Scipion de Monceau et qui, à partir de ce moment, furent constamment les mêmes que ceux chargés de l'administration de la seigneurie de Sainte-Preuve.

Germain Deny avait antérieurement déjà fait une importante acquisition sur le territoire d'Origny. La Maison-Forte, du Chaudron, qui, nous l'avons dit, avait eu l'honneur d'abriter Henri IV, avait été laissée par le seigneur de Belle-Perche, avec toutes les terres qui en dépendaient, à son fils puiné Arthur de Surgret.

Cet Arthur de Surgret épousa peu après *damoiselle* Louise de Régnier et vint habiter avec elle son château du Chaudron. Il n'y résida pas longtemps, car, par acte du mois d'août 1619, il vendait cette propriété à *honneste homme* Jehan Demeaux, marchand demeurant en la ville de Vervins, avec les neuf muids *(trente-sept hectares environ)* qui en dépendaient, pour le prix de trois mille sept cents livres tournois. Bientôt après, Jehan Demeaux, pour qui c'était une affaire de spéculation, vendait à son tour ce même domaine à messire Germain Deny.

Retenu d'abord à la Cour par son service, ce seigneur ne tarda pas à se démettre de son emploi et à venir se fixer à son château du Chaudron, qu'il fit agrandir et réparer. Cependant, il n'avait pas entièrement renoncé au métier des armes, puisque nous avons vu qu'il fut pourvu d'un grade de capitaine au régiment provincial de Vervins et qu'en cette qualité il servit de guide aux troupes du duc d'Enghien, durant leur marche sur Rocroi, mais il s'adonna surtout, dans les loisirs que lui laissaient les devoirs de cette charge, à la surveillance de son importante exploitation agricole et à l'éducation de ses jeunes enfants. Toutefois, la guerre lui laissa peu de repos dans les premières années de son acquisition ; sa famille même dut fuir aux approches de l'ennemi, à maintes reprises différentes.

Germain Deny avait épousé en premières noces Isabeau de Caruel, sœur du capitaine de Caruel, châtelain d'Hirson. Il se remaria vers 1646 avec *damoiselle* Isabeau d'Hennequin de La Méry.

Sa première femme ne lui avait laissé qu'une fille, Charlotte Deny, qui mourut probablement en bas âge ;

mais il eut plusieurs enfants de son second mariage, entre autres un fils, Louis Denis, qui ne fut baptisé solennellement que le 26 septembre 1669 ; il avait assurément déjà de seize à dix-huit ans. Il fut tenu sur les fonts baptismaux par messire Toussaint-Philippe de Hennequin, son oncle maternel, chanoine et doyen du chapitre de Rozoy, qu'il devait remplacer plus tard dans cette dignité.

Germain Deny avait exploité lui-même, jusqu'à la fin, ses terres du Chaudron, mais il avait affermé les cent douze jalois qui lui venaient du seigneur de Monceau, sur Origny, à Claude Haultion, marchand et laboureur à Origny, aux termes d'un acte du 12 mars 1656.

L'année précédente, Johan Durin avait résigné, en faveur de son fils Remy, sa charge de *bailli ès la justice, terre et seigneurie de Monsieur d'Origny*.

En 1659, Germain Deny avait bénéficié d'une importante donation que consentit, en sa faveur et au profit de Isabeau de Hennequin, sa femme, une tante de cette dernière, Jeanne de Hennequin, du château de Fraillicourt et des propriétés qui en dépendaient.

C'est ce domaine qui fut attribué en partage à son fils aîné François Denis. Ce jeune seigneur, qui était déjà pourvu d'un grade de capitaine d'infanterie au régiment du Plessis-Praslin, prit néanmoins le titre d'escuyer seigneur en partie d'Origny et de Pargny. Il lui avait été attribué en outre quelques pièces de terre sur Origny ; il s'empressa de les vendre à divers particuliers.

Les filles de Germain Deny, Louise et Marguerite, restèrent au château du Chaudron ; par acte de 1672, elles mirent tout leur avoir en commun, s'en faisant donation réciproque. L'année suivante, elles consentirent tant en leur nom qu'en celui de leurs jeunes sœurs, Marie et Elisabeth, et avec l'agrément de Jacques-Philippe-Tristan de Hennequin, leur oncle, curateur de ces enfants mineures, un bail général de la ferme du Chaudron, qui était restée indivise entre elles. Cette exploitation, comprenant alors deux cents jalois de terres et vingt-deux jalois de prés, fut affermée à un nommé Noël Naudet, laboureur à Landouzy-la-Cour, pour un fermage annuel de trois cent vingt livres avec douze paires de pigeons.

Mais quelque temps après, Louise Denis épousa le sieur Jacques Lespagnol, officier de la maison du roi. Ce gentilhomme était issu d'une bonne famille champenoise qui s'était établie à Reims au quinzième siècle et qui possédait la seigneurie de Bézannes. C'est un Lespagnol qui fut le dernier grand-bailli du Vermandois.

Jacques Lespagnol voulut d'abord fixer sa résidence au Chaudron et prit le titre de seigneur en partie d'Origny. Le bail de Noël Naudet fut transformé en association de culture, avec partage de bénéfices par moitié. Mais le nouveau seigneur se trouva bientôt fatigué de la vie des champs, puis il eut, avec les habitants d'Origny, certaines difficultés qui lui rendirent difficile le séjour dans le pays. Les notables d'Origny lui contestaient le droit de préséance à l'église, ce qui produisit, dans le lieu saint même, quelques scènes tumultueuses que nous aurons à raconter. On lui refusait aussi le payement d'un impôt spécial appelé la *taille de Saint-Remy*, que les autres seigneurs d'Origny prélevaient chacun sur leur domaine. Menacés d'un procès, les habitants de son *ban* seigneurial durent se soumettre et s'engager à lui payer régulièrement la taille de Saint-Remy, telle que ses co-seigneurs l'exigeaient chacun de leur côté.

Ces tracasseries le décidèrent, au bout d'une année,

à abandonner à Noël Naudet toute sa part de récoltes et les appartements dont il s'était réservé l'usage, à l'exception d'une chambre qu'il conserva comme pied-à-terre.

Il retourna à Paris et fit encore quelques rares apparitions à Origny ; sa femme Louise Denis y revint plusieurs fois munie de la procuration de son mari pour régler ses affaires. C'est ainsi qu'elle vint en 1690 passer un nouveau bail de la cense et de la maison-forte du Chaudron, à un nommé Antoine Robbe, laboureur, demeurant à Lahérie, moyennant un fermage de trois cent trente livres. Elle tenait beaucoup à ce que les jardins de cette propriété fussent toujours tenus avec soin ; elle imposa à son nouveau fermier l'obligation de les entretenir d'une façon particulière.

« *Au regard des hayes qui composent la grande avenue et allée de ladite maison*, fut-il dit dans le bail, *et qui servent d'ornement à la maison-forte, le preneur devra les faire couper aussi bien qu'elles ne puissent être défigurées et de manière qu'elles ne souffrent altération à l'usage et l'ornement de ladite maison...* »

On se souvient que l'ancienne maison seigneuriale d'Origny, la *Chastellenye de Monsieur de Monceau*, avait été donnée à bail à surcens (1) en 1618, à un nommé Antoine Walier et que, par l'une des conditions de cette aliénation, le seigneur d'Origny s'était réservé le droit de loger dans le manoir avec toute sa suite, quand il viendrait à Origny.

La seigneurie de Monceau était passée à la famille Denis de Pargny et la maison féodale, après avoir

---

(1) Le bail à surcens équivalait par ses effets à une vente moyennant une rente perpétuelle.

appartenu à divers propriétaires, était, en 1692, en la possession de Jean-Jacques Terrien, maître armurier. Cette habitation était alors dans un complet état de délabrement ; elle tombait en ruines. Mme Lespagnol demanda, en sa qualité de dame d'Origny, subrogée aux droits du seigneur de Monceau, que les appartements dont elle avait le droit d'user fussent remis en état et garnis d'un mobilier convenable. Jacques Terrien, âgé et sans ressources suffisantes, ne pouvait satisfaire à cette demande ; il dut abandonner sa maison à son fils Pierre Terrien, laboureur, qui se chargea de faire les travaux demandés par Mme Lespagnol.

Les sieur et dame Lespagnol, cependant, avaient résolu de se défaire de leur domaine d'Origny ; le sieur Lespagnol vint lui-même, en 1704, pour négocier la vente du château et de la terre du Chaudron qui peu après fut réalisée au profit de messire Jacques de Hennezel, écuyer, seigneur de La Rochière, demeurant aux Muternes, paroisse de Mondrepuis, puis les autres immeubles qui leur restaient encore furent successivement vendus à divers.

Germain Denis avait laissé aussi un autre fils, messire Louis d'Origny, dont nous avons déjà parlé et qui, en 1687, prenait les titres d'*escuyer, chanoine et doyen de l'église collégiale de Saint-Laurent de Rozoy, seigneur en partie d'Origny*. Il lui avait été attribué dans le partage de la succession paternelle la majeure partie des biens autrefois acquis par Germain Denis, de Scipion de Monceau, sur Origny, notamment les *francs prés de Bucipré*, trois jalois à prendre entre le duc de Choiseul et le marquis de Roucy ; les terres de *la Chermoye*, les dix-huit jalois du *chemin de la cense Malaise*, les vingt-deux jalois du *Champ-Mayeur*, les terres de la *Rigole-Ballet* et les quatre ou cinq jalois de la *Fontaine-du-Ladre*.

Au mois d'avril 1684, Eloi Desons, bailli d'Origny, faisait bail de ces immeubles pour neuf années à Pierre Desons et Antoine Rubigny, laboureurs au Blancfort et aux Routières, en vertu d'une procuration spéciale de Louis d'Origny.

Mais ce dernier, à l'exemple de ses frères et sœurs, commença peu après à se défaire de ses propriétés par des aliénations successives.

Il avait déjà vendu quelques parcelles détachées, entre autres sept pugnets de pré en deux pièces, dans la prairie des Routières, à *Nicolas de Roucy, ouvrier de fins paniers, aux Routières*. Une des dernières ventes qu'il consentit fut celle qu'il fit en 1719 à l'un des fils de ce de Roucy, Thomas, et à Anne Bocquet, sa femme, de ses terres du *Champ-Mayeur* et des prés de la *Fontaine-du-Ladre*.

Le vaste domaine que s'était formé Germain Deny, sur le territoire d'Origny, se trouva ainsi dispersé. Ses descendants n'eurent bientôt plus aucun intérêt dans le pays et s'en éloignèrent définitivement.

Nous devons parler ici de cette famille de *Roucy*, dont nous rencontrons pour la seconde fois le nom sous notre plume.

Le nom de *Roucy* était assez répandu dans la Thiérache au commencement du dix-septième siècle. En dehors de la maison seigneuriale de Sainte-Preuve, il était porté par une modeste famille d'artisans de Saint-Michel; un moine de l'abbaye de Thenailles s'appelait aussi de Roucy.

Il n'était pas rare à cette époque, où l'état civil des familles n'était constaté que d'une manière absolument fantaisiste, de voir des gens de la condition la plus humble prendre pour nom patronymique le nom du lieu de leur naissance. C'est ainsi qu'il y eut dans notre pays de nombreux *d'Origny*, *de Landouzy*, d'*Aubenton*, de *Rumigny*, d'*Hirson*, qui plus tard s'appelèrent simplement *Dorigny*, *Landouzy*, *Daubenton*, *Derumigny* ou *Drumigny*, *Dhirson* ou *Dirson*. Nous avions même en ce temps, à Grandrieux, dans une chaumière, un *Mathias de Coucy*, qui, assurément, ne se disait pas le cousin des Enguerrand.

Quoi qu'il en soit, nous n'avons pu rien découvrir de certain sur l'origine de Nicolas de Roucy, et il se pourrait fort bien qu'il ait existé entre lui et la noble maison de Roucy quelque lien de parenté *irrégulière*. Peut-être même est-ce par une réminiscence de cette consanguinité que l'un des fils de Nicolas de Roucy, Thomas, dès qu'il eut acheté de Louis Denis de Pargny le Champ-Mayeur, n'hésita pas à s'attribuer la qualification féodale de *seigneur d'Origny en partie*. Il est vrai que d'autres membres de sa famille, abandonnant toute prétention nobiliaire, signaient tout simplement *Deroucy* ou *Deroussy*. Nicolas de Roucy habitait une modeste maisonnette à l'angle de la rue Morlain et de la ruelle de la Masurette. C'était un homme intelligent sachant très bien lire et écrire, chose assez rare pour l'époque; il fut de ceux qui perfectionnèrent le travail de la vannerie fine, alors tout à fait dans l'enfance.

A l'âge de vingt et un ans, en 1668, il avait épousé Jehanne Parisot, fille de Nicolas Parisot, un particulier fort aisé des Routières qui donnait à chacune de ses filles une dot rondelette de cent livres. De nombreux enfants naquirent de cette union, entre autres trois fils, auxquels Nicolas de Roucy ne manqua pas de donner une bonne instruction; et, s'il ne leur laissa qu'un maigre patrimoine, il sut les marier d'une façon fort convenable : Toussaint, l'aîné, épousa Françoise Deson; Thomas, le second, obtint la main d'Anne

Bocquet. Ces deux jeunes filles appartenaient aux meilleures familles d'Origny. Thomas fut laboureur, Toussaint et leur troisième frère Pierre continuèrent à fabriquer des paniers.

Bientôt, Toussaint et Thomas obtinrent le bail général et la recette de la terre de Sainte-Preuve, dont le propriétaire, Louis de Roucy, était déjà bien près de la ruine totale ; mais il s'en fallut de peu qu'ils ne fussent dépossédés de leur recette au bout d'une année à peine. Nous avons dit que les créanciers du seigneur de Sainte-Preuve avaient fait saisir son revenu et, le 13 octobre 1707, le bail de sa terre d'Origny était adjugé publiquement en la cour du Palais à Paris, à Jean Deson, d'Origny. Thomas et Toussaint ne voulurent pas renoncer à leur jouissance et refusèrent de remettre la gestion du domaine à Jean Deson. Plutôt que de plaider, celui-ci préféra transiger et, moyennant le payement à son profit d'une somme de cent livres, il laissa Toussaint et Thomas de Roucy continuer leur bail. Ils conservèrent en conséquence la jouissance de la terre de Sainte-Preuve jusqu'au moment où elle fut affermée à Cupit Dormoy, le 5 janvier 1709, par bail judiciaire.

Cette administration ne les enrichit guère, mais leur permit d'élever tous deux une nombreuse famille. Thomas ne put arriver à payer entièrement le prix de son acquisition du *Champ-Mayeur*, il fut obligé de s'en défaire, mais il ne renonça pas pour cela à ses prétentions nobiliaires. Dans l'acte de la vente qu'il en consentit à Jacques Villain, il réserva pour lui et sa femme la seigneurie directe de ce fief (1736).

A leur mort, les deux frères ne possédaient plus rien. Pierre, leur puîné, avait été un peu plus heureux et avait pu acquérir pour son fils, aussi nommé Pierre, une charge d'huissier à Nesles. La descendance de

Thomas et de Toussaint s'éteignit obscurément à Origny, à la fin du dix-huitième siècle. Seul un des fils de Thomas put relever la fortune de la famille : Nicolas de Roucy, qui obtint le poste de receveur des traites (1) à Saint-Michel et y contracta successivement deux mariages avantageux. Il acheta sur le territoire d'Origny une certaine quantité de terres et continua à prendre le titre de seigneur en partie d'Origny, en vertu de la réserve qu'avaient faite ses père et mère dans la vente du fief du *Champ-Mayeur*. Il fut admis, en 1744, à faire le dénombrement de sa seigneurie entre les mains des officiers du roi.

Son fils, Claude-Joseph de Roucy, devenu substitut du procureur du roi à Noyon, acquit une grande fortune ; il vendit toutes ses terres d'Origny, mais laissa à sa descendance une grande situation dans l'Oise et un nom justement honoré.

Nicolas de Roucy, de Saint-Michel, avait été obligé de payer à messire Louis Denis d'Origny, neveu et légataire universel de Louis Denis de Rozoy, le solde de la vente autrefois consentie par celui-ci à Thomas de Roucy. Ce Louis Denis d'Origny servait en qualité de major au régiment d'Artois ; il est le dernier représentant de la maison de Pargny, dont nous ayons retrouvé le nom (1743).

---

(1) Charge équivalant aujourd'hui à celle de receveur des douanes. Le revenu de cette charge était de quatre cents livres.

CHAPITRE XXII

Les curés et la municipalité d'Origny jusqu'à la fin du dix-septième siècle. — Révocation de l'Edit de Nantes. — Abjuration des protestants d'Origny. — Le banc seigneurial dans l'église. — Refonte et bénédiction d'une cloche. — Achat, incendie et rétablissement du presbytère. — Administration et perception des dîmes. — Dons à l'église. — Gestion des revenus des pauvres.

La cure d'Origny était, nous l'avons dit, depuis 1629 aux mains de Pierre Desery. Ce jeune prêtre appartenait à une excellente famille du pays : son père, Estienne Desery, était laboureur à Lahérie ; son oncle exploitait le moulin du Routy.

Pierre Desery fit de grands sacrifices pour l'amélioration de son église et s'efforça de provoquer, dans le même but, des dons généreux de la part des riches habitants ou des seigneurs d'Origny.

C'est ainsi que, au mois de juin 1647, il put faire refondre la moyenne cloche de l'église qui avait été brisée par accident. A cet effet, il passait, en présence de Jean Ruffin et de Jean Devin, marguilliers, un traité avec François de Lépine, fondeur de cloches à Laon, qui s'engageait à forfait à rompre l'ancienne cloche et à la refondre à ses risques, *de même grosseur, largeur et épaisseur et de la remettre en accord avec les deux autres* ; tout cela, pour le prix de quatre-vingts livres tournois. Il était, en outre, alloué au fondeur une *cacque* de bière et une somme de treize sols pour chaque livre de matière qu'il aurait à ajouter à la fonte. Tous les matériaux nécessaires à l'établissement du fourneau, terre, briques, lui étaient aussi fournis avec le bois et le charbon.

François de Lépine exécuta ses engagements à la satisfaction du curé, et la bénédiction de la nouvelle cloche fut faite, en grande solennité, le jour de l'Assomption de la Vierge de la même année 1647. Les donateurs qui avaient fourni la plus forte part de la dépense, Germain Deny et Isabeau de Hennequin, sa femme, furent les parrain et marraine : la cloche reçut le nom de Juliette.

Pierre Desery fut un bon pasteur généreux et conciliant. Le pouvoir dont il disposait, l'influence que lui valait son propre mérite, il les employait à concilier tous les différends qui pouvaient surgir entre ses paroissiens et à atténuer dans la mesure du possible les conséquences de leurs fautes. Son grand renom de vertu et de sagesse le faisait souvent rechercher comme arbitre par les habitants des pays voisins.

Un sergent des bois du duc de Guise, du nom de Jacques Vuallet, habitant Etréaupont, avait un fils *cavalier dans la compagnie de Monsieur de Lille* ; au milieu des désastres de cette époque funeste, ce militaire fut tué dans une embuscade par Nicolas et Jacques Guyot de Landouzy. Jacques Vualet voulait demander à la justice vengeance pour ce meurtre; Pierre Desery intervint et, moyennant une somme de cent livres, dont il ne fut probablement jamais remboursé, se fit céder les droits du père de la victime à toute indemnité.

Les vertus de ce bon prêtre l'avaient signalé à l'attention de ses supérieurs et, en 1651, l'évêque-duc de Laon lui conférait la dignité de doyen d'Aubenton, tout en le maintenant à la cure d'Origny, à laquelle il avait voué son existence.

La paroisse d'Origny dépendait alors du vaste doyenné d'Aubenton ; nous verrons qu'un autre de ses curés fut, au siècle suivant, investi de la même dignité.

Messire Pierre Desery avait pris à bail, le 17 janvier 1650, de dom Jean de Lancy, prieur de l'abbaye de Foigny, le quart des grosses et menues dîmes appartenant à l'abbaye sur le terroir d'Origny, moyennant le paiement d'une somme annuelle de soixante livres tournois. Il fit un traité semblable avec le chapitre de Rozoy. Pendant de longues années, l'abbé Desery exerça encore son ministère à Origny ; il s'éteignit au milieu des siens le 3 février 1675, dans la quarante-sixième année de son administration, après une carrière toute de dévouement et de bonnes œuvres, et sa mémoire resta longtemps vénérée dans la paroisse d'Origny.

Pierre Desery avait, de son vivant, marié l'une de ses nièces avec Estienne Gagneux, le nouveau meunier du Routy, et lui avait donné en dot les droits qui lui appartenaient dans les bâtiments, le matériel et le bail emphytéotique de ce moulin. Le surplus de sa succession fut dévolu à ses neveux : Nicolas Bocquet, receveur de M. de Sainte-Preuve, Gobert Huille, Estienne Desery, Michel Deseustre, marchands à Origny.

Le successeur du regretté curé, Estienne Bourgain, jeune prêtre natif de Burelles, fut installé dans ses fonctions curiales, dans les premiers jours du mois de mars 1675. Un édit du roi venait d'obliger les paroisses à pourvoir au logement de leurs curés. Le maire d'alors, Remy Durin, et Jacques Michel, eschevin, agissant au nom de la communauté des habitants d'Origny, prirent à bail, pour le logement de l'abbé Bourgain, une partie de la maison de son prédécesseur : une chambre, une cave, avec cuisine et fournil, écurie pour un cheval et droit d'usage dans la cour et au puits.

Estienne Bourgain ne continua pas le bail qu'avait Pierre Desery de la part de dîmes appartenant à l'abbaye de Foigny et au chapitre de Rozoy. Ces deux gros décimateurs cherchèrent un autre fermier, et le 12 juillet 1675, messire Philippe-Tristan Hennequin de La Méry, le doyen du chapitre de Rozoy, que ses relations de famille amenaient souvent à Origny, et dom Anthoine Boucher, procureur et cellerier de l'abbaye de Foigny, passèrent un nouveau bail de leur moitié de *dixmes, grosses et menues, censives et novaux*, au profit de maître Nicolas Deson, procureur d'office en la justice de *Monseigneur le maréchal du Plessy-Praslin*, à Origny, pour le terme de neuf années à la charge d'une redevance annuelle au profit de chacune de ces communautés de soixante livres.

Estienne Bourgain ne conserva la cure d'Origny que six ans à peine ; il fut remplacé, en 1681, par Gérard Migeot.

Presque aussitôt son installation, celui-ci reçut le bénéfice d'un legs de six-vingts livres tournois, fait à l'église d'Origny par Nicole Loreau, veuve de Nicolas Desery, de Reims, à charge de services religieux perpétuels, mais oubliés aujourd'hui depuis longtemps.

C'est sous l'administration du nouveau curé que se produisit un incident, dont nous avons déjà dit un mot, assurément très futile, mais bien fait pour montrer combien les idées d'émancipation avaient déjà fait de progrès à cette époque ; il marque de quelle manière étaient accueillis alors les privilèges surannés réclamés par la noblesse et que le peuple devait subir plus d'un siècle encore !

L'une des prérogatives à laquelle tenaient assurément le plus les seigneurs était d'avoir à l'église la première place, la place d'honneur.

Germain Denis, le châtelain du Chaudron, avait toujours eu à Origny un banc réservé pour son usage et celui de sa famille. Mais, en raison de l'exiguïté de l'édifice, on avait placé en avant, contre le premier gros pilier de droite de la nef, un petit siège, dont les deux places appartenaient à Jacques Bocquet et à Jean Durin, deux notables marchands descendant des plus anciennes familles du pays. Germain Denis avait toléré la chose; mais il n'était plus, et son gendre Jacques Lespagnol entendait jouir du privilège seigneurial dans toute son intégrité.

Bocquet et Durin ne voulant pas retirer leur banc, l'affaire fut portée devant l'évêque de Laon. Le prélat, naturellement, donna droit au seigneur et, par ordonnance du 27 juin 1683, ordonna la suppression du banc des prétentieux manants, enjoignant toutefois au curé de leur donner une autre place convenable.

La veille du 15 août, Gérard Migeot fit donc placer ailleurs le banc de Bocquet et Durin. C'était grande fête le lendemain; nos deux hommes, probablement avertis, arrivèrent de bonne heure à l'église, s'en furent rechercher leur siège et le remirent à sa place.

C'est en vain que le curé, irrité de voir son autorité méconnue, s'arrêta près des mutins, en faisant l'aspersion de l'eau bénite, et leur enjoignit de déguerpir. Nullement intimidés, Bocquet et Durin refusèrent d'obéir au curé et lui dirent, très nettement, qu'ils entendaient conserver leur place et que si l'on faisait encore enlever leur banc, ils apporteraient des escabeaux pour s'installer au même endroit. Cet incident troubla naturellement la cérémonie et causa un grand scandale; le curé fit immédiatement dresser procès-verbal. Nous ne connaissons pas la suite de l'histoire, mais il est probable que messire Lespagnol finit par avoir raison de l'entêtement des deux vilains.

C'est vers cette époque que Louis XIV, dont la Cour, autrefois si vaine et si joyeuse, était devenue, sous le règne de Mᵐᵉ de Maintenon, le foyer des intrigues d'un parti religieux fanatique, cédant aux sollicitations dont le clergé l'entourait, signa l'acte funeste qui révoquait l'Edit de Nantes accordé aux protestants par son aïeul Henri IV (1685). La religion réformée avait de nombreux adhérents dans notre pays ; la plupart, effrayés des menaces dont ils étaient l'objet, aimèrent mieux l'abjurer que de sortir de France.

Le 24 novembre 1685, Gérard Migeot reçut dans l'église d'Origny l'abjuration solennelle de quatorze protestants résidant à Origny, au nombre desquels se trouvait Suzanne Cochoy, receveuse de la seigneurie, veuve de Thomas Desemery, et ses enfants.

Ces conversions forcées n'étaient pas sincères, et ces néophytes peu zélés ne tardaient pas à retourner à leur ancienne foi. Suzanne Cochoy fut du nombre ; elle ne craignit même pas de montrer ouvertement sa haine contre la religion catholique. Son fils, Pierre, devait épouser Marguerite Deson, fille d'Eloy Deson, lieutenant des justices d'Origny ; elle lui refusa son consentement « *en hayne de la religion* ». Nous devons dire que Suzanne Cochoy avait peut-être un autre motif pour repousser cette alliance, tout honorable qu'elle fût. Elle était, elle, une des plus riches propriétaires du pays et la future était sans dot. Eloy Deson n'avait guère pour vivre que le mince revenu de sa charge ; il avait douze enfants et il avait même dû, profitant des dispositions de l'ordonnance du roi, du 9 décembre 1666, former, devant l'élection de Guise, une demande de réduction de taille. L'assemblée des notables de la commune prit, d'elle-même, en considération, l'année suivante, la situation gênée du lieutenant de justice et réduisit sa part contributive dans l'impôt de la taille à vingt-cinq livres.

Quoi qu'il en soit et quelle que pût être la cause réelle de la résistance obstinée de Suzanne Cochoy; le curé, en vertu d'une permission de son évêque, passa outre à la célébration du mariage.

Gérard Migeot recevait directement sa part de dîmes et celle du chapitre de Saint-Pierre de Laon, comme fermier, mais la perception en était difficile ; il prit un associé, Jacques Deson, notaire royal à Luzoir, auquel il céda une moitié de ces revenus, moyennant une redevance de cent soixante-quatorze livres. Il fut stipulé dans le bail, qu'ils passèrent entre eux, que les deux parts de dîmes seraient charriées et engrangées à frais communs, mais que celles du Haudevin, des Hélins, du Chaudron et des Routières seraient voiturées par le sieur Deson seul, à l'exception de quatre ou cinq voitures que le curé ferait faire aux Routières.

Les gros décimateurs, étrangers à Origny, tiraient le parti le plus avantageux qu'ils pouvaient de leur part de dîmes, mais quand il s'agissait du moindre sacrifice à faire pour la restauration de la modeste église du pays, ils ne voulaient plus rien entendre : les chanoines de Laon et de Rozoy, les religieux de Foigny, laissaient ce soin au curé et aux habitants d'Origny.

Gérard Migeot résolut de les obliger à mieux entendre leurs obligations, et, d'accord avec les notables d'Origny, il lança une assignation contre les chanoines de Rozoy, de Saint-Pierre et contre les moines de Foigny, à *comparoir devant les gens tenant le présidial de Laon*, pour certaines réparations qui étaient à faire aux chœur et *cancelles* de l'église d'Origny. Il obtint gain de cause, et les décimateurs récalcitrants furent condamnés à participer à ces réparations. Le curé s'empressa de faire exécuter les travaux qu'il jugeait nécessaires, mais sur l'importance desquels le présidial ne s'était pas prononcé. Les décimateurs, non consultés, refusèrent de payer et il fallut retourner devant la justice.

Fort heureusement, Louis Denis d'Origny était toujours doyen du chapitre de Rozoy, il ne voulut pas causer plus d'ennuis à son pays natal ; par son intervention, le chapitre de Saint-Pierre et l'abbé de Foigny consentirent à transiger, et lui-même s'engagea pour le chapitre de Rozoy. Par une convention signée le 27 juillet 1687, les chapitres de Rozoy et de Saint-Pierre et l'abbaye de Foigny s'engageaient à payer une somme de quarante-cinq livres tournois, pour leur part contributive dans les réparations faites à l'église.

Cette même année, le domaine de cette église s'accrut d'une pièce de soixante-dix verges de pré, lieu dit la Maladrie, qui lui fut léguée par un nommé Jean Duclocher, marchand à Reims, et Louise Daubigny, sa femme, à la charge de deux *obits* pour le repos de l'âme des donateurs et avec stipulation qu'il serait payé, sur le revenu de ladite pièce de pré, au sieur curé, quarante-cinq sols et au clerc quinze sols et que le surplus serait affecté à la décoration et à l'entretien de l'église.

Gérard Migeot occupait toujours l'étroit logement qu'il avait repris d'Estienne Bourgain. Il avait bien fait, en 1685, l'acquisition d'une autre maison, mais il en tirait produit ; il l'avait louée à une veuve Dubuy, et il ne cessait d'insister pour qu'il lui fut acheté un presbytère par la communauté des habitants. Les notables s'y décidèrent enfin et traitèrent avec Estienne Lambin, de l'acquisition de sa maison, située sur l'emplacement de celle qu'occupe aujourd'hui M. Belzinger, percepteur, près de l'église. Le prix fut fixé à quatre cent soixante-dix livres ; la maison comprenait deux *espaces*, elle était construite en pierres et couverte en paille, avec un hallier au pignon, jardin et cour. Le contrat d'acquisition fut signé le 22 juin 1688. On décida de supprimer la ruelle qui conduisait au pont de la Cour, pour réunir son emplacement à l'héritage du nouveau presbytère, mais elle fut rétablie plus tard.

Par autre écrit du même jour, la commune fit l'acquisition d'une grange appartenant à Pierre Terrien, marchand cordonnier, pour le prix de cent livres. Cette grange devait être démontée et rétablie dans le jardin du presbytère.

Tout cela constituait déjà une grosse dépense pour les habitants d'Origny ; le curé voulait encore que l'on fît à sa demeure diverses réparations et des améliorations d'une certaine importance. Pour entraîner le consentement des notables, il leur fit espérer un secours qu'il se faisait fort d'obtenir de M. l'Intendant de la généralité de Soissons. On accéda à sa demande, le curé fut autorisé à faire agrandir la porte du presbytère, à y percer de nouvelles fenêtres et à faire des embellissements, tout en stipulant que la communauté ne contribuerait à la dépense que s'il obtenait, de l'intendant de la généralité, la gratification qu'il en attendait.

Toutes ces affaires compliquaient singulièrement l'administration locale et nécessitaient de fréquentes réunions de l'assemblée des notables. C'était un ennui et une perte de temps pour les membres de cette assemblée, qui souvent ne se trouvaient pas en nombre à une première réunion et devaient ainsi se réunir plusieurs fois pour le même objet. Aussi bien, cette façon de procéder amenait souvent des discussions ardentes et tumultueuses dans lesquelles les intérêts privés et les questions de quartier primaient, comme on l'a vu trop souvent de nos jours, les intérêts évidents de la communauté. Pour obvier à ces inconvénients, l'assemblée dûment *congrégée au son de la cloche au lieu accoutumé le 27ᵉ jour d'octobre 1687*, prenant en considération la nécessité d'empêcher les *noises et disputtes* qui se reproduisaient trop fréquemment, par suite desquelles les solutions demeuraient *le plus souvent indécises, ce qui cause,* dit le procès-verbal de la réunion, *de très grands frais en raison de la partialité de ceux qui se trouvent dans les assemblées,* décidait que, *pour tout quoy éviter et pour le plus grand bien de la communauté,* il serait choisi *douze hommes les plus capables de la paroisse d'Origny,* dont on accepterait, en toutes circonstances, les décisions.

L'assemblée procéda, séance tenante, au choix de ces douze mandataires qui devaient former un véritable conseil municipal.

Furent élus :

Mᵉ Eloy Deson, lieutenant ;
Nicolas Deson, procureur fiscal ;
Nicolas Bocquet, greffier ;
Remy Durin ;
Nicolas Terrien ;
Gaspard Lalouette ;
Jacques Vuilliot, syndic ;
Estienne Mien ;
Louis Triqueneaux ;
Louis Bécret ;
Jean Gobert ;
Et Remy Devin.

Ces notables devaient, sous la présidence du maire en exercice, *gouverner et régir toutes les affaires* concernant la communauté d'Origny, tant pour le passé que pour l'avenir, et disposer comme ils en décideraient pour le plus grand bien de la communauté, de manière, est-il dit, que tout ce qui sera par eux fait pour les affaires de ladite communauté sera suivi de poinct en poinct, promettant n'aller au contraire en aucune façon et manière qu'il puisse être sous l'obligation de tous et chacun.

Cet arrangement était assurément fort sage, mais il ne pouvait tenir longtemps en l'absence de l'autorité de la loi. Si les décisions des mandataires élus étaient facilement acceptées quand elles donnaient satisfaction aux intérêts généraux de la communauté, sans se heurter aux rivalités locales, elles demeuraient critiquables quand des intérêts particuliers étaient en jeu et la partie lésée, ou se croyant telle, refusait d'obéir à un arrêt qui n'avait pas de sanction.

On dut donc bientôt convoquer à nouveau l'assemblée générale des contribuables, dans les formes établies et consacrées par l'usage. Elle seule pouvait statuer utilement sur les difficultés locales.

Quoi qu'il en soit, tout l'argent dépensé pour l'achat et l'aménagement d'une maison presbytérale ne devait guère profiter au curé ni à la communauté des habitants. Gérard Migeot était à peine installé dans sa nouvelle demeure, lorsque, au milieu de la nuit du 23 au 24 novembre 1688, *le feu prins en la maison presbiteralle*. Tout fut consumé, le curé ne put rien sauver de son mobilier et il ne resta de la maison que les murailles ; la grange, nouvellement édifiée, fut aussi complètement dévorée par les flammes.

Ce désastre fut la cause de grandes difficultés entre Gérard Migeot et la municipalité. Tout d'abord, l'assemblée des notables avait voulu rendre le curé seul responsable des pertes et lui faire supporter la dépense nécessitée pour le rétablissement des bâtiments détruits. Le curé s'y refusa, mais promit de faire des démarches auprès de l'évêque de Laon pour en obtenir un secours, et de faire agir auprès de l'intendant de la généralité pour en obtenir une diminution de la taille.

En attendant, la communauté des habitants dut louer une grange pour resserrer, au printemps, les foins de la cure.

Malgré les promesses du curé, aucun secours n'était venu de l'évêque et l'on n'avait pu obtenir la moindre réduction de taille : la communauté se trouvait *sans maison, sans grange et obérée de plusieurs deptes*.

Gérard Mignot persistant à ne vouloir faire personnellement aucun sacrifice, l'administration de la commune se décida à l'assigner devant le présidial de Laon pour le faire condamner à rétablir sans délai la maison presbytérale dans l'état où elle se trouvait avant l'incendie, lui réclamant en outre des dommages-intérêts pour le retard apporté par lui à s'exécuter. Le curé répondit à cette assignation qu'il se refusait à faire rétablir à ses frais la maison incendiée, ajoutant qu'au surplus, fût-elle remise en son état primitif, *il n'y demeureroit pour n'estre logeable ni conforme aux besoins de la cure, n'y aïant escurie ni cabinet et austres choses qu'il disoit estre nécessaires à un curé, n'aïant aussy grange sur ledict presbytère ny place pour en faire une*.

Ce procès allait entraîner des frais considérables, les parties en furent effrayées et elles se décidèrent à transiger. Gérard Migeot s'engagea à payer cent cinquante livres tournois à la communauté, qui, en retour, le déchargea de toute responsabilité et de toutes les obligations nées pour lui de l'incendie de sa demeure. Il fut, en outre, convenu que les voyages et démarches que le curé et les membres de la municipalité avaient faits, tant à Guise près de l'Election, qu'à Soissons près de l'intendant, pour obtenir une réduction de taille, seraient renouvelés pour l'année suivante et que si la communauté arrivait à se faire indemniser de ses pertes, les cent cinquante livres à verser par le curé lui seraient remboursées.

En attendant, la municipalité se mit en devoir de réparer le dommage. Par un traité passé le treize février 1689, entre Pierre Blond, maire pour cette nouvelle année, Toussaint Terrien, syndic, Jean Vitoux, eschevin, Eloy Deson, lieutenant, Jean Deson, Remy Durin et Germain Fouan, notables, d'une part ; et Jean Haution et Jean Fouan, tous deux marchands à Origny, d'autre part, il fut convenu que ces derniers feraient à forfait toutes les réparations et que la toiture du presbytère serait refaite en ardoises.

Toutes ces difficultés avaient créé entre le curé Migeot et ses paroissiens des rapports assez tendus ; il ne lui était plus possible de remplir utilement à Origny son ministère.

L'administration épiscopale le comprit et le nomma à la cure de Logny (1689). Il fut remplacé à Origny par Ursmer Deschamps, chanoine de l'Ordre de Prémontré, qui ne resta titulaire de la cure que pendant quelques mois, le temps de calmer les esprits et de mettre un peu d'ordre dans les affaires de l'église.

Sa courte administration permit à la paroisse de faire quelques économies et il put, du consentement du maire et des notables, employer une somme de cent vingt livres pour la constitution d'une rente perpétuelle de six livres sur la maison de Jean Audouart, marchand à Origny, *située assez proche de l'église*.

Un jeune prêtre, Pierre Liégeois, succédait à Ursmer Deschamps, dès les premiers jours de l'année 1690. Si le presbytère avait été restauré par les soins de la communauté, il n'y avait plus de bâtiment pour recevoir les récoltes du curé. Il existait, dans les dépendances de la maison, qui autrefois avait appartenu à Pierre Desery, près du presbytère, une vaste grange, qu'un nommé Isaac Dubuy avait transformé en brasserie. Le curé et les notables se mirent d'accord pour l'acheter en commun. Le prix fixé à deux cent soixante-dix livres fut payé moitié par Pierre Liégeois et moitié par la communauté des habitants.

Louis XIV avait obtenu du clergé, en 1691, d'importants subsides ; l'église d'Origny fut taxée pour sa part à cent cinquante livres, et, pour payer cette somme, fut obligée de vendre à Ambroise Bécret, charpentier, un jalot de pré à prendre dans une pièce de cinq jalois et demi, lieu dit le Petit-Gérannois.

Cette aliénation fut compensée, peu après, par la donation que fit à l'église un nommé Claude Alexandre, de Neuve-Maison, de vingt-cinq sols de rente, à la charge de célébrer *messe et vigile* pour l'âme du défunt, le 15 décembre de chaque année.

L'administration des biens des pauvres appartenait, aussi bien que celle des propriétés de l'église, au curé, qui seul en touchait les revenus et les distribuait à son gré aux indigents. Le contrôle de cette gestion, par les administrateurs de la commune, fut établi vers cette époque, et, pour la première fois, nous voyons, le dimanche 10 mai 1699, après vêpres, le lieutenant de la justice, assisté de son greffier et de quelques notables, se rendre chez le curé, pour procéder à la vérification de ses comptes. On fit le total des bons délivrés par le curé aux pauvres et payés par Pierre Terrien, fermier des immeubles qui leur appartenaient, et ce dernier fut trouvé reliquataire d'une somme de deux cent vingt-trois livres treize sols.

A partir de ce moment, les comptes du curé et des fermiers des pauvres furent ainsi réglés, tous les six mois, par la même commission civile présidée par le lieutenant de la justice.

CHAPITRE XXIII

La vannerie à la fin du dix-septième siècle. — Achats de vins en Champagne ; aventure de Pierre Terrien. — La guerre ; fournitures aux armées ; passage de troupes ; le pont de Lahérie. — Les archers de la gabelle. — Commerce et élevage du bétail. — Mauvaises années. — Désastres de la guerre. — Paix de Ryswick ; fêtes à cette occasion. — Décadence de l'abbaye de Foigny ; tentatives de réforme. — Etablissement de forts de défense.

La fabrication de la vannerie s'était développée, malgré les troubles et les désastres du commencement du dix-septième siècle ; nous avons vu que, dès 1645, un marchand d'Hirson, du nom de Louis Barotiaux, faisait faire des paniers à Origny. Un autre marchand de Liesse, probablement parent de celui-ci, Nicolas Barotiaux, vint passer un traité, en 1657, avec Pierre Devin, Claude Alexandre et Estienne Boulanger, pour tous les paniers qu'ils pourraient fabriquer.

Des étrangers venaient se fixer à Origny, pour y faire de la vannerie ; des communes voisines, on y envoyait les enfants en apprentissage. En 1681, Jean Jumelet, garde au grenier à sel de Vervins, demeurant à Etréaupont, plaçait son fils Nicolas chez Jean Deson, ouvrier de fins paniers au bourg d'Origny, pour ce dernier, lui *monstrer* et enseigner le *métié de faire fain pagnier par espace et terme de deux anz*. Quelques années plus tard, ce Nicolas Jumelet était devenu, ainsi que son frère Pierre, un des meilleurs ouvriers d'Origny, et un marchand de Liesse, Paul Bailly, venait, en 1686, traiter avec eux et quelques autres *faiseurs* de paniers des Routières, de la fourniture de tous leurs paniers pendant neuf années, aux conditions suivantes :

Le prix de la douzaine de première forme était fixé à.................................. 24 sols.
Pour la deuxième forme.......... 42 —
Pour la troisième — .... 54 —
Pour la quatrième — .... 78 —
Pour la cinquième — .... 6 livres, etc.

Il devait en outre être tenu compte à chaque ouvrier engagé d'une somme de trois livres par année, pour ses voyages et le port de ses paniers à Liesse.

Nos ouvriers vanniers se réservaient le droit de quitter leurs boutiques pour la *Saint-Jean* et la *moisson*. Il était encore stipulé que les engagements pris par Bailly cesseraient de plein droit en cas de maladie contagieuse, de famine, de guerre, pouvant faire cesser les pèlerinages de Liesse.

Dans le même temps, des maisons de commerce de vannerie s'établissaient à Paris et cherchaient des correspondants à Origny. Le 16 may 1688, un nommé Alexis Letellier, bourgeois de Paris et marchand vannier, demeurant place Maubert, paroisse Saint-Etienne-du-Mont, faisait une importante commande à Alexandre Foulon, marchand et ouvrier de fins paniers à Origny. Il lui demandait notamment :

Huit douzaines de collins ou porte-assiettes et porte-plats, petits et grands assortis, au prix de quarante-cinq sols la douzaine ;
Huit douzaines de corbeilles, moitié à jour, l'autre moitié pleines. Sur les moules de *dix* et *sept* et plus grand, moyennant, pour chaque douzaine, six livres ;

Quatre douzaines d'autres corbeilles sur les moules de *quatre* et *cinq* toutes à jour, pour le prix de quatre livres dix sols la douzaine ;

Vingt douzaines de *biblots*, partie à deux couvercles, partie à un seul, à trente sols la douzaine ;

Et différentes sortes de *marchandises damassées.*

Le tout rendu à Paris pour la foire Saint-Laurent.

Jean Deson faisait aussi, vers 1695, un trafic de paniers fins assez important.

Le commerce de la vannerie, on le voit par ces exemples, se fit, dès ses débuts, à peu près comme il se pratique aujourd'hui. A toute époque, les ouvriers fabriquèrent leurs paniers, chez eux, dans leurs *boutiques*, et les vendirent à des marchands qui les expédiaient de tous côtés. Vers la fin du dix-septième siècle, le renom d'Origny, pour cette fabrication spéciale, s'était considérablement étendu et son trafic atteignait déjà les contrées voisines.

Notre pays profitait largement des bienfaits de la paix : depuis 1670, la guerre ne faisait plus ses ravages dans la contrée. La sécurité n'y était pas absolue cependant et l'administration bien défectueuse d'alors laissait la porte encore ouverte à de nombreux abus. Les relations commerciales, les voyages étaient parfois entravés par des actes de violence, par des abus de pouvoir que nous avons peine à comprendre aujourd'hui.

Le vin qui se buvait alors à Origny était exclusivement tiré de la Champagne, où on allait le chercher dans la belle saison, quand les chemins étaient un peu raffermis.

Dans le courant d'avril 1670, Pierre Terrien et sa femme revenaient de Champagne avec six chevaux et deux charrettes chargées de tonneaux de vin. Ils étaient parvenus au village de Chaource, quand le nommé Billon, sergent royal à Plomion, accompagné de quatre hommes porteurs d'armes à feu et d'épées, se rua sur Terrien et le fit prisonnier. Les chevaux furent dételés et Terrien garrotté fut attaché sur l'un d'eux. Billon amena son prisonnier à Plomion et le mit en présence d'un certain François Parisot d'Origny, pour le compte duquel il agissait et qui prétendait avoir des dommages-intérêts à répéter contre Terrien, en raison de la grossesse de sa fille Louise, dont il l'accusait d'être l'auteur.

Tout mauvais cas est niable, aussi Terrien répudiait-il énergiquement cette paternité; malgré les menaces et les mauvais traitements auxquels il fut en but pendant plus de deux heures, il se refusa énergiquement à entrer en composition. Ce que voyant, l'huissier royal, Parisot et leurs complices replacèrent notre homme, bien ficelé, sur son cheval et le conduisirent à Ebouleau où ils arrivèrent fort tard dans la soirée. Là, ils l'enfermèrent dans une cave ; puis, le lendemain matin, ils l'emmenèrent, toujours dans le même équipage et en lui faisant les plus sombres menaces, au milieu des bois de Pierrepont.

Terrien, effrayé, finit par consentir à tout ce qu'exigèrent de lui ses bourreaux. Il fut, sans désemparer, ramené à Plomion, chez le notaire Billon, frère du sergent royal, et il dut souscrire au profit de Parisot une obligation de sept cents livres.

Terrien put alors aller retrouver sa femme et ses voitures de vin, mais, arrivé à Origny, il s'empressa de protester contre la violence qui lui avait été faite et d'intenter à son tour une action contre Parisot et sa fille.

Nous ne savons ce qu'il en advint ; il est probable que le procès se termina par une transaction équitable et proportionnée au dommage causé à la jeune Louise.

En 1675, la guerre recommençait dans les Flandres, où Louis XIV entraînait à sa suite une armée nombreuse. Pour l'alimenter, plusieurs magasins d'approvisionnements furent établis sur la frontière. Origny dut fournir à celui de Brunehamel. En vertu d'un ordre de l'intendant de Mackau, notre village eut à livrer, chaque dix jours, six rations de fourrage, paille et avoine. Remy Durin, le jeune, maire d'Origny en cette année, traita pour cette fourniture avec un nommé Antoine Hérissé, marchand à Landouzy, qui s'obligea à y satisfaire à la place de la commune, moyennant le prix de quatorze sols par ration, soit quatre livres quatre sols pour chaque journée de fourniture.

Les maires des communes voisines passèrent un traité semblable avec Hérissé : Isaac Oger, maire de Neuvemaison, pour deux rations ; Pierre Tourneur, maire de Buire, et Roland Bigot, maire d'Olris, pour mêmes quantités.

Les transports et les passages de troupes se faisaient par toutes les voies praticables, et les populations avaient souvent, par ordre, l'obligation de réparer les chemins et les ponts. En 1679, une crue subite de la rivière ayant emporté le pont de Lahérie, les habitants d'Origny durent aller travailler par corvée à sa reconstruction et au rétablissement des digues détruites.

Une brigade assez forte d'archers de la gabelle avait été installée à Origny pour garder tous les passages de la rivière ; ses principaux postes étaient aux ponts de Lahérie, d'Origny, du Haudevin et de Foigny. Elle eut fort à faire pendant le cours des années 1683 et 1684 pour empêcher la fraude sur les denrées de toute nature à laquelle durent se livrer les habitants du pays par suite de la cruelle disette de grains qui sévissait alors. Ces deux mauvaises récoltes produisirent de grandes misères à Origny. Le capitaine Zacharie Challon, qui commandait ces archers, était, en 1681, remplacé par Théodore Gillier; en 1684, par Jacques Froment, puis par Jean Langlois. Il paraît que ce dernier employait les loisirs que lui laissaient les devoirs de sa charge à soigner et à élever une grande quantité d'abeilles. Il avait à Origny de nombreux ruchers entretenus avec le plus grand soin. Son fabricant de ruches, qui demeurait à Sains, n'ayant pu lui fournir toutes les ruches dont il avait besoin, il dut entamer contre lui un procès.

Il arriva, au mois d'avril 1699, un bien triste accident à un sous-brigadier de la gabelle, nommé de Hayes.

Ce sous-officier, jeune homme de bonne famille, dont le père occupait une charge au Châtelet de Paris, plaisantait avec son brigadier Nicolas Hut, dit La Cortille. A un moment donné, celui-ci voulut, toujours en jouant, se saisir du fusil du sous-brigadier qu'il ne pensait pas chargé. Le coup partit dans la lutte et atteignit malheureusement le pauvre de Hayes, dont le genou fut fracassé.

Le blessé mourut quelques jours après chez la veuve Jacques Vitoux, où il demeurait, après avoir demandé devant les officiers de la justice d'Origny qu'aucune poursuite ne fut exercée contre son imprudent ami La Cortille.

Par suite du désordre occasionné par le passage continuel des troupes dans le pays et le grand mouvement des transports militaires, les gens malintentionnés, les rôdeurs que l'on rencontre toujours nombreux à la suite des armées, se trouvaient fort à l'aise pour commettre leurs méfaits. Le 12 juillet 1675, Eloy Deson, lieutenant de M. le maréchal du Plessis-Praslin, venait réclamer l'assistance de M⁰ Remy Durin, notaire et lieutenant de M. de Sainte-Preuve, pour constater un délit commis dans un bâtiment dépendant de son habitation, situé près de l'église, dans les circonstances suivantes. Trois mois auparavant, un jeune homme de Buire, Pierre Bocquet, avait prié Mᵉ Eloy Deson de remiser dans sa grange quatre pièces de vin et un demi-muid d'eau-de-vie, qu'il n'osait conduire chez lui à Buire, à cause des *risques de la guerre*. Peu de temps après, Pierre Bocquet était venu avec son associé Pierre Vuallier, aussi laboureur à Buire, chercher deux de ces tonneaux pour en aller vendre le contenu à l'armée ; le surplus était demeuré dans la grange d'Eloy Deson. Mais une belle nuit, un malfaiteur avait franchi la muraille de la cour de ce dernier, s'était introduit dans la grange et avait foré les deux pièces de vin et le demi-muid d'eau-de-vie qui y étaient restés.

Les deux magistrats ne purent que constater que l'aire de la grange était remplie de vin et d'eau-de-vie jusqu'à la hauteur de trois ou quatre doigts ; que le malfaiteur avait dû s'introduire dans la cour en pénétrant dans le fort et en se laissant glisser le long de la tour d'*Huyer*, en s'aidant d'un crochet fixé dans la muraille de cette tour. Mais le coupable ne put être découvert et Bocquet ne sauva du désastre que les dix bouteilles de vin et les quatre d'eau-de-vie qui furent soutirées du fond des tonneaux.

Malgré les accidents de cette sorte et le peu de sûreté des routes, les habitants du pays tiraient assurément grand profit de ce commerce à la suite des armées ; beaucoup en couraient les risques. En 1692, Remy Durin, marchand à Origny et ancien maire, s'entendait avec un nommé Julien Dorigny, marchand et berger à Neuvemaison, pour conduire un troupeau de moutons aux armées, et ne craignait pas de faire une avance de cinq cent dix livres tournois *en vieux louis d'or*. L'année suivante, Pierre Blond, boucher à Origny, envoyait à l'armée une troupe de bœufs dont Simon Andouard, son associé, lui rapportait le prix peu après.

L'élevage du bétail avait prospéré à Origny et dans les environs ; le territoire nourrissait de nombreux troupeaux de moutons surtout. Les tisserands en filaient la laine et les cultivateurs en retiraient un abondant engrais dont ils fertilisaient leurs terres. Aussi se disputait-on vivement le champiage des chaumes et des prairies et nos bergers s'aventuraient volontiers sur les terroirs voisins. Remy Bocquet avait même envoyé une partie de son troupeau chez un habitant de Wimy, du nom de Jean Bernier, afin de profiter du pâturage de ce terroir. Les habitants virent dans ce fait une atteinte à leurs droits et les firent assigner tous deux devant *le prevot et juge ordinaire de la chastellenye pairie et prevosté d'Hirson*; Bocquet fut condamné à de forts dommages-intérêts envers les habitants de Wimy.

Cette prospérité croissante de l'agriculture fut encore, malheureusement, bientôt arrêtée par de désastreuses perturbations climatériques.

Le 18 septembre 1691, on ressentit dans tout le pays un fort tremblement de terre. Toute l'année avait été pluvieuse ; l'hiver commença dès les premiers jours d'octobre par une grande quantité de neiges. Les récoltes avaient manqué presque entièrement, de sorte que la disette et la misère devinrent extrêmes en peu de temps.

Les années suivantes ne furent pas meilleures ; les récoltes manquèrent encore en 1693. Le Parlement dut établir une taxe sur les fonds des terres pour nourrir les pauvres. La misère fut telle que l'on vit les malheureux fouiller la terre pour y chercher des racines et manger les glands des bois.

Ces maux rendaient bien plus cruels ceux de la guerre, la France *n'était plus qu'un grand hôpital*, ainsi que l'écrivait Mme de Maintenon à Louis XIV. Les impôts, fortement aggravés depuis quelques années, pesaient lourdement sur le peuple ; les bras occupés à la guerre faisaient défaut à la culture ; la pénurie de vivres avait obligé les fermiers à vendre ou à consommer leur bétail. La guerre était surtout ruineuse pour les populations de la frontière, qui se trouvaient hors d'état de supporter les lourdes contributions qu'on levait sur elles de part et d'autre. Le propriétaire de la Neuve-Forge avait été taxé par l'ennemi à cinquante mille livres, qu'il ne pouvait payer. Neuf hommes, conduits par un nommé Culot, habitant d'Anor, vinrent enlever un soir les huit ouvriers de la Neuve-Forge, avec lesquels ils reprirent aussitôt la route de Namur. Les soldats, qui avaient marché toute la nuit, entrèrent, vers le matin, dans une grange, pour prendre un peu de repos. Mais pendant leur sommeil, un des ouvriers captifs trouva le moyen de rompre ses liens. Son premier soin fut de délivrer ses compagnons. Tous alors se jettent sur les armes de leurs gardiens et tuent chacun leur homme, à l'exception de Lalouette, marchand de Saint-Michel, qui se trouvait au nombre des prisonniers et aurait laissé échapper la sentinelle si un nommé Broutin, de La Neuville-aux-Joutes, ne l'eût arrêté d'un coup de fusil dans la cuisse. On ne fit grâce qu'au traître Culot, qui cependant ne le méritait guère (1).

Il fallait le repos de la paix pour réparer ces désastres. Louis XIV ne sut pas profiter des succès remportés

(1) D. Lelong.

par lui et le maréchal de Luxembourg, en Belgique, pour l'imposer à ses adversaires. Un général incapable, Villeroi, faillit compromettre notre frontière. Le roi dut rabattre de ses prétentions ; enfin, après de longues et laborieuses négociations, la paix fut conclue à Riswick le 30 octobre 1697.

Dans cette longue lutte que venait de soutenir la France contre l'Europe presque entière, on avait déployé de part et d'autre des forces de terre et de mer telles qu'on n'en avait jamais vues. La France avait tenu tête victorieusement à tous ses ennemis ; mais c'était là une gloire stérile, car, finalement, elle reperdait du terrain et reculait dans l'œuvre du complément de ses frontières.

Néanmoins, la conclusion de la paix fut une grande joie pour les populations, qui la célébrèrent par toutes sortes de réjouissances. Le dimanche 2 février 1698, il y eut à Origny, comme dans toutes les paroisses voisines, un feu de joie où le clergé se rendit processionnellement en chantant le *Te Deum*, ainsi qu'il était ordonné par un mandement de l'évêque de Laon, du 9 janvier.

Dans le cours des différentes invasions qu'elle avait eues à soutenir, notre voisine, l'abbaye de Foigny, avait eu tant à souffrir, qu'elle s'était vue dans la nécessité de ne pas remplacer les religieux décédés. Quand, en 1667, l'abbé de Clairvaux vint visiter la communauté, il la trouva composée seulement de huit religieux, qui avaient cessé depuis longtemps d'observer la discipline sévère de leur ordre. Il leur laissa une charte remplie de sages règlements, destinée à réprimer les abus. D'autres dispositions, ayant le même objet, furent encore édictées les années suivantes par ses vicaires. On y remarque entre autres articles :

« La défense à tout religieux, et spécialement aux jeunes, de sortir de l'enclos du monastère autrement qu'aux promenades du mardi et du jeudi faites en commun sous la surveillance du prieur ; et l'interdiction de l'entrée des femmes dans les lieux réguliers ou dans le jardin vulgairement appelé du *Pater*, défense étant faite à tout religieux de s'entretenir seul et sans permission avec elles, à peine d'être puni comme incontinent (1). »

Un autre soin préoccupait aussi les chefs de l'abbaye : ils voulurent pour l'avenir garantir leur domaine contre les incursions auxquelles il avait été si souvent exposé. Plusieurs fermiers furent chargés de construire, dans le voisinage de leurs habitations, des forts ou réduits pour servir de refuge à la population dans les moments de danger. Les forts bâtis par les seigneurs, autrefois, pour protéger les passages fréquentés de la rivière du Ton, étaient depuis longtemps dévastés et hors d'usage. On établit de nouveaux forts à Watigny, à Eparcy, à Foigny, à Aubenton-la-Cour et autres lieux. Placés généralement sur des monticules ou sur le bord des eaux, ils consistaient en un gros donjon flanqué de tourelles et bâti au centre d'une cour close par une muraille crénelée et un large fossé. L'intérieur était disposé de manière à recevoir à la fois les hommes et les animaux.

(1) Am. PIETTE, *Histoire de Foigny*.

CHAPITRE XXIV

Fin du règne de Louis XIV ; affaiblissement de la monarchie sous ses successeurs. — Growestein et Drongard dans la Thiérache. — Seigneurs d'Origny de la maison de La Vallière. — La terre du Chaudron aux mains de la famille de Hennezel.

La paix de Ryswick ne fut qu'une trêve pendant laquelle la France et l'Autriche se préparèrent à lutter pour la succession d'Espagne.

Cette funeste guerre commença en 1701, elle devait durer de longues années, mêlée de succès et de revers, mais toujours malheureuse par ses résultats : elle épuisa les dernières ressources de la France.

Les fléaux de la nature s'ajoutèrent contre la France aux fléaux de la guerre. Le 26 mai 1708, entre quatre et cinq heures du soir, un terrible orage, mêlé de grêle fort grosse, fondit sur Origny ; il fut accompagné d'une trombe de vent d'une violence extrême, qui étendit ses ravages depuis Vervins jusque Lahérie. Beaucoup de bâtiments furent démolis, un nombre considérable de toitures enlevées, une grande quantité d'arbres arrachés. Tout ce désastre fut fait en l'espace d'un demi-quart d'heure au plus (1).

L'hiver de 1708 à 1709 fut le plus terrible dont on ait gardé chez nous le souvenir. Les gelées commencèrent dans la nuit du 5 au 6 janvier 1709, elles

(1) *Archives de Labouteille.*

durèrent plus de six semaines sans interruption ni modération. Le froid fut si grand en France que la mer gela sur nos côtes ; les arbres éclataient ; les blés furent gelés dans les sillons. On trouvait de pauvres familles tout entières mortes de froid dans leurs chaumières.

On mourut de faim au printemps comme on était mort de froid pendant l'hiver. La famine avait succédé à la gelée, et la famine dans des conditions telles, que la plupart de ceux qui font ordinairement l'aumône aux autres étaient obligés de la demander pour eux-mêmes. Il n'y avait plus ni industrie ni commerce, et presque tout le monde était ruiné. Le prix du blé, qui, les années précédentes, s'était tenu, dans la Thiérache, au prix modéré de trois livres cinq sols trois deniers le jalol, s'éleva jusqu'à vingt livres. La misère et le découragement furent tels que plus d'un dixième des terres fut laissé en friche.

Des maladies contagieuses, engendrées par les mauvais aliments, se déclarèrent ensuite et firent de nombreuses victimes.

Nos affaires aux armées n'allaient pas mieux : partout nous avions éprouvé de sanglants échecs. Louis XIV se résigna à demander la paix à ses adversaires ; mais on lui répondit par des conditions tellement humiliantes, qu'il dut faire un suprême appel au pays et tenter un dernier effort.

L'armée de Belgique fut confiée à Villars : c'est là que se portaient les grands coups. Villars avait trouvé l'armée du Nord au complet comme nombre, car la faim avait poussé paysans et ouvriers sous les drapeaux ; mais ils n'y trouvaient même pas le pain qu'ils y venaient chercher. Le soldat sans provisions, sans habits, quasi sans armes, montra une patience et un dévouement admirables. Le moral était bon, Villars sut en profiter.

Le combat de Malplaquet (1709) rétablit l'honneur des armes françaises. On obtint l'année suivante quelques succès en Espagne; mais le sort de la guerre demeura incertain jusqu'en 1712. Enfin la victoire de Denain permit à Villars de reprendre l'offensive et de délivrer nos places fortes du Nord, investies par les Hollandais et les Impériaux.

Notre contrée avait encore eu dans cette campagne sa part des maux de la guerre. Un officier hollandais, du nom de Growestein, y fit une course à la tête de trois mille chevaux, pendant le siège du Quesnoy, et mit un grand nombre de villages à réquisition. Ayant passé l'Oise à Proisy, le 6 juin 1712, il se jette sur Vervins, Marle, Crécy, qu'il pille et rançonne avec une audace que peuvent seuls expliquer nos derniers revers. Un des détachements de Growestein fut cependant enlevé d'une manière assez singulière. Ils étaient quinze pillards conduits par un berger de Landifay, nommé Hubert, et se dirigeaient vers Courjumelles, pour mettre à contribution les fermiers du lieu. Mais un de ces derniers, Pourrier de Sausay, ayant appris que ces maraudeurs attendaient dans un bosquet voisin que la nuit fut venue pour exécuter leur entreprise, rassembla ses domestiques, leur distribua des armes et s'en vint avec eux investir le bois. Se voyant pris au traquenard, les soldats de Growestein durent se rendre; ils furent conduits à Guise où le gouverneur les retint prisonniers.

Un autre partisan, Drongard, avait aussi porté le fer et le feu à travers nos villages dont il était devenu le fléau. Un jour qu'il passait à Bucilly, il entendit une mère qui faisait réciter cette prière à ses enfants : « *Seigneur, préservez-nous de Drongard et de sa troupe !* » Le partisan en fut si touché, qu'entrant dans la chaumière, il donna quelque argent à la pauvre femme et renonça pour toujours, dit-on, à la profession des armes qu'il avait déshonorée par ses brigandages (1).

Nous pourrions citer de nombreux exemples de la misère et de l'épuisement de notre pays à cette époque et qui faisaient souhaiter vivement par ses habitants le retour du calme et d'une période de travail tranquille ; le cadre restreint de cet ouvrage nous oblige à nous arrêter. Les passages incessants de troupes avaient mis nos chemins et nos ponts dans le plus pitoyable état.

En 1713, le pont d'Origny put encore être réparé, mais celui de Rohan *(le Proha)* dut être entièrement reconstruit. C'est un charpentier de la Huguenotterie, Pierre Allain, qui en eut l'entreprise pour trois cent dix livres, dont les frères Pierre et Thomas Desemery, receveurs de la seigneurie, firent le recouvrement sur les contribuables.

La paix fut enfin signée à Utrecht, le 11 avril 1713, avec la Hollande et l'Angleterre, et à Rastadt, le 7 mars 1714, avec l'Empire. Cette paix était bien nécessaire. La France était comme un vaillant cheval épuisé qui, à force de courage, achève de fournir la carrière, mais, parvenu au bout, s'abat sans plus pouvoir se relever. Louis XIV mourut l'année suivante, laissant la monarchie sur la pente fatale qui devait aboutir à la Révolution. Notre pauvre commune, nous le dirons dans un autre chapitre, était dans le plus déplorable état, incapable de faire face aux charges qui l'accablaient.

Il ne nous appartient pas de suivre, à travers les prodigalités de la Régence et les dissipations honteuses du long règne de Louis XV, les degrés successifs

(1) CATAIN, *Histoire du Nouvion*.

de l'abaissement du principe monarchique en France.

Les événements militaires qui se produisirent pendant cette période de près de quatre-vingts années laissèrent à peu près intacte la frontière qui nous touche, et notre pays n'eut pas à supporter ces ravages de guerre qu'il avait subis tant de fois. Cependant, en 1744, il eut la charge d'un lourd passage de troupes. Vers le milieu de mai, Louis XV était entré en Flandre avec une armée de quatre-vingt mille hommes; il obtint quelques rapides succès, mais, rappelé dans l'Est par les revers éprouvés par le duc de Coigny, il emmena avec lui un corps de trente à trente-cinq mille hommes qui couvrit notre pays pendant plusieurs jours et lui imposa de lourdes réquisitions.

Cette pénible guerre de la succession d'Autriche devait durer jusqu'en 1748, pour se terminer par une paix sans honneur, après de stériles victoires. La France, encore une fois, était à bout de ressources, épuisée par le vaste et inutile gaspillage de sang et d'or qu'avait fait son gouvernement.

Vint, quelques années plus tard, la guerre de Sept Ans, dont la conséquence fut la destruction de notre marine, la ruine de notre crédit et la perte de nos plus belles colonies.

Origny eut à supporter dans ces guerres sa bonne part de charges.

Dès 1743, la compagnie *Mestre de Camp*, capitaine de Brassac, du régiment de *Royal-Carabinier*, y avait pris ses quartiers d'hiver. D'autres détachements du même régiment y revinrent passer les hivers de 1744 et 1745. Plusieurs militaires de cette troupe furent inhumés dans le cimetière paroissial.

Le long séjour de ces soldats désœuvrés, en dehors du surcroît de charges qu'il imposait au pays, était une cause permanente de désordres de toutes sortes.

Les actes de l'état civil de l'époque l'attestent par de nombreuses déclarations de naissances illégitimes.

Le recrutement des armées royales se faisait alors par engagements volontaires que des sous-officiers racoleurs, au service de chaque chef de corps, savaient obtenir moyennant quelque argent et des promesses alléchantes dans les localités où ils séjournaient. C'est ainsi que Louis de Roucy, fils de Toussaint de Roucy, prit du service dans ce régiment de Royal-Carabinier et que, quelques années plus tard, Jacques, fils de son cousin Nicolas de Roucy, s'enrôla dans le régiment de *Royal-Artillerie*. Mais, à côté de ces troupes régulières, on avait créé depuis quelques années des bataillons auxiliaires sous le nom de troupes provinciales, qui se composaient de miliciens recrutés dans les paroisses par voie de tirage au sort. Ces miliciens ne faisaient qu'une année de service. En 1743, le sort désigna, dans la paroisse d'Origny, Claude Deson, Pierre Cholet et Jean-Antoine Mien. Un autre jeune homme d'Origny qui ne s'était pas présenté au tirage avait été inscrit comme *fuyard* sur le tableau de recensement. Si on parvenait à le reprendre, il devait, en vertu du décret du roi, être incorporé d'office à la place de l'un des trois miliciens désignés par le sort. Il n'était pas difficile de *pincer* le fuyard, mais Deson et ses camarades, probablement contents d'être soldats, préférèrent le laisser tranquille moyennant une légère indemnité de vingt-quatre livres qui leur fut payée par sa mère.

Pendant plusieurs années, des troupes nombreuses continuèrent à stationner sur notre frontière. La compagnie de Kertesse des hussards de Bercheny resta cantonnée à Origny jusqu'au milieu de l'année 1750. Elle fut remplacée par la compagnie de Champlet, du régiment de Bourbon-Cavalerie, qui y demeura jusqu'après l'hiver de 1753. On peut se figurer combien de pareils *logements* étaient onéreux pour les pauvres habitants de notre village !

Mais, heureusement, pendant que le gouvernement ruinait la France, pendant que la monarchie s'avilissait au milieu des plus honteuses débauches, l'intelligence nationale s'élevait, l'influence de la France sur les idées et les mœurs de l'Europe grandissait chaque jour ; Montesquieu, Voltaire, Descartes, Diderot, Rousseau, donnaient la plus vive impulsion au progrès littéraire et philosophique et traçaient au peuple la voie des saines revendications.

La faiblesse de Louis XVI ne pouvait regagner à la monarchie ce que lui avait fait perdre les turpitudes de Louis XV. Un sage ministre, Turgot, tenta en vain de restaurer les finances. Les circonstances, il est vrai, lui étaient défavorables : depuis 1770, il s'était produit plusieurs mauvaises récoltes, celle de 1774 avait manqué presque totalement. Par suite, la cherté du pain augmenta encore. Le peuple, qui avait vu si souvent venir ses maux du gouvernement, lui imputa encore cette malheureuse situation : il y eut des émeutes sur différents points du territoire, des troubles sérieux se produisirent à Paris. De toutes parts il apparaissait un désir extrême de rénovation : on demandait des réformes.

La Révolution était proche. Nous aurons bientôt à entreprendre le récit des grands événements qu'elle produisit dans notre pays.

Depuis les acquisitions qu'il en avait faites en 1707 et en 1713, le duc de La Vallière, Charles-François de La Baume Le Blanc, était demeuré en possession de la seigneurie d'Origny.

Il était le fils aîné de Jean-François de La Baume Le Blanc, marquis de La Vallière, neveu de la maîtresse du roi Louis XIV, devenu, grâce à la faveur de cette dernière, gouverneur et grand-sénéchal de la province de Bourbonnais, maréchal de camp des armées du roi, mort en octobre 1676.

Le jeune Charles-François était parvenu de bonne heure aux honneurs; il prit à la mort de son père le titre de marquis de La Vallière, devint aussi lieutenant général des armées du roi, gouverneur et sénéchal du Bourbonnais. Il avait été d'abord mousquetaire du roi, puis avait obtenu en 1688 une compagnie de cavalerie. En 1692, il avait été nommé mestre de camp d'un régiment de cavalerie portant son nom et, en 1698, menin(1) de M. le Dauphin. Il se trouva comme brigadier à la bataille de Hochstett en 1704, où, après avoir chargé et repoussé l'ennemi jusqu'à sept fois différentes à la tête de sa brigade, il eut un cheval tué sous lui, fut blessé à la tête de plusieurs coups de sabre et fait prisonnier. Le roi le nomma aussitôt, en récompense de sa valeur, commissaire général de la cavalerie légère et le fit maréchal de camp, puis l'échangea contre un officier général ennemi.

Peu d'années après, il reçut les titres de lieutenant général et de mestre de camp de la cavalerie légère, et prit la part la plus brillante à toutes les guerres de la fin du règne de Louis XIV.

Louis XV rétablit en sa faveur le duché-pairie de La Vallière, par lettres patentes du mois de février 1723.

De son mariage avec Marie-Thérèse de Noailles, dame du palais de la dauphine, il eut plusieurs enfants. Son fils aîné, Louis-César, lui succéda dans ses titres et dignités.

Après avoir acquis, comme nous l'avons dit, la seigneurie d'Origny, il la comprit dans les domaines assignés à son frère puîné, Maximilien-Henri, connu

---

(1) Officier de la maison du Dauphin.

d'abord sous le titre de chevalier de La Vallière, mais qui prit ensuite celui de marquis de La Vallière.

Ce seigneur avait débuté d'abord dans le métier des armes et avait obtenu une sous-lieutenance dans les gendarmes bourguignons, mais il quitta le service de bonne heure et ne s'occupa plus que de l'administration de ses terres. Il demeurait habituellement dans son élégant hôtel de l'enclos du Temple.

Il vint en 1731 visiter son domaine d'Origny et reçut l'hospitalité de l'abbé de Foigny. C'est à l'abbaye qu'il signa le bail qu'il fit de sa seigneurie au profit de François Henry, notaire, et de Gennebaud Larsonnier, marchand, demeurant tous deux à Vervins, le 18 décembre 1731.

Maximilien-Henri de La Vallière mourut sans laisser de postérité, et sa terre d'Origny fit retour à son neveu Louis-César, mais avec la charge de dettes considérables.

Aussi, celui-ci n'accepta-t-il d'abord la succession de son oncle que sous bénéfice d'inventaire. Il dut, dans la suite, transiger avec la masse créancière qui s'était unie par un contrat d'union reçu par Mᵉ Brelin de La Grange, notaire au Châtelet de Paris, le 1ᵉʳ avril 1737.

Heureusement pour lui, le duc Louis-César de La Vallière possédait d'autre part une grande fortune territoriale.

Ce seigneur était né à Paris le 9 octobre 1708 ; il porta d'abord le titre de comte, puis celui de marquis de La Vallière ; mais son père lui ayant cédé en faveur de son mariage, en 1732, son duché-pairie de Vaujour, il en prit le titre à cette époque. Il fut fait gouverneur, lieutenant-général et sénéchal de la province de Bourbonnais, en survivance de son père, le 7 mai 1722, et colonel d'un régiment d'infanterie portant son nom. Il avait auparavant servi dans les mousquetaires.

Le 19 février 1732, il avait épousé Anne-Julie-Françoise de Crussol, fille du duc d'Uzès, qui lui donna une fille, le 19 août 1740. Il n'eut pas d'autres enfants.

Louis-César avait manifesté, dès sa jeunesse, un goût très vif pour les lettres et il perfectionna cette disposition naturelle par la lecture assidue des meilleurs écrivains. Son titre, purement honorifique, de grand-fauconnier de France le laissait maître de ses loisirs. Il partageait son temps entre les plaisirs de la campagne et la société des littérateurs les plus aimables et les plus spirituels. Son château de Montrouge était entouré de jardins délicieux. Il se plaisait à réunir dans cette charmante retraite ses amis les plus chers : Moncrif, l'abbé de Voisenon et beaucoup d'autres ; les dames de la Cour les plus recherchées pour leur esprit et leurs grâces accueillaient avec faveur ses invitations. Dans sa jeunesse, il avait eu l'occasion de se lier avec Voltaire, et l'exil du grand poète n'altéra point leurs sentiments d'amitié. Sa passion pour les livres se manifesta de bonne heure, et il ne négligea ni les soins ni les dépenses pour en former une collection non moins remarquable par le choix que par le nombre des volumes. Sa bibliothèque, la plus riche et la plus belle qu'aucun particulier ait jamais eue en France, devint le centre de la réunion des savants bibliographes français et étrangers.

Le duc de La Vallière mourut le 16 novembre 1780, laissant pour seule héritière sa fille unique, Emilie-Félicité de La Baume Le Blanc. Il l'avait mariée au mois d'octobre 1756 à Louis Gaucher de Chastillon.

Ce gentilhomme appartenait à la plus haute noblesse de France. Né le 6 septembre 1737, il avait été tenu sur les fonts baptismaux par le dauphin et Mme Louise de France, fille aînée du roi Louis XV. Il fut d'abord appelé le comte de Chastillon, mais devint en 1754, par la mort de son père, duc de Chastillon et pair de France, et fut pourvu de la lieutenance générale de la Haute et Basse Bretagne. Il obtint, à la suite de son mariage, la survivance de la charge de grand-fauconnier de France.

Le duc de Chastillon mourut peu d'années après son mariage, laissant à sa veuve le soin d'élever leurs deux filles.

La duchesse de Chastillon était une femme vertueuse et charitable : elle donna souvent des preuves de sa bienfaisance à la population nécessiteuse d'Origny. Elle fut la dernière titulaire de la seigneurie d'Origny. Sa grande fortune fut compromise dans la tourmente révolutionnaire. Nous verrons dans un autre chapitre ce qu'il advint de son domaine d'Origny, et nous ferons le récit des revendications qu'elle eut à subir de la part de l'administration locale de notre bourg.

Mais auparavant il nous faut revenir en arrière et dire comment ces seigneurs de la maison de La Vallière firent régir leur seigneurie et comment la commune fut administrée pendant toute la durée du dix-huitième siècle jusqu'au commencement de la Révolution.

Et puis nous ne pouvons terminer ce chapitre sans dire quelques mots de la famille de Hennezel, qui était devenue propriétaire, par la vente que nous avons rapportée, du château et du domaine du Chaudron.

Les d'Hennezel étaient originaires de Bohême ; la principale branche de cette famille s'était établie en Lorraine depuis plusieurs siècles ; des branches collatérales s'étaient répandues en Suisse, en Hainaut, en Franche-Comté, en Nivernais, etc.

Celle des seigneurs de La Rochère était venue se fixer aux Muternes, paroisse de Mondrepuis, vers le milieu du dix-septième siècle (1). C'étaient, comme les de Colnet, des gentilshommes verriers ; ils avaient installé leurs fours volants dans le milieu des tailles de la forêt, mais ils faisaient leur résidence habituelle dans leur modeste maison des Muternes.

Jacques de Hennezel, l'acquéreur des sieur et dame Lespagnol, portait le titre d'écuyer, seigneur de La Rochère; il y ajouta, après son acquisition, celui de seigneur en partie d'Origny. Il était né le 20 novembre 1688 et s'était marié le 20 octobre 1732 avec la fille d'un autre gentilhomme verrier, Marie-Anne de Brossard, de Saint-Gobain.

Il mourut vers 1750, laissant sa terre du Chaudron à ses deux enfants : un fils, Etienne-Joseph de Hennezel, écuyer, seigneur de La Rochère et en partie d'Origny ; et une fille qui épousa le sieur Louis Doutal, de Toulmont.

Estienne-Joseph de Hennezel fut admis à faire dénombrement de sa seigneurie entre les mains des grands-officiers de la généralité de Soissons. Il avait été maintenu dans sa noblesse, avec son cousin, Louis de Hennezel, par arrêt de la Chambre des comptes de Lorraine du 25 août 1736.

Estienne-Joseph de Hennezel réunit entre ses mains toute la terre du Chaudron, par l'acquisition qu'il fit des droits de sa sœur, et laissa ce domaine, vers 1760, à son fils, Philippe-Clément de Hennezel, seigneur en partie d'Origny, officier au régiment de Condé-Infanterie.

Ce dernier aliéna successivement différentes parties de sa propriété, la Révolution devait le dépouiller du

---

(1) Les armes de la famille de Hennezel étaient : de gueules à trois glands, moutons d'argent posés deux et un, supports deux lions au naturel.

surplus ; Philippe-Clément de Hennezel était capitaine au régiment d'Auvergne en 1789. Comme la plupart des officiers nobles, il émigra et ses biens furent confisqués par la nation et vendus au profit de l'Etat.

Nous dirons dans le chapitre qui va suivre comment les seigneurs de la famille d'Hennezel exploitèrent leur domaine et à qui ils en confièrent l'administration.

CHAPITRE XXV

Les officiers de la justice seigneuriale d'Origny au dix-huitième siècle. — Les notaires et leurs actes. — Les fermiers généraux des ducs de La Vallière. — Abolition du péage du pont d'Origny.

Le duc de La Vallière avait confirmé dans leurs charges les officiers de justice institués par les seigneurs de Sainte-Preuve et de Choiseul. Le premier de ces officiers, Me Eloy Deson, était mort en 1712, chargé d'ans, après avoir exercé pendant près d'un demi-siècle ses fonctions de lieutenant de justice. L'intégrité de son administration, l'honnêteté de sa vie lui avaient mérité l'estime de ses concitoyens : il laissait à ses enfants un nom justement honoré. Son fils aîné, César Deson, lui succéda dans sa charge.

Le notaire, Remy Durin, avait été remplacé, en 1683, par Antoine Deson qui déjà était notaire à la résidence d'Aubenton, mais demeurait effectivement à Luzoir.

Cet Antoine Deson était le propre fils de Nicolas Deson, le procureur d'office de la justice d'Origny et le neveu par conséquent du lieutenant Eloy Deson. Il avait déjà succédé à son père dans sa charge de procureur.

Il occupa son double office jusqu'à sa mort arrivée en 1723; son neveu et successeur, Nicolas Deson, n'en jouit que quelques années. Il mourut en 1727, âgé seulement de quarante-sept ans.

Après celui-ci, l'étude de notaire passa à Louis-

Alexandre Coulon, originaire d'Hirson. Lui, ne succéda pas au titre de procureur d'office, mais il obtint le greffe de la terre et seigneurie.

Pierre Hétreux, marchand à Origny, devint titulaire de la charge de procureur fiscal.

Les deux offices d'huissiers institués auprès de cette justice étaient successivement occupés par Estienne Bocquet, qui mourait en 1728 âgé de quatre-vingt-trois ans, Jean Davenne, Charles Pagnier (1740), Jean-Baptiste Blond (1744), Nicolas Terrien (1757), François Midelet (1768).

A la mort de César Deson, en 1746, la première magistrature de la justice d'Origny passa à Me Louis-Antoine Chastelain, avocat à Hirson et subdélégué de Mgr l'intendant de la généralité de Soissons.

Me Chastelain prit le titre de bailli d'Origny, mais il continua de résider à Hirson, ne venant au siège de sa justice que pour y tenir ses audiences.

Son fils, Charles-Bernard, lui succéda en 1758, dans sa charge de bailli et la conserva jusqu'à la Révolution.

Pierre Hétreux fut remplacé comme procureur fiscal en 1774, par Me Louis Lefebvre, avocat à Hirson.

Au notaire-greffier Coulon, succédait, en 1745, François Sorlin, qui, en 1770, laissait sa double charge à son fils Pierre-Nicolas, et celui-ci était remplacé, en 1776, par son cousin Jean-François Sorlin, lequel cédait son étude et son greffe à Jean-Nicolas Tanneur en 1781.

La justice d'Origny, sauf pour les affaires religieuses dont l'appel appartenait au présidial de Laon, ressortissait directement du baillage royal de Ribemont, qui, en vertu de lettres patentes de juin 1766, fut transféré à Guise en 1768.

Jusque-là, nos huissiers s'intitulaient sergents royaux, immatriculés au baillage de Vermandois et siège royal de Ribemont. Nicolas Terrien étalait des titres plus pompeux : *huissier, archer garde de la connétablie et maréchaussée de France, ayant pouvoir d'exploiter dans toute l'étendue du royaume, reçu au siège général de la connétablie, à la table de marbre du palais à Paris, à la résidence d'Origny.*

Les actes d'exécution de la justice étaient faits au *nom de monseigneur le duc de La Vallière, pair et grand-fauconnier de France, seigneur d'Origny.*

Autour de notre tribunal, et à côté de ces nombreux officiers de justice, gravitaient encore des hommes d'affaires de toutes sortes. Marchands, artisans quelque peu lettrés, s'érigeaient en avocats au petit-pied et se faisaient les procureurs des plaideurs, Antoine Faroux, François Midelet, des Hurées (1746), Antoine Lefèvre, notaire à Hirson (1748), Nicolas Devin, maréchal (1757), etc., etc.

Les formes de la justice étaient toujours des plus compliquées, et un simple procès devant le baillage seigneurial entraînait des frais considérables, que suffit à expliquer, d'ailleurs, le nombre des officiers de justice attachés à cette juridiction inférieure. Aussi les procès étaient-ils redoutés de tous et souvent les contestations se terminaient par une bonne transaction rédigée par le notaire, qui retrouvait ainsi les émoluments qu'il perdait comme greffier.

L'excellent tabellion prêtait son ministère à des arrangements de toute nature ; nous ne résistons pas au plaisir d'en citer quelques exemples :

Pierre Gorisse, garçon demeurant à La Hourbe, et Marie-Françoise Triqueneaux, du Chaudron, étaient sur le point d'entrer en procès au sujet de la séduction dont celle-ci avait été victime de la part de celui-là et dont il était resté une preuve vivante. La jeune fille prit l'avis de ses parents (elle aurait bien dû le faire plus tôt), Pierre consulta les siens, et l'on se mit d'accord chez le notaire. Pierre consentit à payer, à titre d'indemnité, à la trop sensible Françoise une somme de dix-huit livres. Le gars s'en tirait à bon compte ! Il est vrai que l'enfant était venu avant terme. C'est Me Sorlin qui nous le dit (1774).

Mais l'histoire ne s'arrête pas là: Pierre Gorisse était un incorrigible séducteur, et, pendant que Françoise déplorait les suites de sa faiblesse, il avait porté ses hommages aux pieds de Césarine Triqueneaux, parente de la délaissée.

Celle-ci moins naïve, instruite d'ailleurs par la cruelle expérience de Françoise, avait exigé des garanties et le soupirant avait été amené devant le curé, l'excellent Me Liégeois, qui l'avait engagé par un contrat de fiançailles en bonne et due forme.

Ce lien sacré ne devait pas, hélas ! retenir longtemps le volage amoureux. Il n'avait plus rien à désirer sans doute, l'imprudente Césarine était revenue de ses illusions, tous deux se mirent d'accord pour reprendre leur liberté.

Dans un cas à peu près identique à celui de la pauvre Françoise Triqueneaux, l'obligeant notaire nous raconte (1777) dans un langage bien naïf, mais un peu trop... naturaliste, que Juliette Dubois, du consentement de sa mère, vint, devant lui, consentir à décharger Charles Baudemont de *toute responsabilité et de toutes choses généralement quelconques pour raison de la copulation*..... Mais cela lui coûta un peu plus cher, à Baudemont ! Et c'est peut-être pour cette raison que l'année suivante, prenant très au sérieux ses devoirs paternels, il assignait à son tour Juliette Dubois devant M. le bailli d'Origny, pour *voir dire* que la petite Charlotte, née du commerce en question, serait remise entre ses mains.

Le procès était engagé, mais une bonne transaction intervint encore, Baudemont paya et Juliette Dubois garda l'enfant pour l'élever *dans la religion catholique, apostolique et romaine.*

Si les fiancés venaient souvent chez le notaire pour faire « *griffonner de leur joug l'instrument authentique* », ils y venaient parfois pour rompre un lien imprudemment contracté.

Un matin de l'an de grâce 1756, Mº Sorlin voyait arriver en son étude Marguerite Brasseur, de Lahérie, avec Pierre Mien, charpentier à Origny, son ex-amoureux. Ils s'étaient, expliquent-ils, promis mariage dès le carnaval dernier et s'étaient fiancés en face de *notre mère sainte Eglise*, au village de Lahérie, mais le *laps de temps des fiançailles leur avait permis de faire des réflexions et de se consulter sur leurs humeurs et la situation de leurs affaires qui s'étaient apposées à ne point passer outre.* Ils venaient, en conséquence, pour donner pouvoir à *deux procureurs* de Laon, à l'effet *d'obtenir et consentir sentence d'homologation afin de résiliement desdites fiançailles par-devant monsieur l'official de la Cour spirituelle de Laon, et afin de remettre lesdites parties au même état qu'elles étaient avant lesdites fiançailles* (cela était peut-être, dans l'espèce, assez difficile), *et de leur permettre de penser à d'autres vœux.* Marguerite Brasseur promettait en outre de rembourser à Pierre Mien *les frais et dépenses de vin et autres qu'il pouvait avoir faits.* (Pierre Mien était assurément un garçon sérieux et sachant bien compter.)

La constance dans l'affection n'était pas, il semble, la vertu dominante des jeunes filles de Lahérie : Jean-Antoine Michel, maître d'école à Leuze, en fit à son tour la cruelle expérience quelques années après Pierre Mien. Fiancé à Marie-Louise Leclère par

Mᵉ Dessaing, prêtre-prieur de Lahérie, il venait avec son infidèle, quelques jours après, déclarer « *qu'ayant changé de sentiment* » ils voulaient demander à l'official la résiliation de leur engagement.

On voit, par ces exemples, que la coutume des fiançailles, passée du droit romain dans notre pays de droit coutumier, était généralement adoptée dans notre Thiérache. Ces fiançailles, dites *par parole de futur*, étaient une véritable convention de mariage qui se formait par le seul consentement des parties, mais elles étaient, dans notre pays, accompagnées de la bénédiction de l'Eglise.

La promesse de mariage ainsi donnée, il était bien difficile à l'une des parties de s'y soustraire ; l'autre contractante pouvait l'assigner devant la juridiction ecclésiastique. L'official, en ce cas, exhortait le futur récalcitrant à remplir son engagement, mais si celui-ci persistait dans son refus, il prononçait la dissolution des fiançailles et imposait une pénitence qui consistait en prières, en aumônes et en jeûnes, sans préjudice au droit de l'autre partie de se pourvoir devant le juge laïque pour obtenir des dommages et intérêts.

Les Lovelace de l'époque devaient être quelque peu gênés par un tel engagement et ils ne s'en tiraient pas sans y laisser de leurs plumes. C'était là le bon côté de l'institution, mais elle présentait le sérieux inconvénient d'inspirer aux jeunes filles trop de sécurité, trop de confiance dans la parole donnée : souvent elles avaient à s'en repentir ! Et alors, la protection de l'official était pour elles bien illusoire. Le procès était coûteux, et puis cela avançait bien la pauvre délaissée d'obtenir une réparation... qui ne pouvait rien réparer.

Le rôle du notaire, on le voit, était multiple ; non

seulement il formait les plaies du cœur, mais il terminait les querelles et savait amortir l'effet des coups de bâton.

Au bon vieux temps, les disputes et les rixes après boire n'étaient pas chose rare ; mais, dans la plupart des cas, les torts étaient compensés, la justice n'intervenait pas ; parfois, cependant, quand les coups avaient frappé trop dur, la victime réclamait son appui.

En l'année 1768, le cidre fut abondant et capiteux : Jacques Piérotin, vannier aux Routières, en ressentit les effets. On s'était questionné entre amis, ils s'étaient mis deux contre lui et il avait reçu une formidable raclée ! Pas content du tout, il avait, dans le premier moment, porté plainte à M. le Bailli. Ils sont très vifs aux Routières, mais pas rancuniers. Piérotin vint faire la paix chez le notaire avec Nicolas et Joseph Martin, ses agresseurs.

Ces anecdotes suffisent à montrer combien, en toutes circonstances, était redoutée l'action de la justice : non pas que les sentences de l'excellent bailli d'Origny, ou même celles de l'official, fussent bien redoutables, mais la procédure était coûteuse et lente et les procès s'éternisaient.

Cependant, les formes de la justice seigneuriale et religieuse s'étaient bien améliorées grâce au développement de l'action de l'autorité centrale, mais la législation elle-même avait besoin d'être remaniée de fond en comble. La marche rapide du progrès nécessitait une rénovation complète de la justice.

Le dernier bailli de la justice d'Origny fut, nous l'avons dit, Charles-Antoine Chatelain, qui, après avoir tenu sa charge pendant quarante années, emporta dans sa retraite l'estime de tous les habitants d'Origny. Notre antique juridiction seigneuriale était définitivement supprimée le 1er janvier 1791. Le siège de la justice avait été installé dans les derniers temps dans une assez vaste maison sise rue du Pont-de-la-Cour, appartenant aujourd'hui à la dame Martin.

On a vu qu'en 1709 le bail de la seigneurie de Roucy avait été adjugé judiciairement au sieur Cupit Dormoy, de Vervins.

D'autre part, Pierre Desemery avait succédé à sa mère Suzanne Cochoy, dès 1696, dans la recette du domaine de Choiseul, puis il l'avait transmise à son fils Thomas Desemery. Ces receveurs fractionnaient en différentes sous-locations la perception des diverses branches de revenu du domaine. C'est ainsi que Jean Deson, ouvrier de fins paniers, avait pris, en 1701, la recette du *terrage* (1) attachée à la seigneurie de Choiseul, et ce pour trois années moyennant soixante-quinze livres, s'engageant en outre à offrir aux dames de Choiseul et à leur faire parvenir à Paris deux paniers valant chacun huit livres et semblables à ceux qu'il avait déjà adressés à ces dames. Il était bien stipulé dans cette sous-location que les terres du lieutenant de justice (deux jalois au Baty) continueraient à être dégrevées du droit de terrage. Cela faisait partie des émoluments attachés à son emploi.

Le 18 décembre 1731, le marquis de La Vallière, devenu propriétaire des deux seigneuries, en faisait un bail général, nous l'avons dit, aux sieurs Henry et Larsonnier, de Vervins. Ce bail était consenti pour neuf années : il comprenait, comme les baux précédents, les droits seigneuriaux, ceux de haute, moyenne et basse justice, terrage, taille réelle et personnelle, cens, rentes, novaux, les prés, saussoirs, moulins à eau, pêche de la rivière, terres labourables, prés, pâturages et bois, taillis appartenant au seigneur-marquis ; réserve

---

(1) Impôt foncier perçu par le seigneur.

faite toutefois du greffe de la justice dont le marquis de La Vallière avait disposé en faveur de M° Coulon, notaire; mais il y ajoutait le produit des droits de *quint* et de *requint*, d'indemnités, confiscations, amendes, bâtardises, déshérences, et autres profits éventuels du fief.

Le seigneur-bailleur se réservait encore les droits de lods et ventes, pour les traitements des officiers de la justice.

Le bail était fait moyennant une redevance annuelle de quatre mille livres payable au seigneur en son hôtel à Paris. Les preneurs s'obligeaient, en outre, à faire faire à leurs frais un arpentage général de la totalité du bois dépendant de la terre d'Origny et de le faire aménager en dix-huit coupes, dont une seulement serait exploitée chaque année sous la surveillance des officiers de la justice et gruerie d'Origny, le tout conformément à l'ordonnance des eaux et forêts et aux arrêts et règlements donnés et à donner par Sa Majesté, les seigneurs de son conseil et les officiers de sa maîtrise. Ils devaient encore entretenir les moulins, tordoir et usines de toutes grosses et menues réparations; fournir les foins, paille et avoine nécessaires aux chevaux de l'équipage du seigneur-marquis, s'il venait à Origny pendant le cours du bail, et aussi défrayer le cheval de l'intendant ou homme d'affaires qu'il lui plairait d'y envoyer; d'expédier toutes les semaines, pendant l'hiver, depuis le 1er novembre jusqu'au mercredi des Cendres, au seigneur bailleur en son hôtel à Paris, un panier de gibier et deux dindes ou chapons gras.

L'arpentage du grand bois d'Origny et son aménagement fut établi par Pierre Hétreux, géomètre et procureur fiscal, suivant procès-verbal en date du 28 octobre 1732, en présence du bailli et des officiers de la justice et gruerie d'Origny. Par cette opération, le bois du Roi fut borné pour quatre cent vingt-huit jalois et vingt verges. La même opération fut faite pour le Bosquet de Gérannois, dont la contenance fut fixée à huit jalois, une verge, et pour le Bosquet de Cerisier, auquel on assigna deux jalois quarante-cinq verges.

Les seigneurs de la maison de La Vallière semblent avoir apporté un soin particulier à la bonne administration de leur terre d'Origny. En 1762, le duc César faisait procéder au bornage de ses bois avec ceux appelés le bois des Ronces, ou le *Franc-Bois-du-Maine*, appartenant au prince de Condé, duc de Guise, et sur la ligne séparative, à l'intersection des coupes, on plaçait des bornes en pierre bleue d'Etrœungt, dont quelques-unes existent encore. Elles étaient numérotés *des deux côtés de la teste pour l'ordre et la suite des coupes.*

Le duc de La Vallière s'était arrogé, entre autres priviléges, le droit de péage sur le pont d'Origny : on ne pouvait plus communiquer d'une rive de la rivière à l'autre sans payer un droit au seigneur ! Les plaintes, très vives et très légitimes des habitants du pays, furent portées devant le Parlement dès 1724. Les plaignants obtinrent, au cours des années suivantes, plusieurs arrêts leur donnant gain de cause, dont le seigneur-duc ne tint aucun compte.

Enfin, sommé de fournir ses titres, lors de la vérification générale des droits de péage, faite en exécution d'un arrêt du Conseil du roi du 29 août 1724, le duc de La Vallière ne put apporter aucune pièce justificative de sa prétention ; aussi, par ordonnance rendue par l'intendant de la généralité de Soissons, le 3 février 1749, lui fut-il interdit de continuer à percevoir cet impôt arbitraire. Cette défense fut confirmée le 22 juillet suivant, par lettres patentes du roi, qui contiennent le curieux dispositif suivant :

« *Le Roy, étant en son Conseil, conformément à l'avis des commissaires enquêteurs, faute par le sieur duc de La Vallière d'avoir satisfait aux arrêts du Conseil du 29 août 1724, 24 avril 1725 et 4 mars 1727, a supprimé et supprime le droit de péage par lui prétendu au lieu d'Origny ; lui fait, Sa Majesté, très expresses inhibitions et défenses de percevoir à l'avenir aucun droit de péage, sous quelque dénomination que ce soit, sur les voitures, bêtes de sommes, bestiaux, denrées et marchandises passant audit lieu d'Origny, ni ailleurs dans l'étendue de ladite seigneurie, à peine contre lui de restitution des sommes qui auraient été exigées et d'une amende arbitraire au profit de Sa Majesté, et, contre ses fermiers et receveurs, d'être poursuivis extraordinairement comme concussionnaires et punis comme tels, suivant la rigueur des ordonnances.* »

Le duc se le tint pour dit cette fois ! Le bon droit avait triomphé des prétentions arbitraires d'un puissant seigneur. C'était encore chose fort extraordinaire à l'époque !

Le bail fait aux sieurs Henry et Larsonnier avait pris fin en 1740, il ne leur fut pas continué, et la seigneurie d'Origny fut affermée à de nouveaux fermiers généraux : Jean Nicart, d'Origny, Claude Brisset et Antoine Alliaume, d'Hirson. Ceux-ci, comme leurs prédécesseurs, cherchèrent à tirer le meilleur parti possible de leur bail et sous-louèrent à des conditions avantageuses les différentes recettes et les immeubles du seigneur.

L'exploitation du bois d'Origny était maintenant, on l'a vu plus haut, soumise au régime forestier ; le duc de La Vallière avait ordonné que l'on prît dans le bois les arbres nécessaires à la restauration du pont d'Origny, mais il n'avait pas demandé l'autorisation nécessaire à la direction des forêts ; les soixante-quinze baliveaux abattus furent saisis par la maîtrise particulière de Laon. Le duc dut user de son influence personnelle pour obtenir main-levée de cette saisie ; encore ne lui fut-elle accordée que parce que le pont d'Origny servait au passage des troupes se rendant en Allemagne (1742).

Le 10 février 1748, le duc Louis-César de La Vallière, agissant comme héritier sous bénéfice d'inventaire de son père et de son oncle Maximilien-Henry, en présence des sieurs de Vidrin, Richard et Guesnou, créanciers du défunt marquis de La Vallière et mandataires de la masse créancière, passait un nouveau bail de la terre et seigneurie d'Origny, au profit du sieur Georges Pigneaux et de dame Marie-Louise Nicart, sa femme, suivant acte reçu par Me Brolier de La Grange, notaire au Châtelet de Paris. Le fermage était porté à quatre mille quatre cents livres.

Ce bail devait être renouvelé pendant près de quarante années à Georges Pigneaux, qui conserva jusqu'à sa mort, arrivée en 1784, le titre de receveur de la terre et seigneurie d'Origny.

CHAPITRE XXVI

Les cultivateurs et les mouniers d'Origny. — Exploitation des propriétés seigneuriales jusqu'à l'époque de la Révolution. — Baux des biens des pauvres et de ceux de l'église. — Développement du commerce de la vannerie. — Les rouliers thiérachiens. — La tannerie d'Origny. — Les sociétés d'agriculture.

La plupart des fermiers généraux des seigneurs n'exploitèrent jamais, par eux-mêmes, les propriétés de la seigneurie ; ils les sous-louaient à bénéfice aux fermiers et aux industriels du pays, et ceux-ci les exploitaient.

I. C'est ainsi que Jean Nicart, Claude Brisset et Antoine Alliaume affermaient, pour neuf années, le 26 novembre 1740, à Nicolas Dentier, marchand de moutons, et à Michel Terrien, laboureur, quatre-vingt-dix jalois de terre, dépendant autrefois de la seigneurie de Sainte-Preuve. Les plus beaux morceaux de ce marché de terres étaient une pièce de douze jalois, au *pied du pont de la Cour*, une pièce de vingt-quatre jalois, *sur les Coutures tenant à la Lucière*, une autre de vingt-deux jalois, au même lieu dit, tenant au chemin de Landouzy, et d'autres de moindre importance. Le tout pour un fermage annuel de *quarante-deux jalois de bon blé, méteil et quarante jalois d'avoine*. Dentier et Terrien prenaient en même temps à bail sept jalois quarante-neuf verges de prés à regain, moyennant un fermage de soixante-quatorze livres dix sols.

Cette location fut renouvelée aux mêmes fermiers jusque vers 1776.

II. Lesdits sieurs Nicart, Brisset et Alliaume faisaient mettre en adjudication publique, le 7 décembre de la même année 1740, devant le bailli de la terre d'Origny, le bail pour neuf années des moulin, tordoir et usine d'Origny et les terres labourables de l'ancien domaine de Choiseul, d'une contenance de cent jalois environ et à peu près treize jalois de prés.

L'ensemble du domaine fut adjugé aux enfants de Thomas Desemery et de Suzanne Cochoy, les anciens receveurs du duc de Choiseul, Pierre, Félix, Frédéric, Josué, Elisée, Marie-Anne et Esther Desemery, qui vivaient ensemble au moulin d'Origny. Le loyer des moulin et tordoir fut fixé à sept cent quarante-huit livres et le fermage des terres et des prés à quarante jalois de blé et trente d'avoine.

Neuf ans après, ce bail leur était renouvelé par M. Pigneaux, le nouveau receveur de la terre d'Origny, mais le loyer des usines était porté à *huit cent nonante livres* (890 francs).

Un nouveau renouvellement eut lieu aux mêmes conditions en 1758.

Les frères et sœurs Desemery ne s'enrichirent pas dans cette importante exploitation, car, en 1762, M. Pigneaux était obligé de faire procéder à une saisie de leur mobilier et de leur matériel pour obtenir le paiement des fermages arriérés.

Cependant, en 1767, trois d'entre eux, Frédéric, Josué et Marie-Anne, continuaient encore le bail avec, même, une sensible augmentation de fermage. Les loyers de l'usine étaient portés à neuf cents livres et à deux cent quinze livres pour les prés ; le fermage des terres était élevé à soixante jalois de blé et trente d'avoine.

C'était pour ces pauvres fermiers une charge trop lourde. Ils ne purent la supporter longtemps, ils furent obligés de céder leur exploitation à un sieur Antoine Jolimay.

III. Depuis la mort de Suzanne Cochoy, le moulin du Haudevin avait été repris par Jean Desemery, son petit-fils, le fils de cet autre Jean Desemery, qui avait quitté le Haudevin à la suite de l'incendie de 1680. Il payait pour cette usine aux sieurs Henry et Larsonnier, les fermiers généraux d'alors, une redevance de sept cent cinquante livres.

Ce bail lui fut continué en 1740 et il prit en outre soixante jalois de terres et environ dix jalois de prés.

Jean Desemery et sa femme, Suzanne Desemery, étaient déjà avancés en âge ; en 1745, ils se reconnurent incapables de continuer une aussi importante exploitation ; ils cédèrent leur bail à leur fils Pierre, mais le décès prématuré de celui-ci les obligea bientôt à le reprendre.

En 1758, leurs autres enfants, Thomas, Anne, Pierre, Suzanne, Elisabeth et Esther, leur furent substitués ; ils restèrent de longues années au Haudevin.

A différentes époques, cette famille Desemery avait ajouté au moulin des constructions nouvelles. Déjà, quand la seigneurie de Sainte-Preuve fut expropriée à la requête du marquis Charles de Roucy en 1713, il était constaté dans l'arrêt du Parlement que tous les bâtiments construits à l'entour du moulin, sur les terrains en dépendant, même les meules de l'usine, appartenaient à Jean Desemery.

En 1776, il ne restait plus de la famille Desemery qu'un frère et une sœur, Pierre et Suzanne ; ils renoncèrent à continuer l'exploitation du moulin et M. Pigneaux consentit, au nom du duc de La Vallière, à reprendre et à leur payer les bâtiments et le matériel leur appartenant.

Le 21 février 1777, un nouveau bail du Haudevin était passé au profit d'un sieur Antoine Flament, précédemment meunier à Faucoucourt; mais il fut résilié l'année suivante et l'usine fut alors reprise par François Durieux, meunier et laboureur à Landouzy-la-Cour. La redevance fut fixée à mille livres.

IV. Nous avons raconté en son temps la difficulté suscitée au possesseur du moulin du Routy, par le comte du Plessis-Praslin, et comment cette usine, avec ses douze jalois environ d'héritage, était passée à Estienne Gagneux, le neveu du curé Pierre Desery, en vertu d'un bail emphytéotique de 1688.

Par acte de M° Deson, notaire, du 7 octobre 1719, les enfants d'Estienne Gagneux cédèrent à Pierre et à Thomas Desemery, d'Origny, la suite de ce bail et les deux frères continuèrent, par association, l'exploitation du moulin.

En 1749, Thomas se retira et céda à son frère Isaac ses droits dans la société.

Puis ce fut le tour de Pierre qui, en 1762, céda la place à Élisabeth-Esther Desemery, épouse de Charles-Antoine Baudemont, sa nièce. Les jeunes époux restèrent seuls meuniers du Routy.

V. L'importante ferme du Chaudron, acquise des héritiers de Germain Denis de Pargny par Jacques de Hennezel, sieur de La Rochère, avait été affermée à Pierre Serent, laboureur à Origny, et à Élisabeth Deson, sa femme, pour une durée de neuf années, aux termes d'un bail du 5 mai 1727, moyennant une redevance en argent de quatre cents livres. Le bail comprenait les droits seigneuriaux appartenant, sur Origny, à Jacques de Hennezel, consistant en avoine, argent et terrages, mais il était stipulé que le curé d'Origny d'alors jouirait du droit de terrage en remettant aux fermiers dix livres par année. Pour ces droits seigneuriaux, les preneurs devaient rendre au bailleur un supplément de fermage de quarante-cinq livres.

Ce bail fut à différentes reprises renouvelé aux mêmes fermiers, mais le 18 février 1762, un nouveau preneur leur était substitué : Jean Péry, garçon majeur, au Chaudron, fils de Jacques Péry, laboureur, et de Marie-Louise Jumetel.

A l'époque de la Révolution, la cense du Chaudron était encore exploitée par la famille Péry.

VI. Depuis un temps immémorial, l'hôpital des pauvres d'Origny possédait quelques immeubles sur le territoire de la paroisse, provenant d'actes de bienfaisance, dont il ne nous reste aujourd'hui aucune trace. Ce domaine, assurément, était de minime valeur et ne produisait qu'un bien faible revenu. Ce revenu, cependant bien administré, aidait grandement le curé d'Origny à pourvoir aux misères les plus pressantes.

Nous savons, par un bail du 3 avril 1639, que les pauvres comptaient parmi leurs biens quelques pièces de pré, dont la récolte était vendue chaque année aux enchères. Elles furent en cette année 1639 ainsi louées:

3 jal. » pug.	lieu dit le Pré-de-Bouva, à Pierre Parisot....................	16 liv.	15 sols
3 3	lieu dit......... à Antoine Triquegniaux................	26	15
6 jal. 3 pug.	*A reporter*...............	43 liv.	10 sols

6 jal.	3 pug.	*Report*..................	43 liv.	10 sols
»	3	lieu dit......... à Jehan Deson.	7	»
»	3	près du Pont-Rohan, au même (d'un bout au chemineau)....	»	30
1	2	lieu dit les Routières ou le Pré-du-Pomiron, à Antoine Triquegniaux	4	10
1	2	lieu dit l'Epinette, au même....	6	15
»	2	lieu dit la Lussière, à Pierre Devin.	14	»
1	2	au même lieu, à Antoine Lambin.	7	»
16 jal.	» pug.	au total, pour...............	84 liv.	5 sols

Aux termes d'un acte du 28 mars 1690, M° Liégeois, curé, et la communauté des habitants, représentée par Adam Josquin, maire, consentaient au profit de Pierre Midelet et d'Estienne Mien, l'un maçon, l'autre tisserand de toile, demeurant tous deux au Blancfort, la vente de trois jalois de terre au *Rieux des Cailloux*, appartenant aux pauvres, à la charge de payer à l'administration de leur hospital une rente perpétuelle de trois livres.

Nous pensons que c'est le même immeuble que, par une délibération du 27 novembre 1774, les administrateurs des biens des pauvres revendiquèrent et firent rentrer dans le domaine de leur hospital. Ces trois jalois, situés entre le Rieux des Cailloux et le chemin du Blancfort, appartiennent encore au Bureau de bienfaisance.

Dès 1695, les biens des pauvres, affermés à Pierre Terrion, laboureur, produisaient un revenu de cent douze livres.

Ils s'accrurent, en 1713, d'une pièce de trois quartels de terre, lieu dit le Trou-des-Blaireaux, dont la dame Françoise Debray, épouse de Gaspard Lalouette, traversier des eaux et forêts de l'abbaye de Foigny, fit don aux pauvres d'Origny par son testament du 14 mai de ladite année.

Enfin un bail public du 22 novembre 1789 nous fait connaître l'importance, à cette date, du domaine des pauvres d'Origny ; il se composait de trente-quatre jalois environ de terres et de onze jalois et demi de prés, savoir :

TERRES

1° Lieu dit la Louvière..................	5 jal.	30 verg.
2° Lieu dit le Pendant-de-la-Lucière, tenant au chemin de Landouzy............	3	»
3° Lieu dit à la Mutérie.................	3	45
4° Lieu dit au Grand-Riez..............	1	30
5° Sur les Auches, environ.............	5	»
6° Lieu dit le Trou-des-Blaireaux.......	1	30
7° Lieu dit la Pichelotte................	3	»
8° Au Chemin du Chaudron............	1	15
9° Au Vivier............................	3	»
10° Au Chemin de Landouzy............	1	30
11° A la Mazurette.....................	5	»
TOTAL.....................	34 jal.	» verg.

loués à divers moyennant cent quatre-vingt-treize livres.

PRÉS

1° Lieu dit le Vivier....................	1 jal.	30 verg.
2° A la Lucière........................	»	30
3° Au Chemin d'Ohis..................	»	30
4° Au Proha...........................	»	15
5° A la Fosse-à-Trois-Saules...........	»	45
6° A la Fosse-à-Trois-Saules, à la Tenure-du-Moulin-du-Haudevin..........	3	»
7° Au Culot-des-Routières..............	2	30
8° A la Lignière.......................	1	15
9° A l'Epinette........................	1	30
TOTAL.....................	11 jal.	45 verg.

adjugés moyennant deux cent quarante-neuf livres.

VII. De leur côté, l'église et la cure d'Origny avaient quelques biens qu'administraient le curé et le marguillier en charge. On louait les terres par des baux de neuf ans et on vendait chaque année par adjudication la récolte des prés.

Au moment de l'ouverture de la période révolutionnaire, le domaine de l'église comprenait :

1° Au Fébrieu..................................	» jal.	30 verg.
2° A la Culée-des-Moines, pré............	»	45
3° Au même lieu, pré........................	3	»
4° A l'Epinette, pré...........................	»	45
5° Au Culot-des-Routières, pré...........	»	45
6° A la Culée-Javelotte.....................	1	»
7° Au Chemin d'Ohis, environ............	»	15
8° Au Fond-de-Buire, terre.................	3	»
9° Au Champ-de-la-Pierre, terre.........	1	»
10° A la Lignière, pré, environ............	1	»
11° Au Blancfort, pâture.....................	»	45
12° A la Motte, pré............................	1	»
13° A la Morte-Eau............................	1	30
14° Au Culot-des-Routières................	»	45
17° Entre-deux-Eaux, pré...................	1	15
16° Au Petit-Gérannois......................	1	30
17° Au même lieu, pré.......................	4	»
AU TOTAL ENVIRON...................	**22 jal.**	**45 verg.**

produisant un revenu d'environ quatre cents livres.

La culture et l'exploitation de ces divers domaines étaient, pour nos laboureurs, d'un maigre profit. Les charges étaient lourdes ; les corvées, les taxes de toutes sortes, les droits seigneuriaux, les dîmes, absorbaient souvent en entier la faible récolte que la nature accordait à leurs laborieux efforts. Le sol froid, humide de notre pays, ne donnait jamais de gerbes bien lourdes ;

souvent même les gelées, les intempéries détruisaient presque complètement les grains. Dans ces mauvaises années, le blé et le seigle montaient à des prix exhorbitants et c'était sans profit pour nos pauvres fermiers, car ils n'avaient rien à vendre.

En 1723, la récolte avait manqué, le quartel de blé-méteil valut six livres six sols, celui de seigle quatre livres seize sols.

Ce fut bien pis de 1738 à 1742 : une famine cruelle régna dans toute la contrée et entraîna la ruine complète de beaucoup de laboureurs. Le blé se vendit presque constamment de dix à douze livres le jalot.

D'autre part, le sort de nos meuniers était intimement lié à celui de nos laboureurs ; ils n'avaient de travail et partant de profit que si la récolte était abondante. En temps de disette, l'usine chômait ou travaillait quelques heures seulement par jour.

Heureusement pour la population d'Origny, la fabrication de la vannerie augmentait tous les jours et le commerce des paniers avait pris une sérieuse extension.

Une branche de la nombreuse famille Desemery s'occupait de ce commerce ; son chef, Pierre Desemery, époux de Judith Chemin, allait au loin vendre les produits de notre industrie ; il visitait tour à tour la Belgique, la Hollande et les rives du Rhin. Il mourut jeune, mais sa veuve continua les affaires et envoya son fils aîné Joseph visiter la clientèle formée par son père. En 1741, Joseph Desemery reprit la maison pour son compte et s'associa deux de ses frères, Thomas et Jacques.

Un autre marchand d'Origny, Bernard Desforges, exploitait surtout le Midi de la France. Il s'était associé Louis Delaby et Jacques Péry, aussi marchands de paniers, qui visitaient les villes importantes. Ils établirent ensemble un dépôt de paniers à Lyon, en

1741, chez un sieur Miel, à l'enseigne du *Chef-Saint-Jean*, place Saint-Jean.

Bernard Desforges ne semble pas avoir prospéré dans ce commerce, car nous le voyons, en 1757, se mettre au service d'un autre marchand de paniers, Antoine Parisot, et partir avec lui pour faire dans le Midi un voyage d'affaires que l'on prévoyait devoir durer trois mois au moins. Ils conduisaient chacun une voiture de paniers, mais tous les profits devaient rester à Antoine Parisot, et Desforges ne devait recevoir qu'un salaire de quinze sols par jour.

Jean-Baptiste Grégoire et Pierre Mien faisaient ensemble aussi le commerce de vannerie; longtemps ils avaient visité ensemble Paris et les grandes villes de la province, mais, en 1770, trouvant les affaires difficiles à cause de *la rareté de l'argent et de la cherté des denrées*, ils convinrent de se séparer et de faire le commerce chacun de leur côté.

Pour ne pas se faire une concurrence préjudiciable à l'intérêt de chacun d'eux, ils se partagèrent la clientèle commune. Pierre Mien promit de ne conduire directement ni indirectement aucune marchandise à Paris et de ne fournir de paniers aucun marchand de la capitale. Mais comme c'était là le plus beau lot de leur maison, Grégoire s'engagea en retour à lui payer, pendant trois années, une indemnité annuelle de cent vingt livres.

Tous les marchands d'Origny, aubergistes, épiciers, maréchaux faisaient d'ailleurs le commerce de vannerie, c'était entre eux et les ouvriers vanniers un échange continuel de marchandises. On emplissait, l'hiver, son grenier et sa grange de paniers, et le bon temps venu, les chemins un peu raffermis, on en chargeait une voiture et on partait faire un tour de France, on étalait ses marchandises sur les foires et marchés et on ne rentrait chez soi que quand le tout était épuisé. Nous avons connu encore de nos jours quelques marchands lorrains faisant le commerce de cette façon : ils venaient à Origny charger leurs voitures de paniers et parcouraient la France pour les vendre au détail. Les expéditions par chemin de fer ont remplacé cela, mais, au siècle dernier, on ne voyait sur les routes que des *Thiérachiens*: c'étaient d'intrépides rouliers, vêtus d'une longue blouse bleue, brodée de blanc au col et sur les épaules, coiffés d'un bonnet de laine rayée de blanc et de bleu ; ils étaient les rois de la route, leur *vergeron* était leur sceptre. Les uns encombraient la voie publique de leurs immenses voitures de vannerie, les autres de leurs lourds charriots chargés des produits des diverses industries de notre contrée forestière où abondaient les forges, les verreries, les fabriques de boissellerie, de fil et de tissage.

Les voituriers thiérachiens avaient fini par s'arroger de réels privilèges que des édits royaux avaient consacrés. Ils avaient, par exemple, le droit de faire paître leurs chevaux ou leurs bœufs dans les chaumes et dans les prés qui bordaient les routes. Ils abusaient souvent de ce droit et laissaient volontiers leurs animaux empiéter sur les terres non dépouillées de leurs récoltes. Ils se formaient parfois en nombreux convois et ne craignaient pas de malmener les gens des campagnes qui tentaient de résister à leurs déprédations. Mais les abus devinrent tels, les plaintes arrivèrent si nombreuses aux autorités, que le gouvernement du roi prit des mesures énergiques pour réprimer les attentats des pillards thiérachiens, tout en leur maintenant les privilèges dont ils jouissaient depuis un temps immémorial.

Par lettres patentes rendues en Conseille 3 mars 1787,

enregistrées au Parlement le 19 mai suivant, le roi ordonnait :

Que les voituriers connus sous le nom de thiérachiens continueraient comme par le passé « à jouir de la faculté de faire paître leurs chevaux et bœufs dans les communes, *prés fauchés, bruyères, chaumes, friches, bordures des bois, forêts et grands chemins, faisant défenses à toutes personnes de quelque état et condition qu'elles soient de les y troubler, à la charge par lesdits voituriers de veiller exactement à la garde de leurs chevaux et bœufs, de manière à ne causer aucun dommage dans les terres emblavées ni dans les héritages en valeur.* »

L'ordonnance prend grand soin de régler la procédure à suivre en cas d'infractions à ces dispositions. Le roi défend ensuite expressément auxdits Thiérachiens « *de porter des armes à feu à l'effet d'intimider et d'écarter les cultivateurs qui veillent à la conservation de leurs propriétés.* »

A côté du grand commerce de la vannerie, Jean Nicart, le receveur de la seigneurie, avait établi à Origny une autre industrie assez prospère.

Il était, lui, cordonnier de son état, et il avait trouvé dans la succession de son père, qui l'avait acquis suivant acte de Me Durin, du 20 mars 1670, l'emplacement du vieux moulin d'Origny dont les bâtiments tombaient en ruines. Il les fit réparer et y installa une tannerie de cuirs.

Sa fille ayant épousé M. Georges Pigneaux, de Vervins, il céda à la fois à ce dernier sa recette de la seigneurie et sa tannerie. M. Pigneaux donna une grande extension à sa fabrication et devint bientôt le fournisseur de tous les cordonniers des environs.

L'industrie de la tannerie payait des droits importants

à l'Etat; les cuirs ne pouvaient être livrés au commerce avant d'avoir acquitté ces droits. Pour éviter toute fraude, les receveurs de la régie des cuirs apposaient sur les peaux une marque spéciale sans laquelle ils ne pouvaient être mis en vente; mais parfois les fabricants ne se faisaient pas scrupule d'imiter ces marques.

Des contrôleurs spéciaux visitaient fréquemment les magasins des tanneurs. Une visite de ce genre valut un jour à M. Pigneaux, malgré son honorabilité reconnue, une aventure assez désagréable.

Trois contrôleurs ambulants font irruption dans ses magasins, un matin du mois d'août 1775, visitent ses cuirs et en trouvent un grand nombre dont ils déclarent la marque fausse. Non contents de dresser procès-verbal, ils se mettent, malgré les protestations indignées de M. Pigneaux, à tailler dans les peaux pour enlever ces marques et procèdent à la saisie des marchandises. M. Pigneaux dut transiger pour une forte somme et resta avec ses peaux détériorées.

M. Pigneaux conserva sa tannerie jusqu'à sa mort, mais sa veuve la céda, le 19 février 1778, pour le prix de quatre mille livres à M. Pierre-Antoine Tordeux, jeune homme originaire de la ferme de Louvry, paroisse d'Audigny.

Dans l'acte de cession, Mme Pigneaux se réserva la jouissance, pendant sa vie, de l'usage du pont qui conduisait de la tannerie à sa pâture située au delà de la rivière. On voit encore, quand les eaux sont basses, les pieux qui soutenaient ce pont.

M. Tordeux continua pendant plusieurs années l'industrie de la tannerie, mais il l'abandonna dans la suite pour le commerce de la vannerie. Les bâtiments de cette usine furent réunis par M. Soyer à l'ancienne cense de La Cour.

Nous devons, pour terminer ce chapitre, dire

quelques mots des progrès que fit faire à la culture l'établissement, dans la seconde partie du dix-huitième siècle, des sociétés d'agriculture de Soissons, Laon et Saint-Quentin. Ces sociétés se donnèrent pour objet le défrichement des terres incultes, la propagation de la culture des pommes de terre et des prairies naturelles et artificielles. Elles rendirent un véritable service au pays en propageant l'emploi, comme engrais, de la marne et des cendres noires pyriteuses. La marne était commune en Thiérache, mais la découverte des cendres noires n'eut lieu qu'en 1757, et cette découverte fut décisive pour la culture de nos contrées, dont le sol, naturellement froid, avait besoin d'être réchauffé pour produire la puissante végétation dont il est susceptible. Bientôt nos voituriers thiérachiens, en revenant de leur tour de France, ne manquèrent pas de charger leurs voitures vides du précieux engrais que l'on trouvait en abondance dans les environs de Laon. Grâce à la cendre noire, nos terres froides, qui jusque-là n'avaient guère produit que du seigle, se couvrirent bientôt de blé et d'autres céréales de première classe. A côté de nos prairies naturelles surgirent, peu à peu, de magnifiques fourrages artificiels. La situation florissante où nous voyons de nos jours la culture herbagère dans notre Thiérache, est, à coup sûr, due en grande partie à l'emploi des cendres pyriteuses.

CHAPITRE XXVII

L'administration municipale et les curés au dix-huitième siècle. — Dons à l'église. — Accident arrivé à la grosse cloche; sa refonte. — Réparations et embellissements à l'église. — Famine de 1738 à 1742. — Cérémonie religieuse à Foigny. — Reconstruction de l'abbaye de Foigny. — Existence luxueuse et mondaine des religieux. — Le curé Jean Liégeois, chapelain de Sainte-Catherine et doyen d'Aubenton; son zèle pour son église. — Abjuration de protestants.

Pendant l'accalmie qui suivit les guerres du règne de Louis XIV, la municipalité d'Origny s'occupa de mettre un peu d'ordre dans les affaires communales. Elle y fut puissamment aidée, nous devons le dire, par le bienfaisant et zélé curé, Pierre Liégeois. Ce digne prêtre était, malheureusement, d'une santé fort délicate et s'était trouvé, au bout de peu d'années, très affaibli par les fatigues de son ministère. Il fit une longue maladie en 1703, et l'autorité diocésaine reconnut la nécessité de lui adjoindre un vicaire.

En 1720, il obtenait ce poste pour son neveu, Jean Liégeois, qui vint commencer, sous ses auspices, le long apostolat qu'il devait consacrer à notre village, son pays d'adoption.

La dernière faveur que Pierre Liégeois obtint pour son église fut la constitution d'une petite rente de six livres par Pierre Philippe, ouvrier de paniers, et Guillemette Faroux, sa femme, par un acte du 21 septembre 1716.

Ce saint prêtre n'avait pas provoqué seulement

dans sa famille la vocation sacerdotale, il avait, par ses pieux exemples, attiré au service de l'Eglise deux fils d'une des meilleures familles d'Origny : Joseph et Jacques, fils de Henry Nicart, le tanneur, qui devaient être, le premier, prieur, puis abbé de l'abbaye de Bucilly, l'autre, curé de Haution. C'est leur frère Jean, nous l'avons vu, qui avait repris l'industrie paternelle et était devenu receveur de la seigneurie d'Origny.

Le mauvais état de la santé de Pierre Liégeois avait continué à s'aggraver ; il mourut au mois de juillet 1722, et son neveu Jean le remplaça, comme titulaire de la cure d'Origny.

Comme son oncle, Jean Liégeois prit un soin particulier des intérêts matériels de son église, sans négliger assurément pour cela les besoins spirituels de ses paroissiens. Le 27 mars 1725, il obtenait de Marguerite Chevalier, épouse de Nicolas Bourgogne, le don d'un jaloi de terre, lieu dit *les Fourneaux*, et de vingt-trois verges de pré, *au chemin d'Ohis*, avec la charge d'un *obit*, à perpétuité, avec *vigiles*, le jour anniversaire du décès de la donatrice. Peu de jours après, Jean Bigot, manouvrier, demeurant proche la Verte Rue, donnait à l'église, pour des messes, une somme de trois cents livres. C'est au moyen de cette somme que, l'année suivante, la Fabrique de l'église put acquérir de Toussaint de Roucy, moyennant deux cent quatre-vingts livres, un jaloi de pré, lieu dit *la Culée-Javelotte*.

La situation de l'église était, on le voit, assez favorable, mais la municipalité ne pouvait arriver à combler les pertes que lui avaient occasionnées les charges de la guerre. La communauté des habitants jouissait, nous l'avons déjà dit, du pâturage des regains des prairies, ce qui permettait aux plus pauvres habitants de nourrir au moins une vache. Dans les moments difficiles, quand la communauté avait besoin de ressources extraordinaires, on laissait une partie de la prairie en regains et l'on vendait ces regains par adjudication, au profit de la caisse commune. On dut recourir à cette mesure en 1726, malgré les protestations qu'adressèrent au grand-bailli de Vermandois de nombreux habitants de la paroisse.

L'année suivante fut meilleure pour la commune, les affaires de l'église continuèrent à prospérer. Le curé put se donner le luxe d'un ornement nouveau *en damas broché blanc*, qu'il paya, nous dit-il exactement, *quinze livres dix sols l'aune*, et il fit réparer son ornement de *damas rouge*. Il *étrenna* le premier le jour de la fête de la Vierge ; avec le second, il célébra en grande pompe la fête de *saint Paul*, qui était déjà un jour de grande réjouissance pour nos ouvriers vanniers.

Jean Liégeois entretenait avec la municipalité les relations les plus cordiales et nous voyons, en 1731, l'assemblée générale des notables se réunir à sa demande et délibérer sur une dépense importante qu'il réclamait d'urgence.

La grosse cloche, qui était du poids d'environ deux mille livres, avait été brisée par le battant de la moyenne cloche, qui s'était accidentellement détaché et avait été projeté sur elle.

A l'unanimité, l'assemblée décida la refonte de la cloche et vota pour les frais de cette opération et la remise en état du plancher du beffroi, une somme de quatre cents livres. Pour couvrir cette dépense, on décida encore la vente de la coupe des regains des prairies pendant deux ans. Cette délibération nous donne la composition de l'assemblée communale à cette époque ; nos lecteurs y retrouveront quelques-uns de leurs ascendants. Elle comprenait :

Jean Bruyère, maire,
Thomas de Roucy, syndic ;
Nicolas Devin, lieutenant de maire ;
Mathieu Gantois,
Pierre Triqueneaux, } échevins ;
Pierre Hétreux, procureur fiscal ;
Jean Nicart,
Jean Potel,
Servais Balleu, } marchands ;
Toussaint de Roucy,
Jean Haution,
Thomas Desemery,
Joseph Cholet,
Antoine Boucher,
Claude Coquellet,
Jean Chartier,
Pierre Midelet,
Jacques Deseutre, } laboureurs ;
Claude Derubigny,
François Midelet,
Jean et Louis Bécret,
Claude Berteaux,
Claude Lefèvre,
Jacques Michel,
Michel Terrien,
Louis Bocquet, menuisier,
Nicolas Faroux, bourrelier,
Jacques Defer, charron,
Jean-Baptiste et Jacques
   Vilain, charpentiers, } artisans ;
Pierre Michel, cabaretier,
Jean Leclerc,
Pierre Mien,
Thomas Triqueneaux,

Antoine Lamour,
Jean Midelet,
Pierre Ruton,
Jean et Jean-Baptiste Blond, } manouvriers.
Nicolas Delaporte,
Jacques Josquin,
Daniel Dubois,

Il fallut deux ans pour mener à bien l'opération de la refonte de la grosse cloche; elle ne put être livrée à la paroisse qu'en 1733. La cérémonie de sa bénédiction fut faite en grande pompe un dimanche du mois de juin. Il paraît que le marquis de La Vallière, seigneur d'Origny, avait promis au curé, lors de son voyage à Foigny, en 1731, d'en être le parrain, mais que, au dernier moment, il refusa ce coûteux honneur à cause des frais qu'il entraînait. Ce fut le curé Liégeois, lui-même, et sa mère qui acceptèrent le patronage de la cloche.

On fut obligé, pour la faire entrer dans le beffroi, de démolir un pan de mur au-dessus du portail, puis on referma l'ouverture par un raccordement encore très apparent. Mais à peine était-elle en place que l'on s'aperçut que son timbre n'était plus d'accord avec celui des deux autres cloches. Il fallut, au bout de quelques années, se décider à remettre ces dernières au diapason voulu. Elles furent, à leur tour, refondues en 1746 et leur bénédiction, qui eut lieu le 13 novembre de ladite année, fut l'occasion d'une nouvelle fête.

L'assemblée générale de la commune avait été convoquée, pour des besoins plus pressants, le 16 juin 1737, sur l'initiative du curé et du maire en exercice, Pierre Bécret. La nef de l'église, le clocher et différentes autres parties de l'édifice demandaient d'urgentes réparations ; le mur de la nef, surtout du côté d'occident, menaçait ruine; il fallait recrépir aussi les murailles du cimetière et refaire la toiture du presbytère et celle de l'appentis servant de sacristie. L'assemblée vota tous les crédits nécessaires. La caisse de l'église n'était pas vide cependant, puisque, l'année suivante, le marguillier, Jean Haution, pouvait consentir un placement de cent vingt livres sur Pierre Bourgogne, qui en retour s'engageait à servir à l'église une rente perpétuelle de six livres.

Et précisément, à cette époque, il régnait, sur toute la contrée, une cruelle famine; de 1738 à 1742, le prix du blé resta constamment à dix et douze livres le jalot et cette circonstance rendit plus pénible encore la privation que s'imposèrent les habitants des regains communaux affectés au paiement des réparations de l'église.

C'était encore une époque de ferveur religieuse, les besoins du culte primaient tous les autres.

En 1745, le curé, Jean Liégeois, obtenait encore pour son église la donation d'une rente perpétuelle de cinq livres par Louise Ruton, veuve de Jean Rusquin, berger; et en 1750, le don d'une somme de deux cents livres, par les époux Wuilliot-Bécret et Serent-Wuilliot, d'Origny.

Mais le gouvernement royal avait compris le danger de l'accaparement progressif de la fortune publique par le clergé, et une ordonnance royale venait d'interdire aucune fondation de main-morte. Jean Liégeois fut obligé de restituer aux donateurs les sommes qu'il avait encaissées (1754).

Quelques années auparavant, le curé d'Origny avait figuré dans une importante cérémonie religieuse qui avait eu lieu à Foigny et qui avait attiré à l'abbaye un grand concours de population, le 16 septembre 1748. M. de Rochechouart, évêque de Laon, avait donné la confirmation dans la vaste église du monastère aux enfants des paroisses d'Origny, de Landouzy-la-Ville et Eparcy, de Labouteille, Landouzy-la-Cour, Etréaupont et Gergny, Sorbais, Luzoir et Effry, de Wimy, Neuvemaison et Ohis ; les jeunes catéchumènes étaient au nombre de mille quatre cent vingt-neuf ; la paroisse d'Origny à elle seule en fournit deux cent soixante-douze.

L'antique abbaye était, à cette époque, en pleine restauration, les constructions nouvelles entreprises depuis une vingtaine d'années étaient sur le point d'être complètement achevées.

Au moment où Thomas Huot avait pris possession de la charge de prieur, en 1722, sous l'abbatiat du cardinal de Rohan, le monastère était dans un état de délabrement complet : les cloîtres et l'abbatiale tombaient en ruines, l'église, elle-même, avait besoin de sérieuses réparations. Il résolut de renverser la maison de fond en comble et de la réédifier dans un goût plus moderne. Toutes les associations religieuses étaient à cette époque saisies du même esprit de construction, comme si l'avenir leur eût encore réservé de longs jours.

Secondé par un architecte habile, Gilles Boulanger, natif d'Anizy-le-Château, Thomas Huot se mit à l'œuvre et ce fut par les lieux claustraux qu'il commença son travail.

En 1736, le superbe cloître qui se trouvait au midi de l'église était achevé, ainsi que le bâtiment donnant sur la grande cour d'entrée et renfermant les chambres des hôtes.

Ce premier travail, évalué à plus de deux cent mille livres, avait épuisé les ressources de la communauté ; il devenait urgent d'avoir recours à l'exploitation des réserves de bois pour faire face à de nouvelles dépenses.

Le cardinal de Rohan intervint auprès de la maîtrise des eaux et forêts, pour obtenir les autorisations nécessaires. Le devis des travaux restant à exécuter s'élevait à la somme totale de deux cent trente-cinq mille quatre cent cinquante-trois livres.

On put se mettre à l'œuvre en 1740, mais Thomas Huot ne put jouir de son entier accomplissement, il mourut en 1742, laissant à son successeur Claude Boillot le soin de terminer cet immense travail (1).

Les soins multiples qui avaient absorbé toute la vie de dom Huot avaient détourné sa vue du régime intérieur de la maison. La vie des religieux s'était peu à peu transformée en une existence mondaine entremêlée de pratiques religieuses. Dom Boillot, qui fut le dernier prieur de Foigny, était un excellent homme, mais entièrement dépourvu d'énergie, et son extrême bonté amena la chute complète de l'ancienne observance.

« Les exercices religieux qui se pratiquaient pendant la première moitié de la journée rappelaient seuls, de son temps, la piété des anciens jours. Le réveil sonnait, pour la communauté, à quatre heures et demie, en hiver comme en été ; à cinq heures, on assistait aux matines, puis chaque moine célébrait séparément une messe basse ; à dix heures, tous se réunissaient dans l'église pour assister à une grand'messe ; mais ces pratiques semblaient souvent trop rigoureuses à des cœurs attiédis et, sous le moindre prétexte, on pouvait s'y soustraire.

« Les moines déjeunaient et soupaient isolément dans leurs cellules, où ils se faisaient servir chacun selon son goût. Le dîner avait lieu à midi et se prenait en commun : la qualité des vins, le nombre et la

(1) A. PIETTE.

recherche des mets faisaient ordinairement de ce repas un festin splendide où la porcelaine de Sèvres s'étalait à côté d'une riche vaisselle d'argent.

« Il arrivait souvent des villes et des châteaux voisins des visiteurs de l'un et de l'autre sexe qui étaient admis à la table des moines et à qui l'on offrait, dans l'abbaye, une hospitalité empressée. Le brillant accueil que les religieux faisaient à leurs hôtes, ils le recevaient d'eux à leur tour lorsqu'ils allaient, en élégant équipage, les honorer de leur visite. Ils mangeaient gras pendant cinq jours de la semaine, à l'exception du carême ; mais ils trouvaient, dans les riches produits de leurs étangs, des moyens faciles d'adoucir les rigueurs de ce temps d'abstinence. Leur réfectoire était une vaste et belle salle décorée de treize tableaux peints à Venise : J.-B. de Mornat, prieur de Saint-Michel, en avait fait présent à l'abbaye de Bucilly et celle-ci les avait vendus à Foigny en 1703.

« Tout le temps qui suivait le dîner appartenait aux moines, ils pouvaient même le passer hors de l'abbaye, et si plusieurs profitaient de ces heures de loisir pour s'adonner à des travaux, à des lectures utiles, il en était d'autres qui se livraient à des distractions plus profanes : les visites dans le voisinage, l'équitation, la chasse, la pêche étaient leur passe-temps ordinaire, et quelques-uns même ne se faisaient pas scrupule de rechercher d'autres plaisirs moins innocents !

« Enfin, on était venu à un tel oubli de la règle, que lorsqu'il pleuvait le jour de la fête du hameau, les portes de l'abbaye s'ouvraient aux groupes joyeux des danseurs et des danseuses, et, sous les yeux mêmes des moines, l'archet donnait le signal de la danse dans le grand vestibule d'entrée (1). »

(1) A. PIETTE.

Si le respect dû à la vérité historique nous oblige à faire ainsi mention des graves désordres auxquels, en dernier lieu, la communauté de Foigny était livrée, d'un autre côté, n'oublions pas de rappeler les vertus qu'elle conserva jusqu'au dernier instant : la bienfaisance et la charité. Jamais le pauvre n'était refusé à la porte du monastère, et, plusieurs fois par semaine, on y faisait d'abondantes distributions de pain (1).

Jean Liégeois tint toujours à l'écart ces moines sybarites et n'eut avec eux que de très rares rapports nécessités par le partage des dîmes de la paroisse d'Origny. Au luxueux monastère de Foigny, il préférait la communauté plus austère des Récollets de Chimay: c'est de là qu'il tirait ses auxiliaires. Chaque année, surtout vers la fin de sa vie, il demandait un de ces Pères récollets pour prêcher le carême dans son église.

Il y avait d'ailleurs, alors, une antipathie marquée entre nos modestes curés de campagne, généralement restés vertueux et pauvres, et les moines fastueux des riches abbayes voisines, qui n'avaient retenu, des anciennes vertus chrétiennes, que l'habitude de répandre en aumônes, d'une main indolente, le superflu des richesses que leur avait confiées la foi de nos pères, dans un tout autre but que la satisfaction de leur goût pour les jouissances matérielles les plus raffinées.

En 1757, Jean Liégeois éprouva dans son zèle apostolique la satisfaction de ramener dans le giron de l'Eglise un membre de cette famille Desemery, qui avait persisté à vivre dans la religion protestante, malgré les prescriptions sévères de l'acte de révocation de l'édit de Nantes. Le 12 avril, Marie Desemery

---

(1) A. PIETTE.

faisait solennellement abjuration de *toutes les erreurs et hérésies qu'on lui avait inspirées de jeunesse* et jurait publiquement, à l'issue de la messe paroissiale, sur les *saints évangiles*, de vivre et mourir dans la *foy catholique, apostolique et romaine.*

Quelques années plus tard (11 novembre 1768), il obtenait la même renonciation d'une autre protestante, Jeanne Joly.

Entre temps, Jean Liégeois ne négligeait aucune occasion d'améliorer l'état matériel de son église. Par ses soins, les bas-côtés de l'édifice furent plafonnés en 1759 et le plafond de la nef fut lavé et réparé ; on fit aussi, dit le curé, *un pont sur la nef qui conduit au sanctuaire en plaçant des madriers de tratte en tratte* (1). Michel Terrien, *dit Dusson*, le marguillier, ajoute-t-il, donna tous ses soins à ce travail et fit tous ses efforts pour mettre l'église en bon état. On fit recrépir, en même temps, la tour du midi qui devenait fort défectueuse, le portail et l'autre tour.

Jean Liégeois put encore, en 1765, doter son église d'une petite cloche, qu'il appelle *Din-din :* elle pesait cent trente-neuf livres ; elle eut pour parrain Pierre Hétreux, procureur fiscal, et pour marraine Martine Nicart, sa femme.

C'est aussi en cette même année qu'il renouvela avec Pierre et Jean-Baptiste Michel et Jean-Baptiste Bocquet, tous trois manouvriers, le traité pour la sonnerie des cloches.

Il leur abandonnait la jouissance du pré appelé le *Pré Sonnier*, contenant environ trois jalois. Et en retour, les trois sonneurs s'engageaient :

1° A sonner les cloches, suivant les us et coutumes du lieu, les jours de grandes fêtes ;

---

(1) Poutre.

2° A sonner, à tour de rôle, le dernier coup des messes et vêpres des dimanches et fêtes ordinaires et aux processions ;

3° A sonner aussi, suivant la coutume, pendant *les tonnerres*, sauf à eux à s'arranger, en raison de ce dernier objet, avec les laboureurs et les habitants de la paroisse.

Les sonneries pour les messes quotidiennes et les dimanches ordinaires étaient toujours faites par le maître d'école, sauf pour le *dernier coup* de messes et vêpres, puisqu'à ce moment il devait être rendu à son banc de chantre.

Jean Liégeois avait obtenu depuis 1759 le titre de chapelain de la chapelle Sainte-Catherine d'Hirson, à laquelle était attaché un bénéfice assez important, qui comprenait notamment douze jalois de terre en une pièce, lieu dit Sainte-Catherine, terroir de Neuvemaison, et cinq jalois et un pugnet en plusieurs pièces, au terroir d'Origny. Il avait affermé ces immeubles à Jacques Tachet, maître d'école à Origny, qui lui payait une redevance de soixante-dix-huit livres.

Depuis longtemps, ses vertus et la dignité de sa vie l'avaient fait distinguer de ses supérieurs ; l'évêque de Laon, par ordonnance du 17 mai 1762, lui conféra la dignité de doyen du détroit d'Aubenton, dont avait été déjà honoré autrefois un de ses prédécesseurs à la cure d'Origny. Jean Liégeois continua encore de longues années à remplir avec un zèle et une charité sans bornes ses multiples fonctions. Mais, vers la fin de sa vie, la fatigue de son long ministère et le poids des ans l'obligèrent à réclamer l'aide d'un jeune auxiliaire. Jean-Baptiste Delvincourt lui fut adjoint comme vicaire en 1772, puis ce fut un jeune prêtre d'Origny, Jean-Louis Courteville. Jean Liégeois s'éteignit à l'âge de quatre-vingt-un ans, le 22 février 1776, après cinquante-six ans de ministère dans la paroisse d'Origny. La population entière suivit ses funérailles ; son corps fut déposé dans le sanctuaire de l'église, en face du maître-autel.

A l'exemple de son oncle et prédécesseur, Jean Liégeois s'était efforcé, dans sa longue carrière, d'attirer à l'église, par ses enseignements pieux, les fils des meilleures maisons d'Origny.

Nous citerons, entre autres, l'abbé Trotin, son propre neveu, qui était devenu le curé de Villers-le-Sec ;

Un fils de la famille Noiron, devenu chanoine de la cathédrale de Laon et que nous retrouverons à Origny pendant la tourmente révolutionnaire ;

Puis un fils de Jean Haution, marchand et brasseur, et de Marie-Juliette Faroux, Jean-Jacques-Alexandre, qui fut successivement régent de Saint-Michel, curé de la paroisse Saint-Cyr à Laon, puis curé constitutionnel de Vervins. Pendant la Terreur, il vint déposer ses lettres de prêtrise et abjurer le christianisme au club de l'hôtel de ville ;

Et enfin les enfants de M. Pigneaux, receveur de la seigneurie, qui, presque tous, embrassèrent la carrière religieuse.

Plusieurs pages de notre livre seront consacrées à l'un de ces derniers, à celui qui devint évêque d'Adran et qu'Origny révère comme le plus illustre de ses enfants. Si les hauts faits de ce grand citoyen appartiennent à la France entière, sa gloire rejaillit surtout sur le village qui lui a donné le jour. Nous verrons comment cet homme éminent conquit à sa patrie les titres à l'immense empire colonial que la France devait réclamer de nos jours dans l'Extrême-Orient.

L'abbé Jardinier, ancien curé d'Origny, a déjà publié

une biographie, assurément fort intéressante, mais un peu écourtée, de ce grand prélat. Comme lui, nous puiserons, dans le savant ouvrage de Michaud, le récit des actions extraordinaires par lesquelles il s'illustra, en y ajoutant le résultat de nos recherches personnelles.

CHAPITRE XXVIII

Les préliminaires de la Révolution française à Origny. — Bail des dîmes. — Reconstruction du presbytère. — Rivalités locales. — Elections de maires. — Difficulté avec la duchesse de Chastillon dame d'Origny. — Les assemblées provinciale et d'élection. — L'assemblée municipale d'Origny. — Rapport sur l'état et la statistique de la commune. — Les revenus du clergé de la province et des abbayes voisines. — Impositions nouvelles. — Cimetière des protestants. — Réparations à l'église. — Rareté et accaparement des grains.

Peu de jours après la mort de Jean Liégeois, son successeur à la cure d'Origny était désigné, c'était le vicaire du Nouvion, Jean-Baptiste Fouan, prêtre du diocèse de Laon, issu d'une bonne famille de la Thiérache.

Le nouveau curé prenait une succession difficile ; il avait à continuer les traditions de tolérance, de charité et d'infinie bonté auxquelles son prédécesseur avait habitué ses paroissiens, et puis les circonstances devenaient, de jour en jour, particulièrement délicates; les idées de liberté et d'émancipation fermentaient dans toutes les têtes.

Jean-Baptiste Fouan manquait d'expérience et n'avait pas le tact et l'esprit de tolérance que commandait la situation.

Il fut solennellement installé dans ses fonctions le 6 mars 1776; le maire, Antoine Vandelet, le marguillier, Jacques Faroux, et toutes les notabilités de la commune assistèrent à la cérémonie.

Le vicaire, Jean-Louis Courteville, avait été désigné pour remplacer l'abbé Fouan au Nouvion et en même temps avait été pourvu du bénéfice de la chapelle Sainte-Catherine d'Hirson.

Le premier soin de Jean-Baptiste Fouan fut de prendre à bail, par acte du 11 mars 1776 des religieux de Foigny, du chapitre de Saint-Pierre et Saint-Jean de Laon et du chapitre de Rozoy, les trois quarts leur appartenant dans les *grosses et menues dixmes* de la paroisse et terroir d'Origny. Le curé prenait l'engagement de lever les dîmes suivant l'usage, sans rien innover au préjudice des bailleurs, à entretenir les chœur et cancelles de l'église comme lesdits décimateurs y étaient tenus, et en outre à payer à chacune des trois communautés bailleresses une somme de deux cent quarante livres par année, le jour de la Saint-Martin d'hiver.

Jean Liégeois s'était toujours contenté de l'ancien presbytère paroissial, où il avait passé sa longue et bienfaisante carrière; Jean-Baptiste Fouan, depuis son arrivée, ne cessait de protester contre l'insuffisance et le délabrement de cette habitation. L'administration communale se décida, à la fin, à satisfaire à ses exigences. Les murs de clôture du jardin du presbytère furent d'abord partiellement rétablis, puis la maison d'habitation elle-même fut entièrement réédifiée au cours de l'année 1778. Les travaux avaient été adjugés à un sieur Narcisse Antoine, d'Hirson; ils occasionnèrent, à la municipalité d'Origny, une dépense de trois mille trois cents livres environ.

Cette grosse dépense ne devait guère profiter à la commune : la Révolution était imminente; le presbytère allait être confisqué au profit de la Nation et vendu à un particulier.

Depuis 1774, le règne dissipateur et corrompu de

Louis XV avait pris fin. Le nouveau roi, Louis XVI, était assurément animé des meilleures intentions, mais la faiblesse et l'irrésolution de son caractère le rendaient bien insuffisant pour la tâche difficile qui lui incombait. Le prestige de la royauté était détruit, le désordre dans les finances était au comble, le peuple réclamait hautement la réforme des abus et son émancipation civile.

Déjà, dans les provinces, les partis s'agitaient, les rivalités politiques surgissaient dans les moindres villages. A Origny, Antoine Vaudelet, qui avait été élu maire en 1774, dut cependant à l'estime personnelle dont il jouissait d'être maintenu dans ses fonctions jusqu'en 1778. Mais ensuite son mandat ne lui fut plus renouvelé; deux partis à peu près égaux en forces divisaient Origny : cette division provenait plutôt, nous devons le dire, des rivalités locales que des dissentiments politiques.

Les uns voulaient pour maire Alexis Sorlin, chirurgien; les autres mettaient en avant Nicolas Dentier. Un scrutin fut ouvert en la forme ordinaire le 17 janvier 1779. Alexis Sorlin l'emporta; mais il rencontra de sérieuses difficultés au cours de son administration, car, l'année suivante, il refusa toute candidature. Sur sa proposition, l'assemblée communale profita de sa réunion du 9 janvier 1780, pour préciser et faire revivre quelques articles de sa charte électorale que le temps et l'oubli des formes avaient sensiblement altérée.

Il fut de nouveau décidé que, pour l'élection du maire, le maire sortant devait proposer trois personnes, pour la communauté choisir l'une d'elles, mais que si aucun des trois noms proposés ne convenait, la communauté en désignerait elle-même trois autres *pour l'un d'eux être choisi et nommé par le maire sortant, selon l'ancien usage.*

Par application de cette règle, Alexis Sorlin proposa les candidatures de Jean Janvier, Nicolas Martin et Pierre-Joseph Deharbes, tous trois marchands à Origny. Les notables, après mûre délibération, choisirent Jean Janvier, mais il fut observé et consigné au procès-verbal que les fonctions du nouveau maire cesseraient le dernier jour de l'année, que celui-ci serait tenu de convoquer l'assemblée le premier jour de l'année suivante, et que, faute par lui de le faire, l'assemblée serait convoquée par l'un des quatre plus élevés contribuables à l'impôt de la taille.

Pour ce qui concernait le syndic de la paroisse, l'assemblée déclara qu'il devait aussi être élu à la pluralité des voix, avec les mêmes formes de présentation réciproque de trois candidats par le maire et par l'assemblée.

Ces arrangements devaient durer quelques années seulement, mais ils rétablirent l'ordre et le calme dans la direction des affaires communales.

L'année 1785 fut particulièrement mauvaise pour les laboureurs d'Origny : de terribles orages avaient détruit la presque totalité de leurs récoltes. L'assemblée générale des habitants adressa une supplique à l'intendant de la généralité pour obtenir une diminution de la taille. On ne put avoir autre chose qu'une réduction de cent soixante livres. Les laboureurs refusèrent de se partager cette faible somme et l'abandonnèrent pour la réfection du pont de Proha, qu'il était devenu nécessaire de recouvrir d'un nouveau plancher.

L'année suivante, l'assemblée eut à s'occuper de la restauration du mur du cimetière, du côté de la maison Pigneau. On le fit recouvrir d'une chape en briques triangulaires ; l'escalier de l'église fut aussi amélioré, on y ajouta une marche pour le rendre moins raide.

La communauté d'Origny eut, en 1787, un grave différend avec la duchesse de Chastillon, dame d'Origny. Signe des temps, on ne redoutait plus de résister aux droits que prétendaient s'arroger les seigneurs ! Mᵐᵉ de Chastillon faisait reconstruire sur son ancien emplacement le tordoir du grand moulin. Mais la construction nouvelle empiétait singulièrement sur la rue et ne laissait pour ainsi dire plus l'espace nécessaire au passage des voitures. Les habitants protestèrent, en vain, auprès de l'intendant de la généralité de Soissons, l'influence de la noble dame triompha de leur bon droit ; le temps de la justice égale pour tous n'était pas encore venu. Nous verrons qu'à peine émancipée la commune d'Origny réclamera la démolition du trop gênant tordoir.

Au mois de juin 1787, le roi avait fait publier un édit portant création d'une assemblée provinciale dans chaque généralité, d'une assemblée de département dans chaque élection et d'une assemblée municipale dans chaque paroisse. Soissons demeura le siège de l'assemblée provinciale, les assemblées d'élections furent établies à Soissons, Laon, Château-Thierry et Guise. Ces assemblées n'eurent qu'une existence éphémère, mais elles formulèrent les premiers programmes des réformes de la Révolution.

Les assemblées municipales étaient élues par tous ceux qui payaient dix livres au moins d'impositions foncière ou personnelle et âgés de vingt-cinq ans. Le seigneur et le curé en faisaient obligatoirement partie ; le seigneur en était le président de droit. En son absence, l'assemblée était présidée par un syndic nommé par l'élection ; elle devait être composée de neuf membres pour les communautés composées de plus de deux cents feux ; et, pour être élu, il fallait payer au moins trente livres d'impositions. L'assemblée municipale devait être renouvelée par tiers chaque année.

Origny dépendait de l'élection de Guise.

Le rôle de l'assemblée municipale était surtout de répartir entre tous les contribuables les impositions et levées de deniers dont la communauté avait été chargée par l'élection, et d'en faire le recouvrement. Elle avait aussi à veiller et à délibérer sur tout ce qui pouvait intéresser la communauté.

Si les nouvelles assemblées étaient chargées de la répartition de l'impôt, on se gardait bien encore de leur demander leur avis sur le système appliqué pour cette répartition même, et que les privilégiés persistaient à maintenir. En cette année 1787, le montant des impositions de toutes natures qui grevait la généralité de Soissons et devait être réparti par l'assemblée provinciale, se montait à deux millions sept cent neuf mille cent soixante-quatorze livres treize sous neuf deniers ; les privilégiés, noblesse et clergé, ne contribuèrent dans cette somme que pour cent dix mille livres !

L'assemblée municipale d'Origny fut composée de MM. Jean-Baptiste Fouan, curé, Jacques Wuilliot, Jean Péry, Jean-Antoine Serant, Claude et Nicolas Faroux, Adrien-François Soyer, Alexis Sorlin, chirurgien, Antoine Courteville. M. Tanneur, notaire, fut investi des fonctions de syndic.

L'un des premiers soins de l'assemblée de l'élection de Guise avait été d'adresser à toutes les municipalités un questionnaire complet sur la situation de chaque commune. Dans sa séance du 13 avril 1788, l'assemblée municipale d'Origny fit à ce questionnaire la réponse suivante :

« Le terroir d'Origny n'est jamais chargé d'abondantes récoltes, l'humidité du sol en est la cause, il est d'ailleurs très montagneux et aquatique et ne peut être susceptible d'abondante production. La culture en est très difficile à cause de la majeure partie de terre argile et glaise dont il est composé : on ne laboure qu'avec quatre et six chevaux, et, pour le peu qu'il tombe d'eau, il est de toute impossibilité de cultiver. Les prairies sont d'un sol ingrat et sablonneux qui ne produit presque rien ; elles ont encore moins produit depuis 1785, à cause des insectes qui les ont toujours ravagées.....

« Les habitants sont chargés de l'entretien de quatre grands ponts, dont un construit en 1770, et de trois petits ; et, dans ce moment, ils sont obligés d'en reconstruire un qui tombe en ruines : c'est une dépense qui pourra s'élever à quatre ou cinq cents livres. Ils sont chargés de la réparation d'un mur de leur cimetière, dont l'adjudication est de mille quatre cents livres et les plus-faits pourront être de six cents livres.

« La paroisse a été chargée de la reconstruction du presbytère en 1779 : il lui en a coûté quatre mille deux cents livres. La nef de l'église et les clochers ont besoin d'une réparation qui est évaluée trois cents livres.

« La paroisse n'a aucun revenu, elle est chargée d'un entretien annuel de trois cents livres à cause de ses ponts.

« La paroisse n'a eu de fonds de charité qu'une somme de cent cinquante livres, laquelle a été employée au payement des pierres pour la construction d'environ deux cents toises de chaussées, celles faites depuis et l'entretien sont aux frais des habitants.

« La paroisse est composée de plusieurs rues et hameaux qui sont impraticables en hiver, à cheval comme à pied. Celle où passe le chemin pour aller d'Hirson à Vervins, qui est de première utilité pour la commune, est inhabitable ; on ne peut y passer soit par rapport au mauvais état du chemin, soit à cause des glaces. Nous ne parlons pas des voitures, le passage leur est totalement interdit : les commerçants qui sont d'Origny et qui viennent d'Hirson et de Vervins sont obligés de passer dans les grains et à tiers de charge, et ils font un tort considérable.

« Les chemins d'Hirson, Vervins, Foigny, Etréaupont, Ohis, Neuvemaison, Lahérie, Plomion, Landouzy-la-Ville, Landouzy-la-Cour et Buire et ceux des hameaux de la paroisse sont inhabitables.

« Dans les saisons mortes de l'année, il ne manque pas de bras (il ne s'en trouve que trop) ; on ne manque pas non plus de matériaux de bonnes espèces : pierres dures, cailloux ; le salaire des ouvriers est de dix-neuf à vingt sols par jour.

« Il y a une infinité de pauvres dans la paroisse ; il y a trente infirmes.

« On compte environ vingt-cinq ménages dont les familles sont de cinq, six, sept enfants, qui, faute de secours, sont obligés de ramasser du bois et de mendier.

« Une partie des pauvres ne sort que pour profiter des charités des maisons religieuses qui sont : Foigny, à trois quarts de lieue, et Bucilly, à une lieue et demie. On observe que les pauvres ne peuvent mendier dans l'étendue de la maréchaussée de Montcornet, qui confine à Origny, ce qui fait que les mendiants abondent ici et que l'on est en quelque façon forcé de leur faire l'aumône au détriment de ceux du village.

« Les pauvres ont deux cents livres par année du revenu des biens qui leur sont destinés ; ils sont administrés par M. le curé qui donne un mandat à ceux qu'il connaît les plus nécessiteux et qui vont en chercher le montant chez le receveur.

« La principale occupation et le seul genre d'ouvrage est celui des osiers ; un bon ouvrier ne gagne pas plus de douze à quatorze sols par jour, et les médiocres six à huit sols... »

Tel était l'aspect de notre pays à l'aurore de la Révolution qui se préparait ; tel était le tableau, peut-être un peu forcé, nous le pensons, par l'espoir d'obtenir quelque diminution de charges, de la misère d'une population de mille sept cent soixante-quinze habitants, d'un village de trois cent quarante feux, misère dont on commençait à espérer de sortir en réformant le régime qui l'avait produite et les institutions surannées dont on n'attendait plus aucune amélioration.

Pour faire connaître plus complètement l'état social et matériel du pays, il nous faut, à côté de la misère des habitants de nos campagnes, produire le tableau des riches revenus que se partageaient le clergé et les abbayes.

Les revenus du clergé dans les districts :

De Laon, s'élevaient à............	678,543 livres
De Chauny......................	278,611 —
De Soissons....................	990,282 —
De Saint-Quentin...............	832,069 —
De Château-Thierry.............	246,932 —
De Vervins.....................	517,920 —
Total.............	3,544,364 livres

L'abbaye de Foigny jouissait d'un revenu de.....................	64,061 livres
Et son abbé, de..................	21,500 —
L'abbaye de Saint-Michel, de.....	45,285 —
Son abbé, de....................	15,000 —

L'abbaye de Bucilly, de............	67,223 livres
Et son abbé, de..................	6,000 —

À côté de ces immenses richesses du clergé, les caisses de l'État demeuraient vides et le peuple était trop pauvre pour combler le gouffre creusé dans les finances publiques par les prodigalités du gouvernement royal.

C'est en vain que l'archevêque Brienne, premier ministre, convoquait, en juin 1788, une assemblée extraordinaire du clergé pour lui demander soit de garantir un emprunt, soit d'abandonner à l'État les biens des couvents.

Pour tout remède à la pénurie du Trésor, le Parlement avait voté le rétablissement de l'ancienne imposition extraordinaire des deux vingtièmes qui devraient être perçus dorénavant sur la totalité des revenus qui y étaient soumis et qui comprenaient les biens de main-morte et les apanages.

Pour Origny, cette décision modifia fort peu la répartition habituelle de cet impôt; toutefois, l'assemblée municipale ajouta aux biens qui devaient y participer, par une délibération du 30 juillet 1788 :

1° Les huit jalois de prés et les quatorze jalois de terres que les religieux de Foigny possédaient sur le territoire d'Origny et qui dépendaient de leurs fermes de Landouzy-la-Cour, évalués, à raison de douze livres le jaloi pour les prés et de deux livres pour les terres, d'un revenu annuel de....... 124 livres

2° Les trois jalois de prés, appartenant aux religieux de Bucilly et dépendant de la ferme de Buire, affermés à raison de douze livres le jaloi........ 36 —

A reporter............ 160 livres

Report..............	160 livres
3° Les douze jalois de prés et environ quarante-cinq jalois de terres, appartenant aux pauvres et affermés à un sieur Fontaine, suivant procès-verbal dressé par M. le bailli d'Origny, en 1780....	250 —
4° Les douze jalois de prés, appartenant à la fabrique de l'église, d'un revenu moyen de..................	140 —
4° Les onze jalois de pré de la cure dont jouissait le curé et qui représentaient un revenu de...............	122 —
6° La haute futaie du bois du Roy, réservée au roi sur le domaine engagiste du seigneur d'Origny, et qui produisait un revenu ordinaire de.......	1,200 —
Le tout formant un nouveau revenu imposable de.....................	1,876 —
Les revenus déjà imposables étant de............................	28,709 —
C'est sur l'ensemble, où............	30,585 livres

que devaient se répartir l'impôt des deux vingtièmes et quatre sols fixé pour Origny, en l'année 1787, à trois mille cent cinquante-huit livres.

Cependant, l'*Assemblée des Notables*, réunie par le roi à Versailles, avait reconnu l'urgence de la convocation des *Etats généraux*, et le pays tressaillait d'espérance. Les vœux des notables, bien que timides et confus, faisaient entrevoir ce que pourrait une assemblée élue par la nation elle-même. La Fayette avait osé réclamer l'égalité civile pour les protestants, et sa proposition avait été soutenue par un évêque ! C'était, il est vrai, une des réformes que les assemblées provinciales avaient formulées. La subdélégation de

Guise avait déjà d'elle-même décrété l'égalité des protestants et des catholiques, au moins dans la mort, et, par une lettre adressée aux municipalités de son ressort, elle avait ordonné l'établissement, dans chaque paroisse, d'un cimetière convenable pour les adhérents des cultes dissidents.

Par une délibération du 1ᵉʳ juin, l'assemblée municipale d'Origny décida d'affecter à cette destination un petit terrain enclos dans le cimetière et qui avait autrefois servi de jardin au maître d'école. C'est aujourd'hui l'emplacement exact des anciennes classes des garçons et de la vieille mairie. Mais un voisin, François Michel, s'était emparé de ce terrain et ne paraissait pas très disposé à le rendre. Prévoyant le cas où elle ne pourrait en récupérer la possession, la municipalité ajoutait qu'il serait demandé à la duchesse de Chastillon, dame d'Origny, qu'elle voulut bien donner une place suffisante dans un terrain vague lui appartenant à l'entrée du village, du côté d'Hirson.

D'autres soins occupaient en même temps la municipalité : les réparations urgentes à faire à l'église, qui constituaient une charge fort lourde pour la communauté. Le 12 octobre, sur la proposition du syndic, l'assemblée générale des habitants décidait la restauration des murs du cimetière, du grand escalier, de la nef de l'église, du portail et de la porte latérale de droite, la reconstruction du mur allant de l'école à la tour d'Huyer, le pavage en pierres bleues du porche de l'église et le remplacement de l'escalier de briques par un autre en pierres. Tous ces travaux évalués deux mille livres environ.

De son côté, le curé faisait, quelque temps après, décider par la municipalité une assez forte dépense pour la décoration intérieure du monument. Il faisait repeindre et redorer, par un artiste de Laon, attaché à la cathédrale de cette ville, le maître-autel, la rampe du crucifix, la chaire, etc. : c'était encore pour la communauté une dépense de trois cent soixante-douze livres.

Quelle que fût l'urgence de ces travaux, il eût certes mieux valu les ajourner et affecter toutes les ressources disponibles au soulagement de la misère publique.

La disette causée par la stérilité de l'année 1788 et le rude hiver de 1788 à 1789 jetaient parmi le peuple les plus vives appréhensions. Dès le 13 juillet 1788, l'Ile-de-France, la Picardie, le Soissonnais avaient été ravagés par la grêle et avaient perdu une grande partie de leurs récoltes. Dans l'élection de Guise, on avait constaté, par le recensement des blés, que la moisson avait rendu moitié moins que dans les années ordinaires, et encore le grain était-il d'une qualité très inférieure. De toutes parts, on commença à se récrier contre la spéculation des accapareurs qui, en effet, avaient déjà enlevé d'énormes quantités de blé vieux pour les faire passer à l'étranger et profiter ensuite, en les faisant rentrer en France, de la prime d'importation que le gouvernement venait d'accorder.

CHEVET DE L'ÉGLISE D'ORIGNY ET MAISON PIGNEAUX

CHAPITRE XXIX

La famille Pigneaux, d'Origny. — Naissance de Pierre-Joseph Pigneaux. — Son enfance. — Ses études à Laon et à Paris. — Son départ pour les Indes. — Ses aventures en Cochinchine. — Il devient évêque d'Adran. — Graves événements auxquels il est mêlé. — Il devient le protecteur du roi de Cochinchine qui le charge d'une haute mission en Europe. — Son retour en France. — Son arrivée à Versailles avec le prince de Cochinchine. — Son voyage à Origny. — Traité entre la France et la Cochinchine. — Pigneaux est nommé ministre plénipotentiaire du roi de France.

Georges Pigneaux, le receveur de la seigneurie d'Origny, appartenait à une bonne famille de bourgeoisie de la province : il était le troisième fils de Charles Pigneaux, procureur du roi au grenier à sel de Vervins, qui, de deux mariages successifs, avait eu vingt-trois enfants.

Lui, était né le 9 décembre 1706 et il avait trente ans quand il vint se fixer à Origny et épouser Marie-Louise Nicart, fille de Jean Nicart, qui, autrefois cordonnier, était devenu tanneur, puis receveur de la seigneurie d'Origny.

Cette union fut aussi très féconde : dix-sept enfants en naquirent ; plusieurs moururent en bas âge, dix vécurent :

1° Marie-Louise, née le 12 septembre 1738, mariée, le 26 janvier 1763, à M° Louis Lefebvre, avocat près la justice d'Hirson, puis procureur d'office à la justice d'Origny. M. Lefebvre-Pigneaux de Behaine, actuellement ambassadeur auprès du Saint-Siège, est son descendant direct ;

2° Martine-Cécile, née le 12 mai 1740, mariée, le 2 janvier 1769, à M° Charles-Eustache Lesur, greffier en chef de l'élection de Guise ;

3° Pierre-Joseph-Georges, né le 2 novembre 1741, qui devint l'illustre évêque d'Adran, dont nous parlerons tout à l'heure ;

4° Marie-Eléonore-Marguerite, née le 29 décembre 1745, entra en religion sous le nom de sœur Saint-Denis, fut religieuse à la congrégation de Laon, et mourut à Paris le 7 février 1822 ;

5° Marie-Josèphe, née le 20 mars 1747, vécut célibataire à Origny et mourut le 7 février 1823 ;

6° Jeanne-Pétronille, née le 18 septembre 1748, fut religieuse à la congrégation de Laon, sous les noms de sœur Rose de Saint-André, puis de sœur Saint-Norbert. Elle mourut à Origny le 1er brumaire an XI ;

7° Marie-Thérèse, née le 7 décembre 1749, vécut dans le célibat à Origny, où elle mourut vers 1830 ;

8° Jean-Louis, né le 6 novembre 1751, devint chanoine régulier et sous-prieur de l'abbaye de Saint-Jean-des-Vignes de Soissons. Il vint mourir à Origny, le 26 septembre 1789 ;

9° Remi-Prosper, né à Origny, le 20 mars 1757, diacre en 1783, puis carme-déchaussé à Charenton, où il mourut vers 1790 ;

10° Et Pélagie, née le 24 décembre 1759, fut religieuse aux Ursulines de Saint-Denis, sous le nom de sœur Sainte-Madelaine, mourut à Origny le 22 pluviôse an III.

C'est dans la maison située derrière le chevet de l'église, et occupée aujourd'hui par les sœurs de l'Enfant-Jésus, que tous ces enfants virent le jour.

Le futur évêque, Pierre-Joseph-Georges, fut baptisé dans l'église d'Origny, le lendemain de sa naissance, par son oncle, Joseph Nicart, abbé régulier de l'abbaye royale de Bucilly ; il fut tenu sur les fonts baptismaux par son grand-oncle Pierre Hétroux, marchand, géomètre et procureur fiscal à Origny, et Mlle Pigneaux, de Vervins, une sœur de son père.

Les premières années de son enfance s'écoulèrent à Origny, au milieu des jeux de son âge, courant de la maison paternelle à la tannerie du Vieux-Moulin : il reçut ses premières leçons du maître d'école d'Origny, Jacques Tachet, qui tenait alors sa classe dans le misérable rez-de-chaussée de la vieille maison, où il avait son logement. (C'était cet ancien bâtiment communal qui subsistait encore il y a peu d'années, immédiatement au-dessus de l'église.) Mais ce fut le bon curé Jean Liégeois qui lui enseigna les premiers éléments de la langue latine et, par de pieuses leçons, imprima dans son cœur le zèle apostolique qui devait décider de sa carrière.

Bientôt ses parents le placèrent au collège de Laon, alors dirigé par les jésuites, puis peu d'années après, au mois de septembre 1756, sa mère le conduisit elle-même à Paris au séminaire de la Sainte-Famille ou des Trente-Trois : il était définitivement voué à l'état ecclésiastique.

A vingt-quatre ans, Pierre-Joseph Pigneaux était ordonné prêtre, mais il avait déjà résolu de ne pas exercer son ministère en France : son imagination ardente voulait un champ plus vaste ; dans sa foi vive, il brûlait du désir d'aller porter l'évangile dans les pays idolâtres au delà des mers.

Ses supérieurs favorisaient et encourageaient ses projets à l'insu de sa famille, et, vers la fin de 1765, il s'embarquait à Lorient, sans même être venu faire ses adieux à ses parents, dont il redoutait l'opposition.

Le vaisseau qui l'emporte touche à Cadix, puis fait voile pour Pondichéry. Dans cette ville, Pigneaux est obligé de faire un séjour assez prolongé ; son intention était de passer en Cochinchine, mais la guerre civile désolait ce pays ; il dut se rendre à Macao, sur la côte chinoise, pour attendre une occasion favorable. En 1767, il essaye de pénétrer en Cochinchine, mais il est obligé de fuir à travers le golfe de Siam : il se réfugie dans l'île de Hon-Dat, principauté de Kan-Kao, près du Cambodge.

Dans cette retraite, Pigneaux se livra à l'étude de la langue cochinchinoise, et appelant auprès de lui quelques jeunes Cochinchinois et Tonkinois, il les instruisit dans la religion catholique.

Le collège général des missions, établi à Siam, venait d'être transféré à Hon-Dat, à cause d'une invasion du royaume de Siam par les Birmans ; Pigneaux en fut établi supérieur par Piguel, évêque de Canatho, vicaire apostolique de la Cochinchine.

Accusé auprès du gouverneur de Kan-Kao d'avoir donné asile à un prince fugitif de Siam et de l'avoir fait passer à la cour du roi de Cambodge, Pigneaux fut arrêté par ordre de ce gouverneur qui le fit mettre en prison (1768) avec un autre missionnaire français et un prêtre chinois, et les condamna en outre au supplice de la *cangue*. — La cangue est une machine composée de deux pièces de bois de six à huit pieds de long, jointes ensemble par quatre traverses, une à chaque extrémité et deux au milieu, à quelques doigts l'une de l'autre, pour recevoir, dans ce petit espace, le cou du patient. — Celles dont les trois missionnaires furent chargés étaient si pesantes qu'ils tombèrent tous malades. La résignation qu'ils montrèrent au milieu de ces tribulations et la preuve qu'on acquit qu'ils étaient innocents leur firent obtenir leur liberté après trois mois de détention.

Sur la fin de 1769, une sédition s'élève à Kan-Kao ; Pigneaux s'enfuit avec ses élèves à Pondichéry. L'année suivante, le pape le nomme évêque d'Adran *in partibus*, et coadjuteur de l'évêque de Canathe. Pigneaux avait alors vingt-huit ans ! L'année suivante, Piguel mourait, et il lui succédait dans son titre de vicaire apostolique.

En 1774, Pigneaux se rendit encore à Macao, puis revint au Cambodge, d'où il put enfin pénétrer dans la basse Cochinchine, malgré la guerre civile qui y sévissait encore.

Les rebelles, connus sous le nom de *Tay-Son*, avaient fait prisonnier le roi légitime et son neveu qui devait lui succéder, et les avaient mis à mort. Mais Nguyên-Auh, frère cadet du prince héritier, qui avait été arrêté comme lui, parvint à s'échapper et resta un mois caché avec sa mère dans la maison de l'évêque d'Adran, qui avait pu favoriser son évasion. Profitant de l'éloignement des Tay-Son pour sortir de sa retraite, le prince put rassembler autour de lui quelques serviteurs fidèles, et son parti grossissant de jour en jour, il se vit bientôt maître de la basse Cochinchine : il fut proclamé roi en 1779 (1). Nguyên-Auh n'oublia pas le service que lui avait rendu l'évêque d'Adran : il l'appela à sa cour et en fit son conseiller intime. Telle fut l'origine des relations de Pigneaux avec le maître futur du Cambodge, du Tonkin et de la Cochinchine. Ici commence pour le digne prélat une mission aussi touchante que glorieuse. Pendant plus de douze ans, il sera l'ami, le conseiller, le consolateur d'un

---

(1) MICHAUD, *Bibliographie universelle*.

prince errant et fugitif, jusqu'à ce qu'il en devienne le libérateur. Il n'aura cet honneur qu'après avoir pris sa large part dans les privations, les périls, les angoisses de celui qui le proclamera en retour « *son père, son maître, l'accompli* » (2).

On voit dans un passage du troisième voyage de Cook, que l'évêque d'Adran jouissait, dès 1778, d'une grande autorité en Cochinchine. Ce célèbre navigateur dit qu'il envoya à ce prélat un télescope pour le remercier des secours qu'il avait fait donner à son équipage.

En 1782, le chef des rebelles, qui avait usurpé le titre d'empereur, pénétra dans les provinces méridionales et força le roi Nguyên-Auh à prendre de nouveau la fuite. L'évêque d'Adran fut également obligé d'abandonner la Cochinchine et de se retirer au Cambodge avec le collège de sa mission et deux Pères franciscains espagnols. La famine régnait à cette époque dans ce royaume, qu'une armée siamoise ravageait, et l'évêque d'Adran eut à se féliciter de la précaution qu'il avait eue d'y envoyer des bateaux de vivres qui l'aidèrent à subsister.

Après être restés six semaines sur leurs bateaux par la crainte que leur inspiraient les Siamois, ceux-ci s'étant retirés, l'évêque d'Adran et sa suite débarquèrent dans le pays ; mais ils n'y trouvèrent que des cendres et il leur fallut commencer par se construire des cabanes. A peine furent-ils logés que leurs alarmes devinrent plus vives. Le chef des rebelles cochinchinois, après s'être emparé de toutes les provinces de la basse Cochinchine, avait envoyé des troupes dans le Cambodge pour obliger le souverain et les mandarins à le reconnaître. L'évêque d'Adran parvint avec peine

(2) JARDINIER, *Notice historique*.

à sauver ses chers élèves, l'ordre formel étant de saisir tous les Cochinchinois qui se trouvaient au Cambodge et de les reconduire dans leur pays. Il tremblait pour les quatre-vingts Cochinchinois qui l'accompagnaient. Mais le commandant de la troupe envoyée contre lui était chrétien ; il lui facilita le moyen d'en cacher une partie.

Avec le reste, Pigneaux se retira au milieu des labyrinthes déserts que forment les canaux et les nombreuses branches du fleuve à son embouchure. Il y vécut deux mois et rentra ensuite dans la partie habitée du pays, que la famine affligeait toujours de plus en plus et où, par surcroit de malheur, la guerre intestine venait d'éclater. L'évêque d'Adran ne savait où se réfugier, lorsqu'il apprit que le roi de Cochinchine venait de rentrer dans les provinces qu'il avait été forcé d'abandonner. Il s'y transporta avec toute sa suite à la fin d'octobre 1782 ; là, il assigna à chacun de ses missionnaires la portion de province qu'il devait parcourir dans l'espace de quatre mois ; puis, après avoir donné rendez-vous, pour le commencement de mars 1783, à M. Liot, auquel il avait confié la direction de son collège, qu'il venait d'établir à une demi-journée du port, il partit pour rejoindre le roi.

Mais, dans l'intervalle, les Siamois avaient encore obligé ce prince à prendre la fuite ; cet événement força l'évêque d'Adran à se réfugier dans une île du golfe de Siam. Il eut à y supporter de rudes épreuves : sur soixante-neuf personnes qui restaient avec lui, soixante-huit étaient tombées malades. Le roi de Cochinchine perdit, peu de temps après, dans une nouvelle bataille qu'il livra aux rebelles, presque toute son armée navale.

N'ayant plus alors aucune espérance de retourner en

Cochinchine, l'évêque d'Adran fit voile pour le royaume de Siam et arriva à Chantibon, le 21 août 1783. Il désirait habiter cette ville avec son collège jusqu'à ce qu'il pût rentrer, soit dans la Cochinchine, soit dans le Cambodge, mais le roi de Siam lui fit donner l'ordre de se rendre à Bankok, sa capitale.

L'emplacement que les missionnaires occupaient dans cette dernière ville n'avait pas plus de trente pieds carrés et ils ne pouvaient sortir de chez eux sans se mettre de la boue jusqu'aux genoux, même dans les temps de sécheresse. L'évêque d'Adran ne se souciait pas d'installer son collège dans un pareil endroit ; les vivres d'ailleurs étaient d'une cherté excessive à Bankok. Aussi, prit-il prétexte de la maladie de quelques-uns de ses écoliers, pour obtenir de rester provisoirement à Chantibon, mais il fit, de sa personne, le voyage de Bankok et le ministre siamois lui permit, moyennant quelques présents, de retourner à Macao ou sur la côte de Coromandel.

Cette affaire terminée, Pigneaux revint à Chantibon au mois de décembre 1783 et se disposait, après avoir pourvu aux besoins de l'administration de son collège, à se rendre à Pondichéry ; mais il n'était pas délivré des Siamois comme il s'en était flatté. L'arrivée de l'armée siamoise envoyée contre les Cochinchinois l'empêcha de rentrer dans la ville de Chantibon ; il dut attendre à une lieue et demie de la ville jusqu'au milieu de janvier 1784.

Il se trouvait au milieu des îles qui sont situées à l'ouest de Kong-Pong-Thôm, province du Cambodge qui confine le royaume de Siam, lorsqu'on lui annonça que le roi de Cochinchine n'était qu'à une portée de canon. Il se rendit aussitôt auprès de ce prince qu'il trouva dans le plus pitoyable état, n'ayant avec lui que six ou sept cents soldats, un vaisseau et une quinzaine de bateaux, sans aucun moyen de nourrir le petit nombre d'hommes restés fidèles à sa cause. L'évêque d'Adran lui donna une partie de ses provisions, puis, après être resté quinze jours auprès de lui, il se dirigea sur l'île de Poulo-Punjon, et de là sur celle de Poulo-Way, distante de soixante lieues de la terre ferme. Cette dernière île a environ une lieue de long sur une demi-lieue de large et on peut la regarder à tous égards comme un endroit enchanté ; elle est surtout abondamment peuplée de pigeons ramiers et d'oiseaux de toutes sortes, mais ne renferme aucun habitant humain. L'évêque d'Adran y resta neuf mois avec ceux qui l'avaient suivi. C'est pendant ce séjour qu'il commença avec un prêtre chinois ses *Instructions familières* sur tous les évangiles des dimanches et fêtes. Il revit aussi sa récente traduction des *Quatre Fins de l'homme* et celle des *Méditations* de Dupont, à l'usage du collège et des prêtres du pays.

Après avoir fait radouber son petit bâtiment, Pigneaux remit à la voile pour Poulo-Punjon et retraversa le golfe de Siam, puis il alla retrouver le roi de Cochinchine qui lui raconta la manière dont il avait été emmené à Siam et comment il avait été victime de la duplicité des Siamois, qui, sous prétexte de le rétablir dans ses États, n'avaient cherché qu'à se servir de son nom pour piller ses sujets.

Dans le désespoir où ses revers l'avaient réduit, ce prince se proposait de se rendre à Batavia ou à Goa pour y solliciter un refuge, à défaut des secours que la Hollande et le Portugal lui avaient fait offrir. Déjà, en 1779, les Anglais lui avaient offert deux vaisseaux armés en guerre pour l'aider à se rétablir sur son trône, ou bien un asile au Bengale dans le cas où ce secours ne serait pas suffisant.

L'évêque d'Adran reconnut l'insuffisance de ces

offres et le motif intéressé qui les avait dictées ; il conçut alors l'idée grandiose de réserver à son pays l'honneur et les avantages qui devaient résulter d'une pareille entreprise. Il donna au roi l'espoir d'être puissamment secouru par la France, ranima son courage et lui inspira assez de confiance pour le déterminer à suspendre ses premières résolutions.

Il lui demanda de lui confier son fils aîné, enfant âgé de six ans à peine, pour donner plus d'autorité à sa parole, et promit de conduire ce jeune prince à Versailles, pour réclamer l'appui du roi de France. Le roi fut persuadé, et, au lieu d'instructions écrites susceptibles d'être mal interprétées, il remit à l'évêque d'Adran le sceau de l'État, insigne de sa dignité royale, afin que la Cour de France pût être assurée des pouvoirs illimités du prélat. Il y joignit une délibération de son conseil qui expliquait ses intentions.

Aussitôt, l'évêque d'Adran traversa de nouveau le golfe de Siam avec son royal pupille, deux mandarins et trente-six Cochinchinois qui devaient former sa maison et sa garde.

Il atteignit Malacca le 10 décembre, partit vers le milieu de février 1785 et arriva le 27 du même mois à Pondichéry.

Pigneaux avait formé le projet d'élever le jeune prince qui lui était confié dans la religion catholique ; il prévoyait que les bons traitements dont on userait envers lui et les secours que l'on accorderait à son père serviraient un jour les intérêts des Français, dans le cas où ce dernier remonterait sur le trône.

Le jeune prince sembla d'abord accepter les avis religieux de l'évêque d'Adran, qui n'osa cependant le faire baptiser, mais, dès qu'il fut de retour auprès de son père, il revint à la religion de son pays. Malgré les soins que prit l'évêque de son éducation, il ne put en faire qu'un homme vertueux, mais tout à fait incapable d'occuper dignement un trône. Ce prince mourut de la petite vérole en 1801.

Dès son arrivée à Pondichéry, l'évêque d'Adran avait écrit au ministre de France pour lui faire part de sa mission ; cette lettre et celle qu'il écrivit ensuite demeurèrent sans réponse. Il se détermina enfin, au mois d'août 1786, à faire voile pour la France avec le jeune prince et deux ou trois Cochinchinois. Après avoir séjourné quelque temps à l'Ile-de-France, il débarqua dans les premiers jours de février 1787 à Lorient, d'où il était parti simple missionnaire vingt-deux ans plus tôt.

L'évêque d'Adran donna aussitôt avis de sa mission au maréchal de Castries, ministre de la marine. Ce ministre, à qui on avait déjà inspiré des préventions peu favorables sur l'objet du voyage du prélat, répondit, le 14 février, qu'il eût été à désirer qu'il n'eût pas pris le parti d'amener le prince de Cochinchine avant d'être informé des intentions du roi, mais que, dans l'état des choses, il pouvait se rendre à Paris avec le jeune prince. On lui annonça en même temps qu'il devait s'entendre avec le supérieur du séminaire des missions étrangères pour son logement et que des ordres avaient été donnés pour tenir à sa disposition les sommes dont il pourrait avoir besoin.

Le spectacle extraordinaire qu'offrait l'arrivée en France d'un prince de Cochinchine venant y implorer l'appui du roi aurait vivement frappé le public à toute autre époque ; mais déjà les mouvements qui s'annonçaient dans le corps social attiraient exclusivement l'attention des esprits. Cependant, les politiques éclairés virent bientôt les avantages qui pourraient résulter pour les Français d'un établissement en

Cochinchine, surtout depuis que les Anglais avaient pris un empire presque absolu dans l'Inde.

Louis XVI, qui aimait avec passion tout ce qui se rattachait à la marine et dont toute la politique tendait alors à donner une puissante extension à notre puissance maritime et coloniale, adopta avec enthousiasme les idées et les plans de l'évêque d'Adran.

Après avoir été présenté au roi et avoir reçu l'assurance que ses propositions seraient examinées favorablement, Pigneaux songea à revoir sa famille et son pays natal.

Par une lettre du 13 mars, il avait annoncé à ses sœurs son arrivée à Paris et leur avait dit qu'aussitôt Pâques il viendrait visiter toute sa famille.

Il vint, en effet, à Origny à l'époque indiquée ; la population lui fit une réception enthousiaste. Son père était mort depuis deux ans, mais il eut la joie d'embrasser sa mère pleine de santé et de vigueur.

Ses autres vieux parents étaient morts depuis longtemps. Son parrain, Pierre Hétreux, lui avait même laissé quelques biens, par son testament du 26 septembre 1769. Pigneaux les abandonna à ses sœurs.

L'évêque d'Adran ne resta que peu de jours parmi les siens ; il retourna à Paris retrouver son pupille, qu'il avait laissé aux missions étrangères, et reprendre les négociations qu'il avait entamées avec le gouvernement du roi.

Il obtint enfin ce qu'il voulait, et un traité fut signé, le 28 novembre 1787, entre lui et M. de Montmorin, ministre du roi. C'est dans ce traité que l'évêque d'Adran ajouta à son nom, pour la première fois et probablement la seule fois, le nom de Behaine, d'une terre que sa famille possédait au hameau de Behaine près Marle. Il cédait en cela à l'usage qu'avaient adopté les gens de Cour de prendre les titres de leurs domaines et à la nécessité de faire parade d'une brillante naissance dans le milieu aristocratique et vain où il avait de si graves intérêts à débattre. Nous étions au seuil de la Révolution, qui devait faire disparaître toutes les castes, et un roturier, quelque illustre qu'il fût, ne pouvait encore lutter d'influence avec le moindre hobereau pourvu d'un fief au titre ronflant.

Par le traité qui venait d'intervenir, la France s'engageait à envoyer en Cochinchine quatre frégates portant un corps de douze cents hommes d'infanterie, deux cents d'artillerie et deux cent cinquante caffres, avec le matériel et l'artillerie nécessaires. En retour de ce secours, le roi de Cochinchine cédait à la France la superbe rade de Tourane, qui est le principal port de ce pays, et l'île de Poulo-Condor, avec la faculté de faire sur le continent tous les établissements que les Français jugeraient utiles pour leur navigation et leur commerce. Les sujets français devaient jouir en Cochinchine d'une entière liberté de commerce à l'exclusion de toutes les autres nations européennes, dont les bâtiments ne pouvaient être admis que sous pavillon français. Les deux monarques devaient, en outre, se secourir mutuellement dans le cas où les possessions de l'un d'eux, en Asie, seraient attaquées. Ce traité devait être ratifié par les deux souverains et les ratifications échangées dans l'espace d'un an.

Le jour de la signature, l'évêque d'Adran fut nommé par Louis XVI son ministre plénipotentiaire auprès du roi de Cochinchine, auquel il fut chargé de remettre le portrait du roi de France. Il reçut pour lui-même des présents magnifiques.

La mission de l'évêque d'Adran était accomplie, il se hâta d'en informer le roi de Cochinchine, qui en attendait, bien impatiemment, les bons résultats ; puis il acheva, sans retard, ses préparatifs de départ. Il voulut, avant de partir, laisser un souvenir à sa famille : il fit faire, par un peintre de talent, son portrait et celui de son royal pupille, qu'il envoya à M. Lesur, son beau-frère. On peut admirer, dans la chambre où l'évêque d'Adran vit le jour, les copies de ces beaux tableaux, offertes à la commune d'Origny par la famille de l'illustre prélat.

CHAPITRE XXX

L'évêque d'Adran repart pour la Cochinchine. — Son séjour à Pondichéry. — Difficultés avec le gouverneur des Indes. — Arrivée de Pigneaux en Cochinchine. — Il réorganise l'armée royale et prend une part glorieuse à la guerre. — Ses appréciations sur les événements en France. — Ses hauts faits en Cochinchine. — Sa maladie. — Sa mort. — Ses funérailles. — Regrets du roi. — Les souvenirs que laisse la grande mémoire de Pigneaux en Cochinchine et l'influence de la France. — Le monument d'Origny.

Par une lettre datée de Lorient, du 22 décembre 1787, Pierre-Joseph Pigneaux faisait ses adieux à sa famille et lui annonçait son embarquement pour le lendemain : il allait quitter la terre de France qu'il ne devait plus revoir.

Le gouvernement du roi avait mis à sa disposition une frégate qui devait porter les instructions relatives à l'exécution du traité au comte de Conway, gouverneur général des établissements français dans l'Inde, et qui était nommé commandant en chef de l'expédition projetée. Malheureusement, le gouvernement laissait à cet officier la faculté de surseoir ou de hâter l'exécution selon qu'il jugerait convenable d'après les renseignements qu'il se serait procurés et ceux que lui aurait fournis M. de Richery, envoyé en Cochinchine.

Pigneaux avec son élève et sa suite arrivaient à Pondichéry au mois de mai 1788, apportant à M. de Conway le cordon rouge qu'il avait obtenu pour lui du roi de France. Il paraît cependant que dès son arrivée il ne trouva pas dans le gouverneur général l'enthousiasme qu'il aurait désiré et qu'il ne sut pas assez ménager l'amour-propre de celui-ci.

De graves difficultés surgirent, dont nous ne pouvons faire le récit ; M. de Conway, craignant de courir les risques d'une expédition dont le succès lui paraissait douteux et dont il ne voulait cependant pas laisser le commandement à M. de Fresne, colonel du régiment de Bourbon, avec lequel il était en querelle ouverte, résolut de la faire échouer, et, dans ses rapports à la Cour de France, en exagéra les inconvénients qu'il ne regardait pas comme suffisamment compensés par les avantages que l'on pouvait en retirer.

L'évêque d'Adran écrivit au ministre pour demander la désignation d'un autre commandant, mais la Révolution qui venait d'éclater et le mauvais état des finances ne permirent pas de s'occuper d'intérêts si lointains. Les mesures dilatoires de M. de Conway furent approuvées et l'on répondit à l'évêque d'Adran que le gouverneur n'avait pu ni dû agir autrement qu'il n'avait fait !

Au mois de mars 1789, le prélat, ayant reçu des nouvelles de la Cochinchine, en fit part à M. de Conway ; elles portaient que le roi s'était remis en possession des cinq provinces méridionales de son royaume, Saïgon, Dong-Naï, Mitho, Long-Ho, Nha-Trang ; qu'il était en état de lever une armée de soixante à quatre-vingt mille hommes et qu'il aurait au mois de mai suivant cinquante galères, deux vaisseaux et quatre à cinq cents bateaux de guerre. Le roi de Cochinchine écrivait en même temps une lettre de remerciements au roi de France et ratifiait tout ce qui avait été fait par l'évêque d'Adran. Malgré cela, celui-ci ne put encore obtenir de M. de Conway une frégate et les bâtiments nécessaires pour transporter trois cents hommes de troupes, cinquante artilleurs, cinquante caffres et six pièces de canon qu'il était parvenu à se procurer au moyen des fonds que le gouvernement avait mis à sa disposition. Pigneaux, dans ces circonstances, montra une admirable fermeté et poursuivit ses projets avec la tenacité propre aux grandes âmes. Les négociants de Pondichéry s'étaient montrés favorables à son expédition. Grâce à leur appui, il frète des bâtiments de commerce qu'il charge de troupes, d'armes et de munitions, et les dirige vers la Cochinchine (1789).

Ces secours, faibles si l'on considère le petit nombre d'hommes qui composaient l'expédition, mais redoutables par la valeur et le talent des officiers qui les commandaient, furent d'une très grande utilité au roi de la Cochinchine qui eut dès lors une supériorité marquée sur ses adversaires.

Quelques mois après, l'évêque d'Adran accepta les propositions que lui fit M. de Conway, de le faire reconduire en Cochinchine avec le jeune prince ; il s'embarqua sur la frégate *La Méduse* et arriva auprès de Nguyên-Anh vers la fin de juillet 1789.

Au mois de janvier suivant, ce prince écrivit encore au roi de France pour le remercier de l'accueil qu'il avait fait à son fils et reconnaissait dans cette lettre que la non-exécution du traité conclu par l'évêque d'Adran était due, non à la mauvaise volonté du roi, mais à l'irrésolution du gouverneur des établissements français dans l'Inde ; « en réunissant le père et le fils, ajoutait-il, vous avez remis dans l'eau un poisson qui en était sorti ; l'éloignement, quel qu'il puisse être, ne pourra me faire oublier de si grands bienfaits. »

Pendant l'absence de l'évêque d'Adran, ce prince, doué du plus grand courage, profitant des leçons du malheur, avait su échapper à la fureur de ses ennemis et aux embûches de son allié le roi de Siam, et, profitant habilement des divisions qui s'étaient allumées entre les chefs rebelles, était rentré en possession des provinces voisines du Cambodge. De là, il soutenait la guerre contre les révoltés qui restaient maîtres du reste de la Cochinchine et du Tonkin. L'arrivée de l'évêque d'Adran et du prince héritier, et des secours qu'ils amenaient, rendit plus de confiance au parti du roi. Pigneaux, admirablement secondé par des officiers français du plus rare mérite, parmi lesquels il compte son propre neveu, le colonel, depuis général, Stanislas Lefebvre, MM. Lebrun, de Barizy, de Forsant, Chaigneau et Vannier, forme un corps de six mille hommes à l'européenne, le dresse à l'attaque et à la défense des places, fait couler des canons, construire des navires et élever des forts.

Ces occupations multiples ne l'empêchent pas de suivre d'un œil attentif les événements qui se déroulent si rapidement en France et dont l'écho affaibli lui parvient à de rares intervalles. Il est intéressant de recueillir l'impression que son grand cœur en reçoit.

« J'ai reçu, écrit-il à M. Lesur, son beau-frère, le 20 décembre 1790, avec le plus grand plaisir toutes les nouvelles que vous m'avez données de notre famille. Vos lettres, qui ne sont que de 1788, ne disent, à la vérité, rien de nouveau, mais elles m'apprennent ce que je désirais savoir, que les choses sont à peu près comme elles étaient à mon départ de France. Depuis ce temps-là il doit y avoir eu bien des changements. Les nouvelles du 14 mars 1790 qui viennent de me parvenir sont on ne peut plus alarmantes. Quelle part y avez-vous prise ? Dans le moment où je vous écris êtes-vous encore catholique et les églises de votre ville existent-elles encore ? Les abus dans le gouvernement, dans le clergé et parmi la noblesse étaient, à la vérité, au comble, et rien n'aurait été plus sage que de les réformer et même de prendre les moyens pour en prévenir le retour, mais vos députés ne paraissent pas vouloir s'en tenir là. Ils veulent renouveler la religion et lui substituer la philosophie moderne qui, par sa licence immorale et la corruption générale des mœurs, ne peut nous laisser à tous que le désespoir si nous venons à nous conduire par leurs principes.

« Que le roi n'ait qu'une puissance exécutive et la nation la puissance législative ; que le clergé et la noblesse ne soient plus des ordres dans l'Etat ; que les biens du clergé soient employés à payer la dette nationale ; que les moines soient réformés et même réduits à un petit nombre ; que les pasteurs soient remplacés par d'autres plus utiles, etc… Jusque-là, nous n'avons qu'à nous féliciter. Mais que la France devienne le refuge de toutes les sectes, que le gouvernement s'intéresse à leur culte et au soutien de leurs ministres ; que la religion catholique soit de toutes la moins accréditée ; que les droits de l'homme, que sa liberté primitive et individuelle, que l'égalité, l'indépendance et l'irréligion demeurent le catéchisme d'une société ; c'est la preuve la moins douteuse d'une décadence prochaine. Les Anglais et les Hollandais que l'on veut prendre pour modèles ne sont ni plus libres, ni plus égaux que les autres peuples ; s'ils paraissent plus contents, c'est peut-être qu'ils sont plus adroitement séduits……»

Sans doute, dans sa foi de prêtre, l'évêque d'Adran ne pouvait approuver des réformes qu'il considérait être une atteinte à l'autorité absolue que l'Eglise prétend sur les âmes. Sans doute, cet évêque façonné depuis si longtemps au despotisme oriental ne pouvait comprendre le besoin de liberté qu'éprouvait la nation française, ni admettre qu'un régime social nouveau pût s'établir sur l'égalité civile des citoyens. Mais cet homme de gouvernement, ce sage administrateur avait compris le mal profond dont souffrait notre pays ; il avait été frappé lors de son voyage à Paris de l'état d'abaissement du pouvoir royal et de l'incapacité des gouvernants. Il voyait clairement les abus et les dangers qui résultaient de la situation privilégiée de la noblesse, de l'absorption de la fortune publique par le clergé et les ordres monastiques.

Et, comme tous les esprits éclairés, Pigneaux reconnaissait la nécessité de rendre à la nation elle-même le pouvoir législatif, de supprimer les ordres privilégiés, d'affecter au paiement des dettes de l'Etat les biens du clergé et de supprimer, ou, tout au moins, de réduire tous ces ordres religieux qui absorbaient toute l'activité nationale et ne tendaient qu'à arrêter le développement naturel du pays. Pourquoi les destinées de la France n'inspirèrent-elles pas à l'incapable Louis XVI la pensée de conserver auprès de lui l'évêque d'Adran, au lieu de renvoyer ce sage conseiller au roi de Cochinchine. Pigneaux eût pu sauver la royauté et restaurer la France, comme il fit pour le royaume oriental qui lui était confié !

Après ce regard jeté par le grand prélat sur la situation de la patrie à laquelle il gardait son affection, son devoir le ramenait aux soins dont il avait accepté la charge :

« Le petit prince, ajoutait-il dans la même lettre, jouit d'une bonne santé ; le roi, son père, vient de reprendre encore cette année une trentaine de lieues de son ancien empire. Il est actuellement occupé à faire une ville de guerre qu'on verrait en Europe avec bien de l'étonnement. Elle sera très forte et très bien armée ; ce ne sera que quand elle sera finie entièrement que le roi partira pour aller reprendre ses anciennes provinces. »

De 1789 à 1793, l'évêque d'Adran prit la plus grande part sur terre et sur mer à la guerre contre les rebelles. En 1792, le roi brûla toute la marine du rebel Nhac dans le port de Qui-Phu, sa capitale : il se fut emparé de la ville s'il eût suivi les avis de Pigneaux et des officiers européens qui voulaient qu'au lieu de traîner le siège en longueur, on profitât de la consternation des assiégés pour livrer l'assaut, mais un secours qu'ils reçurent força le roi à se retirer dans ses provinces de la basse Cochinchine.

Depuis son retour, l'évêque d'Adran résidait communément à la Cour ; il n'allait cependant qu'une ou deux fois l'an au palais du roi, mais ce prince venait souvent le visiter et le consulter. La confiance et l'estime que le monarque témoignait à un étranger, à un ministre de la religion chrétienne, ne laissaient pas d'inspirer une ardente jalousie aux courtisans et à plusieurs des principaux mandarins. Il paraît qu'ils firent craindre au roi que le prince son fils ne se fît baptiser comme il en avait plusieurs fois témoigné le désir. Ce prince cessa donc momentanément de demeurer avec l'évêque, mais il lui faisait de fréquentes visites. Le prélat fut souvent obligé d'accompagner et d'aider de ses conseils le prince héritier dans ses expéditions militaires.

Les succès obtenus par le roi furent tels qu'à l'époque du passage de lord Macartney, en 1793, il se retrouvait en possession de toute la partie méridionale de son royaume et à la tête d'une armée de cent quarante mille hommes.

Néanmoins, au mois d'avril 1794, les Tay-Son reparurent devant le port de Nha-Trang, à l'embouchure du

Cambodge, avec une flotte considérable, et cherchèrent à s'emparer de la ville, mais l'évêque d'Adran, qui y était renfermé, sut tellement ranimer la confiance des troupes, et M. Ollivier, cet officier français auquel le roi de la Cochinchine devait la création de son artillerie, fit de si bonnes dispositions, que les ennemis prirent la fuite. Ils se rapprochèrent encore de la ville quelques jours après et envoyèrent un espion pour les reconnaître. Cet homme ayant été conduit devant l'évêque d'Adran, ce dernier lui montra l'état de la place et lui dit d'un ton ferme : « Tu n'es pas un soldat et ton général ne veut pas se rendre au roi comme tu le prétends : c'en est fait des Tay-Son, ils ne sont venus à Nha-Trang que pour y trouver leur perte ; si quelqu'un veut se rendre, qu'il se hâte, demain soir il ne sera plus temps. Tu as mérité la mort comme espion, mais nous te pardonnons. Va dire à tes mandarins ce que tu as vu, et que nous nous moquons d'eux. » Cette conduite ferme produisit son effet et le siège fut levé.

Malgré les services qu'il avait rendus, l'évêque d'Adran fut toujours en butte à la jalousie des grands qui voulurent encore, en 1795, lui faire retirer l'éducation du prince par zèle pour la religion de leur pays et adressèrent à cet effet une supplique au roi. Mais le monarque remit à l'évêque l'écrit des mandarins et voulut en châtier les auteurs : il en fut détourné par l'évêque qui demanda sa retraite et ne put l'obtenir.

Ce qui avait contribué à exciter les alarmes des mandarins, c'était la conversion d'un des plus habiles lettrés, qui, jusque-là, s'était montré fort opposé au christianisme et qu'ils attribuaient aux efforts de l'évêque.

A cette époque (1795), les Tay-Son étaient encore maîtres de treize provinces. Au mois de novembre 1798, le jeune prince de Cochinchine avait été envoyé par son père à la ville de Nha-Trang; son sage mentor fut chargé de l'accompagner. Il y demeura six mois avec son royal pupille, et, pendant son séjour, il s'occupa de rétablir la discipline parmi les troupes et le bon ordre dans l'administration ; les mandarins comme le jeune prince accueillaient ses conseils avec le plus grand respect.

Au commencement d'avril 1799, le roi vint avec son armée de terre et sa flotte prendre l'évêque d'Adran et le prince. Suivant les conseils du prélat, il était résolu à frapper ses ennemis d'un coup décisif. Ils allèrent mettre le siège devant la ville de Qui-Phu, boulevard des rebelles, et le seul endroit fortifié de la partie centrale de la Cochinchine. Il la fit bloquer par des forces suffisantes et alla prendre position avec le reste de ses troupes et sa flotte à deux journées plus loin pour fermer le passage par terre et par mer à toute armée de secours.

Au mois d'août, la forteresse était réduite à ouvrir ses portes : le vainqueur y entra suivi de plus de cent éléphants pris sur l'ennemi. Quarante à cinquante mille hommes abandonnèrent les drapeaux des rebelles pour venir se ranger sous les siens.

Tout semblait alors sourire à l'évêque d'Adran, dont les sages conseils avaient amené de si brillants succès. Il voyait déjà le roi sur le point de recouvrer la totalité de ses États, la religion chrétienne étendre ses progrès ; il se disposait à reprendre les relations commencées avec la France et paraissait enfin près de jouir du fruit de tant de peines et de travaux, lorsqu'une attaque de dyssenterie opiniâtre l'emporta le 9 octobre 1799, après trois mois de douleurs les plus aiguës.

Pendant sa maladie, le roi lui avait non seulement

envoyé ses médecins, mais il était venu lui-même le visiter souvent, accompagné du prince royal. Quand tout espoir fut perdu, les mandarins et toute l'armée témoignèrent, par leurs cris déchirants, combien la perte qu'ils faisaient leur était sensible. Le roi, la reine et le jeune prince paraissaient surtout inconsolables.

Le corps du grand évêque fut embaumé par ordre du roi et transporté à Saïgon. Il resta exposé pendant deux mois dans un cercueil magnifique au milieu du palais épiscopal. Le prince royal avait fait construire un grand bâtiment dans la cour de ce palais pour recevoir les mandarins et tous ceux qui venaient rendre les honneurs funèbres à son *maître*. Les chrétiens et les idolâtres accouraient en foule avec les mandarins revêtus de leurs habits de cérémonie. Tous montraient une vive douleur et le plus grand recueillement. Le roi, qui avait exigé qu'on fît pour l'évêque d'Adran tout ce que la religion catholique permettait, avait fait mettre à la disposition des missionnaires tout ce dont ils pouvaient avoir besoin. Il assista en personne aux funérailles avec les mandarins des différents ordres et, chose étrange! sa mère, la reine, sa sœur et ses concubines allèrent toutes jusqu'au tombeau. La garde du monarque, composée de plus de douze mille hommes, marchait sous les armes ; plus de cent éléphants, avec leur escorte ordinaire, précédaient ou suivaient le convoi que le prince royal dirigeait en personne. On y mena l'artillerie de campagne et la marche dura depuis une heure après minuit jusqu'à neuf heures du matin : quatre-vingts hommes choisis portaient le corps sur un superbe palanquin. Il se trouvait à ces funérailles environ cinquante mille hommes, sans compter les spectateurs qui couvraient les deux côtés du chemin l'espace d'une demi-lieue.

Suivant la coutume des chrétiens, le roi jeta un peu de terre dans la tombe et adressa, en versant un torrent de larmes, un suprême adieu au ministre qu'il venait de perdre. Après que les prêtres catholiques eurent terminé leurs cérémonies, le monarque voulut honorer par un sacrifice à la mode de son pays celui qu'il appela le *Maître illustre*, titre que les Chinois réservent à Confucius et à leurs hommes les plus éminents.

Pour se conformer aux dernières volontés de l'évêque d'Adran, sa sépulture avait été préparée dans un petit jardin que le prélat possédait auprès de Saïgon. Le roi y fit élever un monument dont M. Barthélemy, artiste français, composa les dessins et signa l'exécution.

Un détachement de cinquante hommes de la garde royale y fut établi en permanence pour le garder et il fut déclaré inviolable et sacré.

Par son testament, Pigneaux léguait tout ce qu'il possédait au roi, au prince héritier et aux membres de la famille royale, afin de les rendre favorables aux missionnaires et aux chrétiens.

Lorsque le roi vit les bijoux et les présents que lui laissait l'évêque, il dit au missionnaire qui les lui présentait : « Voilà de bien belles choses, des ouvrages bien travaillés, mais mon cœur n'y porte pas envie. Je ne désire qu'une chose, c'est un petit portrait du *maître*, pour le placer avec celui du roi de France et le porter sur mon cœur tous les jours de ma vie. Si vous pouviez me le procurer, je serais content. » On ne put lui en donner qu'un de grande dimension, il le fit encadrer et exposer dans son palais.

Le roi chargea l'un des missionnaires de faire parvenir à la famille du prélat un brevet qu'il lui avait destiné, dans lequel il loue ses mérites, ses talents, rappelle tous les services qu'il a rendus, l'amitié qui les unissait si étroitement et lui donne, outre la qualité d'instituteur du prince héritier, la première dignité après la royauté et le surnom d'*accompli*.

Le souverain avait ordonné à son fils de porter le deuil du prélat, il défendit de faire aucune réjouissance pour rendre grâce aux génies du royaume du succès de la dernière expédition, prohibition inouïe en Cochinchine !

Pigneaux, nous l'avons dit, avait embrassé malgré ses parents la carrière périlleuse des missions étrangères; il en supporta la fatigue et les dangers avec une résignation admirable, et se montra aussi modéré dans la prospérité que dans le malheur.

Connaissant les hommes, doué d'une intelligence exquise et possédant à un haut degré le don heureux de la persuasion, il exerça, malgré sa double qualité d'Européen et de prêtre catholique, une influence prodigieuse sur le roi de Cochinchine et sur ses sujets. Homme d'Etat habile autant que zélé missionnaire, il prévit tout le parti que la religion et la France pouvaient tirer d'une alliance intime avec la Cochinchine. S'il ne parvint pas à la cimenter comme il l'aurait désiré et comme il pouvait l'espérer, la faute en est aux circonstances. C'est à sa prudence, à son courage, à sa fermeté et aux secours qu'il conduisit en Cochinchine, que le souverain de ce pays a dû en grande partie la conquête de ses Etats.

L'influence prodigieuse qu'il avait acquise en Cochinchine profite encore à la France après bientôt un siècle et dès 1858, au moment où commençait la conquête de la Cochinchine, les chefs du corps expéditionnaire en constataient les effets : « Les souvenirs que la France éveille dans toute la Cochinchine, disait le *Moniteur* à cette époque, excitent la plus chaleureuse sympathie, les Français sont accueillis comme

P. J. G. PIGNEAUX
Évêque d'Adran

les enfants du *grand maître*. » Pour reconnaître ce prestige et s'y associer, le gouvernement français fondait quelques années après à Saïgon des écoles dotées de bourses qui devaient porter le nom de *bourses de l'évêque d'Adran*. Puis il déclarait propriété nationale le tombeau de l'illustre évêque et ordonnait qu'il serait entretenu à perpétuité aux frais de l'Etat (décret du 31 août 1861).

Notre pays d'Origny a, de son côté, pieusement conservé le souvenir de son glorieux enfant. Au moyen d'une souscription ouverte par les soins de M. l'abbé Jardinier, la maison natale de Pigneaux a été rachetée et restaurée et, sur le côté faisant face à la voie publique, a été placée une plaque de marbre rappelant les titres et les armes du grand prélat.

Il serait à désirer qu'un monument plus en vue rappelât aux générations présentes sa grande mémoire: nous l'attendons de la générosité de nos concitoyens.

La commune d'Origny possède un précieux souvenir de Joseph Pigneaux; au mois d'août 1855, les exécuteurs testamentaires de Mme Lesur-Folley, de Guise, l'une des nièces de l'évêque, faisaient remettre au maire d'Origny deux magnifiques toiles destinées à être déposées dans le presbytère d'alors, l'ancienne maison de la famille Pigneaux : l'une représente la belle figure de l'évêque d'Adran, l'autre est l'image du jeune prince de Cochinchine, son pupille, qui l'avait accompagné lors de son voyage en France. Ces tableaux sont religieusement conservés dans la chambre même où Pigneaux vit le jour.

CHAPITRE XXXI

Les élections pour les Etats généraux. — Cahier des doléances de la paroisse d'Origny. — Les assemblées préparatoires et les représentants d'Origny. — L'hiver de 1789. — La famine en Thiérache. — Emeutes. — La garde bourgeoise. — Statistique agricole. — Difficultés locales.

Dès le mois de janvier 1789, on s'occupait dans les campagnes de l'élection des députés aux Etats généraux et l'opinion publique préparait ses choix. Mais déjà les partis se formaient; si l'évidence de la nécessité des réformes avait réuni de nombreux partisans, le clergé conservait d'ardents défenseurs de ses privilèges, la noblesse aussi comptait des serviteurs dévoués.

Les programmes étaient différents, des intrigues de toutes sortes se formaient dans les conciliabules provoqués de part et d'autre dans chaque paroisse. La division s'accentuait : on allait faire la première épreuve du suffrage universel et déjà les partis s'acharnaient à en dénaturer l'expression.

A Origny, cependant, la municipalité put se mettre d'accord pour dresser le cahier des doléances de la paroisse; c'était assez facile, du reste, puisqu'il ne s'agissait que de faire le tableau de la misère du pays, qui était extrême.

« *Origny*, disait ce document, *ne peut nourrir ses habitants que trois mois de l'année du produit de ses récoltes, l'ingratitude du sol de ce lieu n'accor-*

dant cette faible production que par un travail actif et au moyen d'une dépense difficile à calculer. Ce terroir est confiné au nord par un bois dont la bordure porte préjudice, les habitants sont obligés de partager souvent leurs ressources avec des gens qu'ils ne connaissent que par leurs délits, lesquels prennent souvent ici des retraites attirés les uns par les autres; ils demandent relativement à leurs positions une proportion dans les impôts qui y soit relative.

« Que pour interrompre l'abus qui résulte des retraites, il soit fait défense à tous habitants de retirer chez eux aucun étranger quel qu'il soit, lui enjoindre de renvoyer les pauvres passants à l'officier de police ou autre préposé, lequel sera chargé de la dépense du pauvre, dont il sera remboursé sur les fonds de l'aumône commune; par cette méthode, ils espèrent d'affaiblir la mendicité s'ils ne parviennent pas à l'extirper entièrement, et le citoyen en acquerrera plus de sécurité, tant pour sa personne que pour ses possessions. »

La mendicité, on le voit, avait pris, avec la misère publique, un développement considérable et était devenue un véritable danger pour la population.

Les élections préparatoires furent assez calmes à Origny, mais, dans les villes voisines, il y eut de nombreuses cabales. Voici ce qu'écrivait M. Chatelain, bailli d'Origny, élu subdélégué d'Hirson, à l'intendant de la généralité de Soissons :

« Monseigneur, vous m'avez chargé de vous informer du résultat de l'assemblée tenue à Guise. Je n'en connais pas de plus indécente. Ordinairement, l'intrigue et la cabale se couvrent d'un voile ténébreux; mais, à Guise, toute pudeur était éclipsée.

Ayant été nommé par acclamation un des députés pour Laon, et, ensuite, M. Marcadier, bailli de La Capelle, des prétendants aux Etats généraux ont fait adopter cette forme par le monde qui était de leur bord, au lieu de suivre les paroisses par ordre alphabétique. Ils proposaient les sujets qui leur étaient dévoués, lesquels applaudissaient eux-mêmes sur leur nomination en s'arrogeant les suffrages. On devait s'attendre à une fermentation vers la fin, lorsque, la réclamation étant écoutée, ce qui était fort rude, elle était suivie de personnalités révoltantes. Des avocats et procureurs de la ville de Guise ont été dans les villages sollicitant des procurations; et s'ils étaient juges de quelques villages, ils couraient pour se faire députés; en sorte que, sur soixante-quatorze députés pour aller à Laon, j'en compte dix-sept avocats et procureurs de la seule ville de Guise, non compris le maire de la ville, et des campagnes le quart pour cent, trente-cinq paroisses qu'ils ne connaissent pas. La plupart de ces harpies ajoutent qu'ils se feront payer par les paroisses. Je serai à Laon samedi prochain. Sans le concours de nos habitants, joint à vos ordres, je me serais bien gardé d'aller à Guise où je ne voudrais pas être en peinture.

« J'ai l'honneur, etc.

« Signé : CHATELAIN. »

Malgré tout cela, le pays resta tranquille et les manœuvres, signalées dans quelques villes, ne permettent pas d'incriminer l'ensemble des opérations : toute élection comporte la brigue, la lutte et enfin les récriminations.

Le 16 mars, les délégués de la noblesse du clergé et des paroisses se réunissaient à Laon. A huit heures, une messe solennelle fut célébrée dans la cathédrale, puis les trois ordres se réunirent dans la nef pour entendre la lecture de la lettre de convocation du 24 janvier et du règlement; ensuite, sur l'invitation du lieutenant général du baillage de Vermandois, ils se séparèrent pour se constituer chacun de leur côté.

A quatre heures, l'assemblée du clergé avait lieu dans la grande salle du palais épiscopal, sous la présidence de l'évêque de Laon. Le prieur de l'abbaye de Foigny y assistait en personne; l'abbé Haution, natif d'Origny et curé de Saint-Cyr de Laon, y représentait divers curés de la province; l'abbé Fouan, curé d'Origny, s'y présenta en son nom personnel et comme mandataire des curés de La Capelle et de La Flamengrie.

Le premier soin de l'assemblée fut d'échanger des félicitations réciproques avec l'ordre de la noblesse, puis, sur la proposition de l'évêque président, une députation fut porter au *Tiers* (1) le témoignage du zèle dont le clergé se déclarait animé pour les intérêts et le soulagement du peuple, ajoutant « *que l'ordre du clergé, content des prérogatives d'honneur et de rang qu'il tient de l'ancienne et inviolable constitution de la monarchie et du respect dû à la religion, ne prétendait à aucun privilège relativement aux impositions publiques, et qu'il était prêt à solliciter lui-même un ordre de répartition où, sans distinction d'ordres ou de personnes, on n'eût égard qu'à la nature et à la valeur des propriétés.* » Le clergé consentait à un sacrifice qu'il ne pouvait plus refuser!

Les travaux de l'ordre du clergé se prolongèrent jusqu'au lundi 23 et se terminèrent par l'élection de

(1) *Le Tiers-Etat*, nom donné aux élus du peuple.

trois députés aux Etats généraux et d'un suppléant :

1° L'évêque de Laon ;
2° M. Oger, curé de Saint-Pierremont ;
3° M. Gibert, curé de Saint-Martin-de-Noyon ;
4° M. Féquant, curé de Leschelle, près Guise.

L'ordre de la noblesse s'était assemblé dans l'auditoire du palais royal de la ville de Laon, sous la présidence du marquis de Flavigny. Mme Adrienne-Emélie-Félicité de La Baume Le Blanc de La Vallière, duchesse de Chastillon, dame de la seigneurie d'Origny, était représentée par M. d'Ully, vicomte de Laval. M. d'Hennezel, propriétaire du fief du Chaudron, ne se fit pas représenter.

Aussitôt sa constitution, l'ordre de la noblesse fit complimenter les deux autres ordres et leur exprima le vœu de partager avec eux toutes les charges pécuniaires de l'Etat. Ses séances aussi se prolongèrent jusqu'au 23 mars ; plusieurs scrutins eurent lieu pour la nomination de ses députés :

M. Charles-Jean-Louis vicomte des Fossés, seigneur de Faux-Aumancourt, fut élu premier député.

M. Charles-François-Louis de Maquerel, seigneur de Quesnoy, fut ensuite nommé, puis M. le comte de Miremont.

Trois suppléants furent désignés : M. le chevalier de Novion, M. du Royer et M. Lamirault de Noircourt.

La paroisse d'Origny était représentée à Laon, dans l'ordre du Tiers-Etat, par Jean-Nicolas Tanneur, notaire et syndic de l'assemblée municipale, et Antoine Aubin, marchand.

Le bailli d'Origny, Charles-Bernard Chatelain, y représentait la paroisse d'Hirson, dont il était, en même temps, prévôt et subdélégué, avec M. Louis Lefebvre, le gendre de M. Pigneaux.

Aussitôt sa constitution, le Tiers commença ses travaux dans la grande salle de l'abbaye de Saint-Jean et s'occupa de dresser le volumineux cahier de ses doléances et remontrances, qui contient toutes les réformes dont la Révolution allait poursuivre la conquête avec tant d'énergie. Puis, dans ses séances du 20 au 30 mars, il procéda au choix de ses députés aux Etats généraux :

M. Le Carlier, maire de la ville de Laon et secrétaire du roi, fut élu premier député.

Furent ensuite nommés :

M. Viéville des Essarts, subdélégué de la ville de Guise ;

M. Devismes, avocat à Laon et procureur-syndic de l'assemblée intermédiaire de l'élection de Laon ;

M. Bailly, laboureur à Crécy-au-Mont ;

M. L'Eleu de la Ville-au-Bois, conseiller du roi, subdélégué à Laon ;

Et M. Le Clerc, laboureur, demeurant au Lannois, paroisse de Varlet.

L'examen des cahiers des paroisses avait révélé à l'assemblée électorale de Laon toute l'étendue de l'affreuse misère qui désolait nos campagnes. La moisson de 1788, nous l'avons dit, s'était présentée sous les plus tristes apparences. Du 1er mars au 16 mai, il n'était pas tombé une goutte de pluie. Un vent du nord-est, âcre et persistant, durcissait la terre déjà profondément desséchée. Les terres, préparées pour les céréales du printemps, n'avaient pu être empouillées, les semences que l'on tenta d'y répandre ne levèrent pas, et la fameuse grêle du 13 juillet vint détruire toutes les moissons qui avaient résisté à la gelée et à la sécheresse. Toute l'Ile-de-France, la Picardie entière, la Thiérache furent ravagées. Dès lors, commença dans l'élection de Guise une famine telle que le moyen âge en connut à peine d'aussi désolante. Dès le mois d'août, le prix du blé était monté brusquement de dix-huit livres à vingt-sept le sac ou le setier. La loi, suspendant la liberté de l'exportation que les populations réclamaient à grands cris, vint trop tard ; à la fin de novembre 1788, la livre de pain se payait plus de cinq livres, et déjà les murmures, les menaces, l'état des esprits, quelques voies de fait, tout, enfin, annonçait des mouvements prochains, une crise fâcheuse.

Pour comble de malheur, l'hiver arriva dès la fin de septembre et il débuta avec une intensité annonçant la saison la plus dure. Dans le mois de novembre, on trouve déjà des malheureux tués par le froid sur les routes. En décembre, toutes nos rivières gelèrent à fond, tout le poisson fut détruit. Les fontaines tarissaient, les puits gelaient, les moulins s'arrêtaient. Dans des maisons mal défendues contre la rigueur excessive du temps, des familles pauvres périront sur leur grabat. Un ciel, toujours couvert, noir et triste, poussait les esprits à la tristesse et aux sombres pressentiments. Pendant toute la fin de décembre et la première moitié de janvier, il n'y eut jamais moins de dix-sept degrés au-dessous de zéro, le thermomètre tomba plusieurs fois au-dessous de vingt degrés, une fois ou deux à vingt et un degrés.

A la fin de mars, les campagnes étaient encore sous la neige ; les semences en terre furent perdues, des rassemblements tumultueux se faisaient dans les villages.

Vers la fin d'avril, les pluies, qui succédèrent aux froids, causèrent de nouveaux dommages.

La Thiérache souffrait de la famine plus qu'aucune

autre province ; pendant des mois, des familles entières n'eurent pour nourriture que des herbes bouillies. Heureux celui qui pouvait se procurer un peu de farine d'avoine pour confectionner le mets des époques de disette, *la garlope !* Les paysans vendaient leur petit héritage pour un jaloi d'avoine ou de seigle.

C'est au milieu de cette triste situation qu'eut lieu à Versailles, le 5 mai 1789, l'ouverture des Etats généraux ; nos campagnes n'en ressentirent aucun soulagement.

Le baillage de Guise dut prendre des mesures énergiques pour calmer les populations. On fit procéder dans toutes les paroisses au recensement des grains qui se trouvaient chez les particuliers, des ateliers de charité furent ouverts en grand nombre et l'on dépensa des sommes considérables pour acheter des grains de tous côtés, mais souvent il ne s'en présentait sur aucun marché. Le jaloi de blé (1) atteignit sur le marché de Vervins le prix de dix-huit livres ! Il alla à La Capelle à vingt-cinq livres !!

La pénurie devint telle que la municipalité de Laon se crut autorisée à arrêter les blattiers qui portaient des blés, à Soissons, sur leurs convois d'ânes et de mulets. Cet exemple fut bientôt imité par les autres communes, et les petits marchands de blé ne purent bientôt plus circuler qu'avec une difficulté extrême et par des chemins détournés à travers les bois. Le désordre devint effrayant, dans les environs de Guise surtout. Des attroupements de quatre, cinq et six cents personnes parcouraient la campagne, envahissant les châteaux et les fermes, se faisant livrer par force du pain et des vivres. Dans notre pays, on établissait des postes sur toutes les routes pour arrêter les blattiers et les

---

(1) Environ quarante-cinq litres.

marchands de grains. La moisson n'arrêta pas ce mouvement, car la récolte fut insuffisante pour satisfaire à tous les besoins et, à ce moment, le bruit se répandait partout que des bandes de brigands, parties de Paris, ravageaient les moissons. Partout les populations s'armèrent pour repousser cette invasion imaginaire. A Origny aussi, on surveillait tous les passages :

Le 3 septembre, Joseph Lainel, Joseph Triquenoaux, Augustin Hantion et Mathieu Boudiguet se présentaient en la chambre commune et déclaraient à Alexis Sorlin, qui faisait fonctions de greffier, qu'ayant été prévenus que plusieurs personnes passaient des grains à l'étranger dans le but d'affamer le royaume, ils s'étaient postés à la croisée des chemins d'Origny à Landouzy et de Vervins à Lahérie (aux *Quatre-Chemins*), et que, sur les quatre heures de l'après-midi, ils avaient arrêté un meunier de la frontière conduisant deux chevaux chargés de deux sacs de blé, qu'il disait conduire au meunier de Lahérie dont il était le domestique ; que, s'étant emparés de cet individu, ils l'avaient conduit devant le meunier de Lahérie qui ne l'avait pas reconnu pour son domestique. Les déclarants ajoutaient qu'ils avaient alors dirigé leur prise sur Hirson et qu'ils avaient demandé au brigadier de la maréchaussée, au subdélégué, au procureur fiscal, aux maire et eschevins, ce qu'ils devaient en faire, que ces magistrats leur avaient répondu que la prise était pour eux et qu'ils pouvaient la reconduire, ainsi que les chevaux, à Origny, à la charge d'en faire la déclaration à la municipalité.

Le même jour, Louis Marcelot, cavalier des fermes du roi, Jean-Louis Hiver, Jean-Baptiste Torlet déclaraient que, la veille à dix heures du soir, ils avaient arrêté à la sortie du village deux mulets chargés de blé appartenant au meunier de Neuve-Maison, soupçonné de faire passer des blés à l'étranger, et qu'ils avaient confisqué à leur profit la charge de ces mulets.

L'assemblée municipale, sur l'invitation du subdélégué d'Hirson, voulut mettre un terme à ces voies de fait et prendre des mesures plus efficaces pour empêcher l'exportation des grains. Par une délibération du 6 septembre, elle décida que, dans le but de maintenir l'ordre et d'empêcher le transport des blés à l'étranger, il serait établi une *garde bourgeoise* qui serait formée par tous les habitants indistinctement, sous le nom de *Milice*, et que, pour en faciliter le service, on profiterait des offres de M. Mayeur, capitaine général des fermes, qui mettait à la disposition de la municipalité les corps de garde établis sur la rivière. Tous les habitants, de dix-huit à soixante-dix ans, devaient être inscrits sur les contrôles de cette garde et seraient tenus de se soumettre au règlement qui serait incessamment établi. En attendant, un comité permanent statuerait sur les prises de grains et sur les affaires urgentes.

On s'aperçut bientôt que ces mesures resteraient insuffisantes si les communes voisines ne s'y associaient pas, et que, si la garde bourgeoise empêchait les blés de passer à Origny, ils continuaient de se diriger sur la frontière par les villages d'à côté. En conséquence, et par une décision du 13 septembre, l'assemblée municipale ordonnait qu'il serait envoyé chaque jour trois hommes par compagnie, sous la conduite d'un capitaine ou d'un sergent, sur la ligne frontière, et elle invitait en même temps l'administration des fermes à adjoindre au détachement six de ses employés : les postes de l'intérieur du pays étaient supprimés.

En même temps, la municipalité s'occupait de fournir à la commission provinciale du Soissonnais les renseignements nécessaires à l'établissement d'un tableau comparatif de la récolte en blé des années 1788 et 1789, et elle appelait, à cet effet, dans son sein deux importants laboureurs de la paroisse, les sieurs Dentier et Joseph Terrien. Après examen, elle évaluait ainsi la production moyenne de l'arpent :

En blé : en 1788, 200 gerbes faisant 400 livres de grain ; en 1789, 230 gerbes faisant 450 livres de grain.

Pour les seigles : en 1788, 180 gerbes rendant 337 livres ; en 1789, 180 gerbes rendant 337 livres.

En épeautre : en 1788, 200 gerbes rendant 450 livres ; en 1789, 200 gerbes rendant 450 livres.

La statistique générale de la province démontra que la récolte de 1789 ne dépassait que d'un quart celle de 1788, et ne pouvait être tenue que pour une récolte de petite année moyenne. De plus, comme il avait fallu l'utiliser sur l'heure pour calmer les impatiences de la faim, on reconnut qu'il y aurait encore un déficit pour l'année 1790.

Dans toutes les communes aux alentours d'Origny, l'agitation était grande. Les paysans s'emparaient de tous les grains qui voyageaient, seulement même de paroisse à paroisse, tant était poussée loin l'exagération de la peur de la famine causée par l'exportation. Le corps de ville d'Hirson avait décidé qu'il serait formé un détachement de vingt-quatre habitants, qui, en armes, sous la conduite d'un officier municipal, furent chargés de garder la ligne d'Hirson au village de Bancigny. C'est à cette garde qu'Origny affecta son contingent : la consigne était de se tenir, nuit et jour, caché dans les haies et dans les ravins et d'arrêter tous les blattiers qui passeraient. Le ravitaillement des marchés locaux devenait impossible de cette manière : ceux qui avaient encore du blé le cachèrent et la disette se fit encore plus vivement sentir.

Le gouvernement dut prendre des mesures énergiques pour réprimer ces excès. Le régiment des dragons de la reine, qui tenait garnison à Laon, fut réparti dans la Thiérache pour disperser tous les rassemblements armés. De fortes patrouilles parcouraient sans cesse le pays du Nouvion à Brunehamel, mais, derrière elles, les bandes se reformaient et se retiraient dans les bois pour attendre les convois de blé.

Des blattiers, se rendant des Ardennes au marché de Saint-Michel, se trouvèrent un jour en présence de plus de cent habitants du hameau du Chêne-Bourdon, armés de bâtons, de couteaux, de fourches et de haches ; plusieurs avaient des armes à feu. Un blattier fut grièvement blessé en défendant son mulet. Un autre, couché en joue, écarta d'un coup de bâton le canon du fusil, mais fut assommé d'un coup de crosse. La moitié au moins de la bande se composait de femmes. Il y eut quelques arrestations, mais au procès personne ne voulut parler.

Ces scènes se renouvelaient chaque jour, et ce n'était pas quelques semaines de prison, quelques amendes irrecouvrables qui pouvaient rendre la tranquillité au pays. C'est au milieu des alarmes, des émeutes, de la misère, que se termine cette désastreuse année 1789. Heureusement, l'hiver ne devait pas amener les froids terribles qui avaient sévi l'année d'auparavant.

Malgré les préoccupations d'ordre plus général que la situation lamentable du pays imposait à tous les esprits, malgré la nécessité de concentrer tous les efforts pour combattre d'une manière plus efficace la misère publique, les rivalités locales n'avaient cessé de diviser notre municipalité pendant cette année néfaste.

Se basant sur une circulaire du bureau intermédiaire de Guise, en date du 18 février, l'assemblée municipale avait demandé à Jacques Wuilliot, le dernier maire, un compte détaillé de sa gestion. Celui-ci, croyant cette décision dictée par un esprit d'hostilité contre sa personne, se faisait un point d'honneur de refuser ce compte, et, jusqu'à la fin de l'année, il résistait à toutes les sommations qui lui furent notifiées.

D'autre part, un certain nombre d'électeurs, qui avaient vu leurs cotes d'impositions augmenter à la suite de la nouvelle répartition des contributions faite par l'assemblée municipale, avaient adressé une pétition au bureau intermédiaire de Guise pour se plaindre de la présence simultanée de proches parents dans l'assemblée municipale et demandaient que sa composition fut revisée.

Cette pétition fut communiquée à la municipalité le 26 avril ; elle répondit que, *si à la vérité parmi ses membres, Jacques Wuilliot et Jean-Antoine Serent étaient beaux-frères, Nicolas et Claude Faroux étaient frères, et André Soyer leur neveu, ils avaient été élus, il y avait deux ans, par les protestataires eux-mêmes ; que cette plainte n'était motivée que par un esprit de cabale et à cause de la répartition nouvelle de l'impôt; qu'il ne fallait pas s'y arrêter, ni céder aux injonctions de quelques mécontents qui méritaient au surplus d'être eux-mêmes poursuivis pour avoir falsifié une partie des signatures de la pétition*. Toutefois, dans la même séance, Claude Faroux, qui par suite de la réduction de sa cote ne payait plus l'imposition exigée des membres de l'assemblée, donna sa démission. Aucune autre satisfaction ne fut donnée aux pétitionnaires.

Quelque temps après, l'un des membres de la municipalité, Michel Terrien, étant décédé, il fut procédé à une élection partielle qui ouvrit l'assemblée municipale à Alexis Sorlin, maître en chirurgie.

Les réformes que, pendant ce temps, poursuivait avec tant d'énergie l'Assemblée nationale, n'avaient à Origny qu'un écho lointain et tardif, et la population, soucieuse surtout des nécessités matérielles dont elle souffrait, restait indifférente aux événements politiques de cette grande époque.

Les importants décrets concernant la réforme de la procédure criminelle, la déclaration des droits de l'homme, l'abolition des privilèges féodaux, etc., n'étaient officiellement publiés à Origny que le 6 décembre.

Un peu auparavant, le corps électoral de la commune avait été inutilement convoqué pour procéder à la nomination des répartiteurs : aucun électeur ne s'était présenté. Il est vrai que la crue des eaux de la rivière, arrivée ce jour-là (11 novembre), retenait chez eux une partie des habitants. Mais il fallut faire aussi à deux reprises différentes, et sans résultat, la publication du décret relatif à la contribution patriotique.

En revanche, le moindre incident local surexcitait l'opinion publique.

Le curé, Jean Fouan, ne s'était attiré que de médiocres sympathies dans la paroisse. Or, un beau jour, il s'était permis de faire abattre tous les vieux saules qui bordaient un pré de la cure situé à *la Passe des Saussoirs*. Plusieurs habitants vinrent aussitôt signaler le fait au syndic, qui dut en saisir l'assemblée municipale. On se transporta sur les lieux et l'on reconnut que si, en effet, le curé avait disposé des vieux saules, il en avait fait planter de jeunes depuis une dizaine d'années pour les remplacer.

Ces difficultés de mince importance faisaient, malheureusement, présager les graves divisions que nous allons bientôt voir surgir dans notre commune.

CHAPITRE XXXII

Nouvelle division administrative de la France. — La nouvelle municipalité d'Origny : M. Soyer, maire. — Contribution patriotique. — Les revenus de la cure et des pauvres. — Le régiment de Sancerroy. — Le garde Fauvin. — Misère croissante. — Le curé d'Origny prête le serment constitutionnel. — Troubles religieux. — Pillage de l'abbaye de Foigny. — Dispersion des religieux. — Les maîtres d'école Tachet et Drubigny. — Sectionnement cadastral. — Projet de route de Vervins à Hirson.

Sur la proposition de l'abbé Sieyès, l'Assemblée nationale avait décrété, le 22 décembre 1789, la suppression des anciennes divisions administratives. La France fut divisée en quatre-vingt-trois départements ; chaque département en districts, et chaque district en cantons, comprenant un certain nombre de municipalités.

Laon et Soissons se disputèrent vivement le chef-lieu du département de l'Aisne ; Guise et Vervins luttèrent avec non moins d'énergie, pour obtenir le chef-lieu du cinquième district du département. Vervins, grâce à sa position plus centrale, l'emporta et devint le siège de l'administration, mais Guise conserva pour quelque temps le tribunal de première instance.

Une loi du 18 décembre 1789 avait aussi établi une nouvelle organisation administrative des municipalités. Dans chaque commune était créé un Conseil municipal présidé par un maire et composé de deux sections : le Conseil et le Bureau. Un tiers des officiers municipaux formait le Bureau et les deux autres tiers le Conseil.

A ce Conseil municipal s'adjoignaient, dans quelques circonstances, un certain nombre d'habitants notables, ce qui constituait le Conseil général de la commune.

Le maire était élu par le Conseil général ainsi que l'officier chargé, sous le titre de procureur de la commune, de prendre l'initiation de la défense et de la poursuite des intérêts communaux. Les officiers municipaux étaient élus pour deux ans, mais renouvelables par moitié chaque année.

A Origny, le bureau du Conseil municipal fut composé de : MM. Adrien-François Soyer, Etienne Bertaux, Jean Janvier, Nicolas Dentier, Louis Péry, Antoine Bécret, Nicolas Terrien.

M. Soyer fut élu aux fonctions de maire et Nicolas Terrien fut investi de celles de procureur de la commune, mais il les transmit peu après à Antoine Aubin.

Les autres membres de la municipalité étaient les sieurs Alexis Sorlin, Thomas Triqueneaux, Charles Piérotin, Pierre Demaux, Jean-Louis Midelet, Joseph Frotin, Jean-Baptiste Aubin, Nicolas Dentier, Antoine Aubin, Nicolas Martin et Antoine Vendelet. Joseph Desharbes, marchand, fut choisi comme greffier, mais bientôt, et en raison de ses fréquentes absences, on lui adjoignit comme commis-greffier Jean-Charles-Joseph Drubigny, clerc laïque.

Le nouveau maire ne résidait à Origny que depuis quelques années. Issu d'une riche famille de cultivateurs exploitant la ferme de Saint-Antoine, près de Marle, M. Soyer était venu épouser à Origny Mme Juliette Faroux, fille de Jean-Jacques Faroux, marchand de paniers et marguillier, et par ce mariage était devenu le beau-frère d'Alexis Sorlin, chirurgien. Jean-Jacques Faroux était décédé depuis quelques années ; sa veuve mourut trois jours après le mariage de sa fille avec M. Soyer. Celui-ci dut continuer le commerce de marchand de paniers de ses beaux-parents, mais il le cessa bientôt pour reprendre l'importante ferme seigneuriale d'Origny, la cense la Cour et, après la confiscation des biens de la duchesse de Chastillon, il se rendit acquéreur d'une partie de ses terres et du grand moulin d'Origny.

Dès ses premières réunions, le Conseil municipal eut à s'occuper de la demande pressante que faisait le gouvernement d'un acompte sur les impositions de l'année et de la contribution spéciale qui venait d'être votée sous le titre de *contribution patriotique*. L'avance demandée à la commune sur les impôts de l'année courante avait été fixée à cinq cent dix livres que les collecteurs de 1790, Jean-Baptiste Bécret et Jacques Michel, furent chargés de recouvrer sur les contribuables les plus aisés.

En même temps, on procédait à l'établissement des nouveaux rôles pour la répartition des impôts. Désormais, tous les propriétaires fonciers devaient contribuer également aux charges de l'Etat. Tous les citoyens d'Origny durent se rendre, au jour fixé, en la chambre du Conseil, pour faire la déclaration de leurs propriétés. Le curé, M. Jean Fouan, vint affirmer que les revenus de la cure consistaient uniquement dans le quart des dîmes de la paroisse, évalué deux cents livres, et dans le produit de six arpents de pré, faisant, année commune, cent trente-deux livres.

Déjà, par une décision du 28 février, le curé s'était vu priver de son antique privilège de distribuer seul le revenu des biens des pauvres. Pour l'avenir, ce soin était remis aux officiers municipaux, qui, le premier dimanche de chaque mois, feraient une distribution de secours. Si entre temps il se présentait une misère pressante à soulager, il pouvait être délivré un bon de secours provisoire, mais seulement sous la triple signature du maire, du curé et d'un officier municipal. Peut-être la répartition du revenu des pauvres se fit-elle mieux ainsi, mais ce revenu demeurait insuffisant en présence de la misère profonde qui désolait toujours le pays. Et cette misère amenait à sa suite des désordres de toutes sortes ; derrière la mendicité suivaient les déprédations et le vol.

Le 17 mars, le procureur Antoine Aubin appelait l'attention du Conseil sur la nécessité de réprimer ces désordres et demandait la nomination d'un garde-verdure chargé de veiller à la conservation des propriétés. Le maire et les officiers municipaux imaginèrent un autre moyen qui, en même temps qu'il devait mieux remplir le but proposé, permettait de faire l'économie des gages d'un nouveau fonctionnaire. Il y avait depuis le commencement de l'hiver, à Origny, un détachement du régiment de *Sancerroy*, placé sous le commandement de M. Bidouard, lieutenant. La municipalité obtint de cet officier quatre soldats pour remplir les fonctions de gardes-verdure ; il était entendu que ces militaires ne toucheraient d'autre émolument que leurs primes ainsi tarifiées :

Pour un homme à pied passant dans des sentiers défendus....................	5 sols
Pour un cheval................	15 —
Pour une vache...............	10 —
Pour une voiture passant dans les blés, mars et prairies.........	3 livres 15 —
Pour les bêtes à laine pâturant dans les prairies, bois, saussoirs, par tête.....................	5 —
Et pour toutes espèces d'animaux échappés et poursuivis par leurs propriétaires.................	5 —

Mais un ordre de départ arriva au détachement du *Sancerroy*, et nos quatre soldats, huit jours seulement après leur installation, se trouvaient dans la nécessité de renoncer à leurs fonctions.

Les officiers municipaux durent se pourvoir ailleurs : ils trouvèrent un homme encore plein de vigueur et d'énergie, Antoine Fauvin, invalide des fermes du roi, à qui ils confièrent les fonctions de garde-verdure.

La tâche du nouveau garde n'était pas facile, mais il y mit tout son zèle. Au début, les délinquants lui opposèrent une vive résistance ; il fut même l'objet de sévices de la part de plusieurs d'entre eux. La municipalité dut prendre des mesures de rigueur et envoyer quelques-uns des coupables devant la justice.

Les anciennes justices seigneuriales venaient d'être supprimées et une partie de leurs attributions avaient été dévolues par la loi nouvelle aux justices de paix cantonales. Origny se trouva englobé dans le ressort du tribunal de paix d'Hirson qui eut pour premier titulaire M. Jean-Louis-Antoine Mangin.

Ce fut le zélé garde Fauvin qui fournit au nouveau magistrat l'une des premières causes qu'il eut à juger, et dont l'instruction avait encore été faite en la justice seigneuriale d'Origny. Par exploit du 21 mai, il avait intenté contre Simon Parisot, vannier, une action tendant à ce que : « *attendu la preuve résultant de l'enquête faite en l'ancienne justice, des injures et voies de fait dont ledit Parisot se serait rendu coupable envers le garde Fauvin, il fut tenu de reconnaître ce dernier pour homme d'honneur et de probité en présence de six personnes notables... et fut condamné pour forme de réparation civile en trois cents livres de dommages et intérêts.* » Fauvin n'en obtint pas tant, mais Parisot fut condamné à une amende de six livres et au paiement de tous les frais faits tant au baillage d'Origny qu'à la justice de paix.

Malgré son extrême vigilance, Fauvin ne pouvait suffire à la garde des champs et au service de la police intérieure ; la municipalité dut remettre cette seconde partie de ses fonctions à un agent spécial, Nicolas Boutillier, précédemment sergent auprès de l'ancienne justice, qui prit le titre de sergent et commissaire de police.

Le détachement de *Sancerroy* avait quitté notre commune le 28 mars. Il fut procédé par le maire et le procureur de la commune, contradictoirement avec le lieutenant, à la visite du casernement avant de le remettre à son propriétaire, M. Lesur. Les locaux furent trouvés en bon état, ainsi que le mobilier dont ils étaient garnis, sauf quelques chaises et gamelles qui étaient détériorées ; mais le détachement fut déchargé de toute indemnité par l'abandon qu'il fit à la commune de quatre cordes de bois qu'il avait économisées sur le chauffage à lui fourni.

Le séjour de cette troupe, à laquelle il avait fallu fournir *le logement, le bois et la chandelle*, les réparations urgentes à faire aux ponts de la commune et à la maison d'école, avaient épuisé les ressources de la caisse communale. L'assemblée générale des notables, convoquée extraordinairement pour aviser à cette situation, fut d'avis de recourir à la ressource, toujours employée dans les moments difficiles, de la vente d'une partie des regains communaux et décida de laisser en regains cette année trente-deux jalois de prairies. Cette mesure rencontrait d'autant moins d'objections que beaucoup d'habitants pressés par le besoin avaient dû se défaire de leur bétail. La vente des regains produisit deux cent quatre-vingt-neuf livres.

Toute l'année 1790, la circulation des grains fut empêchée à Origny, malgré les prescriptions du pouvoir central, et de nombreuses saisies furent opérées. Mais la misère ne cessait pas et de nombreux vagabonds et mendiants continuaient à parcourir le pays : le mal devint tel que la municipalité dut prendre un arrêté défendant aux habitants de recevoir chez eux aucun étranger sans qu'il fut muni d'un certificat de bonne vie. Des vols répétés se commettaient journellement dans les habitations privées : un nommé Paquot, d'Hirson, fut pris en flagrant délit d'effraction dans la maison de la veuve Joseph Sorlin, et le *colonel* de la garde nationale fut requis de fournir un détachement pour le conduire à la prison d'Hirson.

Cependant, l'Assemblée de Versailles multipliait les réformes et, malgré les résistances du roi et des anciennes classes privilégiées, avançait à grands pas l'œuvre de rénovation sociale qu'elle avait entreprise. La constitution civile du clergé fut certainement l'un des actes qui rencontra la plus vive résistance : le roi dut céder à l'opinion publique et accorder sa sanction. Le 12 décembre, le maire et les officiers municipaux d'Origny se présentaient au prône de la messe paroissiale et prenaient place au milieu de la nef, sous le crucifix, pour recevoir le serment de M. Fouan, curé. Ce dernier, réitérant celui qu'il avait déjà prêté le jour de la fête de la Fédération, jurait solennellement « *de veiller avec soin sur les fidèles de la paroisse, d'être fidèle à la nation, à la loi et au roi, et de maintenir de tout son pouvoir la constitution du royaume décrétée par l'assemblée de la nation et sanctionnée par le roi* ».

Quelques jours après, les officiers municipaux se présentaient chez M. Tanneur, notaire et ancien greffier de la justice seigneuriale, et apposaient leurs scellés sur les papiers du greffe. Il y en avait une pleine armoire ; là se trouvaient les documents les plus précieux pour l'histoire de notre commune. Malheureusement, nous verrons bientôt un novateur trop ardent faire de ces parchemins un autodafé à jamais regrettable.

Toutes ces nouveautés n'étaient acceptées qu'avec une certaine répugnance par une partie de la population d'Origny, qui, par ses habitudes et ses traditions de famille, demeurait attachée à l'ancien état de choses. L'abbé Fouan et quelques autres notables encourageaient secrètement les menées du parti de la résistance et se préparaient à rompre bientôt avec une municipalité trop enthousiaste du progrès, à leur sens. Le renouvellement partiel de l'assemblée municipale avait porté aux fonctions de procureur de la commune M. Tanneur, l'un des chefs du parti modéré, et les divisions allaient s'accentuer davantage.

Dès son entrée en charge, le nouvel officier du ministère public se trouva aux prises avec de graves difficultés.

Le décret de suppression des ordres monastiques venait à peine d'être signifié aux moines de l'abbaye de Foigny, qu'un nombreux rassemblement, en grande partie composé d'habitants d'Origny, les uns armés de fusils, les autres d'armes quelconques, vint fondre sur le monastère : ces hommes prétendaient que des armes et des tonneaux de poudre étaient cachés dans les caves ; mais dès qu'ils apprirent la saisie faite au nom de la nation, ils se dispersèrent, sans commettre aucun désordre et sans se porter à aucune violence contre les religieux qui ne s'étaient pas encore retirés (1).

(1) A. Piette.

Un peu plus tard, une nouvelle attaque, dont les résultats ne furent pas sans gravité, eut cela de particulier qu'elle fut dirigée par un des anciens religieux, le frère Mairesse, qui s'était retiré à Origny et avait embrassé avec un enthousiasme frénétique les principes les plus exagérés de la Révolution. Accompagné de quelques affidés, il pénétra la nuit dans l'église abandonnée, brisa les autels, les statues des saints, les tabernacles, lacéra les tableaux et n'épargna rien de ce qui lui rappelait une religion qu'il avait abandonnée. Il y avait au milieu de l'église un christ immense qu'une chaîne suspendait entre la voûte et les dalles du pavage. Mairesse brisa de sa propre main la chaîne et précipita sur le pavé la sainte image qui fut réduite en poussière.

Peu de temps après cette expédition, dans les derniers jours de février, le mobilier de l'abbaye fut vendu publiquement et la foule des acheteurs le dispersa de tous côtés.

L'église d'Origny profita de cette occasion pour renouveler ses ornements. Sur sa demande, le marguillier, M. Vandelet, fut autorisé, par une délibération des officiers municipaux, à acheter à cette vente cinq chapes de différentes couleurs. Les magnifiques boiseries qui entouraient le chœur de l'église abbatiale furent adjugées à un sieur Martin, menuisier à Origny. Un curé d'Origny, M. Tabary, eut plus tard l'idée de racheter une partie de ces boiseries et d'en décorer le chœur de son église où l'on pouvait encore, il y a quelques années, admirer ces riches sculptures, ces portraits d'évangélistes, ces faisceaux encadrés de guirlandes et de fleurs sur lesquelles voltigeaient de nombreux oiseaux. La reconstruction de l'église a fait disparaître depuis peu ces derniers souvenirs de l'ancienne abbaye.

Au moment de sa dispersion, la communauté de Foigny ne comptait plus que onze religieux. Etrangers pour la plupart au pays, ils rentrèrent dans leurs familles ; quelques-uns, profitant de la liberté qui leur était rendue, se marièrent et exercèrent divers emplois dans la vie civile. L'un des plus jeunes et des plus intelligents, le sieur Mairesse, dont il vient déjà d'être parlé, né aux environs de Cambrai, mais appartenant à la famille noble de Mairesse, dont une des branches habitait depuis longtemps les environs d'Origny, choisit notre commune comme lieu de retraite. Son intelligence et son ardeur pour les nouveaux principes le placèrent aussitôt à la tête du parti révolutionnaire, et, désormais, nous trouverons son nom mêlé à tous les événements dont le bourg d'Origny fut le théâtre au cours de la Révolution.

Les trois chefs de la communauté ne purent se déterminer à abandonner les lieux où ils avaient vécu si longtemps heureux.

Dom Bénigne Poisot, prieur, se retira à l'Arbalète, chez un ancien fermier de l'abbaye, et il y mourut à l'âge de soixante-treize ans. Comme le culte n'était pas encore rétabli au moment de son décès, on l'enterra sans pompe en face de la chapelle du Bienheureux Alexandre. Il s'était trouvé dans les derniers jours de sa vie dans la nécessité de mener paître les bestiaux de ses hôtes.

Le sous-prieur, dom Maurice Perrot, acheta au-dessus de la porte d'entrée de l'abbaye, qui faisait face à l'église, un petit logement qu'il fit restaurer et où il mourut dans un âge avancé.

Le procureur, dom Charles-Auguste Théru, vécut aussi près de l'abbaye. En 1802, lors du rétablissement du culte, il devint curé de La Bouteille, où il mourut à l'âge de soixante-quatre ans.

Il y avait parmi les religieux deux proches parents du nom de Pamart : l'aîné, dom Charles, s'était distingué entre tous ses compagnons par l'austérité de ses mœurs. Toujours grave et pieux, il se renfermait obstinément dans sa cellule quand des femmes franchissaient le seuil du monastère ; indigné du peu de conduite et du peu de piété de ses frères, il ne leur épargnait ni les avis ni les remontrances. Dom Charles Pamart dut sans doute à l'énergie de son caractère et de ses convictions le sort qui termina sa vie : on assure qu'il fut décapité pendant la Terreur (1).

Etienne-Joseph Pamart, le jeune, se retira à Origny : lui, était un chasseur intrépide ; il demeura quelque temps à Foigny, continuant à se livrer à son plaisir favori dans les propriétés de l'ancienne abbaye, s'aventurant même volontiers sur les terroirs voisins. Un matin du mois de septembre, le vigilant garde Fauvin le surprit en train de battre avec son chien, dans le haut des Routières, un pré appartenant à Louis Chauderlier, et lui dressa procès-verbal. Quelque temps après il vint se fixer à Origny et se présenta devant l'assemblée municipale pour déclarer que, voulant procurer aux habitants de la commune l'avantage de deux messes, il désirait prêter le serment imposé aux prêtres par la constitution civile du clergé. Les officiers municipaux reçurent son serment et en dressèrent acte.

Un autre moine de l'abbaye, Pierre-François-Joseph Alliot, fut élu peu après curé de Chigny et Crupilly, par l'assemblée électorale de Vervins.

Le curé d'Origny avait trouvé un ferme appui dans le nouveau procureur de la commune, contre les mani-

(1) A. Piette.

festations, de jour en jour plus hostiles, de la partie remuante de la population.

Depuis quelque temps, la municipalité faisait afficher dans l'intérieur de l'église les décrets de l'Assemblée nationale, et, l'affluence continuelle des citoyens qui venaient en prendre connaissance et qui ne craignaient pas, malgré la sainteté du lieu, de les commenter à haute voix, ne laissait pas de troubler quelque peu la tranquillité des offices. Dans la séance du bureau du Conseil du 3 avril, M. Tanneur prit la parole pour protester contre cette mesure qu'il qualifia d'indécente. Sa protestation n'obtint aucun succès ; le maire, M. Soyer, répondit que, ne disposant d'aucun autre local couvert, il était obligé de faire apposer les affiches à l'entrée de l'église pour les préserver de la pluie, et l'unanimité des officiers municipaux approuva sa conduite.

Mais le parti modéré n'avait pas seulement à lutter contre le zèle trop ardent des novateurs, il se formait à Origny un parti de cléricaux réactionnaires qui commençait à se soulever à la voix du clergé réfractaire et méconnaissait déjà l'autorité des prêtres constitutionnels. C'était un nouveau schisme dans l'Eglise : les prêtres assermentés, disait-on, étaient frappés d'interdit et n'avaient plus le droit d'administrer les sacrements. Les fidèles méconnaissaient l'autorité du curé Fouan et désertaient son église.

Le 25 avril, le procureur dévoilait à la commune les manœuvres *des gens malintentionnés qui cherchaient à empêcher par le fanatisme le plus outré les bons citoyens de faire leurs pâques, en leur insinuant qu'ils commettraient un sacrilège et se damneraient.*

La chose parut assez grave aux officiers municipaux pour les décider à adresser aux citoyens de la commune une vigoureuse proclamation pour les inviter au respect des consciences et leur rappeler la soumission due aux lois et aux fonctionnaires ecclésiastiques, menaçant de rigoureuses poursuites les perturbateurs du repos public.

Cette mesure fut impuissante à calmer les esprits, et le trouble religieux ne fit qu'augmenter. Le mandement de l'évêque de Langres et l'adhésion qu'y avait donnée l'évêque de Laon circulaient clandestinement dans la commune. Les fidèles continuèrent à déserter l'église et à se rendre en foule aux réunions secrètes provoquées par les prêtres réfractaires.

Depuis 1739, la place de maître d'école était tenue par Jacques Tachet. Le digne homme avait consacré toute son existence à donner à de nombreuses générations l'instruction rudimentaire dont la grande partie du peuple se contentait alors : l'âge de la retraite avait sonné pour lui. L'assemblée générale des notables, convoquée le 2 janvier 1791, reconnut qu'il était indispensable de pourvoir à son remplacement, mais en même temps elle résolut d'imposer à son successeur des conditions convenables pour assurer jusqu'à la fin le sort de cet honnête vieillard.

Il fut convenu que le nouveau maître payerait à titre de pension, au sieur Tachet, la moitié du produit de sa charge et qu'il serait tenu, comme son prédécesseur, de faire soigneusement le service de l'église, de sonner les messes, baptêmes et enterrements, et de remonter l'horloge tous les jours.

Charles-Joseph Drubigny, clerc laïque, qui depuis quelque temps remplissait déjà les fonctions de sous-maître, accepta ces conditions et devint titulaire de l'emploi.

Une loi récente venait d'ordonner l'établissement d'un cadastre régulier dans chaque commune. Pour y satisfaire, les officiers municipaux d'Origny s'occupèrent, dans leur séance du 26 janvier, de fixer la division du terroir d'une façon définitive. Sept sections furent établies :

La première prit le nom de *section des Coutures, de la Pichelotte et du Petit-Géranmois*, et s'étendit de la rivière au chemin de Landouzy ;

La deuxième comprit *le Vivier, le Grand-Champ et la Ferme-du-Chaudron*, c'est-à-dire le secteur compris entre le chemin de Landouzy et celui de Vervins ;

La troisième, *les Reppes et le Moulin-Andart*, comprise entre le chemin de Vervins et celui du Blancfort, du Haudevin et la ruelle Bataille ;

La quatrième, *les Hélins, le Haudevin et le Blancfort*, comprise entre la précédente et la rivière ;

La cinquième, *les Routières*, de la rivière au chemin de la Demi-Lieue ;

La sixième, *les Auches, le Fond-de-Buire et le Routy*, comprise entre cette dernière et la première section ;

Et la septième, *le Village*, qui formait le centre des six autres sections.

Il était question à cette époque déjà d'établir une route d'Hirson à Vervins passant par Origny, et les municipalités d'Hirson et d'Origny avaient, d'un commun accord, réglé, le 15 avril, les conditions d'exécution du projet. Les communes voisines avaient été appelées à donner leur avis, et l'on n'attendait plus que la décision des administrateurs du département.

La municipalité d'Origny pensa trouver dans l'exécution de ce projet du travail pour les ouvriers de la commune qui se trouvaient trop nombreux sans ouvrage. Déjà, dès le mois de mars, elle avait demandé à l'administration du district d'être comprise sur l'état de distribution des fonds de charité, et, depuis ce temps, le mal s'était encore aggravé, car la belle récolte de 1790 n'avait guère profité à Origny : la grêle avait détruit les espérances de nos cultivateurs ; et, cette année 1791, c'était un autre fléau qui les frappait : les pluies abondantes d'avril avaient fait sortir la rivière de son lit et la récolte en foin des prairies était bien endommagée. D'autre part, le commerce de la vannerie était tombé à rien depuis deux ans ; à *cause des événements,* les transactions commerciales étaient à peu près entièrement interrompues. Notre population ouvrière se trouvait ainsi dans le dénuement le plus complet : la municipalité renouvela, le 2 mai, sa demande de secours au district et s'engagea, pour sa part, à contribuer pour une somme de six cents livres, sur le budget de 1791, à la construction de la route projetée.

Un secours fut accordé à la commune, mais les *événements,* encore, ajournèrent pour longtemps la construction de cette route, qui intéressait tant notre bourg et dont dépendait le développement de son commerce.

CHAPITRE XXXIII

Formation de la garde nationale à Origny. — Fête de la Fédération. — Préparatifs de résistance à l'invasion. — Achats de blé. — Les volontaires de 1792. — Perquisitions chez les suspects. — Élections à l'Assemblée législative. — Vente des biens de la cure. — M. Cyr Faroux, maire. — Continuation des troubles. — Plantation de l'arbre de la Liberté. — Election des députés à la Convention nationale. — Mesures de rigueur contre les nobles, les prêtres et les religieux.

Le 24 juin 1790, le procureur de la commune prenait la parole et exposait à l'assemblée municipale que les habitants d'Origny avaient, dès le commencement de la Révolution, formé une *garde* comprenant tous les citoyens actifs, mais qu'il n'y avait point eu de *constitution*; qu'il était nécessaire que cette milice fut organisée régulièrement à *l'instar des villes voisines*. Et il terminait cet exposé en demandant à l'assemblée de procéder de suite à cette organisation.

Déférant à ce réquisitoire, l'assemblée décidait la création d'une *garde nationale* composée de tous les citoyens actifs et arrêtait qu'elle serait divisée en huit compagnies, qu'un règlement ou *constitution* serait incessamment élaboré pour être lu et signé lors de la prestation du serment et de la bénédiction des drapeaux, lesquels seraient achetés ainsi que la caisse et l'habit du tambour aux frais de la commune. Quelques jours après, la garde nationale s'organisait sur ces bases et procédait à l'élection de ses officiers : Antoine

Aubin était proclamé commandant en chef et s'attribuait le grade de *colonel*.

La fête de la Fédération fut célébrée en grande pompe à Origny, comme partout ; la nouvelle garde, forte d'environ deux cents hommes, assista à une messe solennelle dite sur l'autel de la Patrie élevé pour la circonstance sur la place ; les drapeaux de chaque compagnie furent bénits par le curé, et la municipalité reçut le serment des officiers et des gardes (14 juillet 1790).

La nouvelle troupe, bien entendu, n'avait reçu aucun effet d'équipement et elle n'avait pas d'armes. Quelques gardes, cependant, s'étaient munis de fusils ; on fit fabriquer des piques pour armer les autres.

Le danger d'ailleurs, à ce moment, paraissait pressant :

Le 17 juillet, le bruit court à Vervins qu'une bande de paysans en armes marche sur Vervins. La garde nationale prend les armes. Le ministre de la guerre envoie à Vervins un escadron de hussards d'Esterhazy, pour y tenir garnison ; mais la ville refusa ce secours et demanda seulement au ministre de lui envoyer douze canons de campagne avec leurs affûts et douze canonniers, afin d'instruire les bourgeois qui désiraient faire eux-mêmes le service en cas de danger.

Il est probable que ces canons ne furent pas envoyés, mais il ne vint d'autre part aucune bande d'insurgés.

Le 5 juin 1791, le procureur de la commune recevait du district trente-trois fusils munis de leur baïonnette et les remettait à des gardes choisis après leur avoir fait de nouveau prêter serment d'être fidèles *à la nation, à la loi et au roi*.

Quelques jours après, les maires et les procureurs des communes du canton se réunissaient à Hirson et signaient un pacte d'*Union*, destiné à *consolider l'union et la fraternité qui doivent exister dans le cœur de tous les Français.*

Des mesures pour résister à une invasion possible des armées étrangères y furent aussi arrêtées.

Le 18 juin, l'assemblée municipale d'Origny, se conformant aux décisions prises, décidait l'achat de la quantité de poudre et de balles nécessaire à la fabrication de quatre cents cartouches.

Le 23, une grande nouvelle avait circulé dans le pays : la fuite du roi ; et à dix heures du soir, l'assemblée municipale, extraordinairement convoquée, recevait communication d'une lettre des administrateurs du district, leur annonçant l'*enlèvement* de toute la famille royale et invitant la municipalité, de concert avec les officiers de la garde nationale, à établir une *double garde* de nuit et de jour pour arrêter *tout passant qui paraîtrait suspect*. Aussitôt l'assemblée ordonnait d'urgence et sans délai l'établissement d'une *double garde* aux quatre ponts établis sur la rivière du Ton.

Ces précautions étaient un peu tardives, mais Louis XVI n'eût pu atteindre Origny aussi vite que Varennes.

Cette alerte fit activer la fabrication des cartouches, et la municipalité fit une nouvelle acquisition de poudre et de balles, et, considérant la gravité des circonstances et le *danger de la Patrie*, décida qu'il fallait exercer les citoyens au maniement des armes.

Les officiers de *l'état-major* furent mandés, et, d'accord avec eux, on fit choix de deux anciens militaires, les nommés Bocquet et Chaplard, pour *enseigner l'escrime* à la garde nationale, et on leur alloua à chacun vingt-cinq sols par jour. Messieurs de l'état-major furent invités à réunir leurs troupes tous les jours en choisissant les heures qui devraient moins les déranger de leurs occupations.

L'été de 1791 fut particulièrement froid et humide. A la date du 16 juillet, le commandant de la garde nationale exposait aux officiers municipaux que les gardes nationaux ne pouvaient rester au corps de garde sans feu, *à cause de la froidure*, et obtenait le chauffage et la lumière nécessaires.

Le maire avait déjà en dépôt chez lui plus d'un millier de cartouches ; il en remit une partie au commandant de la garde nationale pour en faire la distribution en cas de besoin. Toute l'année, la garde nationale continua à s'exercer au maniement des armes, mais sans avoir l'occasion d'utiliser ses cartouches.

Au mois d'octobre, il y eut grande fête à Origny, pour la publication de la constitution du royaume. La garde nationale fut convoquée en armes, pour assister à la messe et au *Te Deum* chanté à cette occasion. La municipalité avait ordonné une distribution de cartouches pour les salves à tirer dans cette cérémonie *aussi auguste que mémorable*, mais on eut soin de n'en donner qu'aux hommes munis de fusils en état de faire feu sans danger pour les tireurs.

Dès le printemps de l'année 1792, les préparatifs de guerre avec l'empire d'Allemagne préoccupèrent tout particulièrement les populations frontières. Le 29 avril, le procureur de la commune exposait à l'assemblée municipale *que les circonstances exigeaient qu'il fût pris des précautions pour la conservation des propriétés et des personnes ; que d'un moment à l'autre le village pouvait être assailli par des brigands et des ennemis du bien public ; qu'il croyait nécessaire, attendu la déclaration de guerre faite à l'empire, que la garde soit montée pour prévenir les surprises et qu'il soit acheté des munitions.....* Aussitôt le Conseil votait l'acquisition de munitions pour douze cents cartouches et le payement des caisses et des *banderolles*, des trois tambours qu'avait maintenant la garde nationale.

Au mois de mai, la municipalité était avisée que les administrateurs du département avaient accordé à la commune quarante nouveaux fusils déposés au district de Vervins, mais qu'une partie de ces armes était en mauvais état, les unes sans baguette, les autres sans chien, toutes couvertes de rouille. La garde nationale de Vervins avait commencé par échanger ses mauvais fusils contre ceux du dépôt.

Faute de mieux, il fallait bien accepter ces armes défectueuses ; Morville, serrurier-armurier, fut chargé de les réparer.

L'approche du danger avait fait songer à une organisation plus sérieuse de la garde nationale. Les compagnies des différentes communes du canton furent constituées en bataillon. Jean-Baptiste Faroux, qui avait remplacé Antoine Aubin dans le commandement supérieur de la garde d'Origny, devint commandant en second du bataillon d'Hirson.

En même temps, le sieur Migneaux, maître de poste à Hirson, fut envoyé à Origny pour faire le recensement des bêtes de somme, chevaux, chariots et charrettes, en vue des réquisitions à faire pour l'armée.

Il fallut aussi s'assurer d'un approvisionnement sérieux en vivres. Presque tous les citoyens versèrent leur cotisation pour l'achat en commun de deux cents jalois de blé : le commandant Jean-Baptiste Faroux et le procureur de la commune, M. Tanneur, furent chargés d'aller faire cette acquisition dans le Laonnois et le Soissonnais. Le commandant Faroux profita de ce voyage pour acheter cent pierres à fusil qui manquaient à sa troupe. L'approvisionnement en blé de la commune fut complété par la répartition qui se fit de vingt muids de froment accordés par le département pour le canton d'Hirson au prix courant du marché.

La garde nationale d'Origny ne formait plus maintenant que cinq compagnies qui avaient pour capitaines, savoir :

La première, Joseph Piérotin ;
Le deuxième, Christophe Bécret ;
La troisième, Jean-Louis Midelet ;
La compagnie des garçons, Pierre Midelet ;
Enfin, la compagnie de grenadiers était commandée par le lieutenant Gontier.

Le 3 juin, les fusils, réparés par Morville, furent solennellement distribués entre les cinq compagnies : les hommes à qui ils furent donnés prêtèrent serment de ne s'en servir que pour la défense de la Patrie. On fit en même temps une distribution de cartouches.

Les délégués des communes du canton étaient convoqués à Hirson, le 17 juillet, pour se concerter sur les mesures à prendre pour résister à l'ennemi et s'opposer à toute incursion de sa part sur le territoire français. Il fut décidé qu'un poste central de gardes serait établi à Hirson avec quatre postes avancés aux limites de la commune ; que Saint-Michel serait aussi protégé par quatre postes et que Mondrepuis serait gardé de la même manière. Ce cordon militaire devait être maintenu jusqu'au moment où la Patrie serait *déclarée hors de danger* ou qu'il serait autrement pourvu par le gouvernement à la sécurité de la frontière.

Pour exécution de ces mesures, le commandant Fresson, de la garde nationale d'Hirson, demandait, le 5 août, à la municipalité d'Origny, d'envoyer chaque jour au poste central du chef-lieu six citoyens soldats et les officiers nécessaires pour les commander.

La Patrie venait d'être déclarée en danger et la France faisait appel à tous ses enfants : des bureaux étaient institués dans toutes les communes pour recevoir les enrôlements volontaires. Le 11 août, les citoyens Pierre Lesur et Mairesse, l'ancien religieux de Foigny, dont nous avons déjà parlé, étaient adjoints aux citoyens Cyr Faroux, le nouveau maire, et Tanneur, procureur de la commune, pour former le bureau d'Origny. Les tambours de la garde nationale parcouraient les différents quartiers du village pour annoncer qu'il serait le lendemain, sur la place de la *Liberté*, à la sortie de la messe, donné lecture au peuple du décret déclarant la Patrie en danger et de la proclamation du roi.

Le lendemain, à la sortie de la messe paroissiale, les officiers municipaux, ceints de leurs écharpes, précédés des tambours et escortés par un détachement de la garde nationale, se rendaient sur la place de l'Eglise, après avoir fait placer des sentinelles à l'entrée de toutes les rues pour empêcher les citoyens de s'éloigner. Deux tables étaient disposées pour les commissaires aux enrôlements. Le procureur de la commune monte sur un siège élevé et, après un roulement de tambour, donne lecture des actes officiels, puis il exhorte chaleureusement les citoyens présents à s'enrôler pour courir à la défense des frontières.

Ce brûlant appel, nous devons le reconnaître, ne souleva pas un enthousiasme immodéré. Tous les hommes valides de la commune étaient d'ailleurs enrôlés dans la garde nationale et ils déclarèrent, à l'unanimité, vouloir rester attachés à la défense de leurs foyers.

Mais un ordre vint du général La Fayette, prescrivant la formation, dans le canton d'Hirson, de compagnies de chasseurs et de grenadiers et demandant spécialement à la commune d'Origny douze hommes pour les troupes de ligne.

MM. Migneau et Baudelot, d'Hirson, s'étaient rendus auprès du général pour demander un adoucissement des charges imposées au canton, en faisant valoir le service que, depuis une année déjà, il s'imposait de pourvoir à la garde de la frontière. Ils ne purent rien obtenir, et la municipalité d'Origny dut se mettre en mesure de fournir les douze hommes qui lui étaient demandés. Pour décider les jeunes gens à s'enrôler, le Conseil municipal décida qu'il serait alloué à chaque volontaire une prime de deux cents à deux cent vingt-cinq livres, et immédiatement un rôle spécial fut établi et les capitaines de la garde nationale furent chargés de le recouvrer sur les contribuables.

Nous n'avons pu découvrir les noms des douze premiers soldats qu'Origny envoya au secours de la Patrie menacée.

La France courait en ce moment un sérieux danger, l'armée envahissante s'avançait dans le Nord : le moment était venu des résolutions héroïques qui devaient sauver le pays.

La loi des suspects ordonnait d'opérer des visites domiciliaires chez toutes les personnes soupçonnées d'incivisme et de saisir les armes qu'elles pouvaient avoir en leur possession.

Le procureur de la commune, assisté du greffier Drubigny et escorté d'un détachement de la garde nationale sous le commandement du capitaine Midelet, se présenta successivement au domicile de Jean-Antoine Sérant, de Jacques Vuilliot, de la veuve Noiron, de Mlle Sorlin, de Mme Pigneaux, de François Michel, de Thérèse Piérotin et de M. Joly, où des perquisitions furent faites : elles n'amenèrent la découverte que de quatre ou cinq mauvais fusils qui furent déposés à la maison commune.

La victoire de Wattignies vint enfin rassurer les esprits et calmer les appréhensions des habitants de la frontière, mais la France avait encore à faire d'héroïques efforts pour triompher définitivement de ses ennemis coalisés.

Le 23 septembre arrivait un ordre, signé Pelletier, munitionnaire des armées, prescrivant à la municipalité d'envoyer à Montcornet les voitures nécessaires pour transporter à Sainte-Menehould douze cents bottes de paille. A partir de ce jour, les réquisitions de cette nature se renouvelèrent souvent.

Si la garde nationale n'avait plus, pour l'instant, à surveiller la marche des armées ennemies, elle avait, plus que jamais, à veiller au maintien de l'ordre à l'intérieur. Des rôdeurs étrangers parcouraient la campagne, rapinant autour des habitations les volailles et les fruits. La municipalité dut prescrire à la garde nationale de fournir chaque jour un poste de dix hommes qui organiserait des patrouilles pour surprendre et arrêter les maraudeurs.

Cette organisation de la force armée n'avait pas été, depuis un an, le seul souci de l'administration communale ; les affaires les plus diverses avaient occupé tous ses instants.

L'Assemblée nationale était sur le point d'aboutir à l'achèvement de ses travaux et, dès le mois d'avril 1791, il avait été question de l'élection des députés à l'Assemblée législative. Le 19 juin, les Assemblées primaires se réunirent aux chefs-lieux de canton et le 5 juillet leurs délégués se rendirent à Laon pour procéder à l'élection définitive des députés. M. Soyer, maire d'Origny, fit partie de la délégation du canton d'Hirson. Les représentants du département de l'Aisne furent MM. Belin, de Guise ; Bernier, de Passy-en-Valois ; Carlier, président du tribunal de Coucy-le-Château ; de Bry, de Vervins ; Ducret, de Saint-Simon ; Fiquet, de Soissons ; Joly, de Saint-Quentin ; Lobjois, de Colligis ; Loysel, de Saint-Gobain ; Prudhomme, de Rozoy ; et Quinette, de Soissons.

Quatre jours avant l'élection des membres de la nouvelle Assemblée avait eu lieu, à Vervins, la vente des biens de la cure d'Origny et de ceux que possédait, sur notre territoire, l'abbaye de Foigny. La municipalité d'Origny avait pensé à les acquérir pour les partager ensuite entre tous les citoyens de la commune et M. Tanneur avait été chargé de s'en rendre adjudicataire. Il put s'en faire adjuger une partie. Mais au lieu d'être partagés entre les habitants, les immeubles achetés furent revendus au profit de la caisse communale et il en résulta, pour elle, un bénéfice de trois mille sept cent quatre livres.

Sur cette somme, la municipalité préleva tout d'abord deux cent soixante livres qu'elle ajouta aux sommes souscrites par les habitants pour l'achat de grains dont nous avons parlé : le surplus fut mis en réserve pour les besoins ultérieurs et versé entre les mains de M. Vaudelet, receveur-trésorier de la commune.

Au renouvellement partiel du Conseil municipal, M. Soyer, qui faisait partie de la série sortante, fut remplacé dans ses fonctions de maire par Cyr Faroux, marchand à Origny. Il lui fit la remise des archives municipales et lui versa en même temps une somme de cinq cents livres qui lui restait en caisse et neuf cent vingt cartouches appartenant à la garde nationale et qu'il avait conservées chez lui.

Nicolas Faroux, le jeune, venait de se démettre de ses fonctions de receveur des biens des pauvres ; il avait été remplacé par le sieur Jean Barbin, bourgeois d'Origny.

La nouvelle municipalité fut bientôt avisée que le district avait mis à sa charge, dans la répartition de l'impôt fourni pour l'année 1792, une somme de douze mille vingt-deux livres. Ce fut en vain que l'assemblée se récria contre l'exagération de ce contingent et qu'elle députa le maire et le procureur de la commune auprès de l'administration du district, on ne lui accorda aucune réduction.

L'agitation était toujours grande parmi la population ; les événements, qui se déroulaient si rapidement sur la scène politique, tenaient les esprits dans un état de surexcitation constant. Les propriétaires des terres qui entouraient le bois du roi se plaignaient, depuis un temps immémorial, du tort que faisait à leurs récoltes le voisinage du bois. Jamais la maîtrise des eaux et forêts n'avait voulu tenir compte de ces doléances. Mais en cette année, nos riverains, que ne contenait plus la crainte des officiers de la seigneurie ou de la maîtrise, pensèrent à se faire, eux-mêmes, justice : ils se mirent à couper toute la bordure du bois, sur une profondeur d'environ cinquante pas. Le garde Prévot, fidèle à son devoir, vint constater cette usurpation et faire son rapport aux officiers municipaux ; mais une quarantaine des plus exaltés parmi les coupables le suivirent à la maison commune, maintenant bruyamment leur prétention. Le maire dut leur permettre, pour les calmer, d'appuyer leurs réclamations auprès des administrateurs du district.

A quelques jours de là, de nouvelles plaintes étaient portées devant l'administration municipale, mais, cette fois, contre les marchands de la commune qui ne s'étaient pas conformés à la nouvelle réglementation des poids et mesures et continuaient à vendre à faux poids. Le Conseil dut ordonner une nouvelle vérification au domicile de chacun des marchands.

Mais c'était toujours la question religieuse qui passionnait le plus vivement les esprits. Des plaintes arrivaient chaque jour au procureur de la commune sur les excitations auxquelles se livraient les prêtres réfractaires contre le nouvel état de choses, et cependant les précautions les plus minutieuses étaient prises pour tenir l'administration au courant de leurs faits et gestes. C'est ainsi que la municipalité de Marly faisait rechercher à Origny son ancien curé, Jean-François Wuilliot, qui avait refusé le serment constitutionnel et s'était, en effet, réfugié à Origny chez son frère, M. Wuilliot, l'ancien maire. Ce prêtre dut, à la suite du décret du 25 août, se retirer à Chimay, muni d'un *laissez-passer* des officiers municipaux ; de nombreux ecclésiastiques du pays devaient bientôt l'y rejoindre. Parmi ceux-ci, nous pouvons citer : M. Jean-Louis Desharbes, curé de Saint-Jean de Laon, et M. Pierre-Antoine Faroux, vicaire de Liesse, l'un des fils de M. Jean-Baptiste Faroux, d'Origny. Un autre fils de ce dernier, Nicolas-Joseph Faroux, curé de Saint-Nicolas de Marle, avait prêté le serment constitutionnel et avait même été l'un des scrutateurs de l'assemblée électorale qui avait élu l'évêque de l'Aisne. Chimay était devenu le rendez-vous de tous les prêtres du diocèse de Laon qui avaient mieux aimé sortir de France plutôt que de transiger avec leur foi religieuse. De ce nombre, furent deux de nos arrière-grands-oncles, M. Philippe-Auguste Dubuquoy, chanoine de la cathédrale de Laon, et Philippe Michaux, curé d'Audigny, près Guise, et le chanoine Noiron, de la cathédrale de Laon, dont la famille habitait Origny.

Jusqu'ici, la municipalité d'Origny avait entretenu d'assez bons rapports avec son curé constitutionnel, l'abbé Fouan, qui, sagement d'ailleurs, savait faire les concessions que comportaient les circonstances.

Au mois d'avril, le Conseil avait acheté un superbe chêne du bois des Ronces au garde général du prince de Condé, moyennant soixante livres, pour en faire un arbre de *Liberté*. Il fallut faire faire des chevrettes spéciales pour l'enlever et y ajouter un grand renfort de bras. L'opération, toutefois, fut menée à bien et le chêne fut replanté sur la place de la *Liberté*, en face du portail de l'église. Le curé en fit solennellement la bénédiction et de grandes réjouissances eurent lieu dans la population : les cinq pièces de bière que le Conseil municipal avait achetées pour la circonstance furent joyeusement consommées.

Quelque temps après, la municipalité faisait redresser la croix de fer surmontant le clocher de l'église et dont la chute était imminente. C'était le dernier acte gracieux dont l'abbé Fouan devait être l'objet de la part de nos officiers municipaux.

Cependant la royauté tombait le 10 août, et dès le 15 septembre, avant que l'abolition n'en fût prononcée, la municipalité d'Origny datait ses actes de *l'an I de l'Egalité, le IVe de la Liberté*, puis tous les fonctionnaires, le curé, le maire, le procureur, les employés de la régie des fermes étaient appelés à prêter le nouveau serment proscrit par la loi du 14 août, *d'être fidèles à la nation, de maintenir la liberté et l'égalité et de mourir en les défendant.*

L'Assemblée législative avait, dès le lendemain de la chute de la royauté, reconnu que la gravité de la situation l'obligeait à consulter la France elle-même sur ses futures destinées et avait décidé de convoquer une *Convention nationale*.

Les élections primaires furent fixées au 21 août, l'élection des députés au 2 septembre et la réunion de la Convention au 21 septembre. Furent nommés députés du département de l'Aisne : Beffroy, Le Carlier, Jean de Bry, Quinette, Belin, Fiquet, Loysel, Boucherot, Condorcet, Jean Dupin et Saint-Just.

L'émeute était en permanence à Paris depuis le renversement du pouvoir exécutif ; d'autre part, La Fayette, qui commandait la ligne de défense de la Meuse à la mer, avait pris le parti du roi et menaçait l'Assemblée. Heureusement, il rencontra une résistance inattendue dans le Directoire de notre département : les gardes nationales furent armées contre lui et il ne put rien entreprendre. La Fayette dut chercher son salut dans la fuite. Cette tentative et la prise de Longwy, par l'armée prussienne, avaient porté au comble l'irritation populaire. Une bande de forcenés s'était portée aux prisons et avait massacré les détenus politiques. Il était temps qu'une Assemblée énergique prit en main le pouvoir. Le premier soin de la convention fut de pourvoir aux nécessités de la défense : la victoire de Valmy salua ses débuts et lui donna le prestige dont elle avait besoin.

A l'intérieur, les mesures les plus rigoureuses furent prises contre les ennemis supposés de la Révolution. Les anciens nobles furent l'objet d'une surveillance particulière et ne purent s'éloigner de leur domicile sous peine d'être inscrits sur la liste des émigrés et de voir leurs biens confisqués. Les membres des congrégations supprimées furent aussi étroitement surveillés.

Les demoiselles Pigneaux, après la fermeture de leurs monastères, étaient venues se fixer à Origny ; elles durent faire une déclaration régulière de leur résidence à la municipalité.

L'ancienne dame d'Origny, la duchesse de Chastillon, y fit aussi déclarer qu'elle avait fixé son domicile à Paris, rue du Bac, n° 610.

Le prince de Condé avait émigré, et cette année on vendit la coupe de son bois des Ronces au profit de la Nation.

Pendant ce temps, l'armée française, repoussée dans l'Est, se reformait à Avesnes : le 18 octobre, un détachement du bataillon des *Lombards* faisait séjour à Origny ; les gardes nationales se concentraient à Aubenton et à Hirson, pour empêcher les Prussiens, qui occupaient déjà les Ardennes, de pénétrer dans le département de l'Aisne. Mais Dumouriez manœuvrait dans l'Argonne et allait arrêter leurs progrès.

CHAPITRE XXXIV

Désordres produits par la disette des grains. — M. Soyer est réélu maire. — Le citoyen Mairesse. — Rétablissement des foires et marchés. — Le projet de route départementale. — Cessation de commerce avec les pays étrangers. — La duchesse de Chastillon et sa famille pendant la Révolution. — Réparations à l'église. — Troubles religieux. — La levée de 1793. — La guerre. — Préparatifs de défense à Origny. — Surveillance des suspects.

La récolte avait encore été mauvaise en 1792 et la disette se faisait toujours sentir ; les grains étaient de plus en plus rares, et l'on n'envisageait qu'avec crainte les difficultés que la mauvaise saison allait certainement renouveler.

Les habitans de chaque village veillaient, avec plus de soin que jamais, à empêcher la sortie des grains : d'aucuns même, pour être plus sûrs de ne pas les voir disparaître, prétendaient déjà se faire livrer par force la provision dont ils présumaient avoir besoin.

C'est ainsi qu'au commencement de novembre, une dizaine d'individus faisaient irruption chez Jean-Antoine Serant, laboureur, demandant pour chacun un jaloi de blé et, comme il n'y en avait pas de battu, ils prétendaient se le faire livrer en gerbes. D'autres, armés de fusils, avaient cerné la maison de Claude Faroux, aux Routières, et voulaient se partager le blé qui s'y trouvait.

Les officiers municipaux durent recourir à la garde nationale pour mettre un frein à ces violences.

C'est dans ce temps qu'eurent lieu les élections municipales, qui amenèrent le remplacement de M. Tanneur, dans ses fonctions de procureur de la commune, par le citoyen Louis-François-Joseph Mairesse, l'ex-religieux de Foigny, dont nous avons déjà parlé.

Mairesse, alors âgé de trente-trois ans, était originaire de Cambrai. Son père, Adrien-François-Joseph de Mairesse, qui était loin de partager ses idées avancées, avait émigré dès le commencement de la Révolution. Peu de jours après sa nomination aux fonctions de procureur de la commune d'Origny, Mairesse s'était marié à Marie-Rosalie Martin, la fille de Nicolas Martin, menuisier et officier municipal, proche parent de M. Soyer, auquel les nouvelles élections venaient de rendre la charge de maire.

Dès ce moment, le citoyen Mairesse put donner un libre cours à son ardeur révolutionnaire. Le pauvre curé d'Origny était sa victime toute désignée ; la peur seule lui avait fait accepter les innovations imposées au clergé et son libéralisme ne paraissait pas sincère ; aussi tous ses actes étaient-ils déjà l'objet d'une surveillance incessante.

Le 6 novembre, M. Mairesse se présentait au presbytère, avec M. Soyer, pour faire l'inventaire des archives paroissiales. Quelques jours après, on mettait en adjudication, au profit de la caisse communale, le banc seigneurial et les places non occupées dans l'église. Puis un règlement imposait un cérémonial pour les inhumations, uniforme pour tous les citoyens. Le suisse de l'église était supprimé et l'on mettait en vente publique son chapeau galonné, son habit et sa hallebarde, et il était ordonné que tous les offices se feraient désormais à une heure invariable et d'une façon uniformément simple. Le greffier de la commune

Joseph Desharbes, était soupçonné d'être l'ami du curé ; on lui retira son emploi, sous le prétexte que son commerce de marchand de paniers l'obligeait à de trop fréquentes absences. Nicolas Martin, le beau-père du procureur, fut chargé du greffe.

Cependant, ces manifestations hostiles furent quelque temps suspendues par l'attention que nécessitaient en ce moment les affaires communales.

Les troubles des dernières années et surtout la rareté des subsistances avaient fait déserter peu à peu le marché hebdomadaire d'Origny, et il s'était trouvé, en fait, aboli avec toutes les autres institutions féodales. L'administration communale sentait le besoin de le rétablir ; on décida d'en faire la demande au directoire du département, ainsi que du rétablissement des foires. M. Mairesse fut chargé de se rendre à Laon pour appuyer la demande de la municipalité. Il réussit dans sa mission, et le marché recommença à se tenir, comme autrefois, le vendredi de chaque semaine. On fit une grande publicité dans les pays voisins, pour attirer les marchands à la première foire qui devait se tenir le 23 mai. L'appât des primes et *des rubans*, que le Conseil municipal accorda aux marchands de bestiaux et aux blattiers, fit venir un grand concours de commerçants de tous les pays environnants.

Au mois de février, il avait encore été question de la route d'Hirson à Vervins : le directoire du département en avait fixé le tracé par Origny. Mais la part imposée à la commune, dans les frais de premier établissement, s'élevait à dix-huit mille livres, et on ne lui allouait qu'un fonds de secours de cinq cents livres. La charge était énorme et hors de proportion avec l'état des ressources du budget communal. Le Conseil prit une délibération pour exposer au déparment l'état critique de la population d'Origny : « *Notre commerce*, y disait-il, *est réduit à rien par la déclaration de guerre de la République à l'Angleterre et à la Hollande, ces deux pays étant à peu près les seuls où s'exporte notre vannerie ; et, par suite, plus de deux mille bras demeurent inoccupés.* »

Dans cette situation, le Conseil réclamait d'urgence l'ouverture des travaux et l'allocation d'un subside d'au moins deux mille livres sur les fonds de charité.

De nouveau, les circonstances s'opposèrent à l'exécution du projet.

On n'avait jamais enterré qu'un enfant dans le cimetière établi pour les protestants ; toutes les inhumations se faisaient d'ailleurs maintenant dans le cimetière commun, sans distinction de religion. François Michel en avait profité pour se remettre en possession du terrain sur lequel il avait autrefois émis des prétentions. La commune décida de le traduire devant le tribunal du district.

Par la même occasion, le Conseil résolut de demander à reprendre possession du terrain sur lequel la duchesse de Chastillon avait, quelques années auparavant, fait construire un tordoir, malgré les protestations des habitants. On prétendait que ce bâtiment gênait beaucoup la circulation des voitures et, au surplus, on invoquait la loi récente qui autorisait les communes à reprendre les chemins et les terrains publics *usurpés par la puissance féodale*.

Mme de Chastillon, que déjà l'on n'appelait plus que *la veuve Gaucher-Chastillon*, avait pourtant eu le soin, pour empêcher la confiscation de ses propriétés, de faire encore, au commencement de cette année, transcrire sa déclaration de résidence sur les registres de la municipalité.

La duchesse vivait alors très retirée, avec la

duchesse de La Vallière, sa mère, dans son magnifique hôtel de la rue du Bac. Elle avait, dès 1777, marié sa fille aînée, Amable-Emilie de Chastillon, à son cousin François-Emmanuel duc de Crussol d'Uzès, chevalier des ordres du roi et lieutenant général de ses armées. Peu de temps après, elle donna la seconde, Louise-Emmanuelle, au prince de Tarente, pair de France.

La duchesse de La Vallière dut à son grand âge et aux influences qu'elle sut se ménager auprès des puissants du jour, de passer les jours difficiles de la Terreur, dans sa paisible retraite, mais Mme de Chastillon, moins heureuse, fut incarcérée pendant quelque temps. Elle eut toutefois la chance d'échapper à l'échafaud ; le 9 thermidor lui rendit la liberté.

La duchesse de Crussol réussit à passer en Angleterre, mais la princesse de Tarente, qui était dame d'honneur de la reine Marie-Antoinette, ne voulut pas émigrer pour rester auprès de sa maîtresse. Elle était à ses côtés le jour où le peuple força les Tuileries pour la première fois et vint coiffer Louis XVI du bonnet phrygien. Elle était encore auprès de la reine pendant la terrible journée du 10 août qui vit la chute de la royauté, et n'échappa à la mort que par le respect que sa courageuse attitude imposa à quelques hommes du peuple. Ces citoyens généreux la reconduisirent le soir à l'hôtel de Chastillon, mais, quelques jours après, un ordre d'arrestation la fit enfermer à la Force.

Un matin de septembre, un serviteur dévoué accourait dire à la duchesse de La Vallière que l'on massacrait les prisonniers incarcérés dans cette prison. Malgré les angoisses que cette nouvelle affreuse lui faisait éprouver, la vieille duchesse eut l'inspiration soudaine d'un stratagème qui pouvait sauver la vie de sa petite-fille. Faisant habiller en garde national celui qui lui apportait la terrible nouvelle, et bourrant d'or sa giberne et ses poches, Mme de La Vallière le renvoya à la Force se mêler aux assassins. Grâce à sa fermeté et à son intelligence, et surtout à la distribution adroite qu'il fit de son or, le domestique fidèle parvint à sauver Mme de Tarente. Elle put passer librement au milieu de ceux qui devaient l'immoler : ils lui procurèrent même une voiture et l'escortèrent respectueusement jusque chez elle.

Mme de Tarente put enfin passer en Angleterre, puis en Russie, où le tzar Paul l'accueillit de la façon la plus distinguée.

Le peuple exerçait sur les puissants et les nobles une vengeance, qu'il estimait légitime, de dix siècles d'oppression et de misère ; mais il est profondément regrettable que parfois des femmes, dignes de tous les respects, aient eu à souffrir de son exaltation, aux jours sombres de ce grand drame de la Révolution !

Nous devions dire à nos lecteurs ce que devint au milieu de ce bouleversement général la famille de ses anciens seigneurs ; maintenant, reprenons le récit des faits se rattachant plus directement à notre histoire locale.

Malgré l'hostilité manifeste dont la nouvelle administration municipale ne cessait de faire preuve envers le curé d'Origny, elle ne voulait pas laisser le bâtiment de l'église dans l'état de délabrement où il se trouvait alors. Elle reprit le devis de réparations qu'avait fait établir l'ancienne municipalité et qui comprenait la restauration du clocher, dont la vétusté faisait redouter la chute prochaine, la réfection de la toiture, du pavage, le récrépissage et le blanchiment des murailles, et se mit en devoir de l'exécuter ; mais pour cela on résolut de solliciter un secours du département.

On restaurait le temple, mais on démolissait le prêtre. Dorénavant, toute immixtion était interdite au curé, dans les actes de la vie civile des citoyens. Le 5 mai, les officiers municipaux se présentaient chez le curé pour saisir les registres sur lesquels il continuait à consigner les naissances, les mariages et les décès de ses paroissiens, au mépris des lois nouvelles et d'une ordonnance récente de l'évêque de l'Aisne. Séance tenante, ces registres furent lacérés et brûlés publiquement.

Mais le curé avait encore de nombreux partisans dans la commune ; ils prirent dès lors vigoureusement sa défense et ne craignirent pas d'entamer, avec le trop zélé procureur Mairesse, une lutte qui devait, pendant de longs mois, troubler profondément le village.

L'ancienne municipalité encourageait ouvertement cette opposition ; ce fut même elle qui ouvrit les hostilités. Sur son refus de rendre compte de sa gestion, les nouveaux officiers municipaux, après plusieurs injonctions demeurées sans effet, durent se résoudre à la traduire devant le tribunal du district. Quelques jours après la séance dans laquelle avait été prise cette décision, le procureur donnait lecture des lois nouvelles au peuple assemblé, ainsi que cela se faisait chaque semaine, quand tout à coup il se produisit un grand tumulte : un des plus acharnés parmi les adversaires du citoyen Mairesse, un certain Pierre Carlin, s'était levé et avait apostrophé le procureur de la façon la plus violente, criant qu'il fallait « *arracher les lois de ses mains* » !

Mairesse comprit qu'il était engagé dans une lutte sans merci, lutte dans laquelle il succomberait certainement s'il n'était énergiquement soutenu. Il résolut d'éprouver le dévouement de ses amis et de mesurer le degré de popularité dont il jouissait. Le 19 mai, à l'assemblée du Conseil général de la commune, il déclarait *qu'il voyait le fanatisme se soulever contre lui et qu'il était à craindre que l'ordre et la paix dans la commune ne fussent troublés*, s'il restait plus longtemps procureur de la commune ; que, dans cette situation, il se sacrifiait à la paix publique et donnait sa démission.

La majorité du Conseil demeura quelque temps hésitante, mais, après plusieurs jours de réflexion, elle comprit que les attaques dont le citoyen Mairesse était l'objet provenaient seulement *d'une cabale soufflée et travaillée par le fanatisme*, que si la démission qu'il offrait était acceptée, c'était le triomphe de ce parti rétrograde. Dès lors, le Conseil résolut de soutenir énergiquement son procureur : sa démission était refusée, et les manœuvres des partisans du curé étaient dénoncées à l'administration du district.

A partir de cet instant, Mairesse ne craignait plus d'offrir le combat à ses adversaires ; leurs menées furent étroitement surveillées et chaque jour dénoncées au Conseil des officiers municipaux, qui venait de se déclarer en permanence.

Il manquait à Origny un tribunal de répression. Sur la proposition du procureur de la commune, le Conseil général procéda à la constitution d'un tribunal de police : les plus zélés partisans de Mairesse étaient élus juges : Pierre Caron, Antoine Aubin et Nicolas Dentier.

A cette juridiction furent aussitôt déférés les plus violents du parti réactionnaire : Joseph Mien, pour *propos anticiviques*, et pour avoir acheté deux fusils de guerre ; Jean Coquerelle, pour *des propos indécents et injurieux à l'égard des patriotes* ; les autres étaient inscrits sur la liste des *suspects*.

La rareté des grains fut le prétexte de perquisitionner chez quelques-uns de ceux-ci. Le 10 juillet, le procureur et les officiers municipaux faisaient une descente chez M. Jean-Baptiste Faroux, et opéraient la saisie de six jalois de blé qu'ils estimèrent excéder l'approvisionnement nécessaire à sa famille. Ce blé fut immédiatement mis en vente et les cinquante livres que produisit cette vente furent distribuées aux indigents.

Il nous faut maintenant laisser le récit de ces divisions locales, pour raconter la part prise par notre pays aux efforts héroïques que faisait la nation en cette année 1793, pour tenir tête à la coalition des souverains de l'Europe.

Après avoir jeté la tête du roi en défi aux envahisseurs, la Convention avait, dès le 24 février, ordonné une levée extraordinaire de trois cent mille hommes : Origny dut fournir, pour sa part, un contingent de quinze hommes. Les habitants avaient été convoqués dans l'église, le 14 mars, pour entendre la lecture du décret. *Cette lecture achevée et l'hymne des Marseillais chantée, le citoyen Mairesse prit la parole et dit que, sans offenser la générosité de ceux qui allaient se dévouer au service de la Patrie, la commune devait leur faire une offrande pécuniaire à titre de reconnaissance.* L'assemblée fut unanime à ratifier cette motion et, après discussion, fixa le chiffre de cette offrande à trois cents livres pour chacun des quinze volontaires.

Une autre disposition de la loi du 24 février prescrivait de réquisitionner les vêtements d'uniforme qui pouvaient se trouver en la possession des particuliers et provenant d'anciens militaires. Deux tailleurs, Bernard Dubois et Pierre Ogé, furent désignés pour expertiser les objets de cette catégorie qui seraient découverts à Origny.

Le receveur, Antoine Vaudelet, fut indiqué pour recevoir les dons et offrandes patriotiques.

Le 12 avril, les quinze volontaires désignés recevaient l'allocation qui leur avait été votée et partaient rejoindre l'armée ; l'histoire de notre pays doit conserver leurs noms ; c'étaient : Jean-Louis Bécret, Alexis Dubois, Pierre-François-Joseph Desson, Cyr Josquin, Nicolas Dubois, Pierre Wuilliot, Joseph Prévot, François Delaporte, Nicolas-Baptiste Triqueneaux, Nicolas-Alexis Vasseur, Joseph-Ferdinand Durin, Pierre Lefèvre, Pierre-Joseph Bocquet, et Joseph Delaporte.

L'ennemi approchait, disait-on ; la garde nationale veillait à la sécurité du pays. Le bruit se répandit un jour qu'un parti de cavalerie occupait le bois d'Eparcy. Aussitôt les tambours battirent *la générale*, la garde fut assemblée (quelques hommes cependant furent introuvables ce jour-là) et l'on marcha à la rencontre de l'ennemi. Heureusement, ce n'était qu'une fausse alerte !

Dans le but d'opposer un obstacle sérieux aux armées envahissantes, la Convention avait ordonné l'établissement d'un vaste camp retranché à Maubeuge.

Des travailleurs furent demandés dans toutes les communes frontières : Origny dut en fournir quatre. Le 8 juin, l'ordre de convocation fut publié à son de caisse et aussitôt quatre volontaires se présentèrent : Charles-Joseph Desson, Jean-Baptiste Gérard, Joseph Bocquet et Alexis Ruton. Le Conseil général, après avoir pris l'avis des citoyens assemblés, leur alloua à chacun trente livres : ils partirent aussitôt.

Le 18 juin, la commune d'Origny fournissait cinq autres travailleurs volontaires, qui reçurent la même gratification : Jean-Baptiste, Alexis et Joseph Delaby, Jean-Baptiste et Jean-Antoine Chartier.

Le 7 juillet, quatre nouveaux pionniers étaient encore demandés. Ils ne reçurent chacun que cinq livres dix sols, mais leur absence ne devait être que de huit ou neuf jours ; c'étaient Joseph Mien, Louis Parisot, Joseph Vasseur et Pierre Colnet.

Enfin, le 21 juillet, la commune d'Origny et celle de Luzoir étaient mises en demeure de fournir ensemble deux pionniers pour le service des armées. Ce n'était plus un engagement de quelques jours, le choix en fut remis au sort. Il se trouva à Luzoir cent cinq hommes valides et à Origny deux cent cinquante qui prirent part au tirage. Nous ne connaissons pas les noms de ceux qui furent désignés, mais nous savons qu'il leur fut alloué deux mille cinquante-cinq livres pour les deux, soit six cent neuf livres par Luzoir et mille quatre cent quarante-six par Origny.

Malgré les préoccupations et les difficultés de toutes sortes qui pesaient sur le pays, la fête de la Fédération fut célébrée avec éclat à Origny, le 10 août 1793. Le Conseil général de la commune se rendit à l'office religieux avec une garde de vingt hommes, et à l'issue de l'office, vint se ranger autour de l'arbre de la Liberté où fut chantée l'hymne des Marseillais. Puis, l'orateur de la commune, le citoyen Mairesse, invita *les vrais patriotes à se préparer à faire à la Patrie menacée tous les sacrifices qu'elle était en droit d'attendre de ses enfants.*

Le péril paraissait proche en effet ; les armées alliées avaient repris l'offensive, elles s'étaient avancées au centre de la Belgique et avaient obligé Dumouriez à reculer devant elles. Quelques villes du Nord avaient été emportées; Valenciennes était pris et l'armée ennemie, commandée par le prince de Cobourg, allait pénétrer dans le district de Vervins. Dans un des combats qui précédèrent la prise de

Valenciennes, un des volontaires de 92 de la commune d'Origny, Pierre Carlin, fut fait prisonnier et employé par l'ennemi à la réfection des défenses de la place. Il mourut dans cette ville des suites des mauvais traitements qu'on lui fit éprouver.

Partout on se préparait à faire une résistance vigoureuse. Toutes les armes défectueuses de la garde nationale à Origny furent remises en état. Le directoire du département avait envoyé cinquante piques à la municipalité ; elles furent réparties à raison de dix par compagnie. Des mesures plus rigoureuses furent prises contre les suspects, on fit des perquisitions chez Cyr Faroux, l'ancien maire, chez son frère Jean-Baptiste, ancien commandant de la garde nationale, chez Nicolas Tanneur, ancien procureur, chez les demoiselles Pigneaux et chez beaucoup d'autres personnes. On se saisit de toutes les armes qui furent découvertes ; M. Tanneur remit volontairement quatre cent quarante cartouches qu'il avait reçues en dépôt.

En même temps, la municipalité faisait établir une forte barricade à l'entrée du village du côté d'Hirson, une autre dans la rue de la Fontaine, d'autres à la ruelle Pigneaux et au chemin du Pont-de-la-Cour ; des abatis d'arbres furent faits sur tous les chemins et on leva les tabliers des ponts et des passerelles : on prépara des herses à *busettes* destinées à établir des embûches pour la cavalerie. Des sentinelles avancées furent placées sur tous les chemins et une vedette se tint tout le jour dans le clocher de l'église pour signaler l'approche de l'ennemi.

Bohain avait été pris et pillé le 1er septembre et déjà tout le Vervinois était menacé. L'arrivée des troupes étrangères donnait lieu à une proclamation que le directoire du district de Vervins, de concert avec les commissaires du département, adressait le 11 septembre aux populations des campagnes, dans le but de soustraire à l'ennemi les céréales qui se trouvaient en leur possession et qu'il était important de conserver dans ce temps de disette. Tout citoyen qui aurait fourni des contributions à l'ennemi sans y être forcé et aurait entretenu avec lui des intelligences criminelles, devait être traité en ennemi de la patrie, arrêté comme suspect et livré au tribunal révolutionnaire pour être jugé dans les vingt-quatre heures.

Ce n'était pas seulement dans l'intérêt de la population du district qu'on prenait cette mesure sévère ; il fallait aussi et toujours pourvoir à l'approvisionnement de la capitale. Le département de l'Aisne devait fournir chaque semaine pour cette destination trois mille cinq cents sacs de farine de froment de trois cent vingt-cinq livres l'un, et le district de Vervins devait contribuer à cette fourniture pour soixante-dix-neuf sacs et livrer en outre quatre mille jalois d'avoine. La répartition faite entre les communes mettait à la charge d'Origny deux sacs de farine et cent jalois d'avoine.

Nos malheureuses communes cependant n'avaient pas trop de céréales pour leur consommation ! Le citoyen Mairesse, qui avait été appelé à faire partie des administrateurs du district de Vervins, était chargé, le 22 septembre, « *de se transporter sur-le-champ chez tous les cultivateurs de Buire, de les requérir de faire battre aussitôt leurs grains, et en cas de refus de requérir et d'employer la force armée.*

Heureusement, les progrès de l'ennemi furent bientôt arrêtés. Des forces imposantes se concentraient à Guise, et Carnot, envoyé sur les lieux par le Comité de Salut public, se trouvait bientôt en état de marcher sur Avesnes. L'armée envahissante s'arrêta, elle manœuvra encore quelque temps aux environs de

Saint-Quentin, puis s'établit dans ses quartiers d'hiver.

Les besoins pour la mauvaise saison apparaissaient déjà plus pressants : dès le 2 septembre, le Conseil communal, prévoyant l'insuffisance de la récolte, avait demandé l'autorisation de rechercher des approvisionnements dans les environs de Laon et avait fixé le prix du pain à cinq sols pour la livre de six onces.

On commença, vers ce temps, à mettre en usage le nouveau calendrier républicain qui venait d'être rendu obligatoire pour les actes publics. La deuxième année de la République commença le 22 septembre 1793, jour anniversaire de sa fondation. Les nouveaux noms des mois étaient : pour l'automne, *vendémiaire, brumaire, frimaire*; pour l'hiver, *nivôse, pluviôse, ventôse*; pour le printemps, *germinal, floréal, prairial*; pour l'été, *messidor, thermidor, fructidor*. Ces mois furent partagés en trois *décades*.

Le 3ᵉ jour de la 2ᵉ décade de brumaire an IIᵉ de la République, *une et indivisible*, le Conseil général de la commune d'Origny était appelé à délibérer sur le procès-verbal dressé par le citoyen Baron, administrateur du district, pour l'exécution des lois et décrets concernant les ci-devant nobles, parents d'émigrés et gens suspects du canton d'Hirson. De ce procès-verbal il résultait que, depuis le 21 juillet, les personnes ci-après nommées étaient constituées en état *d'arrestation domiciliaire* :

François Michel fils, tailleur d'habits ;
Joseph Mien, panetier ; Alexis Sorlin, chirurgien ;
Jean-Baptiste et Cyr Faroux, marchands ;
Jean-Baptiste Bécret, charpentier ;
Et Jean Dentier, sabotier et marchand ;

Que les suivantes étaient *consignées chez elles* :

La veuve Noiron et ses deux filles ;

La veuve Jean-Baptiste Desson et sa fille ;
Marie-Josèphe Faroux, fille majeure ;
Marie-Josèphe Pigneaux, fille majeure ;
Thérèse Piérotin, fille majeure ;
Louison Sorlin, fille majeure ;
Nicolas Tanneur, notaire ;
Antoine Tisserand, panetier ;
Les femmes Alexis Sorlin, Joly et Bécret ;
Et François Michel père.

Le Conseil chargé de la surveillance de ces personnes, considérant le besoin *réel qu'elles avaient de vaquer à leurs affaires, décidait* qu'il serait accordé :

A Joseph Mien, un jour par semaine, à la charge par lui d'avertir de sa sortie un membre du Conseil municipal ;

A Jean-Baptiste Bécret, les dimanches, mardis et jeudis ;

A Cyr Faroux, les lundis et mercredis, mais à partir seulement du jour où il aurait regarni sa boutique de *marchandises comme elle devait l'être ;*

A Jean-Baptiste Faroux, les mardis et jeudis, aux mêmes conditions ;

A Alexis Sorlin, tous les jours, mais pour voir les malades du lieu seulement ; avec stipulation expresse que, *pour les accouchements de nuit*, il serait tenu de prévenir un membre du Conseil dans la matinée du lendemain ;

François Michel fils obtenait seulement la liberté de se promener dans son jardin ; quant à son père, il lui serait permis de sortir tous les jours dès qu'il aurait opéré la restitution de la partie de terrain qu'il avait usurpée sur la commune ;

Nicolas Tanneur obtenait d'être libre les quatre

premiers jours de la semaine, à la charge de se munir d'un permis signé de deux membres de la municipalité. Tous les autres suspects étaient astreints à des obligations semblables.

Aucun d'eux ne devait découcher, ni entrer dans un cabaret. Toute contravention à ces dispositions devait être punie, pour la première fois, de douze heures de prison ; pour la deuxième, de vingt-quatre heures, etc.....
Le citoyen Mairesse était, bien entendu, le promoteur et en même temps l'exécuteur de ce règlement draconien, mais il trouvait, il faut le reconnaître, un concours empressé dans le zèle du maire, M. Soyer, et des officiers municipaux. C'est avec leur approbation qu'il faisait encore saisir, au cours de brumaire, chez les plus riches propriétaires, tous les excédents de leurs fermages en grains qui dépassaient les besoins de leur consommation. Ces mesures de rigueur entretenaient un vif mécontentement dans une partie nombreuse de la population. Bientôt la question religieuse devait porter à son comble l'irritation de ce parti ; nous verrons, dans le chapitre suivant, quelles protestations violentes allait soulever la suppression du culte.

CHAPITRE XXXV

Pillage et fermeture de l'église. — Résistance du curé et de ses partisans. — Manifestations tumultueuses. — Nouvelle destination du presbytère. — Destruction des cloches. — Arrestation du curé Fouan. — L'arbre de la Liberté est détruit et remplacé. — Suite des troubles religieux. — Refus de serment par les demoiselles Pigneaux et autres. — Le mobilier de l'église et l'autel de la Patrie. — Le citoyen Mairesse et le 9 thermidor. — Démission du citoyen Soyer, maire; son remplacement par Joseph Frotin.

Nous arrivons au moment où la lutte politique et religieuse atteint à son paroxysme et suscite dans notre commune des querelles d'une violence inouïe.

Une décision du représentant du peuple en mission, confirmée par un arrêté du directoire du département, en date du 28 brumaire an II, avait ordonné la destruction dans toutes les communes de tous les *monuments, signes et indices de culte*; pour se conformer à ces prescriptions, la municipalité avait commencé par mettre en adjudication, vers le milieu de frimaire, les deux calvaires en pierre placés l'un à l'entrée du village vers Hirson, l'autre près du presbytère. Cette vente avait produit cent trente-quatre livres au profit de la caisse communale.

Le curé Fouan, effrayé du sort dont on menaçait très ouvertement les ministres du culte catholique, s'était présenté à la municipalité le 8 frimaire et avait déclaré cesser ses fonctions religieuses. Puis le citoyen Mairesse, pour achever l'exécution des ordres du département, avait pénétré dans l'église avec les plus ardents révolutionnaires du pays, et avait brisé tout ce qui tenait au culte, statues, christs, autels, etc.; l'église avait ensuite été fermée.

Ces dernières mesures soulevèrent de violentes protestations; une véritable insurrection fut organisée, et le 24 frimaire, au nombre de près d'une centaine, les partisans du curé se portèrent au lieu des séances du Conseil. Les plus exaltés, qui marchaient en tête, les frères Josquin, Augustin Haution, Vilain, Chaplard, réclamaient à grands cris le rétablissement de *la messe* et demandaient que le procureur de la commune fût condamné personnellement au payement d'une indemnité pour avoir détruit le mobilier du culte. M. Soyer, maire, tint tête à l'orage et répondit aux pétitionnaires que le droit de faire dire et d'entendre la messe leur était assuré par la loi sur la liberté des cultes, *mais que la ci-devant église ne leur serait pas ouverte, attendu que d'après l'esprit positif de la loi, les édifices publics affectés précédemment au culte ne devaient plus servir à l'avenir qu'aux rassemblements du peuple pour la lecture des lois et pour l'exercice de ses droits civils et politiques.* Au même instant survint le curé démissionnaire, qui, se voyant soutenu et se croyant en force de résister à la municipalité, aurait voulu retenir la déclaration qu'il avait précédemment souscrite. « *Salut et fraternité*, dit-il, *je viens répondre à ce que m'impute la calomnie: l'on a dit ici que j'avais donné ma démission, cela est faux, voilà mes lettres de prêtrise, mon titre curial et ma prise de possession! Je n'ai donné qu'un désistement pur et simple comme contraint et parce que la loi m'empêche de continuer mes fonctions; mes lettres de prêtrise ne me quitteront qu'avec la vie!* »

Le pauvre curé ne pouvait guère se laver de l'acte de faiblesse que ses partisans lui reprochaient ; le maire le lui fit observer : « *que vous ayez donné une démission ou un désistement, vous n'en avez pas moins adhéré à l'arrêté du département et vous ne pouvez plus exercer vos fonctions de curé* ».

La foule irritée dut se retirer sans avoir obtenu satisfaction, mais des menaces furent proférées et les plus exaltés jurèrent de se faire ouvrir de force la porte de l'église. Le citoyen Mairesse était surtout visé, et l'un des protestataires, Philippe Josquin, se tournant vers lui, s'écria « *qu'il fallait mettre en arrestation le procureur de la commune, comme parent d'émigré, et relâcher les autres détenus* ».

Avant de se séparer, on projeta de se réunir le *décadi* prochain, pour se constituer en assemblée populaire : c'était le moyen de se faire ouvrir la porte de l'église. Le maître d'école Drubigny et l'ancien greffier Desharbes furent les inspirateurs de cette résolution.

Pour en empêcher l'effet, le Conseil municipal prit, séance tenante, une délibération pour représenter au directoire du district :

« Que les manœuvres du citoyen Fouan tendaient à abuser de la crédulité des citoyens, pour les exciter à la vengeance contre ceux qui avaient à juste raison détruit les objets du culte ; que le citoyen Fouan ne peut plus désormais être considéré comme un bon citoyen (1) ;

---

(1) Extrait du registre des démissions des prêtres du district de Vervins :
« Ce jourd'hui 8 frimaire de l'an II de la République française,
« a été représentée l'expédition d'un acte fait par-devant la munici-
« palité d'Origny, par Jean-Baptiste Fouan, curé dudit lieu, portant :

« Que la société populaire que l'on projetait d'établir le décadi suivant ne pouvait qu'être une cause de trouble ;

« Pour ces motifs, le Conseil demandait que les certificats de civisme accordés au citoyen Fouan lui fussent retirés et que la formation de l'assemblée populaire fût ajournée jusqu'à *parfaite régénération du bon esprit public.* »

De leur côté, les protestataires s'adressaient aussi au district et lui faisaient remettre une pétition couverte de nombreuses signatures, dans laquelle, *pénétrés du plus pur civisme et de l'amour des lois*, ils demandaient que l'on fît au citoyen Mairesse l'application du décret écartant des fonctions publiques les ci-devant nobles et leurs enfants. « *S'il est investi*, disaient-ils, *des fonctions de procureur de la commune, ce ne peut être que l'effet de l'erreur et de l'ignorance des lois, ou d'une petite cabale aveugle et ne comprenant pas les vrais intérêts de la population.* »

Le citoyen Mairesse, en sa qualité de membre du Conseil du district, jouissait auprès de cette assemblée d'une influence suffisante pour faire écarter la demande, si légitime qu'elle fût, de ses adversaires. La municipalité d'Origny le soutenait énergiquement d'ailleurs :

« *Sans doute*, écrivait-elle à son tour au district, *le citoyen Mairesse est fils d'émigré, il ne s'en est jamais caché, et l'on aurait pu protester depuis*

« 1° Sa renonciation aux fonctions de prêtre et de curé ; 2° et que
« ses lettres de prêtrise ont été égarées dans les différents déloge-
« ments qu'il a faits.
      « Pour copie conforme :
        « *Signé :* Dalery, jeune. »

treize mois qu'il occupe ses fonctions de procureur, mais il a donné tant de preuves de son républicanisme, que seuls la jalousie, l'envie et le fanatisme peuvent aujourd'hui réclamer. On lui reproche d'avoir cassé, brisé les idoles du ci-devant culte dit catholique, c'est en vertu de la loi, comme commissaire et procureur de la commune, qu'il a mis la loi à exécution... »

Le débat dut être porté devant le directoire du département, qui ordonna d'abord les mesures propres à rétablir l'ordre matériel dans la commune d'Origny.

Le nouveau commandant de la garde nationale, Bernard Dubois, reçut l'ordre d'établir une force suffisante pour réprimer les troubles et disperser les rassemblements. Mais une partie de la garde nationale pactisait avec les émeutiers et l'on ne put empêcher les partisans du curé de se réunir, de se constituer en comité de surveillance et même de constituer une nouvelle municipalité.

Le citoyen Soyer, se voyant débordé et aussi assurément très ennuyé de tous ces désordres, adressa sa démission à l'administration du district, et une partie des officiers municipaux suivit son exemple.

Le Conseil du district, à son tour, s'émut de cette situation et fit procéder à une enquête. Le 14 nivôse, l'agent national près de cette assemblée lui faisait le rapport suivant :

« *Citoyens, vous êtes informés que depuis la Révolution, la commune d'Origny n'a cessé d'être agitée par le fanatisme et l'aristocratie. Jusqu'ici, la fermeté et le courage des patriotes et surtout la surveillance active exercée sur eux les avaient empêchés de conspirer, mais depuis qu'un sage arrêté des représentants du peuple a ordonné le* brisement des idoles de la superstition et l'abolition de tous les instruments du mensonge et de l'erreur, ces deux monstres semblent avoir encore resserré leur union. Le fanatisme surtout s'est agité en tous sens pour abuser le peuple et perdre dans sa confiance ses amis les plus chauds, les plus ardents patriotes, qui n'ont cessé de l'éclairer et de se sacrifier pour ses intérêts. Des prêtres, un maître d'école, voilà les moteurs des premiers désordres auxquels cette commune est en proie aujourd'hui. Rappelez-vous qu'il y a environ quinze jours, on vous présenta une pétition signée de quelques habitants de la commune qui demandaient qu'il fut libre à leur ancien curé démissionnaire de s'emparer de la ci-devant église et d'y chanter la messe comme par le passé : vous avez senti que c'était une manœuvre de curé fanatique, de ses affidés ou adhérents, et vous vous êtes contentés de répondre qu'un prêtre démissionnaire ne pouvait se hasarder à reprendre des fonctions qu'il avait abdiquées. Les mêmes revinrent bientôt à la charge, ils avaient dressé d'autres batteries : ils vous dénoncent comme parent d'émigré, dont à ce titre ils demandent la destitution, le citoyen Mairesse dont vous connaissez le patriotisme pur et le républicanisme. Cet ami ardent de la Révolution, qui s'est toujours montré à la hauteur de tous ses principes, était par là même devenu leur ennemi. Estimé, chéri de tous les vrais patriotes, il s'est fait pour ennemis tous les prêtres, les aristocrates, les fanatiques et les modérés. Ce sont des gens de cette espèce qui vous demandèrent sa destitution. Mais leur audace nouvelle ne se borna pas là, ils s'imaginèrent que le moyen d'en imposer aux autorités constituées, c'était de s'ériger eux-mêmes en autorités constituées ; en conséquence, ils manigancèrent dans la commune avec tous les aristocrates et les gens mis en arrestation comme suspects. Telle est l'origine et la naissance du prétendu comité de surveillance, dont le procès-verbal de formation fut déposé ici avant-hier. Tous ces faits viennent de vous être dénoncés, non seulement par la municipalité et le Conseil municipal composé de patriotes qui ont fait leurs preuves, mais par une pétition signée d'un nombre assez considérable de citoyens : il paraît, d'après cette pétition, que les deux monstres de l'aristocratie et du fanatisme n'ont pas borné leur audace à la formation d'un comité de surveillance, ils ont osé procéder au renouvellement de la municipalité et ont eu soin d'exclure de leur association nouvelle tous les patriotes. (Ce n'est assurément pas pour les y mettre que l'on prit pour les nouvelles formations le vote des gens mis en arrestation dans leur domicile comme suspects.) — Faut-il d'autres témoignages contre ceux qui ont réuni les suffrages dans ces sortes d'assemblées pour être regardés eux-mêmes comme suspects ?

« Je crois que d'après cela vous n'hésiterez pas à suspendre, au moins provisoirement, les nouvelles autoritées créées dans la commune d'Origny ; mais j'appelle votre attention sur les dénonciations qui vous sont adressées. Par la première, il est établi que le corps municipal étant en séance le 24 frimaire, les citoyens Josquin, Villain et autres ont proféré les propos les plus fanatiques contre le corps municipal et particulièrement contre le procureur de la commune ; que le curé vint ensuite parler dans le même sens, insistant pour que l'église fut rouverte et pour que le curé démissionnaire et renégat reprit ses fonctions. De la seconde, il résulte qu'à l'issue de *la messe qui fut célébrée le lendemain au mépris des défenses de la municipalité, un nommé Desharbes fit prêter par tous ceux qui y assistaient le serment de fidélité à la religion catholique, apostolique et romaine, qu'après cette prestation de serment, il y eut chez l'ex-curé une orgie à laquelle assistèrent un grand nombre de fanatiques. Que manque-t-il à ce serment pour être celui des fanatiques de la Vendée ? Vous le voyez, citoyens, il n'y manque que le nom de Louis XVII. Souffrirons-nous, citoyens, qu'une nouvelle Vendée se forme dans notre district ? Non, sans doute ; arrêtons les progrès d'un incendie qui ne fait que commencer ! Séquestrons, éloignons tous ceux qui sèment dans cette malheureuse commune les torches du fanatisme, et bientôt, le monstre de l'aristocratie, qui avait osé lever sa tête audacieuse, sera contraint de rentrer dans son repaire fangeux !* »

A la suite de cet exposé, le directoire du district ordonnait :

« Que provisoirement les membres du prétendu comité de surveillance de la commune d'Origny ne pourraient exercer aucune fonction ; même défense provisoire était faite à tout citoyen qui se prétendrait nommé officier municipal ou agent national ;

« Que tous les actes qu'auraient pu faire jusqu'à ce jour, soit le prétendu comité, soit la prétendue nouvelle municipalité, demeureraient provisoirement sans exécution et sans sanction ;

« Que l'ancienne municipalité continuerait provisoirement ses fonctions ;

« Que le citoyen Vasseur fils, d'Ohis, député de l'assemblée primaire, se transporterait sous trois jours à Origny, pour y prendre les renseignements les plus précis sur ce qui s'est passé dans la commune depuis le 24 frimaire ;

« Que les nommés Pierre et Philippe Josquin, Villain, Charles Drubigny, Desharbes, seraient mis en arrestation comme gens suspects ;

« Qu'il serait du tout rendu compte, dans les vingt-quatre heures, aux représentants du peuple à Laon. »

Ces décisions étaient notifiées le jour même à la municipalité d'Origny, qui immédiatement faisait amener devant elle, par la gendarmerie, les nommés Josquin, Drubigny, Villain et Desharbes. L'ex-curé ne s'étant pas trouvé à son domicile, signification lui était faite d'y revenir dans le délai de quarante-huit heures, à peine d'être dénoncé à l'administration du district comme émigré.

Ces mesures étaient de nature à intimider les plus résolus ; l'effet ne s'en fit pas attendre : dès le lendemain, les frères Michel, les frères Marcelot et un grand nombre des signataires des protestations du parti réactionnaire se présentaient à la municipalité pour déclarer que leurs signatures avaient été surprises et qu'on avait abusé de leur bonne foi.

Quelques jours après, la municipalité mettait en adjudication de bail la maison *ci-devant presbytérale* et en vente le pré appelé *ci-devant le pré de Prêtre et actuellement le pré de la Raison.* Le presbytère était adjugé au citoyen Mairesse, pour un loyer annuel de cent six livres, et le pré était vendu au citoyen Boutillier, pour deux cent douze livres.

En même temps, on vendit le *drapeau martial* à Louis Parisot, pour cinq livres.

Le même jour, le citoyen Midelet, dit Flot, se chargeait de la direction de l'horloge et de sonner la cloche qui avait été conservée, chaque décadi, pour le rassemblement du peuple, moyennant un salaire de cinquante livres. Les autres cloches avaient été brisées en même temps que les objets du culte, et le métal avait été envoyé au district pour servir, avec celles des autres communes, à la fabrication de pièces d'artillerie.

Dans cette même séance, le Conseil enregistrait la déclaration du citoyen Fidèle-Amand Leroi, préposé des douanes nationales, *qu'en bon républicain il aurait à rougir de porter plus longtemps un nom, dont la* CHOSE *est si justement proscrite et qu'en conséquence il entendait s'appeler à l'avenir* LA LOI.

A la suite de tous les événements que nous venons de rapporter, l'ex-curé Fouan avait été mis en arrestation sur l'ordre du district, *pour éviter la propagation du fanatisme et empêcher toute fermentation populaire.* L'ordre renaissant, les administrateurs du chef-lieu ordonnaient, le 17 pluviôse, sa mise en liberté, mais avec l'obligation pour lui de quitter Origny et de justifier dans le délai de quinzaine d'un certificat de résidence de la nouvelle municipalité dans laquelle il se fixerait. Les autres arrestations n'avaient pas été non plus maintenues.

Un nouveau comité de surveillance avait été élu dans des formes régulières et le calme était revenu, au moins en apparence.

Toutefois, le curé ne s'était pas conformé aux décisions prises le 17 pluviôse par le district : on l'avait vu, à Origny, se rendre secrètement chez le maître d'école Drubigny, *son ancien affidé;* son arrestation fut de nouveau ordonnée et il fut consigné provisoirement dans l'ancienne maison presbytérale, sous la surveillance permanente de deux gardes nationaux, et on l'obligea à payer à chacun de ses gardiens une allocation journalière de cinquante sols. Il dut enfin se résoudre à quitter la commune (1).

Depuis un certain temps, la municipalité d'Origny était obligée d'envoyer une équipe de travailleurs pour les travaux de réfection de la route d'Hirson à La Capelle, qui était dans le plus piteux état. Cinquante ouvriers d'Origny étaient employés à ce travail. Le 10 ventôse, le préposé à leur surveillance, Joseph Frotin, venait déclarer au Conseil général de la commune que le travail n'avançait pas et que les ouvriers envoyés, qui ne connaissaient que le travail de la vannerie, étaient incapables d'accomplir la tâche imposée à la commune. On dut choisir à leur place de bons ouvriers terrassiers.

Le citoyen Mairesse, malgré les plaintes qu'avaient soulevé sa qualité de fils d'émigré, avait été provisoirement maintenu dans ses fonctions d'agent national. Le 14 ventôse, il venait déclarer au Conseil que l'arbre de la Liberté, dont on avait fait la plantation au printemps dernier, n'avait pu reprendre et qu'il y avait lieu de le remplacer. Cette proposition fut unanimement adoptée, et l'on décida de planter à sa place une *angrelle* et de le mettre encore au haut de l'escalier de l'église. Cette cérémonie devait avoir lieu le premier décadi de germinal, tous les bons républicains devaient être invités à y assister ; l'arbre, avait-on dit, serait décoré d'une immense cocarde tricolore.

L'annonce de cette fête réveilla l'animosité de quelques réactionnaires. L'arbre avait été mis en place le 5 germinal et les préparatifs de la cérémonie

(1) L'abbé Fouan se retira à Rocquigny, son pays natal. Lors du rétablissement du culte en 1803, il fut nommé curé de Sorbais, où il mourut le 18 octobre 1812.

d'inauguration étaient commencés, quand, dans la nuit même, il fut affreusement mutilé. Dès le matin, Mairesse vint en porter la nouvelle au Conseil : « *L'angrelle que nous avons plantée hier*, dit-il, *comme arbre vivace de la Liberté, haute de quarante pieds et grosse de douze pouces environ, et dont l'inauguration devait se faire décadi prochain, a été maltraitée de coups de couteau cette nuit. Cet événement, qui doit affecter bien sensiblement le Conseil, est une nouvelle preuve qu'il existe, en cette commune, un parti bien prononcé contre la Révolution.* » Le Conseil général, pénétré de la plus vive indignation, s'en fut immédiatement constater le désastre : le cordon de paille qui garantissait le corps de l'arbre avait été coupé et l'arbre lui-même portait une entaille très profonde.

L'arbre était perdu, son remplacement fut décidé séance tenante. Le prochain décadi fut maintenu pour l'inauguration et la *consécration* du nouvel emblème de la liberté. On décida en outre que le Conseil général assisterait à cette solennité, confondu avec *les bons républicains* et que, *pour ranimer en eux l'exécration pour les tyrans et leur amour pour la liberté républicaine*, il serait fait lecture au peuple des décrets des 16, 17, 19 et 20 janvier 1793, relatifs au jugement de Louis Capet.

Ce programme fut suivi de point en point ; l'agent national par intérim y ajouta un *petit discours préparatoire*, puis, après la lecture des décrets, invita la foule à prêter avec lui le serment suivant: « *Je jure fidélité inviolable aux principes de la liberté et de l'égalité, à l'unité et à l'indivisibilité de la République ; soumission aux lois de la République ; reconnaissance éternelle à la Montagne ; haine implacable à tous les ennemis de la Révolution, aux fédéralistes,* à *tous les tyrans et à leurs partisans !* » Après quoi, les citoyens se livrèrent à *toutes sortes de divertissements civiques.*

Le même jour, la municipalité procédait au choix d'un nouvel instituteur en remplacement de Drubigny, que ses menées réactionnaires avaient fait priver de son emploi. Jean-Baptiste Terrien, précédemment maître d'école de la commune de Plomion, était installé dans cette fonction, et la municipalité demandait à l'administration du district de lui accorder la maison ci-devant presbytérale, pour y installer l'école.

Quelques jours après, Nicolas Martin, qui s'était démis de ses fonctions de greffier, était remplacé par le citoyen François Hippacq, auquel le Conseil votait un traitement annuel de deux cents livres. Le garde Fauvin était en même temps maintenu dans son emploi pour une nouvelle année.

Un atelier de fabrication de salpêtre fut organisé à Origny dès les premiers jours du printemps, mais les ouvriers qui y étaient employés commettaient dans la commune toutes sortes d'exactions ; les citoyens Aubin et Boutillier furent chargés spécialement de leur surveillance et autorisés à faire enlever et conduire en prison par la force armée ceux dont la conduite donnerait lieu à de nouvelles plaintes.

En même temps, la municipalité demandait au district une allocation de mille livres pour se couvrir des frais d'installation des réservoirs d'eau salpêtrée, établis dans la prairie de la Lussière.

La commune avait obtenu de disposer de l'ancienne maison curiale pour y établir son école, mais le comité de surveillance y tenait ses séances depuis l'expulsion du curé. Le Conseil décida de s'installer dans le rez-de-chaussée de la maison communne où l'école se tenait précédemment et d'abandonner la grande salle du premier étage qu'il occupait au comité de surveillance.

La paix religieuse, cependant, était loin d'être rétablie à Origny ; depuis le départ du curé, les fidèles se rendaient à Landouzy-la-Ville, pour entendre la messe de l'ancien curé, non assermenté, de cette paroisse qui avait continué à y résider. Ils l'avaient fait discrètement d'abord, mais ils y mettaient maintenant une sorte d'ostentation et affichaient un mépris visible des défenses de l'autorité. Dans la séance du 30 prairial, le citoyen Mairesse saisissait en ces termes le Conseil de ces agissements :

« *Citoyens, nous comptions sur le rétablissement de la tranquillité publique ; la voilà de nouveau fortement menacée par le fait* D'UN FARCEUR, *autrement dit prêtre, qui continue à jouer ses farces publiquement à Landouzy-la-Ville.* LA MESSOMANIE, *qui tourmente une très grande partie de nos concitoyens, les porte à aller aux jours dits à Landouzy, pour assister à ce qu'ils appellent la* SAINTE MESSE. *De là le mépris général et formel que nous voyons faire ici des décadis et cette célébration affectée des ci-devant dimanches. De là ces germes de discussion qui finiront infailliblement à compromettre les autorités constituées et l'ordre public, s'ils ne sont étouffés promptement...* »

Après cet exposé, le procureur demandait au Conseil, et celui-ci décidait, d'informer le directoire du district de la situation.

En attendant la décision que cette assemblée jugerait devoir prendre, Mairesse pensa qu'il serait utile d'inspirer à nouveau une crainte salutaire aux partisans trop zélés du clergé.

Différentes religieuses s'étaient retirées à Origny :

c'était d'abord les demoiselles Pigneaux, Marie-Anne, Pétronille, Marie-Thérèse et Pélagie ; puis Marie-Anne Michel, ancienne sœur converse à la congrégation de Laon ; Marie-Anne Noiron, précédemment religieuse à l'Hôtel-Dieu de la même ville. Mairesse les fit inviter à présenter à la maison commune leurs certificats de prestation du serment exigé par la loi du 14 août 1792 et, à défaut de pouvoir faire cette justification, à venir prêter devant le Conseil général le serment prescrit par la loi du 9 nivôse dernier.

Ces honnêtes filles comparurent devant les officiers municipaux, mais se refusèrent à prêter un serment auquel *leur conscience répugnait*. Procès-verbal de ce refus fut dressé et elles furent toutes mises en état d'arrestation domiciliaire. Elles ne furent relevées de cette surveillance que le 23 nivôse an III, en vertu d'un arrêté du Comité révolutionnaire du district.

Mairesse fit aussi décider par le Conseil que, dorénavant, les fêtes décadaires seraient religieusement observées et que défense était faite aux citoyens de se livrer ces jours-là à aucun travail servile, le temps de la récolte excepté, à peine d'être regardés comme suspects.

Enfin, le 20 thermidor, on procédait à la vente de tout le gros mobilier de l'église qui produisit quatre-vingt-neuf livres cinq sols. Le citoyen Vaudelet, trésorier, avait été autorisé à reprendre pour l'usage de la commune : la tribune, l'autel et ses gradins pour les convertir en autel de la patrie, quinze bancs, deux petites armoires, deux vieux fauteuils, cinq tabourets en bois et une table pliante.

Le citoyen Mairesse savait se plier avec une souplesse étonnante à tous les changements que la lutte acharnée des partis produisait alors fréquemment dans la direction de la politique gouvernementale. Le terrorisme, dont il avait été jusque-là le fougueux apôtre, venait, le 9 thermidor, de recevoir un coup mortel : Robespierre, son idole, était renversé, et c'est dans ces termes que le fanatique procureur annonçait ce grave événement à l'assemblée communale : « *Citoyens, voilà la Patrie sauvée encore une fois, et ce salut, elle le doit à l'énergie de la Convention. Des scélérats, des monstres, un Maximilien Robespierre, un Robespierre, son frère puîné, un Saint-Just, un Couthon, méditaient depuis longtemps la destruction de notre Constitution toute républicaine ; mais la nuit du 9 au 10 de ce mois a vu disparaître ces projets de tyrannie et avec eux leurs auteurs et complices. Je le répète, je ne saurais trop le répéter, grâces en soient rendues à la Convention. Sans doute, une fête nationale conservera aussi ces précieux événements ; prenons l'avance et que nos cris de vive la République, une et indivisible, vive la Convention, vive la Montagne, portent la terreur et le désespoir dans l'âme de leurs ennemis, nos ennemis communs, et que un accroissement d'allégresse et d'amusements ajoute à la célébration de la fête décadaire prochaine, qu'un acte authentique consacre cette reconnaissance et notre profonde indignation et exécration pour les infâmes qui ont souillé par tant de crimes leur caractère auguste de représentants du peuple...* »

Cette déclaration amphigourique fut à l'instant transformée en une adresse à la Convention que s'empressèrent de signer tous les membres de la municipalité. Depuis longtemps, le citoyen Mairesse avait acquis une autorité absolue sur l'assemblée communale ; ses propositions étaient toujours acceptées à l'unanimité et sans la moindre discussion.

Le maire, Soyer, ne jouait plus qu'un rôle absolument effacé, et il lui répugnait de demeurer plus longtemps le servile instrument du procureur de la commune. Donnant pour prétexte que la multiplicité de ses affaires ne lui laissait plus le temps de s'occuper de son mandat, il annonça son intention de se retirer et de cesser ses fonctions le premier jour de la troisième année républicaine. L'assemblée dut accepter cette démission et, dès le 30 thermidor, choisit, pour succéder au maire démissionnaire, le citoyen Joseph Frotin, officier municipal.

CHAPITRE XXXVI

Situation de l'armée du Nord au printemps de 1794. — Le bataillon de Vervins et le commandant Pécheux. — Réquisitions. — L'hôpital militaire de Foigny. — Confiscation du domaine seigneurial d'Origny. — Recensement. — Misère de la population. — Impôt forcé. — Nouvelle municipalité. — Hippacq, maire. — Fête anniversaire de la mort du roi. — Inondation. — Cruelle famine. — Recherche de subsistances. — Les journées de prairial à Origny. — Pillage des récoltes. — Nouveaux troubles religieux. — Mairesse donne sa démission. — Nouvelle organisation municipale.

Au printemps de 1794 (an II), Pichegru avait remplacé Jourdan dans le commandement de l'armée du Nord. Cette armée se trouvait alors dans l'état le plus déplorable : point de vivres, point de vêtements. Aussi, les états-majors de Guise et de Cambrai demandaient-ils réquisitions sur réquisitions aux villes et villages du Nord et de l'Aisne. Les municipalités devaient y satisfaire sur-le-champ, tout retard était sévèrement puni. La municipalité d'Origny en fit l'expérience au mois de vendémiaire. L'ordre lui était arrivé un soir, à huit heures, de fournir deux voitures destinées à transporter des malades, le lendemain, à cinq heures du matin. Deux cultivateurs de la commune furent immédiatement requis, mais ils ne purent arriver, à l'heure dite, au rendez-vous assigné. Aussitôt, sur un réquisitoire du commissaire des guerres, Godart, un gendarme fut envoyé à Origny, avec ordre de ramener à Vervins le maire et l'agent national de la commune. Ceux-ci purent heureusement prouver qu'ils avaient fait les diligences nécessaires pour assurer l'exécution des ordres reçus, et l'affaire n'eut pas d'autre suite.

Les transports militaires rendaient toutes les routes impraticables, les localités étaient constamment encombrées de troupes, et les soldats, mal payés, point nourris, commettaient partout des désordres dont notre génération ne peut se faire l'idée.

Les volontaires de notre région et les recrues demandées aux communes avaient été incorporés dans l'armée du Nord et faisaient partie d'un bataillon spécial appelé bataillon du district de Vervins.

Le chef de cette troupe était Marc-Nicolas-Louis Pécheux, né à Bucilly, le 18 janvier 1769, et qui revint mourir dans son pays natal le 1er décembre 1831, après avoir conquis les grades de lieutenant général et de grand-officier de la Légion d'honneur ; il était parti comme capitaine dans le bataillon de l'Aisne en 1793. La compagnie des grenadiers de ce bataillon était commandée par un Vervinois, Jean-Louis-Hippolyte Loubry, aussi ancien officier du bataillon de l'Aisne, qui s'était distingué déjà à la bataille de Hondschoote.

L'ennemi semblait vouloir reprendre sa marche en avant dès le printemps de 1794. Il avait poussé une avant-garde jusqu'à La Capelle. A cette nouvelle, la brigade Duvigneau avait quitté ses cantonnements de Guise et s'était dirigée, par Vervins, sur La Capelle. Nos troupes eurent bientôt forcé l'ennemi à se replier ; ses avant-postes se retirèrent dans la forêt du Nouvion.

Voilà quelles étaient à cette époque les positions de l'armée du Nord sur notre frontière qu'elle avait à défendre : la droite, commandée par Florentin, était à Avesnes et comptait quinze mille six cents hommes ; la gauche, forte de onze mille deux cents hommes, était aux ordres de Goguet, à Bohain, et Balland, formant le centre avec trente-six mille hommes, était établi vers Etreux. Pichegru commandait en chef ces divers corps ; Saint-Just et Lebas avaient été députés à Guise, par la Convention, pour soutenir l'énergie de l'armée.

Le prince de Cobourg, à la tête de quatre-vingt-dix mille hommes, menaçait la Picardie, soutenu à la gauche par le prince de Kaunitz avec dix-huit mille hommes et Clerfayt à la droite avec vingt-cinq mille hommes.

Pressées de toutes parts, nos troupes durent se replier sur la ligne de l'Oise; Landrecies avait succombé.

Mais bientôt Pichegru, qui avait reçu de nouveaux renforts, avait repris une offensive énergique ; les Autrichiens sont chassés de leurs positions sur la Somme ; Clerfayt est battu à Courtrai par Pichegru ; Cobourg, à Fleurus, par Jourdan. Bref, de nouvelles manœuvres ramènent la fortune sous nos drapeaux, la Belgique et les Pays-Bas tombent en notre pouvoir ; Landrecies, Condé, Valenciennes sont repris. La coalition avait reculé, le sol de la Patrie était redevenu libre ! (Août 1795.)

Depuis le commencement de 1793, le gouvernement avait utilisé les bâtiments de l'abbaye de Foigny, en y établissant un hôpital militaire. Cet hospice, destiné d'abord aux soldats mis hors de service par les maladies, fut plus tard affecté aux blessés ; on en compta jusqu'à cinq cents à la fois, et la mortalité était effrayante parmi eux. Beaucoup furent enterrés au bout du verger du côté du levant ; mais les fosses les plus nombreuses furent ouvertes au-dessus de l'abbaye, le long de la forêt, dans un pré que l'on appela le pré des Morts.

L'ambulance de Foigny subsista dix-huit mois environ : elle fut fermée le 12 vendémiaire an III (3 octobre 1794) ; le théâtre de la guerre était éloigné : nos troupes occupaient la Belgique. L'antique abbaye allait être vendue, mais elle ne devait pas encore tomber, avant quelques années, sous la pioche des démolisseurs.

A côté, dans notre village, on songeait en même temps à faire disparaître les derniers vestiges de l'ancienne seigneurie, qui, à travers les siècles, avait tant de fois partagé les vicissitudes du monastère : on poursuivait l'expropriation du dernier seigneur comme on avait poursuivi la dépossession des religieux.

A la séance du Conseil général de la commune du deuxième jour complémentaire de l'an II, le citoyen Tanneur, mandataire de la duchesse de Chastillon, avait fait le dépôt de sa déclaration de résidence et de sa déclaration de propriété. Mairesse prit aussitôt la parole pour contester à *la veuve Gaucher* son droit de propriété : « *Tanneur*, dit-il, *prétend que la ci-devant terre d'Origny était possédée indivisément, une partie par un Choiseul, à titre d'engagement, et l'autre partie par un Sainte-Preuve, à titre de patrimoine ; que les commissaires de Henri IV ont vendu à bail ce domaine à Marie Hennequin, puis qu'il a été saisi réellement par une certaine Marie Bellenone sur César-Auguste Choiseul et a été vendu à la barre de la cour à Maximilien La Baume Le Blanc La Vallière en 1707. Qu'ensuite, le 4 février 1745, les commissaires généraux ont revendu ce bien à un autre La Vallière de qui descend et dont a hérité la veuve Gaucher. Voici la tradition que j'oppose à la sienne, elle est la plus commune et mérite, à mon sens, plus de créance : la ci-devant terre d'Origny était possédée, en 1550, par Antoine de Bourbon, roi de Navarre; son fils Henri IV en jouit ainsi que ses fils et petit-fils, Louis XIII et Louis XIV. Ce dernier l'a donnée à Louise-Françoise La Baume Le Blanc La Vallière, sa maîtresse; laquelle, s'étant faite religieuse carmélite, en 1675, par dépit, laissa son bien à son neveu qui n'eut qu'une fille, la dernière engagiste, qui épousa, en octobre 1756, un Gaucher-Châtillon, dont elle est veuve. »*

« *Je ne saurais donc présumer autre chose,* continue Mairesse, *sinon que l'on voudrait embrouiller le fait pour embrouiller le droit. Le déclarant s'appuie sur une déclaration faite de la partie domaniale, aux administrateurs des domaines en 1786 ; or, par qui a été faite cette déclaration ? Par la partie intéressée ! Je peux donc la regarder comme suspecte, et certainement il y aurait eu dans ce temps des contradicteurs comme il y en a aujourd'hui, si les bouches eussent osé parler.* »

« *Au surplus, que disent les anciens d'Origny,* ajoute-t-il, *ils déclarent que toute la partie de ce territoire au nord de la rivière appartient au domaine, en outre le moulin du Routy, celui du Haudevin au moins en partie et les trois quarts des terres des Coutures...* »

« *D'après cela,* dit-il au Conseil, *vous ne balancerez point à convenir de la justice et de la nécessité qu'il y a pour la République à se garnir les mains du tout, sauf à la veuve Gaucher à produire ses titres de propriété pour la partie du domaine qu'elle prétend patrimoniale....* »

Ces explications n'étaient pas très claires, les citoyens Tanneur et Mairesse n'avaient pas une connaissance bien nette de l'origine et de la constitution de la seigneurie d'Origny. Le Conseil fit sagement de renvoyer l'examen de la question au comité des domaines et à l'agent national près l'administration du district.

Quelques jours après, une nouvelle délibération du Conseil général informait encore le district que le moulin du village, *faisant partie du domaine engagé, de l'aveu même de l'engagiste*, était à fin de bail; ainsi que les deux autres moulins contestés, et l'invitait à décider si la jouissance de ces usines serait conservée au détenteur actuel, ou si le directoire du district voulait en prendre la gestion au nom de la République ou en charger le Conseil général de la commune.

Le Conseil renouvelait en même temps la demande déjà faite d'abattre la bordure du bois, *ci-devant dit du Roi*, à cause du préjudice dont se plaignaient les riverains.

Aucune décision n'intervint et le Conseil dut autoriser, le 30 germinal, le sieur Tanneur à continuer par tacite reconduction les baux des anciens fermiers du domaine, tout en faisant réserve des droits de la République.

On avait fait en 1793 un recensement de la population et notre commune se trouvait avoir 1,760 habitants. Mais cette population était singulièrement appauvrie; le commerce avait cessé complètement, la guerre imposait les plus lourdes charges au pays et les vivres étaient rares et hors de prix.

Ce fut bien pis l'année suivante : dès le commencement de l'an III (septembre 1794), la misère affligeait toutes les classes de la société indistinctement. Le blé se vendait cent livres le quartel en assignats, monnaie de papier créée depuis quelques mois, mais que le commerce n'acceptait déjà plus qu'avec défiance et une forte dépréciation. Ces cent livres représentaient encore une valeur réelle de douze livres, somme énorme pour une mesure de blé ! Aussi employait-on à la nourriture toutes sortes de grains. Les uns mélangeaient de la farine d'avoine avec de la farine d'orge pour faire du pain, les autres du son avec des pommes de terre. Le prix des autres objets de consommation n'était pas moins élevé : une vache valait de six à sept cents livres, ce qui mettait la viande à quarante sous la livre. La livre de chandelles se payait six livres, etc.

Le cours des assignats continuait à baisser et les finances de l'état étaient dans la plus pitoyable situation ; on dut se procurer des ressources par un emprunt forcé sur les citoyens les plus aisés. La répartition de cet emprunt fut ainsi faite à Origny :

La veuve Dentier, des Routières, fut taxée à	700 liv.
Jean-Baptiste Faroux, marchand	700
Nicolas Martin, menuisier	700
Jean-Nicolas Tanneur, notaire	700
André Lesur, marchand	700
Veuve Courteville	700
Cyr Faroux, marchand	700
Veuve Joseph Frotin	700
Pierre-Antoine Terrien	700
Jean-Baptiste Midelet	700
Total	7.000 liv.

M. Chastelain, l'ancien bailli d'Origny, qui continuait de résider à Hirson, fut personnellement taxé à sept cents livres.

Les visites domiciliaires recommencèrent chez tous les habitants soupçonnés de conserver chez eux des grains et des farines. Chez Jacques Noizet, l'on découvrit onze jalois et demi de farine ; on lui en laissa quatre et on confisqua le surplus.

Une décision de l'assemblée municipale imposait un

prélèvement forcé en grains, sur les habitants les plus aisés, pour la nourriture des indigents : la municipalité put encore se procurer ainsi près de cent jalois de grains divers, qui furent transformés en farine et en pain et distribués sous la direction de Jean-Jacques Wuilliot.

Les administrations communales du canton s'étaient bien réunies au chef-lieu pour aviser aux besoins de la population; on délégua même deux notables d'Hirson, les citoyens Millet et Houdelette, auprès de la commission du commerce et des approvisionnements. On n'obtint aucun résultat et il fallut payer les frais de voyage des délégués.

Et cependant la misère augmentait chaque jour, le pays allait pendant de longs mois souffrir de la plus épouvantable famine et l'administration municipale allait avoir à faire face aux nécessités les plus pressantes.

Nous avons vu que M. Soyer avait été remplacé dans ses fonctions de maire par Joseph Frotin, mais l'administration de ce dernier fut de courte durée. Le 16 nivôse, l'administration communale était entièrement renouvelée en vertu d'un arrêté du représentant du peuple Pérard, en mission dans le département ; et le citoyen Bernard Baudelot, agent national d'Hirson, venait procéder à son installation.

La nouvelle municipalité était ainsi composée :

François Hippacq, maire ;
Louis-François-Joseph Mairesse, agent national ;
Joseph Frotin,
Thomas Triqueneaux,
Pierre Dubois, le jeune,
Jean-Baptiste Mour,
Joseph Piérotin.
} Officiers municipaux ;

Nicolas Gobert,
Jean-François Berteaux,
Jacques Michel,
Nicolas Bécret,
Bernard Dubois,
Joseph Génard,   } Membres
Nicolas Boutillier,   du Conseil.
Joseph Bachelet, le jeune,
Pierre Demeaux,
Jean-François Triqueneaux,
Adrien Soyer,
Nicolas Dentier,

Les nouveaux édiles prêtèrent, entre les mains du citoyen Baudelot, le serment d'être fidèles à la République une et indivisible et furent installés dans leurs fonctions.

Par suite de l'élévation du citoyen Hippacq à la mairie, la charge de greffier fut attribuée à Jean-Baptiste Parisot, avec un traitement de deux cent cinquante livres.

En même temps que la municipalité on renouvela le tribunal de police, qui fut confié à Joseph Frotin, Jean-Baptiste Mour et Pierre-Joseph Dubois, tous trois officiers municipaux.

Le 2 pluviôse, arrivait l'anniversaire de la mort du roi : une fête avait été instituée pour célébrer cet événement ; elle fut, malgré la détresse générale, entourée d'un certain éclat à Origny.

Le Conseil général de la commune se rendit au milieu du peuple assemblé dans l'ancienne église, et là, après *un petit discours analogue à la circonstance*, prononcé par l'agent national, le Conseil communal renouvela son serment de fidélité à la République démocratique française, une et indivisible ;

des chants patriotiques suivirent. On se rendit ensuite au pied de l'arbre de Liberté auquel le citoyen maire apporta, au nom du Conseil, le *salut à la République française une et indivisible, le Salut à la Convention nationale et aux armées de la République, puis il but à la réjouissance du supplice de mort de Louis Capet, dernier roi des Français, à la mort de tous les tyrans, puis à la liberté du monde et à la réunion des républicains, contre les malveillants, le tout par l'organe de l'agent national.* Le brave maire Hippacq n'aurait pu trouver tout cela, lui seul! Après chacun de ces saluts et souhaits, on faisait des décharges de mousqueterie ; ensuite le Conseil municipal *fit une danse en ronde, autour de l'arbre de la Liberté, au son de la musique.* Enfin la fête se termina *par un petit divertissement,* suivi d'un bal public donné par l'agent national.

Mais le lendemain de cette fête, on se retrouva en présence des nécessités, toujours plus pressantes, de la situation.

A la suite des fortes gelées de l'hiver, d'abondantes pluies étaient tout à coup survenues. Il se produisit une grande inondation, les 8 et 9 pluviôse, qui, jointe à la débâcle des glaces, emporta les ponts de la commune.

La famine allait chaque jour s'accentuant, le Conseil dut faire une avance, sur ses gages, au malheureux garde Fauvin, qui se trouvait absolument sans ressources. De tout temps, les gardes champêtres d'Origny ont mal supporté les privations !

Des désordres se produisaient partout aux environs: le 10 ventôse, l'agent national faisait connaître au Conseil, qu'*en vertu d'un arrêté des représentants du peuple Lacoste et Pérès, du 17 pluviôse, la force armée avait été envoyée dans le district pour empêcher les brigandages causés sous prétexte des besoins de subsistances, mais que cette mesure allait être, pour les cultivateurs qui désormais se sentiraient protégés, un prétexte pour élever encore les cours des blés qui déjà atteignaient plus de cent livres le jaloi, pesant quatre-vingt-six livres ! Que, dans ces conditions, il devenait impossible aux honnêtes gens de se procurer des vivres, et qu'il devenait urgent d'exposer à la Commission des approvisionnements de la République l'extrême disette qui régnait dans nos contrées et d'en réclamer de prompts secours.*

Le Conseil, naturellement, s'associa à cette demande et quelques jours après, le citoyen Mairesse recevait une mission *particulière et urgente* relative aux subsistances et quittait Origny pour une quinzaine de jours. Il faisait partie de la délégation chargée de porter à la Convention les doléances du district de Vervins.

A son retour, Mairesse rapportait la nouvelle que la Convention accordait au district une somme de trois cent mille livres à répartir à titre de prêt entre les communes les plus nécessiteuses. Le Conseil aussitôt demandait l'attribution d'un subside de vingt mille livres, qui, grâce à l'influence de Mairesse, lui était accordé, mais à la charge de remboursement le 1er vendémiaire. Cette somme, tant étaient grands les besoins, parut encore insuffisante et une nouvelle allocation de cinq mille livres fut demandée.

Munis de la somme empruntée, deux délégués du Conseil, Jean-Baptiste Mour et Jacques Noizet, étaient partis pour acheter des grains. Ils parcoururent successivement les environs de Braine, Neuilly-Saint-Front, Villers-Cotterêts, Château-Thierry, sans pouvoir rien obtenir dans ces pays déjà épuisés par les réquisitions.

Ils durent revenir sans avoir pu accomplir leur mission : ce voyage coûtait à la municipalité cinq cent deux livres.

Quelques jours après leur retour, le bruit se répandit à Origny que l'on vendait du pain et du blé dans les environs d'Avesnes et de Maubeuge ; le Conseil, ne pouvant négliger aucune occasion de se procurer des vivres, chargea aussitôt Jean-Baptiste Mour et Antoine Aubin de se rendre dans ces parages et d'acheter ce qu'ils pourraient de blé, d'orge, de seigle ou de pain. Là encore les délégués de la commune échouèrent dans leurs efforts, mais parce que l'on ne voulut pas accepter, en paiement des vivres qu'ils demandaient, le papier-monnaie dont ils étaient porteurs ; on voulait des espèces monnayées ou des marchandises d'échange. Ils apportèrent néanmoins la certitude que dans ces pays l'on pouvait se procurer de la farine et du pain, même par voitures.

On tâcha de se procurer un peu d'argent et Antoine Aubin repartit avec Nicolas Dentier, conduisant une voiture pour ramener les provisions. Ils allèrent jusqu'à Maubeuge et visitèrent encore bien des communes. Huit jours après ils revenaient n'ayant pu se procurer que dix jalois de blé qu'ils avaient payé *trois mille deux cent quatre-vingt-dix livres !* Ils avaient dépensé en frais de voyage quatre-vingt-onze livres, et Dentier, qui avait fourni les chevaux et la voiture, voulut bien se contenter d'un salaire de deux cent quarante-cinq livres, *faisant un sacrifice pour le bien général.*

Malgré les difficultés qu'ils avaient éprouvées dans l'accomplissement de leur mission, les mandataires du Conseil municipal affirmaient encore que les pays de l'ancienne frontière ennemie, maintenant conquise par nos troupes, étaient bien pourvus de vivres de toutes sortes, tandis que notre propre pays était absolument épuisé. Le Conseil résolut de faire connaître cette situation au Comité de salut public et d'inviter l'administration militaire à exercer désormais son droit de réquisition sur les pays conquis qui renfermaient suffisamment des ressources pour subvenir aux besoins de nos troupes.

Si la misère était grande dans nos campagnes, elle sévissait non moins durement sur le peuple de la capitale et avait pour effet de maintenir les esprits dans un état constant de surexcitation. Le 1er prairial (20 mai 1795), les comités civils des sections avaient été envahis par une foule affamée qui réclamait du pain et qui, n'obtenant pas satisfaction, se porta en masse à la Convention. Plusieurs députés voulurent s'opposer à l'envahissement de l'Assemblée, entre autres un des plus jeunes nommé Féraud : « *Vous n'entrerez qu'en passant sur mon corps* », avait-il dit aux émeutiers, et il s'était couché sur le seuil de la salle. La foule passa sur lui, il se releva pour venir protéger le président menacé. Dans la bagarre, un coup de pistolet fut tiré et Féraud fut atteint. Les envahisseurs en délire se jetèrent sur son corps et le tirèrent hors de la salle, et bientôt la tête du représentant assassiné reparut au bout d'une pique. Toute la nuit et le lendemain l'émeute régna en maîtresse dans Paris ; ce ne fut qu'à grand'peine que la Convention put rétablir l'ordre.

Quelques jours après, ces événements étaient connus à Origny et Mairesse, qui jamais, dans nos luttes sanglantes, ne manqua d'adresser ses félicitations au vainqueur, les vaincus fussent-ils ses amis de la veille, s'empressa d'adresser à la Convention, en son propre nom et en celui du maire Hippacq, une lettre félicitant l'Assemblée de son énergie. Le lendemain, il communiqua cette lettre au Conseil municipal et un de ses amis en demanda l'insertion au procès-verbal ; nous en reproduisons le texte :

« *Citoyens représentants, un nouvel attentat vient d'être exécuté contre la représentation nationale et s'il n'a pas été consommé, c'est que votre courage et votre fermeté ont été en raison de la crise, des circonstances. Soutenez ce grand caractère, imprimez-le à nos administrations, il est un avec notre destinée commune. Nous avons partagé d'esprit vos périls et nous étions décidés à partager votre sort. Quelque éphémère qu'ait été le triomphe des scélérats, il suffit pour vous apprendre que c'est le poignard à la main qu'ils veulent vous entamer pour le tourner ensuite plus sûrement contre nous. Le peuple français, insulté dans la personne de ses mandataires et assassiné dans celle de votre collègue Féraud, vous demande vengeance. Il faut qu'elle soit prompte et éclatante. Ne faire qu'arracher le couteau des mains d'un meurtrier, c'est empêcher l'assassinat, il est vrai, mais c'est enhardir l'assassin. Salut républicain.* »

La province ressentait toujours le contre-coup des agitations de la capitale ; pour empêcher le retour des troubles, la Convention avait ordonné la réorganisation des gardes nationales. A Origny, cette mesure ne rencontra pas grand enthousiasme ; les citoyens avaient été convoqués pour le 30 thermidor, c'est à peine si quatre ou cinq répondirent à l'appel de la municipalité.

Cependant l'époque de la moisson approchait et une force publique sérieuse était plus que jamais nécessaire pour veiller à la sûreté des récoltes, que de nombreux maraudeurs, pressés par le besoin, ne se faisaient aucun scrupule d'aller piller avant même que les grains ne fussent arrivés à maturité.

On organisa des gardes de nuit à la tête desquelles veilla un membre de la municipalité, puis on fit choix d'un nouveau garde champêtre : ce fut un nommé Maurice Dalot, qui n'accepta cette fonction qu'à la condition de recevoir en nature son salaire fixé à vingt jalois de blé. Cette surveillance parut encore insuffisante et on désigna un second garde auquel on attribua, pour trois mois, un salaire de huit jalois de blé.

Au milieu de tous ces soins, Mairesse ne manquait pas de surveiller d'une façon particulière les agissements du parti clérical, qu'il poursuivait toujours de sa haine. Jean-Baptiste Faroux s'était avisé d'élaguer les haies d'un pré que son frère Pierre Faroux, l'ancien vicaire de Liesse, émigré, possédait au Pont-à-Berger, lieu dit les Cailloux. Mairesse s'empressa de dénoncer le fait à l'agent national du district et des poursuites furent exercées contre Jean-Baptiste Faroux, pour usurpation d'un bien national.

Depuis les événements de thermidor, les partisans du clergé relevaient la tête et ne craignaient plus de rouvrir la lutte, que les mesures, prises par le régime de la Terreur, leur avaient fait abandonner ; les prêtres recommençaient à se montrer et à exercer ouvertement leur ministère.

Le soir du 9 germinal, un certain nombre de partisans de l'ancien culte se présentaient chez le maire pour lui demander les clefs de l'église, disant *qu'ils avaient droit à la jouissance de cet édifice national, comme les autres citoyens, qu'ils voulaient que dorénavant l'on sonnât l'Angelus, et qu'ils entendaient même y faire dire la messe.* Sur le refus du maire de déférer à leur désir, ils allèrent s'embusquer près de la porte de l'église et, profitant du moment où le sonneur entrait pour sonner la RETRAITE, s'y introduisirent et se mirent eux-mêmes à sonner l'*Angelus*. On parlait aussi d'expulser le maître d'école de l'ancien presbytère et d'y rétablir le curé. Des menaces furent adressées aux officiers municipaux pour le cas où ils tenteraient de s'opposer à ces mesures.

C'est à ce moment que se répandit le bruit que notre illustre concitoyen l'évêque d'Adran était de retour des Indes et se cachait dans le pays. L'autorité départementale s'émut de cette nouvelle, la municipalité d'Origny dut faire une enquête et un procès-verbal, signé de tous les notables d'Origny, fut adressé au département pour affirmer « *que le citoyen Pierre-Joseph-Georges Pigneaux, ci-devant évêque* in partibus *en Cochinchine, où on le croyait encore, était parti d'Origny depuis environ trente et un ans, qu'il y était revenu en 87 (vieux style), qu'il y était demeuré l'espace de cinq jours environ dans sa famille et qu'il en était parti pour retourner à son établissement en Cochinchine* ».

Les mesures prises pour la répression du maraudage avaient eu pour résultat d'exciter au plus haut point l'animosité des adversaires de la municipalité. Le 30 thermidor, une foule nombreuse et très exaltée, composée d'hommes, de femmes et même d'enfants, faisait irruption dans la salle du Conseil et protestait contre la nomination des gardes champêtres ; puis les orateurs de la troupe demandèrent que la messe fut célébrée dans l'église à partir de cette semaine même et que les objets du culte fussent rétablis de suite aux frais de ceux qui les avaient dévastés. L'un des plus ardents, Jean-Baptiste Dubois, dit Bernard, s'emparant d'une des piques déposées dans la maison commune, voulait faire un mauvais parti aux officiers municipaux ; on eut grand'peine à le contenir.

Mairesse était absent ce jour-là, mais c'était à lui surtout que s'adressaient les injures et les imprécations de la foule : c'était lui qu'on accusait d'avoir *corrompu et perdu la municipalité* et on menaçait de le *faire passer à la guillotine* avec ceux des officiers municipaux qui avaient assisté à la dévastation et à l'enlèvement des ornements d'église ; *la municipalité*, ajoutait-on comme suprême injure, *n'est composée que d'agents de Robespierre !*

Cette scène de violence dura plus de deux heures, le maire était absent, ainsi que le citoyen Mairesse ; ce fut le premier officier municipal, Frotin, qui tint tête à l'orage, et, quand le calme fut enfin rétabli, il ne se trouva pour signer avec lui le procès-verbal de cette tumultueuse séance que le citoyen Triqueneaux, tous les autres officiers municipaux, Dubois, Boutillier, Soyer et Dentier, avaient prudemment filé pendant la bagarre.

Mairesse n'était plus aussi fermement soutenu par l'administration départementale, les idées modérées, d'ailleurs, commençaient à prévaloir, une nouvelle loi aussi venait d'interdire toute fonction publique aux parents et alliés d'émigrés ; il jugea que le moment était venu pour lui d'abandonner la direction des affaires communales et, le 7 vendémiaire, il remettait sa démission à la municipalité. Mairesse, pendant toute son administration, s'était plutôt fait craindre qu'estimer et peu de regrets le suivirent dans sa retraite. Il s'était rendu acquéreur, nous l'avons dit, de l'ancien presbytère et y avait installé provisoirement l'école publique. Il reprit possession de cette maison et y fixa sa demeure. Il vécut près de trente années encore, ne s'occupant plus qu'indirectement des affaires publiques, mais mettant obligeamment ses conseils et ses services à la disposition de ses concitoyens. Possédant une certaine instruction, il recevait chez lui quelques élèves et leur consacrait tous ses soins. Les années calment les passions humaines, les rancunes locales finirent par s'apaiser et, vers la fin de sa vie, Mairesse, plus calme, assagi par une longue expérience des choses humaines, était rappelé par ses concitoyens au sein de l'assemblée municipale : nous l'y retrouverons dans la suite de ce récit.

Avant de se séparer, la Convention avait donné une nouvelle Constitution à la France (Constitution de l'an III) et avait introduit un changement important dans l'organisation départementale.

Les districts étaient supprimés et les communes inférieures à cinq mille habitants étaient réunies en municipalités cantonales, tout en conservant chacune un agent municipal électif, un officier de l'état civil, avec un adjoint, et la municipalité cantonale se trouvait composée de la réunion de ces agents communaux.

En vertu de ces dispositions nouvelles, le maire et les officiers municipaux d'Origny avaient été supprimés au début de l'an III et avaient remis leurs pouvoirs à la nouvelle administration locale du bourg, composée de : Jean-Baptiste Bécret, agent municipal, et de Nicolas Dentier, adjoint.

CHAPITRE XXXVII

Nouvelles mesures de rigueur contre le clergé.— L'agent municipal Bécret.— Le général Martillière et sa famille. — Nouveau système administratif. — Antoine Aubin et Jean-Nicolas Tanueur, maires. — Nouveau Conseil municipal. — Le Consulat. — Fêtes publiques. — Le budget communal. — Rétablissement du culte. — Les instituteurs Terrien et Drubigny. — Le Conseil de Fabrique. — Proclamation de l'Empire.

Vers la fin de 1795, la Convention avait remis en vigueur les lois rendues contre les prêtres et les émigrés, qui, depuis la chute de Robespierre, ne craignaient pas de rentrer en France et de recommencer ouvertement leurs menées contre la République. Deux anciens chanoines de Laon, Louis Dantheny et Pierre-Nicolas Carton, étaient rentrés dans le département malgré l'arrêt de proscription qui les frappait : ils parcouraient depuis quelque temps les campagnes de l'arrondissement de Vervins, où ils se livraient, en cachette, aux exercices du culte catholique. Dénoncés au mois de frimaire, ils furent arrêtés et conduits à Laon. A différentes reprises, ils avaient reçu asile à Origny dans la maison des demoiselles Pigneaux.

Ils comparurent devant le tribunal criminel le 24 nivôse an IV (12 janvier 1796). Dantheny fut condamné à mort et monta sur l'échafaud le lendemain 25 nivôse. L'abbé Carton, plus heureux, échappa à la mort grâce spécialement à l'attestation qu'apportèrent au procès divers habitants d'Origny, que, pendant son séjour dans notre commune, il n'avait jamais rien fait ni rien dit de contraire aux lois.

Les mesures de rigueur contre le clergé ne cessèrent pas de toute l'année et furent encore appliquées avec la même sévérité l'année suivante. Le 26 brumaire an VI (15 novembre 1797), dix-sept prêtres, qui étaient rentrés sans permission dans le département, étaient condamnés à la déportation comme « *ayant employé toutes les machinations du fanatisme et du royalisme pour égarer le peuple...* » : parmi eux, le chanoine Dubuquoy, réfugié à Saint-Michel, excellent vieillard dont la raison affaiblie ne savait plus retenir les paroles imprudentes. Son neveu, M. Antoine Michaux, notre aïeul, alors maire de Saint-Michel, put le soustraire à l'exécution de cette sentence en le faisant passer pour fou aux yeux des autorités départementales.

Le chanoine Noiron, d'Origny, moins protégé, fut arrêté et conduit sous bonne escorte à Rochefort pour y être embarqué pour la Guyane où il mourut au bout d'un séjour de peu de mois.

Cependant, les rênes du gouvernement étaient tenues par d'autres mains : à la Convention avait succédé le Directoire, et le calme, dont chacun sentait le besoin, après les longues et terribles luttes qui avaient ensanglanté le pays, renaissait peu à peu.

La retraite du citoyen Mairesse et la grande tolérance du nouvel administrateur, l'agent municipal Bécret, avaient ramené la paix dans notre commune d'Origny : si l'église n'était pas rouverte au culte, des prêtres de passage n'en célébraient pas moins, en différents endroits, souvent chez les demoiselles Pigneaux, les cérémonies religieuses. Mais Mairesse veillait et Bécret fut dénoncé au département comme *favorisant le fanatisme*, et le 19 septembre il était révoqué de ses fonctions par le Directoire exécutif.

Le 27 nivôse an IV, la municipalité mettait en adjudication la perception des impôts et Joseph Piérotin prenait cette charge moyennant un profit de dix deniers par livre.

Le 20 ventôse, Pierre Michel se chargeait, moyennant un salaire annuel de cinquante livres, de l'entretien de l'horloge et du soin de sonner la cloche le matin à onze heures pour les laboureurs et le soir à neuf heures pour les gens attardés dans la campagne.

Le 16 floréal, on procédait à la nomination de deux gardes champêtres : l'un pour la garde des propriétés et l'autre pour le service de la justice de paix. On engageait pour un an, à raison d'un salaire en nature de quinze jalois et demi, un ancien garde des fermes du roi, nommé Fidèle-Amand Le Roy, celui-là même qui, peu de temps après la chute de Louis XVI, était venu déclarer à la municipalité *qu'il ne voulait plus porter un nom dont la chose était si justement proscrite, et qu'il voulait s'appeler dorénavant La Loi.* On lui adjoignait, mais pour six mois seulement, et moyennant un gage de neuf jalois de blé, un autre ancien garde des fermes du nom de François Martillière, le beau-père de l'agent municipal Bécret.

Ce modeste employé comptait parmi ses enfants un officier supérieur des armées de la République, qui s'était déjà signalé par maintes actions d'éclat. Il n'était pas d'Origny, ce François Martillière, il était né à Marcy, près Saint-Quentin ; mais, envoyé dans notre commune comme employé de la gabelle, il s'y était marié, en 1756, à l'une des filles de Nicolas Terrien, huissier.

De ce mariage étaient nés cinq enfants, dont l'un devait, par sa valeur, illustrer son nom et honorer son pays. Pierre Martillière vit le jour à Martigny en 1759, où son père avait été appelé pour son service pendant quelques mois, mais il passa toute son enfance à Origny. Il entra de bonne heure au service : à dix-sept ans il était simple soldat au régiment de Bretagne. Longtemps il végéta dans les grades inférieurs, malgré la bravoure dont il faisait preuve en chaque occasion : il s'était particulièrement signalé aux sièges de Mahon et de Gibraltar en 1781. La Révolution, enfin, ouvrit une libre carrière à ce soldat courageux : sous-lieutenant en 1792, il conquit rapidement, par maintes actions d'éclat, les grades supérieurs. A la tête de quelques hommes, il soutenait héroïquement une charge de cavalerie, près de Landau, en 1793, et enlevait la position de Platzberg, défendue par cinq mille Prussiens et treize pièces de canon.

Le 21 juin 1794, le représentant du peuple Rougemont, en mission à l'armée, le nommait chef de la 91e demi-brigade.

Passé à l'armée d'Italie, Pierre Martillière prit la part la plus brillante aux exploits de l'armée française : un jour qu'il commandait une grand'garde, il détruisit un corps ennemi qui s'était embusqué dans un ravin pour surprendre l'armée. A Vaprio, il empêchait les Autrichiens, par une résistance opiniâtre, de tourner la position de Cassarro. A Vérone, il recevait sur le champ de bataille les épaulettes de général de brigade (1799).

Blessé grièvement, il quittait en 1801 l'armée d'Italie pour prendre quelque repos. Il profita de son inactivité pour venir à Origny embrasser son père et ses sœurs; on lui fit, comme autrefois à l'évêque d'Adran, une réception enthousiaste.

En 1805, Pierre Martillière était appelé à faire partie de l'armée d'Angleterre, et recevait le commandement du camp d'Etaples. Après la dislocation de l'armée, il fut appelé au commandement de la ville de Calais.

Il avait été nommé membre de la Légion d'honneur, lors de l'institution de l'ordre, au camp de Boulogne, le 11 décembre 1803 ; il reçut le cordon de commandeur le 14 juin 1804. Mais la santé du général Martillière était profondément altérée par les fatigues et les blessures qu'il avait endurées : il mourut à Calais en 1807 à peine âgé de quarante-huit ans. Le maire de la ville, informant le sous-préfet de la mort du valeureux général, disait : « *Ce brave et respectable militaire est justement regretté de toutes les personnes qui ont été à même de connaître ses qualités sociales.* »

François Martillière, nous l'avons dit, avait d'autres enfants :

1° Jean-Louis, dit Caporal, d'abord ouvrier en paniers, puis soldat au 1er bataillon (7e compagnie) de la 8e demi-brigade. Il mourut à l'hôpital militaire d'Appenheim, le 9 germinal an III ;

2° Marie-Louise, née à Origny, le 25 avril 1756 ; elle épousa Jean-Baptiste Bécret, et mourut dans un âge avancé, vers 1834, sans laisser de postérité ;

3° Marie-Josèphe-Eléonore, née en 1775 ; elle laissa, de son mariage avec Jean-Baptiste Dessons, un fils Jean-Baptiste-Ferdinand, né le 8 messidor an VIII ;

4° Et Henriette, née en 1768 ; elle mourut fileuse à Origny, le 3 avril 1806.

Nous verrons François Martillière conserver pendant quelques années le modeste emploi de garde champêtre d'Origny. Il obtint ensuite, par l'influence de son glorieux fils, une petite pension du gouvernement et mourut à Origny en 1807.

Le système des municipalités cantonales subsista

pendant toute la durée du Directoire. Mairesse avait remplacé Jean-Baptiste Bécret, en 1797, dans ses fonctions d'agent municipal, mais il n'en avait été investi qu'à titre provisoire, car il était toujours, en sa qualité de fils d'émigré, frappé d'incapacité légale. Il fut d'ailleurs lui-même remplacé au bout de peu de temps par Nicolas Dentier, le jeune, puis par Nicolas Faroux, et enfin par Antoine Aubin.

Mais la République, après dix années d'expériences diverses, voyait arriver la fin de son règne ; la faiblesse du Directoire, la division des partis, allaient la livrer sans défense à l'ambition d'un général heureux. Déjà le nom du jeune guerrier vainqueur de l'Italie attirait les regards de l'Europe par des victoires, dont on faisait habilement briller l'éclat aux yeux des foules. Déjà Bonaparte apparaissait comme le seul homme en état de sauver la France de l'anarchie, dont on l'effrayait au dedans, et de l'invasion étrangère que l'incurie du gouvernement et l'affaiblissement de nos armées faisaient craindre.

Accueilli à son retour d'Egypte par un enthousiasme sans bornes, il trouvait le terrain préparé pour l'exécution de ses projets ambitieux. Le 18 brumaire an VIII (7 novembre 1799), le Directoire tombait sous un coup audacieux : une main de fer s'emparait du pouvoir. Bonaparte prenait le titre de consul, en attendant qu'il se fît proclamer empereur.

C'était tout un nouveau régime : des dispositions législatives nombreuses allaient rendre au pouvoir central toute son autorité. Par la loi du 28 pluviôse an VIII (17 février 1800), un préfet était placé à la tête de l'administration de chaque département ; le district était rétabli comme division administrative sous le nom d'arrondissement et recevait pour chef un sous-préfet.

La même loi rendait aux communes leur individualité en rétablissant dans chacune d'elles un maire et un Conseil municipal. Cette loi, par une réaction assez ordinaire à la suite des troubles politiques, supprimait le principe de l'élection et attribuait au chef de l'Etat la nomination des maires, adjoints et conseillers municipaux. Ce fut le régime administratif de l'Empire.

A Origny, Antoine Aubin, agent municipal, fut en vertu de cette loi nommé maire provisoire (floréal an VIII), mais, un mois après, il était remplacé par Jean-Nicolas Tanneur, le notaire, qui était nommé maire définitif et auquel il remettait le service le 20 prairial.

Au Conseil municipal étaient appelés les citoyens Jacques Michel, Jacques Wuilliot, Nicolas Faroux, Joseph Desharbes, Jean-Baptiste Faroux, Jean-Baptiste Bécret, Paul Lefèvre, Nicolas Terrien, Charles Piérotin et Joseph Dentier. Les Conseils municipaux avaient conservé le droit d'élire leur président : Joseph Desharbes fut choisi pour cette fonction par le Conseil municipal d'Origny.

Tous les ardents révolutionnaires avaient été écartés avec grand soin des assemblées municipales. Les modérés seuls y avaient été appelés, prêts à accepter toutes les mesures réactionnaires que préparait la nouvelle administration, et qu'aucune opposition ne devait contrarier. Toute l'attention du pays était désormais fixée sur les préparatifs des guerres grandioses qu'allait engager le nouveau gouvernement de la France.

Dès le 17 prairial, la municipalité d'Origny avait reçu l'ordre de mise en route des réquisitionnaires et des conscrits. Quelques jours après, elle avait à fournir des conducteurs pour trente et un chevaux de remonte achetés dans le pays, puis à pourvoir au logement d'une partie des trois cents prisonniers autrichiens assignés au canton.

Cette année, la fête du 14 Juillet fut célébrée avec un éclat particulier et avec toute la joie que donnait à la population l'ère de prospérité qui venait d'éclore.

S'il obtenait des succès éclatants à la guerre, le premier consul savait réaliser en même temps d'utiles réformes à l'intérieur.

L'instruction publique venait d'être remaniée et les écoles réorganisées dans les villages.

Le Conseil municipal d'Origny avait maintenu dans ses fonctions d'instituteur Jean-Baptiste Terrien et avait en même temps pourvu à sa situation matérielle. Un nouveau règlement fixait la rétribution scolaire à vingt-cinq centimes par mois, pour les enfants à l'*alphabet*, à trente centimes pour ceux qui commençaient à lire et à quarante et cinquante pour ceux qui arrivaient à écrire et à calculer. A cela le Conseil ajoutait une allocation de cinquante francs pour la fonction de greffier de mairie dont on le chargeait.

Les années IX et X ne furent signalées par aucun événement particulier à Origny : l'attention publique continuait à être absorbée par les prodigieuses actions qui se passaient au dehors et dont le récit ne peut entrer dans le cadre de cet ouvrage.

L'anniversaire du coup d'Etat du 18 brumaire, qui avait donné le pouvoir à Bonaparte, donna lieu, à Origny, à de grandes réjouissances. Un banquet, auquel la municipalité prit part, fut offert à la garde nationale ; il y eut ensuite des jeux de toutes sortes, des courses à pied et à cheval et un grand bal public.

On fit, en l'an X, quelques travaux de consolidation au clocher de l'église qui menaçait toujours de s'écrouler de vétusté.

En l'an XI, on reconstruisit le grand pont du

Moulin, ce qui entraîna pour la commune une dépense de mille deux cent soixante-neuf francs.

À cette époque, comme aujourd'hui, la commune n'avait d'autres ressources que les centimes additionnels au principal des contributions foncières, mobilières et somptuaires, qui produisaient alors...................... 542 fr. 91

Ceux sur les impositions des portes et fenêtres, qui ne donnaient que.... 13   64

Le vingtième du produit des patentes, qui n'était que de................. 25   »

Et le revenu des biens communaux, un hectare de pré environ, produisant. 50   »

Le total des revenus de la commune était donc de...................... 631 fr. 55

Le budget des dépenses en cette année XI fut ainsi établi :

1° Contributions à la charge des biens communaux................. 13 fr. 66
2° Abonnement au *Bulletin des Lois* 6   »
3° Frais des actes civils............ 33   75
4° Réparations à la maison commune................................ 25   »
5° Frais de bureau, chauffage, éclairage, alloués au maire.............. 24   »
6° Enrôlements et frais de bureau du greffier....................... 80   »
7° Frais de visite des fours et cheminées............................. 36   »
8° Réparations urgentes à faire avant l'hiver à la toiture et à la flèche de l'église............................ 500   »

A reporter....... 718 fr. 41

Report..........	718 fr.	41
9° Traitement des gardes champêtres payé par les propriétaires exclusivement (environ 700 francs)........	(mémoire)	
10° Entretien des trois grands ponts et des deux petits..................	120	»
11° Logement du curé, dont on attend la nomination............ 80 à	100	»
12° Direction de l'horloge et sonnerie de la cloche.....................	54	»
13° Dépenses diverses............	76	14
Total................	1.068 fr.	55

Ce budget se soldait donc par un déficit de quatre cent trente-sept francs et la commune n'avait plus à percevoir ni amendes de police, ni droits d'octroi, ni droits sur les poids et mesures, ni droits de places aux foires et marchés qui, peu à peu, par suite de la misère des années précédentes, avaient cessé d'être fréquentés et avaient été entièrement supprimés.

Le Conseil prévoyait en outre, pour remettre l'église en bon état, une dépense nécessaire de douze à quinze cents francs, et il fallait entretenir la chaussée dans l'intérieur de la commune, qui dans ces dernières années avait été à peu près régulièrement encaissée.

Pour faire face à cette dernière dépense, le Conseil demanda au préfet l'autorisation d'imposer spécialement chaque citoyen porté au rôle de la contribution mobilière, de la valeur de deux mètres de terrassement ou d'un mètre de cailloux, et de taxer les laboureurs à une journée de travail pour le transport des matériaux.

Le Concordat venait d'être signée entre le premier consul et le pape et dans toutes les communes on s'occupait du rétablissement du culte. Cette mesure, si souvent réclamée à Origny et dont l'ajournement avait causé tant de troubles et de désordres, fut accueillie avec la plus grande faveur par l'administration municipale.

Par la nouvelle organisation, l'ancienne paroisse d'Origny devait former une succursale relevant de la cure d'Hirson et du diocèse de Soissons. Dès le mois de pluviôse, l'évêque désignait pour desservir la nouvelle paroisse un ancien prêtre du diocèse de Laon, le citoyen Jean-Baptiste Magnier, né le 30 mars 1743. L'abbé Louan, ancien curé d'Origny, fut en même temps nommé curé de Sorbais où il devait terminer paisiblement sa carrière agitée le 18 octobre 1812.

Il n'y avait plus de presbytère pour recevoir le nouveau curé, la commune dut lui procurer un logement qu'elle prit à bail; mais, par une délibération du 20 pluviôse, le Conseil demanda à rentrer en possession de l'ancienne maison curiale, *actuellement occupée, disait-on, par un ex-religieux bernardin marié dans la commune.* Heureusement pour lui, Mairesse avait un contrat d'acquisition en bonne et due forme, il ne put être dépossédé (1).

Il fallut aussi restaurer l'église, et le Conseil dut voter pour cet objet un crédit de quinze cents francs. Une somme annuelle de onze cents francs fut inscrite au budget pour le traitement du desservant. Tout le mobilier du culte avait été détruit ou vendu : on dut traiter avec un marchand de Liesse pour l'achat des ornements nécessaires ; le citoyen Desharbes, menui-

(1) L'ancienne maison curiale avait été adjugée au citoyen Mairesse suivant procès-verbal dressé par les membres de l'administration centrale de l'Aisne le 16 fructidor an VI, moyennant quarante-trois mille francs (payables en assignats).

sier, fut chargé de refaire des chandeliers, des armoires et les meubles indispensables.

L'ancien maître d'école Drubigny, qui avait autrefois si chaleureusement pris parti pour le curé Fouan contre la municipalité révolutionnaire, avait continué, malgré toutes les défenses et les injonctions, à tenir classe ouverte à Orgny : c'était une cause incessante d'animosité entre lui et l'instituteur communal. Le nouveau curé se trouva fort embarrassé quand il eut à faire choix d'un clerc laïque ; sur ses instances, les deux maîtres consentirent d'abord à chanter ensemble, mais la question de prééminence au lutrin

  De ces hommes sacrés rompit l'intelligence (1)

et rendit impossible la bonne harmonie entre les deux rivaux. Des scènes de violence eurent lieu jusque dans le lieu saint : le service divin en fut troublé. Le Conseil municipal et le curé, impuissants à faire cesser cette lutte héroïco-comique, durent en référer à l'évêque diocésain, qui enfin

  De ce schisme naissant débarrassa l'église (2).

Les deux instituteurs furent mis en interdit, et le Conseil municipal, par une délibération du quatrième jour complémentaire an XI, résolut de confier l'école à un nouveau maître et édicta le singulier règlement scolaire que nous allons rapporter ; l'école était de nouveau asservie au curé, la plus noble des conquêtes de la Révolution était oubliée !

« *Nul*, disait le règlement municipal, *ne pourra être nommé instituteur s'il n'a été examiné dans*

---

(1) BOILEAU.
(2) ID.

un concours devant le Conseil par le ministre du culte catholique.....

« Tout étranger devra justifier de son catholicisme et de ses bonne vie et mœurs par un certificat du curé et du maire de sa résidence....

« L'instituteur instruira les enfants dans la religion catholique, apostolique et romaine, il leur apprendra leurs prières et le catéchisme.....

« Il fera faire la prière en commun aux enfants toutes les fois qu'ils entreront et sortiront de l'école et veillera à ce que cette prière soit récitée avec la décence convenable.

« Il aidera le ministre du culte dans ses fonctions ; à cet effet, il sera tenu, sous peine de révocation de sa qualité d'instituteur, d'obtenir de M. l'évêque de Soissons l'institution nécessaire.

« Il sonnera ou fera sonner la cloche trois fois par jour, au lever du soleil, à onze heures du matin et le soir au couchant du soleil ; il sonnera la messe tous les jours et sera chargé de la propreté de l'église. »

Pour l'enseignement proprement dit, le programme était des plus rudimentaires. C'était le rétablissement de la prédominance absolue du clergé sur l'instruction publique : il faudra près d'un siècle de lutte pour affranchir de nouveau l'école de ce joug !

Il ne se présenta qu'un seul candidat pour obtenir cet emploi d'instituteur-clerc laïque, le citoyen Antoine-Salomon Le Beau, de Fontaine. Le curé le reconnut apte et il fut installé dans ses fonctions.

Le budget de l'an XII présenta un déficit aussi considérable que celui de l'an XI. Pour y faire face, le préfet prescrivit au Conseil municipal d'élaborer un projet d'octroi sur les objets de consommation, mais l'assemblée municipale reconnut l'impossibilité d'établir la perception d'un impôt de ce genre à Origny : il fallut encore recourir aux centimes additionnels.

Cette même année, l'administration des fonds ecclésiastiques fut de nouveau remise à des Conseils spéciaux, « *les Conseils de Fabrique* », dont la nomination, comme celle des conseillers municipaux, fut réservée aux préfets. Les fonctions de fabriciens furent attribuées, à Origny, à Jean-Nicolas Terrien, cultivateur, Jean-Antoine Seraut, propriétaire, et Jean-Baptiste Villain, charpentier.

Le premier soin du nouveau Conseil de Fabrique fut de revendiquer au profit de l'église la propriété des parcelles de pré qui n'avaient pas été aliénées et qu'ils prétendaient avoir fait autrefois partie de son domaine. C'était les prés dont le revenu était spécialement affecté au salaire des sonneurs des cloches et à l'entretien de l'horloge. Le Conseil municipal dut consentir à en faire la remise.

Les tendances du gouvernement indiquaient la suppression prochaine de toute liberté politique : l'an XIII, qui allait s'ouvrir, devait marquer la fin du régime républicain. Bientôt, en effet, le premier consul, mettant le comble à ses usurpations, se faisait proclamer empereur. La nation, fascinée par l'éclat des actions de cet homme prodigieux, acceptait, sans mot dire, le nouvel ordre de choses.

CHAPITRE XXXVIII

L'Empire. — Nouveau Conseil municipal. — Administration communale.
— Passages de troupes. — Réquisitions. — Rétablissement du calendrier
grégorien. — Dénombrement de 1806. — Charges du budget communal.
— Pierre Wuilliot, maire. — Encore l'instituteur Drubigny. — Les
guerres. — Appel de la garde nationale. — Réunion de l'étude de
notaire de Wimy à celle d'Origny. — Chute du clocher de l'église. —
Réquisitions militaires. — Municipalité de 1813. — Désastres militaires.
Invasion. — L'occupation étrangère. — Lourdes charges. — Exécution
militaire. — Chute de l'Empire. — La paix.

Nous nous sommes laissé aller à donner à ce livre un développement bien plus considérable qu'il n'était dans nos intentions en commençant à l'écrire, mais le moment nous paraît venu de nous limiter. L'histoire contemporaine de notre pays est d'ailleurs trop connue de nos lecteurs pour que nous ayons besoin de la remettre sous leurs yeux, et il nous suffira désormais de rapporter aussi brièvement que possible les faits locaux intéressant notre ville d'Origny.

L'établissement de l'Empire avait amené un nouveau remaniement des administrations municipales. A Origny, peu de changements eurent lieu : M. Tanneur conserva la mairie et le Conseil fut composé de MM. Jean-Baptiste Faroux, Jean-Baptiste Bécret, Alexis Sorlin, Pierre-Nicolas Terrien, Nicolas Faroux, Jean-Jacques Péry, Pierre-Antoine Tordeux et Cyr Faroux.

Désormais, et pendant toute la durée du régime

monarchique, nous ne retrouverons plus dans la vie de notre Conseil municipal aucun reflet des événements, des agitations politiques. Les municipalités devront borner leur action aux seuls intérêts matériels de la commune, sous la tutelle omnipotente de l'administration préfectorale.

Le 15 pluviôse an XIII, une crue d'eau considérable avait emporté le pont de la Cour et endommagé sérieusement les autres ponts de la commune, il fallut pourvoir à leur rétablissement. On fit aussi quelques réfections urgentes à la flèche du clocher, aux tours et aux gros murs de l'église.

Au mois de fructidor, notre pays fut encombré de troupes : Napoléon transportait en toute hâte, en Allemagne, l'armée dite d'Angleterre, qu'il avait rassemblée à Boulogne. Le 14 de ce mois, Origny et le Chaudron avaient à héberger le 9° régiment de cuirassiers, fort de quatre cent trente hommes et trois cent quatre-vingt-quatre chevaux : on lui fournit des voitures de réquisition pour conduire ses bagages à Maubert.

Le 18, neuf mille hommes étaient arrivés à Hirson ; on détacha à Origny un bataillon de grenadiers de sept cent vingt hommes : on eut le lendemain à lui fournir quatre voitures et douze chevaux pour aller aussi jusqu'à Maubert.

Le 20, la commune d'Origny dut envoyer à Hirson, pour le convoi de l'armée, cinq voitures attelées chacune de quatre chevaux. De semblables réquisitions se renouvelèrent presque sans interruption jusqu'à la fin de l'année ; il fallut aussi fournir des vivres de toutes sortes. Souvent Napoléon, pour hâter la marche de ses troupes, les faisait aller en voiture ; c'est ainsi que, le 13 novembre, on demanda à Origny quatre voitures attelées chacune de quatre chevaux que l'on chargea à raison de dix hommes, avec bagages, par voiture. Ces voitures devaient aller à Rocroy, puis de là à Givet.

Toutes les fournitures de vivres que l'on avait réclamées des habitants ne leur furent payées qu'à la fin de 1808.

Le calendrier grégorien, officiellement supprimé pendant la Révolution, était, malgré toutes les prohibitions édictées, resté d'un usage général dans les relations privées. A partir du 1er janvier 1806, l'usage en fut autorisé dans les actes publics et on cessa de dater au moyen du calendrier républicain.

On fit, ce même jour 1er janvier 1806, un recensement de la population : Origny se trouva compter mille huit cent quarante-six habitants et avoir vingt-sept de ses enfants présents sous les drapeaux de l'armée.

Par décision préfectorale du 15 janvier, le traitement du curé desservant avait été fixé à huit cents francs. L'abbé Magnier jouissait comme membre de l'ancien clergé d'une pension de trois cent trente-trois francs trente-trois centimes servie par l'Etat; la commune avait donc seulement à pourvoir au paiement du surplus, soit de quatre cent soixante-six francs soixante-sept centimes. Mais à cela il fallait ajouter, pour le logement du curé, cent francs; pour les frais du culte, deux cents francs ; et pour réparations nécessaires à l'église, environ deux mille francs.

En même temps, le Conseil votait à l'instituteur un traitement fixe de quatre cents francs.

Ces nouveaux crédits constituaient une lourde charge pour le budget communal; pour y faire face, le Conseil municipal dut établir une taxe spéciale sur les bestiaux envoyés à la vaine pâture, ce qui ne laissa pas que de soulever de vives protestations de la part des habitants.

Sur ces entrefaites, M. Tanneur, maire, vint à mourir, et M. Pierre Wuilliot, propriétaire, adjoint déjà depuis quelques années, fut désigné par arrêté préfectoral pour le remplacer; Jean-Baptiste Bécret fut nommé adjoint.

Nous avons vu qu'il avait été formellement interdit à l'ancien maître d'école Drubigny de tenir une classe. Il s'était, pendant quelque temps, incliné devant les menaces de l'autorité et les foudres épiscopales, mais trois années s'étaient écoulées et peu à peu, et très discrètement, il avait cru pouvoir rouvrir son école. Naturellement, l'instituteur communal prit ombrage et bientôt les vives querelles d'autrefois se renouvelèrent : l'autorité dut encore intervenir.

Le Conseil municipal enjoignit à Drubigny de fermer sa classe ; il ne tint nul compte de cette injonction. Le nouveau maire dut provoquer un arrêté du préfet qu'il fit signifier à Drubigny par le ministère de Wallier, huissier à Lahérie, appariteur de la commune d'Origny.

Mais Drubigny ne voulait pas lâcher sa férule, rien ne put vaincre son obstination ; il fit tant, que l'instituteur Lebeau, fatigué de cette interminable lutte, se décida à lui céder la place. La municipalité, à son tour, pour avoir enfin la p..x, donna son agrément à l'installation de Drubigny comme instituteur communal.

Au mois de janvier 1807, l'administration ordonna la reconstruction du pont de Lahérie et mit la dépense à la charge des communes de Saint-Michel, Hirson et Origny. Les délégués des trois communes, réunis à Hirson, protestèrent contre cette décision, et le Conseil municipal d'Origny refusa de voter la somme mise à sa charge, mais elle lui fut imposée d'office par le préfet.

L'année suivante, nous trouvons le Conseil municipal composé de :

MM. Pierre Wuilliot, maire ;
Nicolas Loth, adjoint ;
Nicolas Faroux ;
Cyr Faroux ;
Jean-Baptiste Faroux ;
Joseph Dentier ;
Alexis Sorlin ;
Et Jacques Pery.

L'Empire continuait ses brillantes mais ruineuses campagnes, promenant nos drapeaux victorieux par toutes les capitales de l'Europe. Napoléon était en Espagne, menant vigoureusement la campagne pour asseoir son frère Joseph sur le trône de Charles-Quint, quand il apprit que l'Allemagne et l'Autriche, qu'il croyait avoir vaincues à jamais, armaient de nouveau, stipendiées par l'Angleterre. Il s'élance de Madrid, laisse en Espagne ses vieilles troupes d'Austerlitz, rassemble une nouvelle armée de conscrits qu'il mène aussitôt sur le terrible champ de bataille de Wagram. Victorieuse mais épuisée, cette armée eut bientôt besoin de renforts, il fallut les demander aux gardes nationales de France. Le département de l'Aisne eut pour sa part deux mille hommes à fournir, et pour ce contingent neuf hommes furent demandés à la commune d'Origny.

Le 10 août 1809, tous les habitants portés sur les contrôles de la garde nationale étaient assemblés en la maison commune. On demanda d'abord des volontaires, mais personne ne se présenta. Le Conseil municipal dut choisir d'office ceux qui devaient partir : on les prit parmi les citoyens *jouissant d'une assez grande aisance pour pouvoir, sans grand inconvénient,* s'*éloigner momentanément de leurs affaires.* Les élus furent : Charles Courteville, Jean-Louis Lamour, Jean-Baptiste Piérotin dit Petit, Jean-Baptiste Devaux, Théodore Pellé, Henry Naudet, Ferdinand Péry, Pierre Dubois, Jean-Baptiste Piérotin ; ils durent se mettre en route dès le lendemain.

Quelques jours après, un ordre de *Sa Majesté l'Empereur et Roi* élevait à trois mille hommes le contingent de l'Aisne, et Origny dut de nouveau fournir quatre hommes. Cette fois, le Conseil municipal décida de choisir les quatre victimes de l'ambition impériale entre les célibataires et les veufs par voie de tirage au sort. Le sort désigna: Constant Baudemont, Jean-Baptiste Desson, Jean-Baptiste Bocquet et Joseph Chaplard, qui, immédiatement, allèrent rejoindre le premier contingent.

L'empereur était à l'apogée de sa puissance, mais la France était épuisée : la guerre avait moissonné les soldats et épuisé les ressources de la nation. On en fut réduit, pour armer ces nouvelles troupes, à rechercher dans les communes les armes de guerre et les effets d'habillement militaires qui pouvaient s'y trouver. Il y avait longtemps qu'il n'y avait plus rien de tout cela à Origny.

Non seulement il fallait des soldats à Napoléon, les populations étaient encore obligées de les lui conduire à *pied d'œuvre*, jusque sur ses champs de bataille. Le 24 août, Origny avait à fournir quatre voitures attelées chacune de quatre chevaux et garnies de banquettes pour transporter des troupes d'Hirson à Avesnes. Le 27, même réquisition pour le transport des gardes nationales des Ardennes.

L'armée manquait aussi de chevaux ; Origny et Lahérie durent fournir, à frais communs, un cheval pour l'artillerie.

Ces lourdes charges venaient encore d'être aggravées par la chute du clocher de l'église qui, depuis tant d'années, menaçait ruine, et qui, un beau jour de juin, s'était écroulé à grand fracas. Il ne s'était heureusement produit aucun accident de personnes : un charpentier, M. Bécret, du Chaudron, qui était en train d'y faire quelques réparations urgentes, vit la charpente s'affaisser, lentement d'abord ; il put se jeter contre la muraille intérieure du donjon et éviter la chute terrible dont il était menacé. Mais la perte matérielle était considérable ; la reconstruction du clocher devait entraîner une dépense de plus de trois mille francs et il fallait refondre la cloche qui, dans l'accident, avait été elle-même brisée.

Depuis la mort de M. Tanneur, l'étude de notaire d'Origny était restée sans titulaire, mais Me Jean-Charles Juglard, notaire à Wimy, sollicitait la réunion de sa charge à celle d'Origny. Par un décret signé à Ebersdorf, le 28 mai 1809, cette réunion fut autorisée et Me Juglard prit possession de l'office de notaire impérial à Origny, le 2 octobre suivant.

Toute l'année 1810, Napoléon profita de la paix qu'il avait encore une fois imposée à l'Autriche, pour reconstituer ses magasins militaires. Origny dut fournir pour l'étape d'Hirson vingt-quatre hectolitres d'avoine et quatre cents bottes de foin, dont le prix fut réparti au marc-le-franc sur les contribuables.

Vers ce temps, un violent incendie détruisit une partie du village de Neuvemaison. Origny contribua largement, avec les villages voisins, à la souscription ouverte en faveur des victimes de cet effroyable sinistre.

Le service de la poste aux lettres n'existait pas encore à Origny ; il y avait bien un bureau à Vervins, mais il fallait y aller chercher les dépêches : un messager faisant les commissions d'Hirson à Vervins et passant à

Origny trois fois par semaine, se chargeait, moyennant salaire, de les rapporter. La municipalité lui allouait quinze francs par an pour sa correspondance avec la sous-préfecture (1811).

Les ponts de la commune eurent cette année encore besoin de sérieuses réparations. Le Conseil municipal, pour y faire face, dut avoir recours, comme autrefois, à la vente des regains communaux. On profita même de cette ressource extraordinaire pour faire refondre la cloche de l'église.

L'organisation de l'immense armée que Napoléon allait entraîner à sa suite dans les steppes glacées de la Russie imposa aux communes de nouveaux sacrifices.

Les réquisitions devinrent plus fréquentes et plus importantes. Le 4 février 1812, on demandait encore à Origny vingt hectolitres d'avoine pour le magasin d'Hirson : « *J'ai reçu hier soir*, écrivait, le 5, M. Wuilliot, maire, au sous-préfet, *un réquisitoire de M. le maire d'Hirson, pour rendre aujourd'hui, neuf heures du matin, 20 hectolitres d'avoine chez le magasinier. Comment est-il possible, en si peu de temps, trouver et requérir pareille quantité ? En outre, voilà déjà trois ou quatre réquisitions, plus fortes encore, qui n'ont jamais été payées. Il faut donc employer la force armée pour en avoir, je ne sais à quoi m'en tenir.....* »

Le pauvre maire d'Origny n'était qu'au début de ses peines, mais il ne pouvait prévoir les terribles difficultés qui allaient l'assaillir les années suivantes.

Toutes les municipalités furent renouvelées pour dix années dans les premiers jours de l'année 1813. Celle d'Origny fut ainsi composée :

MM. Wuilliot, maire.
     Loth, adjoint.

MM. Alexis Sorlin chirurgien,
Jean-Jacques Péry, cultivateur,
Joseph Dentier, propriétaire,
Joseph Faroux, cultivateur,
Jean-Claude Juglard, notaire impérial,
Pierre Dubois, fils, marchand,
Nicolas Dentier, cultivateur,
Pierre Demeaux, charron,
Joseph Michel, cultivateur,
Théodore Prévot, cultivateur,
} Conseillers.

Par arrêté préfectoral du 15 avril, l'instituteur, Charles-Joseph Drubigny, était autorisé à continuer provisoirement ses fonctions, mais avec injonction de borner son enseignement à la lecture, l'écriture et les premières notions de calcul.

Napoléon considérait ce degré d'instruction comme très suffisant pour ses futurs soldats. L'étoile du despote cependant commençait à pâlir. La grande armée avait éprouvé en Russie des revers irréparables dus à la rigueur d'un hiver exceptionnellement rigoureux, et ses débris regagnaient péniblement la France, enserrés par une nouvelle coalition de l'Europe entière.

D'autre part, la récolte avait été mauvaise en France et les populations souffraient de la famine. Napoléon, cependant de retour à Paris, demandait de nouveaux sacrifices à la nation.

Dès le 9 janvier, en vertu d'un décret du 4, on procédait à une nouvelle levée de quinze mille chevaux de cavalerie : les communes d'Origny, de Lahérie et Buire étaient taxées à fournir ensemble deux chevaux de selle. Les délégués réunis de ces trois communes choisissaient chez Jean-François

Wuilliot une jument de cinq ans et une autre de six ans chez Jean Berteaux, qui furent payées chacune trois cent vingt-cinq francs.

Le canton d'Hirson offrait en outre plusieurs chevaux à l'empereur à titre de don patriotique. Ce don gracieux valait à la commune d'Origny une charge nouvelle de quatre cent quatre-vingt-six francs.

La réquisition ordonnée ne put être effectuée complétement, il manqua quatre chevaux pour l'arrondissement de Vervins. On dut s'adresser à un marchand de chevaux de Paris qui les fournit pour le prix de quatre mille francs. Origny eut encore à payer pour sa quote-part dans cet achat une imposition de cent sept francs qui furent envoyés à la sous-préfecture par le messager ordinaire.

Le 27 mai, nouvelle réquisition de chevaux pour le train d'artillerie. Le canton en eut neuf à fournir, et Origny dut payer sept cent trente et un francs que le Conseil mit à la charge des cent trente-huit contribuables possédant des chevaux.

De nombreux convois de blessés commencèrent bientôt à arriver d'Allemagne. Le 16 novembre, Origny envoyait quatre chariots garnis de paille et attelés chacun de quatre chevaux pour le transport d'un convoi de malades d'Hirson à Avesnes.

Le 10 décembre, quatre autres voitures semblables étaient requises pour le transport d'un autre convoi de Bucilly à Avesnes.

Le 20 décembre, la commune d'Origny était obligée de fournir des vivres de toute nature pour les blessés qui encombraient Hirson.

Ce fut bien pis l'année suivante ; les armées ennemies, poussant devant elles les débris de nos troupes, avaient envahi notre territoire. Désormais, à chacun des jours de cette année lamentable, nous aurons à enregistrer un nouveau sacrifice douloureusement, mais patriotiquement consenti tant qu'il fut question des troupes françaises, puis rudement prélevé sur la misère des habitants de notre commune pour l'entretien des troupes étrangères.

Napoléon, qui se défiait des forces populaires, n'avait jamais voulu réorganiser les gardes nationales d'une façon sérieuse.

Quand tout fut perdu, il songea seulement à faire appel à la nation armée. On fit une tentative de reconstitution de la garde nationale.

Le 8 janvier, on dressa à Origny un état de tous les hommes de vingt à quarante ans capables de porter les armes, il s'en trouva cent soixante-treize. Mais avant que l'on eut pu leur donner un semblant d'organisation, l'ennemi envahissait notre pays.

Le 19 février, une avant-garde de cinq cents hussards d'Ysurinski prenait possession d'Origny, y séjournait jusqu'au 22, et y était remplacée le 23 par un détachement de quatre cents autres hussards.

Dès lors les réquisitions se succèdent sans interruption et sont exécutées avec la plus grande rigueur.

Du 20 février au 9 mars, Origny eut à fournir pour les troupes alliées :

2,240 jalois d'avoine ;
18,000 livres de foin ;
1,200 bouteilles de vin ;
18 jalois de blé ;
5,400 livres de pain ;
3 vaches ;
1,200 livres de viande de bœuf ;
200 livres de porc ;
75 livres de veau ;

200 volailles différentes ;
800 flacons d'eau-de-vie ;
2 pièces de cidre ;
40 livres de chandelles.

Indépendamment de tout cela, la municipalité reçut du magasin d'Hirson :

220 bouteilles d'eau-de-vie ;
4,050 livres de farine ;
13 pièces de bière ;
1,021 livres de viande ;
220 rations d'avoine ;
1,400 autres livres de farine.

D'autre part, des réquisitions furent faites chez tous les propriétaires d'Origny en grains et en vivres pour le magasin de La Capelle.

Les contributions et les réquisitions n'étaient pas les seules souffrances que les ennemis imposassent aux habitants : ils leur infligeaient en outre les plus cruels traitements ; il n'est pas de vexations que nos pères n'eurent à endurer de leurs sauvages vainqueurs. Les Allemands et les Russes se vengeaient avec un véritable raffinement de cruauté des maux que, depuis vingt ans, leur avait infligés le despotisme de Napoléon.

Aussi l'irritation de la population était extrême : malheur au soldat ennemi qui se risquait seul dans un chemin écarté ! — Il disparaissait pour jamais. Malheur aux convois mal gardés qui s'aventuraient à travers les bois : ils étaient pillés, leur escorte massacrée ! Des habitants d'Origny, dont le nom est resté dans le souvenir des anciens du pays, s'en furent un jour attendre dans les bois de la Cailleuse un convoi russe qu'ils mirent à sac : aucun des soldats qui l'accompagnaient ne sortit vivant de cette embuscade.

On remarquait avant l'établissement de la route départementale, au carrefour des chemins de Labouteille et d'Origny, au delà du Chaudron, une croix de bois qui rappelait le meurtre commis en ce lieu d'un général prussien et de son fils voyageant sans escorte. Cet événement mit l'ennemi en fureur et les villages voisins furent menacés d'être brûlés si le coupable n'était pas livré. Ils étaient plusieurs, un seul fut découvert.

L'un des meurtriers, un nommé Dugat, de Neuvemaison, s'était réfugié dans le bois de Wimy, lieu dit l'*Ecourci-du-Diable*, dans un épais fourré de ronces et de broussailles. Sa sœur, effrayée des menaces des Russes, le dénonça. Dugat fut pris et fusillé sur le plateau de Neuvemaison, non loin du Pré-Pourri (1).

Une foule nombreuse était venue des villages voisins pour voir l'exécution. On raconte que Dugat désigna à sa femme par une parole à double sens l'endroit où il avait caché le butin qu'il avait fait dans le pillage des bagages du général prussien, mais qu'un des assistants, qui avait saisi le sens de l'indication donnée par le condamné, courut s'emparer du trésor avant le retour de la veuve infortunée.

L'exécution de Dugat fut compliquée d'un événement particulièrement dramatique. Le curé de Neuvemaison avait accompagné le patient jusque sur le lieu de l'exécution. Quand il le vit tomber sous les balles de ses bourreaux, son saisissement fut tel qu'il s'affaissa lui-même dans l'instant. On releva deux cadavres.

Cependant toutes les troupes ennemies avaient

---

(1) Desmazures.

marché sur Paris et Origny fut relativement tranquille pendant quelques jours, tandis que les événements les plus considérables s'accomplissaient dans le centre de la France.

La fortune, dont il avait tant abusé, avait définitivement abandonné Napoléon. Les ressources inépuisables de son génie militaire, qui sembla grandir encore dans cette immortelle campagne de France, ne purent avoir raison du nombre. Paris succomba et Napoléon dut abdiquer.

L'Empire avait renversé la République au moment où, victorieuse de tous ses ennemis, elle étendait sa domination du Rhin aux Alpes. La Belgique alors et les Pays Rhénans faisaient partie de son territoire incontesté. Napoléon ne laissait à la France que ruine et désolation, rien ne restait des conquêtes morales et matérielles de la Révolution : la liberté avait été anéantie par l'absolutisme, et le pays, mutilé, épuisé, retombait sous le joug abhorré des Bourbons oubliés depuis 1792 !

La paix faite, Louis XVIII, installé sur son trône par les souverains alliés, les armées étrangères commencèrent à refluer vers la frontière.

On les revit chez nous pleines d'arrogance, ivres d'un succès si chèrement acheté, plus exigeantes que jamais.

Du 7 au 23 mai, des corps de troupes nombreux défilent par Origny ; du 18 au 21, près de quatre mille hommes y séjournent. Les vivres manquent, les magasins d'Hirson et de Vervins sont obligés d'en envoyer.

Le 21 mai, le maire est autorisé par le sous-préfet de Vervins à faire toutes les réquisitions nécessaires : « *Il faut paraître de bonne volonté*, lui écrit ce fonctionnaire, *et offrir de bon cœur aux chefs de* troupes. ce qu'ils demandent, sans cependant obéir aux réquisitions exagérées qu'ils pourraient faire, et de cette manière, vous vous attirerez leur estime et les verrez contenir leurs soldats. Si quelques-uns de ces derniers se portent à des excès, il faut en prévenir les chefs que j'ai toujours vus, surtout chez les Russes, disposés à réprimer le mal et à condamner les coupables..... »

Jusqu'à la fin de septembre, des troupes étrangères ne cessèrent de stationner à Origny; le 8 de ce mois, le maire recevait encore du sous-préfet des instructions relatives à cet objet : « *Vous aurez soin, et c'est un conseil que je vous donne, de fournir avec le logement aux troupes tout ce qui est strictement dû en subsistances; c'est ce à quoi se bornent vos obligations d'après l'arrangement conclu entre les gouvernements prussien et français. Le préfet est libre; on dit la paix signée et ratifiée par le régent d'Angleterre*..... »

La bienheureuse paix, on la croyait définitive, et tous les cœurs se réjouissaient du départ des derniers soldats étrangers. On ne songeait guère aux maux qui, l'année suivante, allaient de nouveau fondre encore sur notre malheureux pays.

CHAPITRE XXXIX

La Restauration et les Cent-Jours. — Waterloo. — Nouvelle invasion. — Occupation d'Origny par les troupes russes. — Dévouement du maire Wuilliot. — Les officiers Defer, Durin, Gallois, Mieu. — Les nouveaux notaire et curés. — Le Moulin d'Origny. — Le nouveau presbytère. — Les foires et marchés. — Conseil municipal.

Les Bourbons, en s'asseyant de nouveau sur ce vieux trône, miné depuis des siècles par les fautes et les excès même de la Monarchie, tentèrent de le raffermir au moyen de formules constitutionnelles maladroitement empruntées à l'Angleterre. Le pays, démoralisé par de longs troubles, épuisé de sang, accepta d'abord la situation qui lui fut faite ; le repos était le seul bienfait qu'il semblât désirer de ses nouveaux gouvernants. Mais ce premier besoin satisfait, on revit bientôt surgir en face l'un de l'autre l'élément vital de la Révolution française que quatorze années d'absolutisme n'avaient pas annulé et les principes de l'ancien régime qui, dans l'enthousiasme de leur triomphe inespéré, voulaient tout reconquérir. Un sourd mécontentement ne tarda pas à se répandre dans les masses ; le peuple, voyant les conquêtes de la Révolution chaque jour menacées, prit en haine le gouvernement royal. Le prisonnier de l'île d'Elbe, saisissant le moment favorable avec cette promptitude de coup d'œil qui ne l'a jamais trompé, s'embarque avec la petite troupe qui lui est demeurée fidèle, aborde en Provence, entraîne sur son passage toutes les troupes envoyées à sa rencontre, « *son aigle vole de clocher en clocher* », et, le 20 mars 1815, il reprend l'exercice du pouvoir souverain.

La nouvelle de ce bouleversement inattendu parvint dans notre pays par des dépêches particulières :

« *Les nouvelles sont extraordinaires et tu ne les sais pas*, écrivait à M. Vasseur, maire d'Ohis, un de ses amis. »

« *Le 20, à six heures du soir, l'empereur est arrivé au château des Tuileries comme en triomphe, la famille royale était partie dans la nuit, vers une heure du matin.*

« *Voilà ce qu'on appelle un coup de théâtre, quelles scènes ! ! !*

« *Le roy s'est, dit-on, retiré par Beauvais sur Boulogne et Calais.*

« *Tous les ministres sont changés, le gouvernement est déjà en pleine activité, tous les services sont prévenus officiellement.*

« *Le sequestre est apposé sur tous les domaines des princes de Condé, etc., etc.*

« *Le service militaire va reprendre de l'activité, on est persuadé que la guerre va éclater en Belgique.*

« *L'empereur a passé en revue les troupes depuis Lyon jusqu'à Paris, c'est bien différent de les avoir en opposition.*

« *On va voir de grands changements.....* »

Oui, de grands changements allaient avoir lieu et le pays allait être obligé de s'imposer de nouveaux et rudes sacrifices.

Le 16 avril, le Conseil municipal d'Origny est convoqué extraordinairement sur l'ordre du sous-préfet, ainsi que tous les fonctionnaires pour prêter de nouveau serment de fidélité au gouvernement impérial. M. Wuilliot est maintenu dans ses fonctions de maire.

Les préparatifs de guerre sont poussés avec activité : le 3 mai, sur la réquisition de l'ordonnateur Rolland, la commune est obligée de livrer sept quintaux de farine qui sont transportés à Vervins pour être transformés en pain biscuité destiné aux magasins de Guise. En même temps, les mouvements de troupes sur la frontière se succèdent sans interruption. Le 9 mai, Origny reçoit la 7e compagnie du 1er régiment de dragons, capitaine Guibout, forte de quatre officiers et de cinquante et un sous-officiers et dragons, et le lendemain, la 4e compagnie du même régiment, capitaine Heurtaut, forte de cinquante-cinq hommes. Non seulement il faut leur fournir le logement, mais encore les vivres. Jusqu'à la fin du mois, tout le pays reste encombré de troupes.

Le 13 juin, Napoléon passe à Vervins dans la matinée pour aller prendre le commandement de l'armée. Il s'arrête un instant à la poste aux chevaux et reçoit la municipalité sans descendre de voiture, puis il part pour Avesnes.

De nouveau, sa fortune allait sombrer à Waterloo et la France devenir la proie d'une nouvelle invasion plus terrible et plus longue.

Le 19, au soir, la nouvelle de la grande catastrophe se répand à Hirson, où elle est apportée par un cavalier échappé au désastre. Des officiers de passage à Hirson se promenaient sur la place d'armes, ils refusent de croire le fuyard qu'ils traitent de menteur et de lâche. D'autres fuyards apportent la terrible nouvelle à Vervins le même soir. Puis commence un lamentable défilé d'officiers et de soldats marchant pêle-mêle, épuisés de fatigue, couverts de sang et de boue, mourant de faim. Quelques égarés arrivent à Origny à travers champs. Partout, les habitants, émus de ce douloureux spectacle, rivalisent de zèle pour secourir nos malheureux soldats. Les édifices publics, les églises, les maisons particulières se transforment en ambulances pour les blessés qui ne peuvent aller plus loin.

Le 22, l'ennemi arrive en masses nombreuses par toutes les routes, marchant rapidement sur Paris. Les routes ne suffisent pas, leurs troupes légères prennent les chemins de terre à travers lesquels ils obligent les habitants à les guider. Les réquisitions commencent pour le service des troupes étrangères plus pressantes et plus nombreuses qu'en 1814. Des officiers prussiens fouillent toutes les maisons pour découvrir les armes qui peuvent y être cachées. Chaque jour du mois de juillet l'ennemi réclame à Origny des vivres, des chevaux, des voitures, toujours avec menaces d'exécutions militaires. Les demandes continuèrent tout le mois d'août, toujours avec la même dureté. Le moindre retard était puni d'une amende qu'il fallait payer sur-le-champ.

« *Pour n'avoir pas fourni la fourniture du 17 août*, écrivait le commandant de place de La Capelle au maire d'Origny, *votre commune payera une amende de cinquante francs au porteur de la présente. Et si vous ne fournissez pas dans les vingt-quatre heures, vous payerez double amende.* »

En outre des réquisitions en nature, d'énormes contributions en argent étaient frappées sur les communes.

Le 19 août, il fallait envoyer cent vingt francs à l'hospice de Guise.

Le 21, le sous-préfet de Vervins écrivait au maire

d'Origny : « *Votre percepteur vous remettra un arrêté du Conseil d'arrondissement qui mérite la plus sérieuse attention et la plus prompte exécution de votre part. Au troisième jour de la réception de ma lettre, il ne sera plus en mon pouvoir d'arrêter l'exécution militaire chez les percepteurs en retard, pour être distribués à ceux de vos habitants qui n'auront point acquitté leur quote-part de toutes les contributions d'une année entière. Il s'agit pour l'arrondissement de payer de suite le prix d'habillement et d'équipement de deux mille quatre cent soixante-six fantassins et sept cent soixante-deux cavaliers. Il n'y a pas à hésiter, il faut se soumettre au payement ou s'attendre au ravage de tout le pays, si la grande imposition militaire du 10 août ne s'acquitte point sous cinq jours.* »

Napoléon était de nouveau parti pour l'exil, mais l'ennemi n'entendait pas quitter le pays : il prenait au contraire ses dispositions pour s'y installer à demeure. Le 20 août, le maire d'Hirson avait informé son collègue d'Origny que, par suite de la répartition des troupes qui doivent cantonner dans le canton d'Hirson, il arriverait dans la commune d'Origny une compagnie composée de trois officiers et de deux cent deux hommes qui y resteront jusqu'à nouvel ordre.

Le même jour, il fallait envoyer à Hirson plusieurs voitures pour conduire à Givet les bagages du prince Auguste de Prusse.

Pendant les mois de septembre, octobre, novembre et décembre, il faut satisfaire aux mêmes exigences : le village est absolument épuisé, on doit abattre les derniers animaux domestiques. Pour une réquisition de viande de la fin d'octobre, on est obligé d'imposer chaque habitant à fournir personnellement sa quote-part ; ainsi, pour le hameau des Routières, Jean-Louis

Maison doit fournir....................	15 livres
Joseph Marin.........................	30 —
Pierre Landroit.......................	12 —
Nicolas Landroit......................	12 —
Augustin Lelarge......................	18 —
Prosper Lelarge.......................	30 —
Veuve Lelarge-Jardinier................	30 —
Josquin, dit Lelarge...................	30 —
Veuve Josquin, Jean-Baptiste...........	30 —
Tisserand-Delasseau...................	20 —
Tisserand-Debouzy....................	18 —
Sereud, cadet.........................	15 —
Pellé-Dubois	30 —
Mour, Jean-Louis, fils.................	12 —
Jean Midelet..........................	25 —
François Vicomte.....................	15 —
Williot-Vicomte	40 —
Jean-Baptiste Vasseur.................	30 —
Lefèvre-Toinette......................	60 —
TOTAL.............	472 livres

pour ce hameau pauvre et depuis longtemps épuisé par les exigences de l'ennemi.

Dans l'espace de six mois, en outre des fournitures en nature qu'il est impossible d'apprécier, l'arrondissement de Vervins avait été obligé de verser en numéraire, dans les caisses prussiennes, sept cent cinquante mille francs.

L'année 1816 fut plus calamiteuse encore ; aux maux occasionnés par l'occupation étrangère vinrent s'ajouter ceux résultant des intempéries. Après un hiver rigoureux vint un printemps humide et froid: les blés étaient perdus, des pluies abondantes et continues empêchèrent de récolter les foins. Le pain et toutes les denrées atteignirent bientôt des prix excessifs : la misère publique fut à son comble.

Les charges de l'occupation, loin de diminuer, semblaient augmenter chaque jour : aux Prussiens, avaient succédé les Russes. Si ces derniers étaient moins barbares et inhumains et faisaient même leur possible pour atténuer les sacrifices exigés des populations, l'épuisement du pays rendait chaque jour plus pénibles les prélèvements indispensables qu'ils étaient obligés d'effectuer sur les maigres ressources que nos villages pouvaient encore offrir.

Le général Woronzoff, installé à Hirson avec un nombreux état-major, commandait le corps d'occupation disséminé dans le pays.

Dans les derniers mois, Origny avait eu à héberger en différentes fois un total de quatre mille six cent cinquante-six hommes et mille quatre cent quatorze chevaux ; il lui restait une garnison de près de deux cents hommes. Au mois d'avril, l'administration municipale songea à débarrasser les habitants de la charge d'un pareil logement.

Une caserne fut provisoirement installée dans la maison qui appartient aujourd'hui à M. Alfred Faroux, puis peu après dans une autre maison appartenant à Hilaire Sorlin, qui était située sur l'emplacement de l'habitation actuelle de M. Coste-Folcher. L'aménagement de ce casernement entraîna pour la commune une dépense de mille sept cent soixante-quinze francs.

Peu de temps après, la garnison d'Origny fut changée et remplacée par une compagnie du 1er régiment de grenadiers russes, colonel Ougrimoff, appartenant à la 9e division, général Yakoutsky. Cette troupe devait occuper Origny jusqu'au mois d'avril 1817.

Un certain ordre cependant renaissait dans l'administration, et le département s'efforçait de venir en aide aux communes les plus flagellées en faisant une meilleure répartition des charges. De son côté, le maire venait de passer un traité avec Antoine Eberlet, boucher, pour l'entretien de la compagnie russe, sur la base de un franc cinq centimes par jour pour chaque rationnaire. Au départ des Russes, la commune se trouva avoir dépensé pour leur entretien une somme totale de six mille cinq cent quatre-vingt-seize francs, dont on ne fut indemnisé qu'en partie par le gouvernement et après de longues années d'attente, en 1822 !

A la grande satisfaction de la commune, M. Pierre Wuilliot, qui avait fait preuve d'un dévouement sans bornes et d'une fermeté sans égale dans la défense des intérêts communaux pendant la période si cruelle que l'on venait de traverser, fut maintenu dans les fonctions de maire, et M. Loth, dans celles d'adjoint. Ils durent de nouveau prêter serment de fidélité au gouvernement de Louis XVIII, avec tout le Conseil municipal, dans la séance du 30 juin.

L'armée impériale avait été licenciée et de nombreux officiers avaient été renvoyés en demi-solde dans leurs foyers. Parmi les enfants d'Origny qui avaient conquis l'épaulette par leur valeur, et qui revinrent se fixer dans leur pays natal, nous devons citer : M. Nicolas Defer, sous-lieutenant au 32e de ligne.

C'est dans ce régiment que, pendant toute la durée de l'Empire, avaient été enrôlées presque toutes les recrues de notre pays. En 1804, il faisait partie du corps d'armée rassemblé à Boulogne et était campé à Camiers près d'Etaples ; il ne quitta son cantonnement qu'en 1805 lors de la reprise des hostilités avec l'Autriche. Il fallait traverser le département de l'Aisne. Arrivés à Hesdin, les soldats, au nombre de douze cents, se présentent devant le colonel

Daricau et lui demandent un congé pour aller passer quelques jours dans leur famille. Toute permission avait été formellement défendue par le ministre de la guerre. Le colonel se trouvait placé dans la pénible alternative d'enfreindre cette défense ou de s'opposer au désir bien naturel que lui exprimaient tant de jeunes gens d'aller embrasser leurs parents, que peut-être ils ne reverraient jamais. Il assembla ses soldats et leur fit lire l'ordre du ministre, puis il leur dit : « Mes amis, donnez-moi votre parole d'honneur d'être rendus à Reims à la revue de séjour, je consens à vous laisser partir. » L'engagement pris, chacun s'achemine vers le lieu natal ; le sous-officier Defer était du nombre, ainsi que plusieurs autres jeunes gens d'Origny. Mais au jour fixé par le colonel tout le monde se trouva à Reims et, chose remarquable, les douze cents permissionnaires avaient ramené avec eux un bon nombre de volontaires qui avaient voulu les suivre et étaient venus pour s'enrôler dans le 32e.

Après la paix de Tilsitt, le régiment fut envoyé en Espagne où il resta plusieurs années.

En même temps que M. Defer, s'était retiré à Origny M. Prosper Piérotin, sous-lieutenant au 7e voltigeurs, devenu le 26e de ligne. Retraité le 20 août 1814, il reprit du service dans la garde nationale le 3 mai 1815 et fut définitivement licencié le 15 juillet suivant.

Un autre officier des armées de la République vivait encore à Origny à cette époque, Jean-Baptiste Durin, ancien lieutenant au 22e régiment de cavalerie, rentré dans ses foyers depuis le 22 nivôse an VII.

Origny peut encore s'honorer d'avoir fourni aux armées impériales d'autres officiers de valeur :

Le capitaine Gallois, Jean-François, blessé le 24 octobre 1796 et tué à la bataille de Marengo le

14 juin 1800. Ce vaillant soldat avait un jour dans un coup de tête héroïque fait mettre bas les armes, lui seul, à cinquante Autrichiens ;

Le capitaine Mien, Jean-Louis-Prosper, né aux Routières le 8 mars 1769, qui se distingua dans toutes les guerres de la République et de l'Empire. Il reçut de Napoléon une épée d'honneur et la croix de la Légion d'honneur. Il prit sa retraite à Origny, mais alla mourir à Bay (Ardennes).

L'année 1817 fut moins pénible à passer que l'année 1816, la récolte fut meilleure, l'ennemi avait évacué le pays, le commerce de la vannerie reprit quelque activité.

M. Jean-Charles Juglard venait de céder son étude de notaire pour établir une brasserie, rue de la Maladrie. Son successeur, M. Jean-Baptiste-Théodore Larmuzeaux, nommé par ordonnance du 3 décembre, fut installé le 16 dans ses fonctions.

Le curé Magnier avait quitté Origny depuis 1806 et était allé mourir à Marcy, près Marle.

Il avait été remplacé par un prêtre originaire d'Origny, Nicolas-Joseph Faroux, l'un des neuf enfants nés du mariage de Jean-Baptiste Faroux et de Marie-Jeanne Cholet. L'abbé Faroux, né le 30 juillet 1755, avait fait ses études au séminaire de Laon ; ordonné prêtre en 1780, il avait été vicaire à Ribemont et à Montcornet, puis curé de Toulis et de Saint-Nicolas de Marle. C'est comme curé constitutionnel de cette paroisse qu'il fit partie, en février 1791, de l'assemblée électorale qui nomma M. Marolles, évêque de l'Aisne, et fut élu scrutateur de cette assemblée. Il émigra lors de la suppression du culte et rentra à Origny quand le calme fut rétabli. L'abbé Faroux devait rester curé d'Origny jusqu'à sa mort, qui arriva le 8 décembre 1818.

C'est grâce à sa générosité et à ses soins que l'église d'Origny fut pourvue, en 1811, des trois belles cloches qu'elle possède actuellement : elles furent coulées sur la place de l'Eglise sous les yeux de la population. Leur inauguration donna lieu à une brillante cérémonie qui fut présidée par M. Catroux, doyen d'Hirson.

La plus forte cloche eut pour parrain M. Pierre Wuilliot, maire, et pour marraine Mme Eléonore Faroux, veuve de M. Tanneur ; elle reçut d'eux le nom d'*Eléonore*.

La seconde fut nommée *Marie-Josèphe* par M. Jean-Baptiste Faroux et Mlle Marie-Josèphe Pigneaux.

Et la troisième *Marie-Thérèse*, par M. Jean-Nicolas Loth, adjoint, et Mme Marie-Thérèse Bocquet, épouse de M. Pierre Dubois.

Le Conseil municipal d'Origny fut renouvelé au mois de juin 1818 et composé de :

MM. Jean-Jacques Péry, cultivateur ;
Jean-Charles Juglard, brasseur ;
Joseph Faroux, cultivateur ;
Pierre Dubois fils, marchand ;
Théodore Prévot, cultivateur ;
Nicolas-Joseph Dentier, propriétaire ;
Joseph Michel, cultivateur ;
Antoine Eberlet, boucher ;
Jean-François Berteaux, cultivateur ;
Jacques Marin, cultivateur.

Le maire et son adjoint étaient continués dans leurs fonctions.

Dans sa session de mai 1819, la nouvelle assemblée municipale eut à pourvoir au logement du successeur de l'abbé Faroux : celui-ci avait habité jusqu'à sa mort une maison lui appartenant, située à l'angle de la rue du Pont-de-la-Cour et de la rue de l'Eglise. On pensa à loger le nouveau curé dans l'ancien presbytère : M. Mairesse, qui en était toujours propriétaire, consentit à en faire bail à la commune moyennant un loyer annuel de cent cinquante francs. Ce nouveau curé était M. Jacques Legrand, né à Moy le 4 septembre 1881 ; il avait été précédemment vicaire de Rozoy et curé de Montloué, puis curé de Nampcelle.

Charles-Joseph Drubigny était toujours maître d'école ; son traitement n'avait pas été réglé depuis 1807. On fit avec lui un nouvel arrangement, et la rétribution scolaire fut fixée à trente centimes pour les enfants de six ans, à quarante centimes pour ceux de huit ans et à cinquante centimes pour les plus âgés.

Depuis quelques années, l'emploi de garde champêtre était occupé par un sieur Joseph Triqueneaux, qui se démit en 1820 ; on le remplaça par un nommé Jean-Baptiste Martin, ancien militaire, auquel on alloua un traitement de deux cent cinquante francs.

Au mois d'avril 1821, le Conseil municipal d'Origny fut extraordinairement convoqué pour les réjouissances ordonnées par le gouvernement à l'occasion de la naissance du duc de Bordeaux : il dut voter un crédit de cinquante francs pour cet objet.

C'est à cette époque que commença entre la commune et M. Sohier fils, de Vervins (1), acquéreur de l'ancien moulin seigneurial d'Origny, une difficulté qui devait durer plusieurs années et se reproduire dans l'avenir à différents intervalles. M. Sohier

---

(1) M. Sohier était le fils de M. Soyer, ancien maire d'Origny. Par décision du tribunal civil de Vervins du 20 pluviôse an II, ils avaient été autorisés à écrire leur nom *Sohier* au lieu de *Soyer*.

réclamait la propriété de l'emplacement de l'ancien tordoir de la duchesse de Chastillon, sur le côté du moulin, le long de la voie publique, et d'un terrain situé derrière le moulin, servant d'abreuvoir et de grévière. La commune eut toutes sortes de peines pour se faire maintenir en possession de ces terrains.

En 1823, le Conseil voulut pourvoir d'un logement définitif le desservant de la paroisse et l'on décida d'acquérir des héritiers Pigneaux la maison natale de l'évêque d'Adran, ce qui occasionna pour la commune une dépense de six mille sept cent quatre-vingt-quinze francs.

On commençait aussi à s'occuper d'une manière sérieuse de l'amélioration des chemins vicinaux et, par une ordonnance royale du 27 septembre 1823, la commune fut autorisée à s'imposer extraordinairement pour une somme de cinq mille francs. Pour l'exécution des travaux, l'année suivante, l'administration municipale prit à son service un cantonnier spécial, Alexis Barbier, auquel on alloua un traitement de trois cents francs. On fit aussi reconstruire le pont du Proha : le sieur Nicolas Bécret, charpentier, fut déclaré adjudicataire des travaux pour le prix de mille trois cent quarante-cinq francs.

Les foires et les marchés d'Origny étaient tombés en complète désuétude ; la prospérité revenant dans le pays, on songea à les rétablir : une pétition fut présentée à la signature de tous les habitants dans les premiers mois de l'année 1827, et le Conseil municipal prit une délibération pour demander le rétablissement d'une foire, le 1er vendredi de chaque mois, et de l'ancien marché hebdomadaire du vendredi.

La municipalité faisait aussi procéder depuis quelque temps à l'étude de différents projets d'agrandissement de l'école communale devenue insuffisante pour les besoins de la population scolaire. Des crédits s'élevant à trois mille francs furent affectés aux travaux projetés.

En 1829, le Conseil eut à pourvoir au remplacement du sieur Martin, garde champêtre, qui venait de remettre sa démission à la municipalité. On fit choix pour cet emploi d'un sieur Nicolas Landouzy, de Haution, ancien sergent au 51° de ligne.

Le 3 mai de cette même année, le Conseil municipal avait été complété et renouvelé et se trouvait composé de :

MM. Jean-Charles Juglard, brasseur ;
Pierre Dubois, marchand ;
Antoine Eberlet, boucher ;
Théodore Prévot, cultivateur ;
Joseph Michel, cultivateur ;
Prosper Piérotin, ancien officier, propriétaire;
Alexis Bécret, charpentier ;
Edouard Tanneur, marchand de paniers ;
Jean-Pierre Lefèvre, cultivateur ;
Nicolas-Joseph Dentier, propriétaire.

MM. Wuilliot et Loth étaient toujours maintenus dans leurs fonctions de maire et d'adjoint, au grand contentement des habitants de la commune.

CHAPITRE XL

La Révolution de Juillet. — Règne de Louis-Philippe. — Proclamation du nouveau gouvernement et organisation de la garde nationale à Origny. — Elections municipales. — Fête du Roi. — M. Eugène Tanneur remplace M. Wuilliot comme maire. — Le choléra de 1832. — Situation agricole et industrielle. — Amélioration des voies de communication. — Translation du cimetière communal. — Les écoles et les instituteurs. — La duchesse d'Uzès.— Recensement de la population.— Rétablissement des foires et marchés. — Achats de pompes à incendie et formation d'une première compagnie de sapeurs-pompiers. — Les curés d'Origny. — La Révolution de 1848.

Tous nos lecteurs connaissent l'histoire des luttes politiques qui signalèrent les quinze années de la Restauration et savent que, vers 1830, les fautes accumulées par la branche aînée des Bourbons avaient rendu inévitable une nouvelle révolution.

A l'apparition des ordonnances du 26 juillet 1830, le peuple de Paris avait pris les armes et, après trois jours d'une lutte sanglante, était demeuré vainqueur de la Monarchie. Dans la matinée du 29, la diligence de Paris arrivait à Laon surmontée d'un immense drapeau tricolore et apportait la nouvelle d'un changement de gouvernement. Vers le milieu du mois d'août, on apprenait, dans le département, l'élévation au trône du duc d'Orléans sous le nom de Louis-Philippe Ier.

A Origny, le Conseil municipal fut appelé, le 19 septembre, à jurer *fidélité au roi des Français et obéissance à la Charte constitutionnelle*. Un seul fonctionnaire de la commune refusa ce serment, le sieur Vaillant, garde champêtre en second. Il fut immédiatement révoqué et l'on fit choix à sa place du sieur Etienne-François-Joseph Picot, ancien militaire.

Le dimanche 24 octobre, à onze heures du matin, à la sortie de la messe paroissiale, le maire, M. Wuilliot, donna lecture au peuple assemblé de la nouvelle charte constitutionnelle.

M. Loth, adjoint, mourut sur ces entrefaites et le préfet, par arrêté du 15 novembre, désigna pour le remplacer M. Eugène Tanneur, le plus jeune des fils de l'ancien maire et notaire d'Origny.

L'un des premiers soins du nouveau gouvernement avait été de procéder à l'organisation des forces populaires auxquelles il devait son élévation. Pour se conformer aux instructions reçues par la municipalité, le Conseil municipal d'Origny décidait, dans sa séance du 3 janvier 1831, que dans l'intérêt du maintien de l'ordre public, de la sûreté individuelle et la garantie des propriétés, il serait formé à Origny une compagnie de garde nationale.

Dès le lendemain on procéda à cette organisation. On décida d'abord l'achat d'une deuxième caisse de tambour, la commune n'en possédait plus qu'une : « *un seul tambour*, dit-on, *ne donnerait pas assez d'harmonie* ».

Cent quarante citoyens furent d'abord inscrits sur les contrôles de la nouvelle troupe, mais peu après l'effectif fut porté à deux cents hommes.

On ouvrit ensuite un scrutin pour l'élection des officiers : M. Prosper Piérotin fut proclamé capitaine ; M. Augustin Juglard, premier lieutenant ; M. Théodore Larmuzeaux, deuxième lieutenant ; M. Jean-Baptiste Faroux, premier sous-lieutenant ; et M. Edouard Tanneur, deuxième sous-lieutenant. On procéda enfin au choix des sous-officiers : M. Coquerelle-Sorlin fut nommé sergent-major ; M. Tristan Juglard, sergent-fourrier ; et MM. Fontaine, Parisot, Dentier-Legrand, Vasseur, Martin, Noizet, sergents.

Une nouvelle loi rendait bientôt au suffrage censitaire l'élection des Conseils municipaux, et l'assemblée électorale d'Origny était appelée, le 25 septembre, à élire seize conseillers municipaux. Furent élus, dans l'ordre suivant :

MM. Prosper Piérotin, ancien officier ;
Louis-Antoine Sorlin, officier de santé ;
Joseph Midelet, cultivateur ;
Alexis Bécret, charpentier ;
César Lefèvre, cultivateur ;
François-Louis-Joseph Mairesse, propriétaire ;
Louis-Joseph Sorlin, propriétaire ;
Pierre-Alexis Wuilliot, maire ;
Jean-Baptiste Faroux, marchand ;
Eugène Tanneur, adjoint ;
Bélizaire Martin, cultivateur ;
Hilaire-Augustin Sorlin, marchand ;
Dubois, Casimir, propriétaire ;
Joseph Desson, marchand ;
Joseph Michel, cultivateur ;
Jean Berteaux, cultivateur.

La fête du roi avait été célébrée en grande pompe le 2 mai, et les autorités de la commune avaient saisi cette occasion de manifester leur dévouement au nouvel état de choses.

Nous empruntons le compte rendu emphatique de cette solennité à nos archives communales :

« *La fête de Sa Majesté Louis-Philippe I*er*, roi des Français, étant un jour de gloire pour tous les* *citoyens, les gardes nationaux de la commune d'Origny, loin de s'écarter du devoir que leur imposent la justice et la reconnaissance, se sont réunis la veille et ont annoncé la fête par des feux de peloton, commandés à plusieurs reprises par les officiers.*

« *Le jour même, les gardes nationaux se sont réunis sur la place d'armes, l'appel en fut fait, tous ont répondu, et, après une exhortation aussi patriotique que nationale, ils y ont répondu en faisant retentir les rangs des cris de :* « Vive le Roi ! » *mille fois répétés.*

« *Aussitôt, toute la garde nationale s'est rendue en la mairie. MM. les maire et adjoint, accompagnés du Conseil municipal à la tête de ladite garde nationale et avec elle, ont dirigé leurs pas vers l'église, où ils ont assisté à la messe et au* Te Deum, *chantés en l'honneur de notre roi bien-aimé.*

« *Une quête a été faite au profit des pauvres et le produit distribué immédiatement après la cérémonie. MM. les maire et adjoint, accompagnés du Conseil municipal, se sont rendus sur la place d'armes, où, après quelques exercices et la revue de M. le maire, les rangs furent rompus.*

« *Dans l'après-midi, les exercices et les maniements d'armes ont été dirigés par les officiers, et, par suite, ont eu lieu les divertissements publics donnés gratuitement, pendant lesquels la discipline et l'ordre ont été exercés avec la plus grande régularité.*

Le soir, il y a eu illuminations et les divertissements ont continué jusqu'à l'heure indiquée par la police. Ainsi s'est passée la fête de notre roi citoyen, digne de la vénération et du respect de tous les Français. »

Les prétextes de fêtes n'ont jamais manqué dans notre bon pays d'Origny et tous les régimes y ont été célébrés, à toute époque, avec un égal enthousiasme.

L'année suivante, l'âge et les infirmités obligeaient M. Wuilliot à se démettre des fonctions de maire qu'il occupait depuis tant d'années. Le digne magistrat fut suivi dans sa retraite de l'estime et de la vénération de ses concitoyens.

Le 4 mars 1832, il voulut présider lui-même à l'installation de son successeur, M. Eugène Tanneur; M. Sorlin, officier de santé, remplaçait ce dernier comme adjoint.

C'est en cette année qu'une épidémie cholérique d'une violence extraordinaire envahit le département de l'Aisne. Notre commune d'Origny échappa heureusement au fléau. Mais elle fut profondément troublée, moralement, vers le même temps, par des incidents d'une nature particulière, qui nécessitèrent le déplacement du curé Legrand. Le Conseil, par une délibération très motivée, avait demandé à l'autorité épiscopale son prompt départ. Il fut envoyé à Fontenelle, et la paroisse d'Origny demeura pendant quelque temps privée de desservant.

Il ne fut remplacé qu'en 1834, par M. Jean-Marie-Joseph Tabary, curé de Montaigu, qui ne vécut pas toujours non plus en parfait accord avec la municipalité. Nommé titulaire du doyenné de Guise, il quitta Origny en 1844.

D'après la loi de 1831, les Conseils municipaux devaient être renouvelés par moitié tous les trois ans.

Pour 1834, la série sortante fut désignée par le sort, mais il y eut en plus à remplacer deux membres : M. Mairesse, qui venait de terminer sa carrière si agitée, et M. Joseph Midelet, qui s'était démis de son mandat.

L'élection du 9 novembre appela à faire partie de l'assemblée municipale :

MM. Eugène Tanneur, maire ;
Pierre Wuilliot, ancien maire ;
Louis-Antoine-Joseph Sorlin, adjoint ;
Prosper Piérotin ;
César Lefèvre ;
Jean-Baptiste Despit ;
Bélizaire Martin ;
Et César Vasseur.

Depuis plusieurs années, les efforts de l'administration municipale d'Origny tendaient à l'amélioration de ses voies de communication, mais les ressources dont elle disposait étaient très restreintes et elle n'avait pu obtenir jusqu'ici que des résultats peu appréciables, et que la nature du sol, les intempéries obligeaient chaque année à maintenir au moyen de nouveaux et pénibles sacrifices.

La loi du 21 mai 1836 vint heureusement régler l'état des chemins vicinaux et autoriser les communes à créer des ressources spéciales pour leur construction. Le Conseil général du département procédant au classement des voies à construire avait voté à l'unanimité la création d'une route départementale allant de Vervins à Hirson en passant par Labouteille, Origny et Buire, mais le génie militaire s'était mis en travers de ce projet. Le Conseil municipal d'Origny voulut le reprendre pour son compte et créer au lieu d'une route départementale un chemin vicinal de grande communication.

Origny, comme le faisait observer le Conseil, prenait à cette époque un développement commercial très marqué. Le travail de plus de quatre mille ouvriers vanniers s'y centralisait déjà et nos négociants indiquaient un chiffre d'affaires dépassant déjà deux millions.

Ce commerce était l'occasion de transports coûteux et difficiles : toutes les marchandises de vannerie destinées à l'exportation ne pouvaient gagner la route nationale à Vervins ou à La Capelle qu'à grands renforts de bras ou d'attelages, et souvent des chargements entiers demeuraient enlisés dans les fondrières des chemins. Il fallait à tout prix sortir de cette situation : la population était d'ailleurs résolue à tous les sacrifices.

Le Conseil municipal affecta à l'exécution de son projet les cinq centimes au principal des quatre contributions dont la loi de 1836 lui permettait de disposer. Une souscription ouverte dans la commune entre les propriétaires et les négociants produisit près de sept mille francs.

Toutes les communes intéressées à la construction de cette voie suivirent l'exemple d'Origny et s'imposèrent de lourds sacrifices. La route projetée devait prendre le nom de chemin vicinal de grande communication n° 5 de Vervins à Saint-Michel.

Les travaux furent aussitôt commencés sur différents points, mais ils ne progressèrent que fort lentement, contrariés au printemps de 1837 par des pluies abondantes et continuelles. On ne put construire que quelques kilomètres de chemin dans les terrains les plus faciles et les plus secs, mais on rencontra des difficultés insurmontables dans la traversée du Chaudron et de la Montagne Noire. Il est à croire que les travaux n'eussent jamais été poussés à bien avec les seules ressources des communes intéressées ; mais fort heureusement le département intervint, le génie militaire se désista de son opposition et la voie nouvelle fut classée en 1839 comme route départementale. Peu d'années après, elle était achevée, non sans que de nouvelles et nombreuses subventions n'aient été mises à la charge de notre budget communal.

Les difficultés qu'avait rencontrées le projet de route d'Hirson avaient engagé le Conseil municipal à chercher un autre débouché, et on s'était mis d'accord avec la commune d'Ohis pour construire entre les deux communes un chemin vicinal qui devait procurer aux voituriers d'Origny un accès plus direct à la route nationale d'Hirson à La Capelle. Le chemin d'Ohis fut achevé en 1840, la commune y avait employé ses dernières ressources et le Conseil se trouva fort embarrassé quand il fallut payer les frais de construction des deux aqueducs du ravin du Grandriez et du fossé de Prêtre. Il fallut solliciter un secours du département, qui n'accorda que peu de chose.

La construction de ces routes permettait à notre municipalité de réaliser d'autres améliorations reconnues, depuis longtemps, nécessaires et que l'heureux développement de la prospérité commerciale du pays rendait indispensables.

L'ancien cimetière communal, qui entourait l'église, ne répondait plus aux besoins du pays dont la population tendait à s'accroître tous les jours ; sa situation, aussi, ne pouvait se concilier avec les prescriptions sur l'hygiène publique, qui était l'objet de soins particuliers depuis l'épidémie cholérique de 1832. C'est pour ces raisons que, le 13 août 1839, le Conseil municipal décidait la translation du cimetière dans un terrain que la commune possédait au haut de la Montagne Noire, que la route projetée d'Hirson et le chemin d'Ohis en construction devaient bientôt rendre d'un accès facile.

Ce terrain fut aménagé à sa nouvelle destination :

on l'entoura de fossés et de haies, on y traça des allées et on y fit des plantations d'arbres.

Il fallut, peu après, mettre en bon état le chemin qui y menait, car l'agent voyer départemental fit subir au tracé de la route d'Hirson à Vervins une modification importante aux deux extrémités d'Origny. L'ancien chemin d'Hirson suivait la Montagne Noire, on jugea la montée trop difficile et l'on contourna la colline par une déviation dominant le chemin de Terva et le Routy. De l'autre côté, vers Vervins, la route fut tracée à travers champs sur la gauche de l'ancien chemin. On avait déjà fait, en cet endroit cependant, d'importants travaux de terrassement et un vaste aqueduc avait été construit sur le rieux Grignon.

Depuis longtemps aussi, l'antique maison commune était reconnue insuffisante pour abriter à la fois l'instituteur et les services de la mairie. On se souvient que durant la période révolutionnaire les classes avaient été installées dans le presbytère. Mais depuis M. Mairesse avait repris cet immeuble et l'instituteur avait dû réintégrer les anciens locaux scolaires. Le Conseil municipal résolut, par une délibération du 7 mai 1839, d'édifier de nouvelles classes sur l'emplacement du cimetière qui allait devenir vacant, et de les faire suffisamment vastes pour qu'il fût possible de séparer dans un temps rapproché les enfants de chaque sexe. M. Barbier, architecte à Vervins, fut chargé de la direction de ces travaux : la dépense atteignit huit mille francs.

Depuis le 24 janvier 1838, et par suite de la démission de l'instituteur Drubigny, d'ancienne et turbulente mémoire, la direction de l'école communale avait été confiée à M. Brasseur, précédemment professeur au collège d'Avesnes.

Nos hameaux du Chaudron et des Routières avaient aussi été pourvus d'écoles distinctes depuis 1831. Celle du Chaudron avait été confiée à M. Joseph Delasseaux, qui devait, pendant plus de trente années, la régir avec un dévouement absolu. M. Napoléon-Narcisse Prudhomme fut le premier instituteur des Routières : il n'y resta que jusqu'en 1836. Son successeur, Paul-Joseph Carlier, fut lui-même remplacé au bout de deux ans par M. Louis-Isidore Duflot, qui devait diriger sa classe pendant de longues années à la grande satisfaction de la population des Routières.

On évaluait, en 1840, le nombre des enfants en âge de fréquenter les écoles à trois cent vingt-deux, mais les instituteurs ne constataient la présence à leur cours que de deux cent trente-sept garçons et filles. Un certain nombre d'enfants étaient admis gratuitement, mais les autres devaient payer la rétribution scolaire fixée à soixante-quinze centimes, soixante centimes et quarante centimes, selon l'âge. C'était la meilleure partie du traitement des instituteurs : elle produisait à Origny de quatre à six cents francs et au Chaudron, comme aux Routières, de deux à trois cents francs.

La commune allouait en outre à l'instituteur du chef-lieu un traitement fixe de cinq cents francs, sur lequel il avait à prélever le salaire du sous-maître qu'il était obligé de s'adjoindre. On donnait à chacun des instituteurs des hameaux une somme annuelle de deux cents francs, et, comme ils avaient à payer la location de leur logement et de leur classe, on y ajoutait une indemnité de cent vingt francs.

L'instituteur d'Origny touchait en outre une allocation de cinquante francs pour le greffe municipal dont il était chargé.

Une jeune institutrice, Mlle Leroy, que la commune d'Origny devait conserver bien longtemps, vint, en 1843, établir une école libre pour les filles. L'année suivante, le Conseil municipal l'agréa comme institutrice communale et lui alloua un traitement fixe de six cent vingt francs, indemnité de logement comprise.

Depuis la Restauration, le bois d'Origny, appelé le bois du Roi, qui n'avait pas été aliéné pendant la période révolutionnaire, avait été rendu aux héritiers de la duchesse de Chastillon et était échu à sa fille aînée, la duchesse d'Uzès. Cette noble dame mourut vers 1840, elle n'oublia pas les pauvres d'Origny dans ses libéralités dernières. Le bureau de bienfaisance d'Origny reçut une somme de deux cents francs de son exécuteur testamentaire. Quelque temps après, le Conseil municipal fut appelé à donner son avis sur l'instance engagée par ses héritiers auprès de l'administration, pour obtenir l'autorisation de défricher le bois du Roi. Notre assemblée communale exprima l'avis que ce débris de l'antique forêt d'Origny, où la population avait l'habitude de s'approvisionner de bois de chauffage et qui, l'hiver, occupait les ouvriers sans ouvrage, fût conservé. Ce ne fut que plus tard que l'autorisation de défricher fut accordée à M. Choffin, devenu acquéreur de cette propriété domaniale.

La population d'Origny s'élevait en 1843 à deux mille quatre cents habitants. Notre commerce de vannerie s'étendait chaque année : il s'était formé déjà d'importantes maisons, réalisant un chiffre d'affaires considérable. La culture aussi profitait du bien-être que le commerce procurait au pays. Elle vendait plus facilement ses produits et pouvait faire d'utiles sacrifices pour l'amélioration du sol. Déjà se manifestait la tendance à transformer en pâturages nos terres, peu favorables à la culture des céréales ; on se mit à faire de l'élevage, et le nombre des bestiaux entretenus dans la commune s'accrut considérablement. Le Conseil municipal songea alors à nouveau à solliciter de l'administration centrale le rétablissement du marché hebdomadaire et de foires mensuelles, que l'Empire et la Restauration lui avaient constamment refusé.

La commune obtint d'abord une satisfaction partielle : par ordonnance royale du 12 octobre 1843, le marché du vendredi fut rétabli. Mais, pour les foires, le ministre de l'agriculture fit observer que c'était trop que d'en demander douze pour un bourg comme Origny. Le Conseil dut réduire sa demande à six foires, le préfet trouva ce chiffre encore exagéré et conseilla à la municipalité de n'en demander que deux. Le Conseil, las de lutter, déclara se contenter de trois foires qui se tiendraient les 26 mars, avril et octobre. Elles lui furent enfin accordées par une nouvelle ordonnance royale du 1er décembre 1844.

La foire d'Origny n'a jamais joui d'une grande vogue ; elle est même aujourd'hui complètement abandonnée.

Origny ne comptait encore que peu d'habitations construites en pierres et briques et couvertes d'ardoises : la majeure partie des maisons était en bois et terre avec toiture de chaume. Aussi se produisait-il de fréquents incendies ; mais le goût du bien-être et d'un certain luxe dans les habitations était venu avec la prospérité commerciale, et on songea à mieux se garantir à l'avenir contre les sinistres occasionnés par le feu.

Déjà une première fois, en 1838, il avait été question au Conseil municipal de l'achat d'une pompe à incendie et on avait même voté un crédit de quinze cents francs pour cette dépense, mais le préfet avait fait observer que « *ces nouvelles machines étaient d'un coûteux entretien et qu'il fallait se défier de leur fragilité* », et le projet d'acquisition avait été ajourné. La question fut remise à l'ordre du jour en 1843 : un incendie considérable, qui avait pris naissance dans la ferme du sieur Athanase Michel, avait menacé des plus graves dangers le hameau des Routières. Cette fois, on n'hésita plus et le Conseil municipal vota dans sa session de mai un crédit de dix-huit cents francs pour l'achat d'une pompe et de ses accessoires. Le maire traita aussitôt de cette fourniture avec un sieur Languillier, industriel à Charleville. Une compagnie de sapeurs-pompiers fut aussitôt formée. Les citoyens les plus considérés de la commune tinrent à honneur de prendre du service dans ce corps d'élite. Chacun fit les frais de son équipement et un corps de musique, en brillant uniforme, fut en même temps organisé. On fit choix pour commander la nouvelle troupe d'un jeune industriel arrivé à Origny depuis quelques années déjà, M. Adolphe Michaux, brasseur et conseiller municipal (1).

Le hameau du Chaudron voulut suivre l'exemple du chef-lieu. Une souscription fut ouverte parmi ses habitants pour l'achat d'une autre pompe ; une section de sapeurs-pompiers y fut organisée et vint prendre rang

(1) Il s'agit ici de notre regretté père. M. Adolphe Michaux était le plus jeune des fils d'un homme justement honoré dans la contrée, M. Antoine Michaux, ancien maire de Saint-Michel, garde général des eaux et forêts. M. Adolphe Michaux avait débuté dans l'administration des contributions indirectes qu'il avait quittée en emportant l'estime de ses chefs, et avait repris la brasserie d'Origny de M. Jean-Charles Juglard, en 1836, en même temps qu'il s'alliait, par mariage, à l'une des meilleures familles d'Hirson et s'associait la dévouée compagne, la bonne mère à laquelle nous avons eu récemment la douleur de fermer les yeux. M. Michaux fut appelé au Conseil municipal au renouvellement partiel du 11 juin 1843. Il était, depuis 1831, lieutenant porte-drapeau du bataillon cantonal d'Hirson. *(Note de l'Auteur.)*

dans la belle compagnie d'Origny, dont l'effectif fut ainsi porté à soixante-dix hommes.

Cette heureuse union du hameau et du bourg fut un instant troublée à peu de temps de là. Les habitants du Chaudron étaient déjà travaillés du désir manifeste de se séparer d'Origny et de s'ériger en municipalité distincte. Bientôt leur section de sapeurs-pompiers refusa de prendre part aux exercices de la compagnie du chef-lieu et prétendit s'administrer séparément. Le préfet du département dut intervenir pour rétablir l'union. Par un arrêté du 23 décembre 1843, il ordonna que la section de sapeurs du Chaudron serait reformée, qu'il serait procédé à une nouvelle élection de ses chefs et qu'elle ferait partie intégrante de la compagnie d'Origny. Le préfet décidait en outre que la pompe acquise des deniers des habitants du Chaudron devait être considérée comme la propriété de la commune d'Origny.

Il ne resta pas de trace de cet incident; les plus cordiales relations s'établirent et continuèrent entre les différentes sections de la compagnie de sapeurs-pompiers ; mais le hameau du Chaudron n'a jamais renoncé à son désir de devenir une commune distincte. Ses habitants, malgré les liens de véritable sympathie et d'amitié qui, de tout temps, les ont unis à ceux du bourg, devaient dans l'avenir renouveler plusieurs fois cette tentative de séparation.

La compagnie de sapeurs-pompiers d'Origny rendit dès sa formation de signalés services. Elle se distingua particulièrement dans un incendie considérable qui éclata à Mondrepuis le 12 juin 1847 et qui détruisit un grand nombre de maisons au midi de l'église. Grâce au concours empressé des sapeurs-pompiers d'Origny, d'Hirson, d'Arras et de Saint-Michel, le surplus du pays put être préservé.

Depuis 1843, l'école des garçons du chef-lieu avait changé de directeur. M. Brasseur avait donné sa démission et avait été remplacé par un jeune instituteur du plus rare mérite, M. Firmin Vasseur, de Beaumé.

Dans l'année qui suivit son installation, ce jeune maître obtint son brevet supérieur : c'était un travailleur acharné et nous le verrons, tout en consacrant à sa classe ses soins assidus, poursuivre la conquête des titres universitaires les plus élevés et arriver, à force de labeur, aux plus hauts emplois de l'enseignement. A son école d'Origny, il adjoignait, dès 1847, un pensionnat qui bientôt jouit aux alentours d'une brillante réputation.

L'étude de notaire d'Origny avait aussi changé de titulaire en 1843. A Me Larmuzeaux avait succédé M. Antoine-Alexandre-Evariste Laporte qui devait diriger son office avec honneur pendant près de trente années et y mériter du gouvernement la récompense de l'honorariat.

Le curé d'Origny, M. Tabary, avait été remplacé, en 1844, par l'abbé Louis-Pierre-Xavier Chalan, curé de Mauregny-en-Haye, qui était assurément un prêtre honnête, mais d'un caractère emporté et violent. Il ne sut pas non plus se concilier de bien vives sympathies parmi ses paroissiens. Il eut l'idée, en 1847, de construire une petite chapelle pour les fonts baptismaux entre la tour nord de l'église et le pignon du bas-côté, mais le Conseil municipal estima cette dépense inutile et lui refusa l'autorisation nécessaire.

L'agriculture, nous l'avons dit, avait eu quelques années de prospérité : il en vint de moins bonnes. En 1845, la pomme de terre, qui, depuis le commencement du siècle, était devenue la base de l'alimentation de la classe ouvrière, fut atteinte d'une maladie qui détruisit complètement la récolte. Les céréales aussi manquèrent et la misère fut grande chez les pauvres gens. La disette, déjà, n'était plus à craindre comme autrefois, car les nouvelles voies de communication assuraient l'alimentation du pays, mais toutes les denrées devinrent très chères. La récolte manqua encore l'année suivante et la gêne fut extrême. Pendant l'hiver de 1847-1848, le prix de la farine s'éleva à quatre-vingt-dix francs le quintal.

Le Conseil municipal fit exécuter quelques travaux dans le but de procurer de l'ouvrage aux ouvriers indigents. On fit construire un vaste escalier en pierres pour donner accès à la nouvelle mairie, puis on entreprit l'établissement d'un chemin d'Origny à Plomion : un premier crédit de neuf cents francs y fut employé. On songea aussi à bâtir une école de filles, mais ce projet ne put être réalisé.

La municipalité d'Origny poursuivait en même temps d'autres avantages administratifs.

Depuis 1830, Origny n'était plus le siège de la perception des contributions directes : le titulaire de cet emploi résidait à Landouzy-la-Ville. Le Conseil municipal adressa au ministre des finances, le 7 juin 1847, une pétition pour obtenir le rétablissement du chef-lieu de la perception à Origny. Satisfaction devait être donnée à la commune peu de temps après.

Un bureau de distribution des postes avait été établi à Origny vers 1836, et, dès la première année, ce bureau avait produit une recette de quinze cents francs. Depuis, et grâce à l'extension des affaires commerciales, le produit du bureau avait beaucoup augmenté. On demanda, en 184 , la transformation de ce bureau de distribution en direction, mais cette amélioration ne devait pas être obtenue avant plusieurs années, et on fut obligé de continuer à faire à Hirson ou à Vervins les envois d'argent et les encaissements.

Ces préoccupations administratives allaient, d'ailleurs, bientôt être délaissées pour un temps. L'attention publique était attirée vers les graves événements politiques qui se préparaient.

Depuis longtemps, un sourd mécontentement contre le gouvernement bourgeois de Louis-Philippe régnait dans les masses. Les misères de l'année, dont on faisait remonter la cause à un mauvais état politique, aggravèrent rapidement la situation.

Le peuple demandait surtout une part plus directe dans la représentation nationale : on ne parlait que vaguement encore du suffrage universel, mais on voulait l'extension du droit de vote.

Bientôt la population parisienne se souleva, et ce que l'on prit d'abord pour une simple émeute devint en peu d'heures une révolution.

Dans la soirée du 25 février, le courrier de Vervins à Hirson passa à Origny avec un drapeau tricolore : la République était proclamée.

CHAPITRE XLI

Manifestations socialistes. — L'abbé Chalan et l'administration communale. — Assemblées électorales préparatoires. — Le docteur Bocquet, maire provisoire. — Réorganisation de la garde nationale. — Crise commerciale.— Misère publique.— Elections municipales.— M. Michaux-Caudron, maire. — Programme de la nouvelle municipalité. — Travaux de voirie. — Inondations de 1850. — MM. Vasseur et Richepin, instituteurs. — M. Leclère, greffier. — M. Guyenne, vicaire. — Coup d'Etat de 1851. — Rétablissement de l'Empire.

Le grand souffle de libéralisme qui venait d'emporter la Royauté avait profondément remué les esprits dans toutes les classes de la société. Si la bourgeoisie, qui avait si largement bénéficié de la politique économique de l'ancien gouvernement, ne voyait qu'avec défiance la restauration de la République, le peuple, au contraire, l'acclamait avec des transports d'enthousiasme et espérait d'elle une rénovation sociale complète et l'amélioration matérielle des conditions de son existence. Dans les campagnes, il faut bien le dire, une pensée cupide domina tout d'abord les esprits peu éclairés.

On se souvenait que la première Révolution avait amené l'expropriation des immenses domaines accaparés par le clergé et la noblesse et les avait répartis entre les mains de ceux qui composaient maintenant la classe bourgeoise. Les paysans pensèrent que la seconde révolution devait refaire à leur profit un nouveau partage de la fortune territoriale. Dans bien des villages, même, on voulut passer du désir à la réalisation ; on alla jusqu'à préparer un lotissement des biens dont on voulait s'emparer.

Ces prétentions donnèrent lieu à quelques désordres dès les premiers jours de l'installation du gouvernement provisoire, désordres que l'administration nouvelle, désireuse de calmer les esprits inquiets, s'empressa de réprimer.

Le clergé des campagnes, comme le bas clergé de 1789, accueillit en général avec faveur le nouveau régime et prêta avec empressement son concours aux cérémonies patriotiques qui célébrèrent son avénement. Partout, l'on plantait des arbres de Liberté, les curés vinrent processionnellement les bénir. Il se produisit cependant quelques résistances. A Origny, l'abbé Chalan manifestait peu d'enthousiasme pour le régime républicain ; il était, l'on s'en souvient, en état d'hostilité continuelle avec la municipalité depuis son installation à la cure : la proclamation de la République redoublait sa mauvaise humeur. Il ne manqua, dès lors, aucune occasion de se montrer désagréable envers l'administration communale, et les choses en arrivèrent bientôt au point que le Conseil municipal crut devoir porter jusqu'à l'évêque diocésain ses légitimes motifs de plainte et demander le déplacement de ce curé grincheux. Le prélat prit parti pour le curé et les choses demeurèrent en l'état.

Bientôt il fut question du choix des députés à l'Assemblée constituante, dont le gouvernement provisoire venait d'ordonner la réunion. Tous les citoyens d'Origny furent convoqués le 26 mars, à la mairie, à l'effet de choisir vingt-cinq délégués qui devaient se rendre au chef-lieu de canton et élire à leur tour, avec les délégués des autres communes, trois mandataires chargés de représenter le canton au congrès électoral préparatoire, convoqué à Laon pour le 2 avril. Cette dernière assemblée avait pour mandat de renseigner le corps électoral sur le mérite des candidats à la députation.

Cent quatre-vingt-quinze électeurs se rendirent à l'appel de la municipalité d'Origny et prirent part au vote : les noms de MM. Michaux, Sorlin, Defer, Brizet, sortirent en tête de la liste des délégués avec la presque unanimité des suffrages.

A l'assemblée cantonale d'Hirson, M. Michaux fut chargé, avec MM. Rousseau et Beuret, d'aller représenter le canton d'Hirson au congrès départemental.

Peu de temps après, les municipalités furent remaniées par le commissaire du gouvernement, chargé de l'administration du département de l'Aisne. Le maire et l'adjoint d'Origny ne furent pas maintenus dans leurs fonctions et M. le docteur Bocquet fut chargé provisoirement de la mairie.

On s'occupait activement déjà de la réorganisation de la garde nationale. Le premier soin de notre nouvelle administration municipale fut de réclamer qu'Origny devint le chef-lieu d'un bataillon de cette milice, qui comprendrait, avec le contingent d'Origny, ceux des villages de Lahérie, Eparcy, Buire, Ohis, Wimy et Effry. On obtint que Wimy, Ohis et Effry seraient réunis à Origny pour former un bataillon. M. Tanneur, ancien maire d'Origny, fut proclamé chef de cette troupe.

Deux compagnies furent immédiatement formées à Origny : la première, d'un effectif de soixante-deux hommes, fut recrutée dans le centre de la commune ; la seconde fut composée des citoyens du Chaudron et des Routières inscrits au contrôle au nombre de soixante-quatorze. Les cadres de ces deux compagnies furent nommés à l'élection. M. Mainon, marchand de paniers, devint le capitaine de la première compagnie ; le commandement de la seconde fut donné d'abord au capitaine Mion, vieux soldat de l'Empire, chevalier de la Légion d'honneur. Mais, peu après, celui-ci quitta Origny et fut remplacé par M. Jean-Baptiste Faroux. Le Conseil municipal vota les fonds nécessaires à l'achat des caisses pour les tambours, mais l'équipement ne fut jamais complété. La compagnie des sapeurs-pompiers continuait à subsister ; superbement équipée, elle comptait maintenant un effectif de quatre-vingt-deux hommes.

La proclamation officielle de la République, qui eut lieu au mois de mai à Origny, fut l'occasion d'une véritable fête et fut accompagnée de toutes sortes de réjouissances. Le marronnier de la place publique fut consacré comme arbre de Liberté ; un autre fut planté au Chaudron sur le bord de la route, en face de la maison Lamart ; on en planta un aussi aux Routières, non loin de la maison de M. Duflot. Mais après ces joies, il fallut revenir à des soins plus sérieux. Le contre-coup du bouleversement qui venait de se produire avait causé un brusque arrêt dans les transactions commerciales ; les expéditions de vannerie avaient cessé et comme conséquence notre population vannière se trouvait sans ouvrage. En peu de temps, la misère devint extrême dans tout le pays, des bandes de malheureux affamés parcouraient les villages réclamant des aumônes et souvent les exigeant avec violence.

Notre municipalité sut maintenir l'ordre dans la commune d'Origny, et, par son énergie, put empêcher ses indigents de se joindre aux bandes turbulentes qui circulaient aux environs. Mais le Conseil municipal dut aviser promptement aux moyens de soulager les misères les plus pressantes.

Dès le 10 mai, un premier crédit de mille francs fut voté pour être employé en travaux d'amélioration sur les chemins du Chaudron, de Hélin et du Blancfort, qui en avaient d'ailleurs le plus pressant besoin. De tous côtés, l'administration créait des ateliers nationaux pour occuper les travailleurs nécessiteux ; on suivit cet exemple.

Le Conseil général du département avait établi une imposition extraordinaire de vingt centimes pour faire face aux nécessités de la situation ; M. Bocquet, maire *par intérim*, et M. Michaux, délégué du canton, firent ensemble une démarche auprès du préfet pour obtenir que la moitié du produit de cette imposition demeurât à la disposition de la commune. Puis, les principaux habitants souscrivirent un emprunt qui produisit une somme immédiatement réalisable de près de mille francs.

Ces mesures permirent de fournir du travail à environ deux cents pères de famille qui se trouvaient dans le dénuement le plus complet.

Les sanglantes journées de Juin eurent leur contre-coup à Origny. Des volontaires furent demandés, comme à Vervins, Hirson et Saint-Michel, pour aller à Paris combattre l'insurrection. Un certain nombre de gardes nationaux et de sapeurs-pompiers se joignirent à la troupe de volontaires d'Hirson et de Saint-Michel qui partaient sous le commandement de M. Beuret et du capitaine Laurent. On s'en fut jusqu'à Laon, mais là, des ordres venus de Paris firent renvoyer nos concitoyens dans leurs foyers.

Les 23 et 24 juin, eurent lieu dans toutes les communes de France les élections pour le renouvellement des municipalités. Pour la première fois, le suffrage universel était appelé à se prononcer ;

le nouveau Conseil municipal se trouva ainsi composé :

MM. Adolphe Michaux ;
Damazy Brugnon ;
Pierre-Antoine Brizet ;
Louis-Antoine-Joseph Sorlin ;
Prosper Gattelet ;
André-Joseph Burluraux ;
Remy Parisot ;
Louis-Clovis Bocquet ;
Bénoni Mainon ;
Pierre-Joseph Lefèvre ;
Joseph Midelet ;
Florentin Dentier ;
Isaïe Defer ;
Denis Juglard ;
Jean Berteaux ;
Alexis Bécret fils ;
Jean-Baptiste Berteaux fils ;
Jean-Baptiste Despit ;
Pierre Mour ;
Antoine Ducloux ;
Ferdinand Naudet.

Le 20 août, les nouveaux conseillers étaient installés dans leur fonction et procédaient à l'élection des maire et adjoints.

M. Michaux, dont le nom était sorti le premier de l'urne électorale, fut appelé aux fonctions de maire, qu'il devait conserver près de trente années. Il allait, qu'il nous soit permis de le dire, consacrer toute sa vie au service de ses concitoyens. Habile administrateur autant qu'intègre, il devait, par de longs et inoubliables services, mériter la reconnaissance du pays et laisser aux siens un nom respecté de tous.

M. le docteur Bocquet était ensuite nommé premier adjoint et M. Gattelet, deuxième adjoint.

M. Michaux dut abandonner le commandement de la belle compagnie de sapeurs-pompiers qu'il avait organisée ; il y fut remplacé par M. Dentier-Legrand.

La nouvelle municipalité était composée d'hommes jeunes, aux idées larges, bien décidés à entrer dans la voie du progrès et à réaliser dans les services communaux les améliorations que le pays réclamait.

Développer l'instruction primaire fut un de ses premiers soins. Des encouragements de toutes sortes furent donnés aux maîtres et aux élèves ; le traitement des instituteurs relevé dans la mesure des ressources communales, des distributions de prix organisées pour récompenser à la fin de chaque année scolaire l'assiduité et les progrès des enfants les plus zélés, les locaux scolaires améliorés.

Les filles et les garçons étaient resserrés dans deux classes insuffisantes ; l'instituteur prit possession de l'ensemble de ce local, et l'institutrice fut installée dans une maison située près de la grand'place, que l'on prit à bail de Mme Juglard.

Le cimetière communal paraissait devoir devenir insuffisant, dans un avenir rapproché, pour les besoins de la population. On fit l'acquisition de quelques parcelles de terrain qui y confinaient.

Les gardes champêtres, qui, dans des circonstances récentes, s'étaient montrés pleins de zèle pour le maintien de l'ordre et la surveillance des propriétés, virent également leur sort s'améliorer.

Mais la nouvelle administration prit surtout à tâche de doter la commune des voies de communication qui lui faisaient encore défaut et qui étaient l'élément indispensable du développement de son commerce et de son industrie. Elle assura son concours le plus large aux différents projets de constructions de chemins alors à l'étude et qui comprenaient notamment l'établissement d'une route d'Hirson à Guise, par Origny ; d'un chemin vicinal d'Hirson à Vigneux, se dirigeant d'Origny sur Landouzy-la-Ville ; d'un autre de Vervins à Fourmies, par Origny, Ohis et Wimy. En même temps, l'on demanda le classement du chemin de la rue des Hélins au Chaudron. Trois superbes ponts en bois, qui sont aujourd'hui remplacés par des ouvrages en fer et maçonnerie, étaient en construction sur la rivière du Ton dans la traversée d'Origny, par les soins de l'administration départementale. Le budget communal se trouvait ainsi débarrassé de la lourde charge qui l'avait obérée pendant si longtemps.

Le Conseil résolut encore de mettre en bon état de viabilité toutes les rues de la commune, qui étaient toujours dans le plus déplorable abandon. Souvent, dans la saison des pluies, les communications devenaient impossibles entre les différentes sections du village. On commença à relever les terrassements des chaussées, on creusa des caniveaux et l'on construisit plusieurs aqueducs pour l'écoulement des eaux ; on fit des empierrements plus réguliers.

Tous ces travaux, assurément, ne pouvaient être l'œuvre d'une seule année : ils furent poussés activement dans les années qui suivirent. Malheureusement, la nature de notre sol, compacte et humide, les pluies torrentielles dont notre pays est trop souvent gratifié, augmentaient les difficultés à vaincre et occasionnaient des dépenses imprévues : l'hiver souvent détruisait le travail de toute la bonne saison. Parfois même, pendant l'été, les crues subites de la rivière et des ruisseaux obligeaient à de coûteuses réparations. C'est ainsi qu'au mois d'août 1850, à la suite de pluies diluviennes, le Ton, l'Oise et tous les cours d'eau du pays sortirent de leur lit et envahirent les parties basses du territoire avec une violence extrême. Nos chemins des Routières, des Haudevins, du Routy, du Pont-de-la-Cour furent gravement endommagés. Il n'y eut, à Origny, cette fois, que des dégâts matériels, mais souvent les inondations faisaient courir de graves dangers aux voituriers et aux voyageurs attardés, surtout quand ils avaient à risquer la dangereuse traversée d'Origny aux Routières. C'est vers cette époque et en cet endroit qu'un meunier de Foigny faillit périr avec tout son attelage ; il ne dut son salut qu'à l'héroïque dévouement d'un brave jeune homme du pays, du nom d'Ernest Pellé.

L'inondation de 1850 causa dans une commune voisine d'Origny un terrible accident, qui eut dans notre pays un douloureux retentissement. Le 15 août, la rivière d'Oise, à Ohis, roulait furieusement ses eaux, son niveau s'élevait rapidement ; vers le soir, une partie de la population se rendit sur le pont pour considérer l'étrange spectacle de la paisible rivière transformée en torrent impétueux. Les plus curieux et les plus téméraires s'étaient avancés jusqu'au milieu du pont, dont les arches insuffisantes faisaient obstacle au cours des eaux en furie. Tout à coup, un sinistre craquement se fait entendre, la voûte du pont se lézarde ; les spectateurs terrifiés se sauvent rapidement : un jeune imprudent seul reste sur le milieu du pont ! Au même instant on voit cet ouvrage vaciller sur ses piles, puis s'engouffrer dans le torrent avec un bruit effroyable.

La victime de ce terrible accident était un jeune élève de l'école normale, arrivé, la veille de ce jour funeste, en vacances chez son père, l'estimable M. Prudhomme, l'ancien maître de notre école des

Routières. On ne retrouva son cadavre que quelques jours plus tard, dans la prairie voisine où le déposèrent les eaux en rentrant dans leur lit.

L'éminent directeur de notre école chef-lieu était arrivé à la conquête des hauts diplômes universitaires qui lui ouvraient les portes de l'enseignement supérieur. Appelé à occuper une chaire à l'école normale d'Amiens, M. Vasseur quittait Origny. Les enfants de la commune perdaient un maître bien difficile à remplacer, et le bourg le meilleur et le plus honoré de ses citoyens. Heureusement, M. Vasseur laissait dans le pays une famille et des affections qu'il ne pouvait oublier : Origny restait son pays d'adoption. Chaque année il y revint passer la meilleure partie du temps des vacances et, quand il fut au terme de sa laborieuse existence, arrivé il y a peu d'années, il voulut que ses restes fussent déposés dans notre cimetière au milieu de ses bons et fidèles amis.

Remplacer un tel maître était, pour le Conseil municipal, chose particulièrement délicate et difficile ; il y réussit cependant avec un rare bonheur.

D'après la loi scolaire d'alors, le recteur de l'académie départementale présentait une liste de cinq candidats au Conseil municipal qui faisait le choix définitif. M. Alfred Richepin, instituteur à Beaumé, fut inscrit le premier sur la liste de présentation. Ce jeune maître appartenait à une honorable famille du pays, il était appuyé par les personnalités les plus recommandables, et présenté par ses chefs comme un instituteur d'un mérite exceptionnel. Le choix du Conseil était fixé : M. Richepin prenait possession, le 13 février 1851, d'un poste qu'il devait tenir avec éclat pendant de longues années.

Depuis longtemps déjà, l'importance de notre école du centre ne permettait plus à l'instituteur de remplir les fonctions de secrétaire de mairie et de clerc laïque. On avait confié ce double emploi à un jeune homme fort intelligent, M. Leclère, qui renonça pour le prendre à la carrière de l'enseignement. M. Leclère devait consacrer toute sa vie à la gestion des affaires communales et mériter, par ses longs et dévoués services, l'amitié des chefs de la municipalité et la reconnaissance de tous les habitants d'Origny.

Le développement de la paroisse d'Origny parut, vers ce temps, aux yeux de l'administration épiscopale, nécessiter la création d'un emploi de vicaire. Le Conseil municipal donna un avis favorable à cette mesure et eut la satisfaction de recevoir pour premier titulaire du nouvel emploi un jeune prêtre d'une aménité et d'une dignité parfaites, l'abbé Guyenne, aujourd'hui doyen de Marle, l'un des membres les plus distingués du clergé diocésain.

En 1852, il fut question de construire une mairie ou d'acquérir un immeuble convenable à cette destination. On pensa d'abord à acheter la maison de M. Joseph Wuilliot ; mais diverses circonstances empêchèrent la réalisation de ce projet. Cette maison, toutefois, était destinée à devenir une propriété communale : elle a été acquise depuis pour l'installation du presbytère.

Depuis le 28 mai 1849, l'Assemblée constituante avait été remplacée par une Assemblée législative, qui, dès sa réunion, manifesta de singulières tendances réactionnaires. La loi du 15 mars livra l'enseignement au clergé ; la loi du 31 mai mutila le suffrage universel ; la loi du 16 juillet supprima la liberté de la presse. Bientôt de profonds dissentiments éclatèrent entre le président de la République, le prince Louis-Napoléon et les membres de l'Assemblée : le premier travaillait en secret au rétablissement de l'Empire, les députés semblaient vouloir une restauration monarchique.

Louis-Napoléon n'hésita pas devant un second 18 brumaire ; le coup d'Etat du 2 décembre 1851, confirmé par le plébiscite du 21 décembre, lui donna la dictature. Son premier soin fut de modifier la loi électorale : désormais les Conseils municipaux étaient privés du droit d'élire les municipalités. A Origny, cependant, l'ancienne municipalité fut maintenue dans ses fonctions, mais, par les élections de septembre 1852, la composition du Conseil municipal se trouva quelque peu modifiée. Furent élus :

MM. Sorlin, Dentier, Brugnon, Brizet, Burluraux, Michaux, Naudet, Bocquet, Gattelet, Juglard, Defer, Berteaux-Terrin, Parisot, Ducloux, Midelet, Elysée Berteaux, Détain, Bécret, Berteaux-Faroux, Mour et Déruelle.

Le coup d'Etat n'était aux yeux de tous que le prélude au rétablissement de l'Empire. Au mois de décembre 1852, le président de la République complétait son usurpation et se faisait proclamer empereur sous le nom de Napoléon III. Le gouvernement ordonna à cette occasion de bruyantes réjouissances : le maire d'Origny estima qu'un acte de bienfaisance valait mieux. Sur sa proposition, le Conseil municipal décida de prélever sur les fonds libres de la caisse communale une somme de cent cinquante francs qui fut employée en distribution de pain aux indigents.

Pendant dix-huit ans, le régime que l'on venait d'inaugurer allait gouverner la France. S'il eut l'heureuse fortune de présider d'abord au développement prodigieux que prit vers ce temps notre situation industrielle et commerciale, il devait, par des fautes politiques sans nombre, lancer le pays dans de grandes mais périlleuses entreprises à l'extérieur, sans aucun souci de ses intérêts véritables et du sang de ses enfants. Et par lui, à la fin, nous avons eu la douleur de voir notre France précipitée dans la plus effroyable des aventures, où elle faillit sombrer dans le sang et la boue, avec ce gouvernement néfaste.

Mais, heureusement, il était réservé à notre génération d'assister au relèvement de la patrie, régénérée par l'excès même de son malheur, et de lui voir reprendre, sous l'égide de la liberté, le lustre éclatant de ses traditions séculaires. Forte au dedans, respectée au dehors, la République assure aujourd'hui, par sa législation libérale, par un régime économique bien entendu, la prospérité de nos campagnes, et c'est à elle que nous devrons, dans l'avenir, l'accroissement marqué, le développement constant de notre chère ville d'Origny.

CONCLUSION

Nous avions formé le projet de poursuivre notre récit jusqu'à l'époque présente et de mettre sous les yeux de nos lecteurs le tableau détaillé du développement (souvent, hélas ! entravé par les crises commerciales et politiques) de la prospérité de notre pays, pendant les vingt dernières années écoulées.

C'eût été, assurément, une bien douce satisfaction pour notre affection filiale de suivre la longue et fructueuse administration de notre regretté père. Il nous eût été aussi fort agréable de rappeler l'œuvre de ses successeurs : MM. Faroux, Tanneur, Michaux-Jovet, Larmuzeaux et Brugnon, qui, tous, méritent un souvenir reconnaissant pour les améliorations diverses dont ils ont été les promoteurs.

Nous aurions voulu dire comment ces administrateurs dévoués purent, grâce à l'aide d'assemblées municipales intelligentes, compléter notre réseau vicinal, achever nos belles et larges voies urbaines, construire le magnifique hôtel de ville, les superbes bâtiments scolaires auxquels est surtout attaché le nom de notre affectionné parent, M. Michaux-Jovet, et qui forment, sans conteste, le plus bel ornement de notre ville.

Et, dans cette énumération, nous n'aurions pas oublié la belle église qu'édifie notre honorable curé actuel, M. le chanoine Blain, qui déjà a su mener à bien la première partie de sa tâche et pourra bientôt, nous l'espérons, terminer son œuvre.

Mais notre livre a dépassé, nous l'avons dit déjà, les limites dans lesquelles nous entendions nous renfermer et le champ qui nous reste à parcourir est très vaste encore : nous y récolterions aisément la matière d'un nouveau volume.

Le récit des longues et laborieuses négociations qui précédèrent l'établissement du chemin de fer qui traverse notre territoire ; les travaux grandioses que nécessita sa construction ; l'exposé des nombreux projets de réseaux divers, de voies navigables, qui, s'ils eussent abouti, devaient faire de notre pays un centre industriel considérable, occuperaient à eux seuls de longs chapitres.

Aussi bien, si nous entreprenions de raconter les fluctuations diverses de notre industrie vannière, la transformation qu'elle a subie avec le développement des moyens de transport et des voies de communication, ne serions-nous pas amené à émettre quelques critiques sur l'extension imprudemment donnée à la production de nos spécialités vannières, à blâmer énergiquement les industriels aventureux qui, par la création d'ateliers pénitentiaires, ont répandu au loin nos méthodes de fabrication et porté un coup mortel au monopole industriel qui était, avant eux, la gloire et la richesse de notre population ouvrière ?

Comment encore apprécier les crises commerciales subies par notre pays, faire la part des lourdes responsabilités encourues par certaines individualités ? Il nous répugne aussi de parler des rivalités politiques et locales que souvent nous avons eu à déplorer. Ces souvenirs sont trop récents encore, et nous ne voulons pas qu'il nous échappe, à l'encontre de personne, un seul mot qui puisse faire croire chez nous à un sentiment de rancune ou de vindication.

Mais nous regrettons de ne pouvoir faire le récit circonstancié de la part que prirent nos camarades d'enfance à la douloureuse et pénible campagne de 1870. Nous aurions voulu raconter le triste siège que nous subîmes avec eux dans la malheureuse ville de Soissons, leur redire comment l'impéritie d'un chef fit échouer, par une imprudente capitulation, nombre d'entre eux dans les fers de l'ennemi. Nous aurions éprouvé une réelle quoique douloureuse satisfaction à rendre hommage au courage et aux souffrances, dont nous fûmes témoin, de ceux qui, échappés aux prisons du vainqueur, purent prendre part à la lutte stérile mais glorieuse, que notre patriotique armée continua dans le nord de la France.

Nous avons, sur tous ces objets, réuni de précieux documents et nous poursuivrons un jour notre travail.

Si nos compatriotes font à notre livre l'accueil que nous espérons, nous nous engageons à leur offrir, dans l'avenir, le complément de l'histoire locale de notre cher et bien-aimé pays d'Origny.

APPENDICE

CHRONOLOGIE DES MAIRES D'ORIGNY

1602. Loys Bigot.
1625. Eloy Desons.
1646. Arnould Defny.
1647. Id.
1651. François Parisot.
1652. Id.
1656. Jacques Terrien.
1657. Pierre Bigot.
1670. Claude Faroux.
1675. Remy Durin, jeune.
1676. Jehan Haution.
1682. Henry Nicart.
1683. Toussaint Terrien.
1687. Pierre Devin.
1688. Id.
1689. Pierre Blond.
1690. Adam Josquin.
1691. Jean Fouan.
1696. François Leleu.
1699. Pierre Terrien.
1726. Jacques Defer.
1731. Jean Bruyère.
1737. Pierre Bécret.
1739. Pierre Terrien.
1774. Antoine Vaudelet.
1778. Id.
1779. Alexis Sorlin.
1780. Jean Janvier.
1786. Nicolas Martin.
1787. Jacques Wuilliot.
1788. Id.
1789. Adrien-François Soyer.
1791. Cyr Faroux.
1793. Joseph Frotin.
1794. François Hippacq.
1795. Jean-Baptiste Bécret, agent municipal.
1797. Louis-François-Joseph Mairesse, agent municipal provisoire.
1797. Nicolas Dentier le jeune, agent municipal.
1797. Nicolas Faroux, agent municipal.
1798. Antoine Aubin, agent municipal provisoire.
1799. Antoine Aubin, agent municipal.
1800. Antoine Aubin, maire.
1802. Jean-Nicolas Tanneur.
1806. Pierre Wuilliot.
1832. Id.
1832. Eugène Tanneur.
1848. Clovis Bocquet, maire par *intérim*.
1848. Edouard-Adolphe-Amand Michaux.
1870. Isaïe Defer, membre de la Commission municipale.
1870. André Burluraux, membre de la Commission municipale.
1870. Emile Larmuzeaux, membre de la Commission municipale.
1871. Edouard-Adolphe-Amand Michaud, maire.

1874. Jean-Baptiste . FAROUX, maire par *intérim*.
1874. Eugène TANNEUR, maire.
1879. Adolphe-Amédée MICHAUX
1888. Emile LARMUZEAUX.
1891. Zéphir BRUGNON.

CHRONOLOGIE DES CURÉS D'ORIGNY

16... Michel LE GRAND.
16... Guillaume CARDINIER.
1625. Lambert-Bruart DU CORNOIS
1627. Pierre DESERY.
1675. Etienne BOURGAIN.
1681. Gérard MIGEOT.
1689. Ursmer DESCHAMPS.
1690. Pierre LIÉGEOIS.
1722. Jean LIÉGEOIS.
1776. Jean-Baptiste FOUAN.
1803. Jean-Baptiste MAGNIER.
1808. Joseph FAROUX.
1820. Jacques LEGRAND.
1834. Jean-Marie-Joseph TABARY.
1844. Louis-Pierre-Xavier CHALAN.
1861. Jules JARDINIER.
1877. Louis-François GUILLIOT.
1879. Eugène-Edouard BLAIN.

CHRONOLOGIE DES NOTAIRES D'ORIGNY

16... Jehan BOUCHER.
1610. Jehan DURIN.
1627. Remy DURIN.
1683. Antoine DESONS.
1723. Nicolas DESONS.
1728. Alexandre COULON.
1745. François SORLIN.
1770. Pierre-Nicolas SORLIN.
1774. Jean-François SORLIN.
1781. Jean-Nicolas TANNEUR.
1809. Jean-Charles JUGLARD.
1817. Jean-Baptiste-Théodore LARMUZEAUX.
1843. Antoine-Alexandre-Evariste LAPORTE.
1872. Edouard-Albert MICHAUX.
1881. Charles COFFIGNON.

CHRONOLOGIE DES MAITRES D'ÉCOLE & INSTITUTEURS

ÉCOLE DU CHEF-LIEU

1625. Nicolas DELAPLANCHE.
1628. Nicolas DESONS.
1651. Nicolas FLEURY.
1660. Roger FLEURY.
1679. Michel DESONS.
1692. Pierre LHEUREUX.
1703. Antoine LAMBIN.
1739. Jacques TACHET.
1791. Charles-Joseph DRUBIGNY.
1793. Jean-Baptiste TERRIEN.

1802. Antoine LEBEAU.
1806. Charles-Joseph DRUBIGNY.
1838. Ursmée-Joseph BRASSEUR.
1843. Firmin VASSEUR.
1851. Alfred RICHEPIN.
1867. Jean-Baptiste ROGER.
1875. Edmond-Ulysse CHOQUENET.
1888. Victor BOULANGER.

ÉCOLE DU CHAUDRON

1831. Joseph DELASSEAUX.
1861. Sinico LECAT.

1873. Désiré-Honoré JULIEN.

ÉCOLE DES ROUTIÈRES

1831. Napoléon-Narcisse PRUDHOMME.
1836. Paul-Joseph CARLIER.
1838. Louis-Isidore DUFLOT.
1870. Jules DUROZOY.
1870. Albert-Joseph GOSSE.
1872. N.... LATOUCHE.

1873. Julien PICOT.
1875. Jules-Amateur PAGNIER.
1878. Gustave MICHEL.
1880. Justin HOUDELIN.
1882. Onézime TUBŒUF.
1886. Arthur DRUX.

ÉCOLE DES FILLES D'ORIGNY

1843. Mlle LEROY.
1876. Mme veuve SIRCZKOUSKI.
1877. Mme veuve MENNESSIER.
1878. Mlle Claire RAGUET.

1882. Mlle Alice DUBREUILLE.
1884. Mme SPILMONT.
1887. Mlle Aline FONTAINE.
1890. Mme BOULANGER.

LISTE DES SOUSCRIPTEURS

AU PRÉSENT OUVRAGE

MM.

Avesnes (la Société Archéologique d') (Nord).
Augé, avoué à Vervins.
Baquet-Braconnier, propriétaire à Fréniches (Oise).
Barbotte-Lamouroux, négociant en vannerie à Origny.
Beauchamps, Louis, distillateur à Soissons.
Bernard-Michaux, commissaire aux délégations judiciaires à Paris.
Berger, Lucien, libraire à Soissons.
Bertrande-Coste, négociant en vannerie à Paris.
Betzinger, percepteur des contributions directes à Origny.
Blain, chanoine honoraire, curé d'Origny.
Boulanger, instituteur à Origny.
Bocquet, Jules, ancien notaire à Hirson.
Boquet, huissier à Hirson.
Brasseur, comptable à Paris.

MM.

Burluraux, André, propriétaire à Saint-Quentin.
Burluraux, René, propriétaire à Origny.
Burluraux, Victor, propriétaire à Origny.
Brugnon, Zéphir, maire d'Origny.
Camart-Hugot, libraire à La Capelle.
Carlier, Arsène, propriétaire à Vervins.
Chapelet, instituteur en congé à Origny.
Chaplard-Boulvert, instituteur à Landouzy-la-Ville.
Charpentier, agent voyer en chef des Ardennes à Mézières.
Chevalier, inspecteur honoraire à Avesnes.
Chevalier, ancien magistrat à Paris.
Choquenet, directeur de l'école primaire supérieure à Chauny.
Courteville, Isaïe, propriétaire à Paris.

MM.

Courteville-Péry, négociant à Origny.
Colasse-Vasseur, négociant à Origny.
Colasse-Courteville, négociant à Origny.
Colasse, Martial, directeur d'usine à Chauny.
Colnet, instituteur à Chauny.
Coffignon, notaire à Origny.
Coste-Folcher, négociant en vannerie à Origny.
Coste, Marius, négociant en vannerie à Origny.
Crépin, docteur en médecine à Origny.
Cury-Noizet, propriétaire à Montloué.

Dailly, rédacteur en chef du *Soissonnais*, à Soissons.
Dapremont, Émile, adjoint au maire à Chauny.
Degois, notaire à Hirson.
Déharbes, Léon, négociant à Origny.
Denéchbau, député de l'Aisne à Paris.
Dentier-Brazier, cultivateur à Origny.
Dentier-Morlain, cultivateur à Origny.
Déruelle-Colasse, négociant au Chaudron-Origny.

Dubois (l'abbé), vicaire à Chauny.
Dubois, avoué à Vervins.
Dubois, Eugène, propriétaire au Chaudron-Origny.
Dubuquoy, Georges, greffier à Vervins.

MM.

Duflot, Albert, propriétaire à Fontaine-Vervins.

Faroux, Ernest, ancien notaire à Saint-Quentin.
Favre, brasseur à Origny.
Fiévet, docteur en médecine à Lille.
Fontaine, Ernest, maître de verreries à Hirson.
Fontaine, Paul, notaire à Douai (Nord).
Forget, Edouard, négociant à Montcornet.
Forget, Paul, cultivateur à Montloué.

Garin, Jean, industriel à La Vallée-aux-Bleds.
Gauguier, Paul, propriétaire à Soissons.
Gillier, Alfred, maire à Ohis.
Gobaut, imprimeur à Soissons.
Gosset, pharmacien, adjoint au maire à Origny.
Gosse, instituteur à Sorbais.
Groulard, propriétaire à Ohis.
Guérin, banquier à Hirson.

Heidoker, Georges, à Origny.
Houde (Mme), propriétaire à Guise.
Honoré, négociant à Origny.
Huaux, architecte à Origny.

Jeandin, notaire à Borchères-sur-Vesgres.
Julien, instituteur au Chaudron-Origny.

Kupfer-Debray, négociant à Origny.

MM.
- LAMART (Mme veuve), propriétaire au Chaudron-Origny.
- LAPORTE (Mme veuve), propriétaire à Origny.
- LECERCLE, avoué honoraire à Soissons.
- LECLÈRE, ancien percepteur, maire à Neuvemaison.
- LECLÈRE-SARRAZIN, négociant à Origny.
- LECLÈRE, Léon, greffier à Origny.
- LECERF-GROULARD, libraire à Origny.
- LEFÈVRE-WARNESSON, brasseur à Reims.
- LEFÈVRE, René, au Haudevin-Origny.
- LEFÈVRE, notaire à Vervins.
- LEFÈVRE, géomètre à Vervins.
- LEFÈVRE, Ernest, propriétaire au Chaudron-Origny.
- LEROY, Paul, notaire à Aubenton.
- LÉPINOIS, maire à Montcornet.
- LEVASSEUR, Clovis, propriétaire au Chaudron-Origny.
- LHOTE, Eugène, propriétaire à Saint-Michel.
- LOBERT, avoué à Soissons.
- LONCLE, Eugène, propriétaire à Paris.

- MARIE, Edmond, brasseur à Landrecies.
- MARTIN, Albert, négociant à Soissons.
- MAJOT, percepteur des contributions directes à Soissons.
- MARUY, notaire à Landouzy-la-Ville.
- MENNESSON, président de la Société archéologique à Vervins.

MM.
- MEURET, maire à Landouzy-la-Cour
- MICHAUX (Mme veuve), propriétaire à Origny.
- MICHAUX (Mlle), propriétaire à Origny.
- MENSUELLE, Emile, peintre à Origny.
- MORAINE, Georges, cultivateur à Hirson.

- NAUDET, Ernest, adjoint au maire à Origny.
- NAVARRE, Camille, aux Hélins-Origny.

- ORIGNY (la commune d').
- OUDIN, conseiller à la Cour d'appel à Amiens.

- PAGNERRE, propriétaire, 81, rue Lauriston, Paris.
- PERINNE DE LA CAMPAGNE, conseiller de préfecture à Laon.
- PIETTE, Alfred, ancien magistrat à Paris.
- PILLOT (le commandant), à Venizel.
- POIVRE, instituteur à Neuvillette.
- POMMERY, huissier à Vervins.

- RICHARD-SERVAT, à Origny.
- RICHEPIN, Alfred, propriétaire à Origny.
- RICHEPIN, Eugène, notaire à Soissons.
- RICHEPIN, Jean, homme de lettres, 9, rue Galvani, à Paris.
- RIOMET, instituteur à Crupilly.
- ROUCY (Adrien de), propriétaire à Noyon.
- ROMBY, receveur des postes à Origny.

MM.
ROQUES-SORLIN (Mme veuve), à Paris.
RICHET, agent d'assurances à Vervins.

SALANDRE, notaire à Vervins.
SANDRIQUE, receveur particulier des finances à Mantes.
SAUTAI, avoué à Vervins.

TELLIER, Edouard, représentant de commerce à Origny.

MM.
TIROT, négociant en vannerie à Origny.
TRICOT-LESUR, bijoutier à Hirson.

VAN LEEMPOEL (le vicomte), au château de Neuvemaison.
VITRANT, juge au tribunal civil à Soissons.

WATEAU, Gaston, avocat à Paris.
WATEAU, Léonce, propriétaire à Marle.

TABLE DES MATIÈRES

	Pages
Avant-Propos..	I
Chapitre premier. Les origines d'Origny. — Les premiers habitants. — Terva. — La forêt d'Origny. — La déesse Aurinia. — Conquête par les Francs.	1
— II. La Thiérache sous les rois francs et les Carlovingiens. — Saint-Michel et Bucilly. — Le chapitre Rozoy, sa dîme sur Origny................	9
— III. Les seigneurs de Guise et d'Avesnes suzerains d'Origny. — Maison de Coucy. — Fondation de l'abbaye de Foigny. — Le chapitre de Saint-Pierre de Laon. — Partage des dîmes d'Origny.	16
— IV. Grande prospérité de Foigny. — Première maison des seigneurs d'Origny. — La commune d'Origny. — Election annuelle du maire et des officiers. — Organisation judiciaire. — La maladrerie et la fontaine du Ladre. — La lèpre...............	26
— V. Suite de l'histoire des maisons suzeraines d'Avesnes et de Coucy. — Les censes de l'abbaye de Foigny. — Sa grande fortune. — Mort de Barthélemy, prince d'Ecosse, à Foigny. — Translation de la châsse de Saint-Maur à Origny. — Le bienheureux Alexandre. — La fontaine des Fièvres........	36
— VI. Fondation du village de Landouzy-la-Ville. — La suzeraineté d'Origny passe de la maison d'Avesnes à celle de Coucy. — Suite des seigneurs d'Origny. — La pierre tombale de Raoul de Coucy à Origny. — Le fief du Molendart...................................	50
— VII. Suite de l'histoire des seigneurs de la maison de Coucy et des seigneurs directs d'Origny. — Prise et ruine d'Aubenton. — Dévastations en Thiérache par les Anglais et les Allemands........	62

		Pages
Chapitre VIII.	Souffrances de la Thiérache. — La gabelle. — La peste noire. — La Jacquerie. — Suite de l'histoire des seigneurs de la maison de Coucy et des seigneurs directs d'Origny. — Jean de Bocenoé. — La pierre tombale de l'église d'Origny.	73
— IX.	Ruine de la maison d'Origny. — Fin de sa chronologie. — La seigneurie directe d'Origny passe au seigneur de Monceau, au seigneur de Sainte-Preuve et au comte de Marle, suzerain.	84
— X.	Les compagnies d'archers. — La suzeraineté de la seigneurie d'Origny passe de la maison de Coucy à celle d'Orléans, puis au comte de Nevers. — Importance d'Origny au commencement du xve siècle. — Les Bourguignons et les Armagnacs. — Fin de la guerre de Cent-Ans. — Jeanne d'Arc. — Les compagnies d'ordonnances. — Prise et destruction du château de Landouzy.	94
— XI.	Louis XI et Charles le Téméraire. — La seigneurie d'Origny passe dans la maison de Luxembourg, puis dans celle de Bourbon-Vendôme. — Suzeraineté directe des rois de France. — Guerre avec l'Espagne. — Les Espagnols à Origny. — Le fort de Foigny..............	105
— XII.	La seigneurie d'Origny au xvie siècle. — Etablissement de foires et de marchés à Origny. — Les seigneurs des maisons de Bourbon, de Monceau et de Roucy. — Vérification de la noblesse.............	118
— XIII.	Mœurs du clergé au xvie siècle. — Le protestantisme. — Bornage du comté de Marle et du duché de Guise à Origny. — Commencement des guerres de religion. — La Saint-Barthélemy. — La Ligue. — Prise du fort de la Verte-Vallée. — Dévastation de la Thiérache. — Maladie contagieuse, misère et disette........	129
— XIV.	La Thiérache sous les règnes de Henri III et de Henri IV. — Henri IV à Origny. — Prise d'Aubenton. — Le château du Chaudron. — Entrevue du duc de Parme et du duc de Mayenne à Origny. — Vente de la seigneurie d'Origny à Mme de Beauverger. — Procès entre la communauté d'Origny et le seigneur de Belleperche.............	140
— XV.	Situation industrielle, agricole et commerciale d'Origny au commencement du xviie siècle. — Administration de la justice. — Régie des domaines et droits seigneuriaux. — Exécution capitale à Origny. — Les officiers de justice. — Les notaires, médecins, cultivateurs, commerçants.............	151

		Pages
Chapitre XVI.	Description de l'église d'Origny, son état au commencement du xvii° siècle. — Administration des biens de la Fabrique, perception des dîmes. — Les curés, leurs maisons..........	163
— XVII.	Troubles pendant la minorité de Louis XIII. — Richelieu. — La peste. — La guerre civile et étrangère. — Les Thiérachiens. — Minorité de Louis XIV. — Le duc d'Enghien à Foigny. — Le régiment de Vervins. — Rocroi. — La Fronde. — Ruine de la Thiérache. — Le baron d'Erlach............................	175
— XVIII.	Suite de la guerre civile. — Horribles dévastations en Thiérache. — Le colonel Roze. — Turenne. — Le duc de Wurtemberg brûle Origny et Hirson. — Profonde misère du pays secouru par saint Vincent de Paul. — Louis XIV à Laon et à Etréaupont. — Prise de La Capelle. — Traité des Pyrénées....................	188
— XIX.	La seigneurie de Choiseul-Praslin à Origny. — Les officiers de sa justice. — Grande fortune de la maison de Choiseul. — Sa ruine. — La seigneurie de Choiseul passe au duc de La Vallière. — Restauration du grand moulin d'Origny...............................	201
— XX.	La seigneurie de Sainte-Preuve à Origny. — Ruine complète de Louis de Roucy. — La seigneurie de Sainte-Preuve est adjugée au duc de La Vallière. — Le Moulin de Haudevin ; il est incendié et reconstruit................	212
— XXI.	Les seigneurs de Pargny d'Origny. — La famille de Roucy des Routières et le fief du Champ-Mayeur...................................	223
— XXII.	Les curés et la municipalité d'Origny, jusqu'à la fin du xvii° siècle. — Révocation de l'édit de Nantes. — Abjuration des protestants d'Origny. — Le banc seigneurial dans l'église. — Refonte et bénédiction d'une cloche. — Achat, incendie et reconstruction du presbytère. — Administration et perception des dîmes. — Dons à l'église. — Gestion des ressources des pauvres........	235
— XXIII.	La vannerie à la fin du xvii° siècle. — Achats de vins en Champagne. — Curieuse aventure de Pierre Terrien. — La guerre ; fournitures aux armées ; passages de troupes ; le pont de Lahérie. — Les archers de la gabelle. — Commerce et élevage du bétail. — Mauvaises années. — Désastres de la guerre. — Paix de Ryswick ; fêtes à cette occasion. — Décadence de l'abbaye de Foigny ; tentatives de réforme. — Etablissement de forts de défense..................	250

		Pages
Chapitre XXIV.	Fin du règne de Louis XIV; affaiblissement de la Monarchie sous ses successeurs. — Growestein et Drongard dans la Thiérache. — Seigneurs d'Origny de la maison de La Vallière. — La terre du Chaudron aux mains de la famille de Hennezel....................................	261
— XXV.	Les officiers de la justice seigneuriale d'Origny au xviii° siècle. — Les notaires et leurs actes. — Les fermiers généraux des ducs de La Vallière. — Abolition du péage du pont d'Origny...	274
— XXVI.	Les cultivateurs et les meuniers d'Origny. — Exploitation des propriétés seigneuriales jusqu'à l'époque de la Révolution. — Baux des biens des pauvres et de ceux de l'église. — Développement du commerce de la vannerie. — Les rouliers thiérachiens. — La tannerie d'Origny. — Les Sociétés d'agriculture................	286
— XXVII.	L'administration municipale et les curés au xviii° siècle. — Dons à l'église. — Accident arrivé à la grosse cloche, sa refonte. — Réparations et embellissements à l'église. — Famine de 1738 à 1742. — Cérémonie religieuse à Foigny. — Reconstruction de l'abbaye de Foigny. — Existence luxueuse et mondaine des religieux. — Le curé Jean Liégeois, chapelain de Sainte-Catherine et doyen d'Aubenton. — Son zèle pour son église. — Abjuration de protestants.	300
— XXVIII.	Les préliminaires de la Révolution française à Origny. — Bail des dîmes. — Reconstruction du presbytère. — Rivalités locales. — Elections de maires. — Difficulté avec la duchesse de Chastillon dame d'Origny. — Les assemblées provinciales et d'élection. — L'assemblée municipale d'Origny. — Rapport sur l'état et la statistique de la commune. — Les revenus du clergé de la province et des abbayes voisines. — Impositions nouvelles. — Cimetière des protestants. — Réparations à l'église. — Rareté et accaparement des grains......................	314
— XXIX.	La famille Pigneaux d'Origny. — Naissance de Pierre-Joseph Pigneaux. — Son enfance. — Ses études à Laon et à Paris. — Son départ pour les Indes. — Ses aventures en Cochinchine. — Il devient évêque d'Adran. — Graves événements auxquels il est mêlé. — Il devient le protecteur du roi de la Cochinchine qui le charge d'une haute mission en Europe. — Son retour en France. — Son arrivée à Versailles avec le prince de Cochinchine. — Son voyage à	

		Pages
	Origny. — Traité entre la France et la Cochinchine. — Pigneaux est nommé ministre plénipotentiaire du roi de France...............	327
CHAPITRE XXX.	L'évêque d'Adran repart pour la Cochinchine. — Son séjour à Pondichéry. — Difficultés avec le gouverneur des Indes. — Arrivée de Pigneaux en Cochinchine. — Il réorganise l'armée royale et prend une part glorieuse à la guerre. — Ses appréciations sur les événements en France. — Ses hauts faits en Cochinchine. — Sa maladie. — Sa mort. — Ses funérailles. — Regrets du roi. — Les souvenirs que laissa la grande mémoire de Pigneaux en Cochinchine et l'influence de la France. — Le monument d'Origny......	341
— XXXI.	Les élections pour les Etats généraux. — Cahier des doléances de la paroisse d'Origny. — Les assemblées préparatoires et les représentants d'Origny. — L'hiver de 1789. — La famine en Thiérache. — Emeutes. — La garde bourgeoise. — Statistique agricole. — Difficultés locales...	354
— XXXII.	Nouvelle division administrative de la France. — La nouvelle municipalité d'Origny : M. Soyer, maire. — Contribution patriotique. — Les revenus de la cure et des pauvres. — Le régiment de Sancerroy. — Le garde Fauvin. — Misère croissante. — Le curé d'Origny prête le serment constitutionnel. — Troubles religieux. — Pillage de l'abbaye de Foigny. — Dispersion des religieux. — Les maîtres d'école Tachet et Drubigny. — Sectionnement cadastral. — Projet de route de Vervins à Hirson.......................	369
— XXXIII.	Formation de la garde nationale à Origny. — Fête de la Fédération. — Préparatifs de résistance à l'invasion. — Achats de blé. — Les volontaires de 1792. — Perquisitions chez les suspects. — Elections à l'Assemblée législative. — Vente des biens de la cure. — M. Cyr Faroux, maire. — Continuation des troubles. — Plantation de l'arbre de la Liberté. — Election des députés à la Convention nationale. — Mesures de rigueur contre les nobles, les prêtres et les religieux...	384
— XXXIV.	Désordres produits par la disette des grains. — M. Soyer est réélu maire. — Le citoyen Mairesse. — Rétablissement des foires et marchés. — Le projet de route départementale. — Cessation de commerce avec les pays étrangers. — La duchesse de Chastillon et sa famille pendant la Révolution. — Réparations à l'église. — Troubles religieux. — La levée de 1793. — La guerre. — Préparatifs de défense à Origny. — Surveillance des suspects........................	399

CHAPITRE XXXV. Pillage et fermeture de l'église. — Résistance du curé et de ses partisans. — Manifestations tumultueuses. — Nouvelle destination du presbytère. — Destruction des cloches. — Arrestation du curé Fouan. — L'arbre de la Liberté est détruit et remplacé. — Suite des troubles religieux. — Refus de serment par les demoiselles Pigneaux et autres. — Le mobilier de l'église et l'autel de la Patrie. — Le citoyen Mairesse et le 9 thermidor. — Démission du citoyen Soyer, maire; son remplacement par Joseph Frotin.......... 415

— XXXVI. Situation de l'armée du Nord au printemps de 1794. — Le bataillon de Vervins et le commandant Péchoux. — Réquisitions. — L'hôpital militaire de Foigny. — Confiscation du domaine seigneurial d'Origny. — Recensement. — Misère de la population. — Impôt forcé. — Nouvelle municipalité. — Hippacq, maire. — Fête anniversaire de la mort du roi. — Inondation. — Cruelle famine. — Recherche de subsistances. — Les journées de prairial à Origny. — Pillage des récoltes. — Nouveaux troubles religieux. — Mairesse donne sa démission. — Nouvelle organisation municipale............................. 432

— XXXVII. Nouvelles mesures de rigueur contre le clergé. — L'agent municipal Bécret. — Le général Martillière et sa famille. — Nouveau système administratif. — Antoine Aubin et Jean-Nicolas Tanneur, maires. — Nouveau Conseil municipal. — Le Consulat. — Fêtes publiques. — Le budget communal. — Rétablissement du culte. — Les instituteurs Terrien et Drubigny. — Le Conseil de Fabrique. — Proclamation de l'Empire..... 450

— XXXVIII. L'Empire. — Nouveau Conseil municipal. — Administration communale. — Passages de troupes. — Réquisitions. — Rétablissement du calendrier grégorien. — Dénombrement de 1806. — Charges du budget communal. — Pierre Wuilliot, maire. — Encore l'instituteur Drubigny. — Les guerres. — Appel de la garde nationale. — Réunion de l'étude de notaire de Wimy à celle d'Origny. — Chute du clocher de l'église. — Réquisitions militaires. — Municipalité de 1813. — Désastres militaires. — Invasion. — L'occupation étrangère. — Lourdes charges. — Exécution militaire. — Chute de l'Empire. — La paix............. 464

— XXXIX. La Restauration et les Cent-Jours. — Waterloo. — Nouvelle invasion. — Occupation d'Origny par les troupes russes. — Dévouement du maire Wuilliot. — Les officiers Defer, Durin, Gallois, Mion. — Les nouveaux notaire et curés.

		Pages
	— Le moulin d'Origny. — Le nouveau presbytère. — Les foires et marchés. — Conseil municipal.	479
Chapitre XL.	La Révolution de Juillet. — Règne de Louis-Philippe. — Proclamation du nouveau gouvernement et organisation de la garde nationale à Origny. — Elections municipales. — Fête du roi à Origny. — M. Eugène Tanneur remplace M. Wuilliot comme maire. — Le choléra de 1832. — Situation agricole et industrielle. — Amélioration des voies de communication. — Translation du cimetière communal. — Les écoles et les instituteurs. — La duchesse d'Uzès. — Recensement de la population. — Rétablissement des foires et marchés. — Achats de pompes et formation d'une première compagnie de sapeurs-pompiers. — Les curés d'Origny. — La Révolution de 1848	493
— XLI.	Manifestations socialistes. — L'abbé Chalan et l'administration communale. — Assemblées électorales préparatoires. — Le docteur Bocquet, maire provisoire. — Réorganisation de la garde nationale. — Crise commerciale. — Misère publique. — Elections municipales. — M. Michaux-Caudron, maire. — Programme de la nouvelle municipalité. — Travaux de voirie. — Inondation de 1850. — MM. Vasseur et Richepin, instituteurs. — M. Leclère, greffier. — M. Guyenne, vicaire. — Coup d'Etat de 1851. — Rétablissement de l'Empire	510
Conclusion	....	523
Chronologie des Maires, Curés, Notaires, Maîtres d'école et Instituteurs d'Origny		529
Liste des Souscripteurs à l'*Histoire d'Origny*		533

4719. — Soissons. Imprimerie du *Soissonnais*, 4, rue Gambetta.

4719. — Soissons. Imprimerie du Soissonnais.

www.ingramcontent.com/pod-product-compliance
Lightning Source LLC
Chambersburg PA
CBHW060759230426
43667CB00010B/1631